讓生命潛能 帶你探索心靈世界的真、善、美

Life Potential Publishing Co., Ltd

遇見紐約色彩的心理治療督導

Katherine Chen , PD

陳瀅妃——著

目錄

推薦序

跳開框框，走出自我風格！

趙曉娟

什麼是「框框」？它是一種設限，是可預知及掌握的範圍，是一條清楚的界線，可以讓人內在感受到安全與舒適，卻也少了挑戰與冒險，因為習慣這個範圍而失去創新與可能性。雖然有時我們需要框框，也渴望倚賴框框，但要很小心的覺察這些被套住的框框，它框限住生命成長的空間、潛能發展的可能，以及從冒險與挑戰中所帶來的生命力與熱忱，而心理師的工作中，有一部分就是要協助案主去覺察，並給與信心與鼓勵引領案主拆解框架，發揮自己的潛能面對與解決生命的困境，以增加生命的豐富與多元性。反觀心理師在面對自己的框框時，背後的信念與態度又該如何拆解或轉化，也是這份工作重要的自我探索與修練的課題。

說起來相當弔詭的是，台灣的心理師訓練如同作者的觀察是有許多的「設限」。在授課及督導當中很講究規矩、架構及理論。而當老師們很努力將架構、理論或自己的框框架在學生身上時，很多學生的創意、巧思便一點一滴給消磨掉了。我是在台灣養成的心理師，很感謝在我訓練的過程中，我遇到的老師是多年實務工作後去國外再學習的治療師，老師經常在教導中協助學生反思與整理來自家庭及社會價值的框框，因為唯有運用自己與案主建立有彈性而沒有權威的關係，才能讓案主放心的揭露自己，放下潛意識中的防衛，如果治療師失去自我反思與覺察，很可能會帶著案主或跟著案主進入主流價值的迷思中，而讓案主失去自我成長的可能性。

在台灣升學主義下，頭腦的聰明與成績好決定一個人的價值，教育很難擺脫標準模式、成績表現的框框，學生需要老師的權威及標準，這樣才能夠維持內在的安全感，老師也需要維持權威才能鞏固自我的專業效能感，這是一份微妙的依存關係，畢竟框框減少了不確定的焦慮！我也同意作者所提到：這樣教育下的學生們都有個共通的特性是不太敢發言，不太敢講自己的懷疑、自己不會做的部分，不太會輕鬆地探問個案，不太會勇猛地澄清、據理力爭、說出自己的困擾，更不用說挑戰老師……而勇於表達自己的看法和感受，誠實接納自己的不知道或不足，是尊重及理解自己和他人的方式。

在我生命中最大的幸運就是成為心理師，能夠有機會和很多人分享生命的經歷與故事，一起陪伴他們走過生命的低潮與風暴，看到人的可能性與生命的奇蹟，就如同當代造詣最深的心理治療思想家歐文·亞隆（Irvin D. Yalom）所說：「治療是一份生命的禮物。」他喜歡把自己和案主看成「旅程中的同伴」，雙方攜手同行，不但要體驗愉快的人生，也要經驗人生的黑暗，才能找到心靈回家之路。我也從自己和很多人身上驗證到，當人走在屬於自己的路上時，宇宙的力量都會來幫忙，而許多生命的受苦都來自於與自己生命的分離，一直努力想獲取他人或社會的認同，而忘記傾聽自己內在的聲音，忘記展現自己生命的價值，所以心理諮商師需要給個案一個寬容的空間，協助案主經驗真實的自己，解開多年綑綁在身上無形的繩結、卡住的能量、創傷的情結，拆解社會、父母、權威者所灌輸的價值觀而形成自我限制的框框，因此，心理師本身就需要不斷的向內探索、覺察與反思，以防止將自己的價值觀又成為另一種權威套在個案身上。

如何知道走在自己的路上？那是一份快樂及喜悅，走在自己的路上不代表沒有困難，也不是無須努力，而是順心與順勢，每次與案主談話結束後，當我們彼此感受到比開始時來的輕鬆，就知道會談的過程我們彼此都分享了最真誠的一面，那是一種正向能量互動的過程。

在作者書中提到過度好媽媽的心理師，早期擔任心理師工作時，因為自己的專業自信不夠，又擔心案主流失、不再預約，於是不自覺的討好案主，努力承接案主的問題，想辦法讓案主倚賴諮商關係來療癒不被愛的童年，後來發現案主失去成長的能力，不願負起自己生命困難的責任，更難發展出為自己選擇的力量，結果心理師在結束談話後身心俱疲，案主仍舊帶著困惑離開，在執業多年後，現在我相信生命會找到出口，當生命準備好的時候，轉機與改變就會發生，我逐漸透過反思自己的生命過程以及與案主的互動，在諮商過程中信任案主是具有力量的，知道等待與準備也是轉化的重要階段，而那份包容、理解與不用力，正是引領我和案主走在自己路上的重要態度。

每個專業在養成的過程中，除了從許多大師身上與研究理論學習外，更要從自己的生命經驗中學習，在這過程中，對我來說最辛苦的是需要覺察自己的「應該」與「絕對」，並反思被限制的信念，要沉澱自己過度反應的情感，探討深沉的情結與創傷，在整理他人生命的同時，也要找另一位心理師整理自己。每次接案後，誠實的面對自己在過程中的感受與想法，願意多花時間進修專業並進行個案研討與接受督導，然而，心理師要如何跳出所有大師及理論的框架，將個人的生命經驗與心理專業整合，我認為就像科學家做實驗般，要將所學運用在自己身上，透過自身如實的經驗，才能相信理論所說的，也才能取捨何種治療理論合適自己。在訓練的過程，我們需要先走進框框後再學習跳開，才能有創意的發展自己的風格，走在自己的路上。

趙曉娟
- 呂旭立基金會高雄分會總監。
- 旭立心理諮商中心 諮商心理師。

推薦序

窺探台灣和紐約時空交錯中的治療室

唐子俊

在看門診的過程當中，收到瀅妃邀請為她所寫的書作序。回想自己已經整理過多本心理治療的書籍，開始出版也是在博士班時期——整理心理動力的治療模式、將心理治療督導的歷史重新整理。這一篇序，應該是需要再閱讀一些文獻，將學理和實務經驗聯結在一起。結果閱讀文稿的時候，發現我錯了……

一開始認識瀅妃是從我們學校的學生輔導中心，由於邀請瀅妃演講及分享相關個案的處理經驗，我們第一次碰面。她的穿著風格、微笑和談話方式，和我常見台灣諮商心理師和督導有極大的不同。之後有些家族治療個案、或者較為困難的個案有需要的時候，常常會轉介到她執業的場所，個案的回應都是相當正面的。我開始對這位國外回來的心理治療師及督導感到興趣。後續發現，這位治療師和督導是相當受歡迎的，許多的機構和個案，甚至訓練中的諮商心理師，都會請她協助督導。甚至自殺防治中心、社會福利相關機構也都有她的足跡。與其說這是一本心理治療督導的書，倒不如從以下兩個角度來切入：一個是，一位長期待在國外的治療師和督導，是如何成功進入學院派林立、臨床要求迅速有效的環境下，獲得普遍的肯定；另一則是，一位帶著許多紐約色彩的督導和治療師，卻又身處於本土意味濃厚的南部，她是如何將這兩種意象重新混合，調配出令人驚豔的融合。

文中有許多有趣的故事，好像鏡頭交迭在個案、督導、心理師三者間；也靈活的切換在紐約、台灣兩地。瀅妃崇拜的治療大師，和台灣參加督導工作坊等相關的經驗不斷地交錯，揮灑出充滿戲劇張力的故事和畫面。加上溫和中帶著自信的批判、不同文化的人在治療時要怎麼坐在地上、為什麼要穿鞋子進入治療室……這些有趣的例子會讓我們想要往下閱讀，窺探治療室當中的時空交錯，並且在充滿驚嘆的好奇心之下豐盛而返。

以下是一些有趣的片段，我覺得再多加解釋就失去當下的感動和風采了，由於篇幅限制，僅擷取出一小部分要與大家分享並品嘗的文字段落，閱讀中顯露出作者豐富的個人風格，常讓人不禁會心一笑……

我真的很希望在台灣當督導、教授或主管們，儘量要溫暖、風趣地「融入」我們的學生。那有沒有喜歡她的個案？有！是那種倚賴性超高，個性超悲劇的個案，當女上司眉頭皺得超緊、雙手橫握在胸前，則剛好像反射鏡一樣反射他們對生活的態度。她不知道通常這些個案會對社工有無底洞的需求。但女上司被拯救者的心態薰頭，不知道那是個可怕的陷阱還猛跟個案做承諾。

黃金「45度角」真的是二、三十年前的教科書裡，才會刻意強調的老派概念了。老早以前就沒那個不可抹滅的固定性。想想看，倘若用到體驗、實驗、策略性強的心理治療方式或心理劇，我們很可能在一個小時裡就跟個案換了好幾次座位方向。而每個方向各有它的感受效果。當學校、社區諮商中心、社福機構、家暴中心在做團體諮商室裝潢時，有意思地還特別要求要有個和室地板及和室椅……基本上，美國人的地板沒那麼乾淨，若要放和室椅在不怎麼乾淨的地板上，會讓人不得不聯想到「髒兮兮」。

千萬不要因為對方是醫師娘或公司老闆而假設他們用錢很鬆，因為很多時候，台灣人的錢就只是存起來而已，來看心理師的這筆費用並不在他們的用錢藍圖裡。

有時我還會策略性地補一句：「假如在下次要來之前感覺沒什話要說，就事先打電話來取消。我會希望你來，都是你想來的時候。」如此一來，也是在幫個案從諮商中學習在他實際的人際關係中不被強迫做事或說話的權力，也是學習從自己不愛的約定中做些有效的言語溝通來和諧退身卻不會自疚。

「當學生準備好的時候，老師就來了。」（When the student is ready, the teacher will come.）（紐約人很愛用這句）同樣地，當個案準備好的時候，心理師就來了。以下有三種個案，我覺得當心理師遇到時可以嘗試讓個案「逃」掉：㈠大眼瞪小眼型……㈡「我只來看一下」型……㈢把問題弄得「更完美」型。

……老天爺便很幫忙我，使那一陣子沒什麼個案約、沒演講、沒工作坊、個案臨時取消約定或者延後約定……無論如何，我都說：「神阿，謝謝祢取消了！」這下子我可以安心休息了。

所以，我自己常笑自己，我都跟我的神老闆請假。

但同時，我媽媽跟很多人一樣，去廟裡拜拜或是去找算命師時，又甘願花大把大把的鈔票點光明燈、安太歲、添香油錢……一切都是在求平安。我便跟我媽媽說：「有時候孩子需要神的照顧，但神不能照顧每個孩子，所以祂會讓很多媽媽做這樣的工作。有時，人們也需要神清楚地跟他談內心話，但神不見得能一個個都講到，所以祂會讓很多的心理師來幫忙當小使者。」

我們台灣人的文化有著講求「溫和有禮貌、體貼他人、事事周到」的鼓勵，我們似乎很容易看到教授或主管教導學生對個案家庭要盡全力，能全部投入就要全部投入，能花更多的時間就要花更多的時間。要滿足個案這個、那個；不斷地要做這個、那個；簡單講，就好像「過度好媽媽」一樣，要儘量犧牲自己照亮別人。

當我剛去紐約的時候我很不習慣，因為紐約強調「個人風采、獨立自主」。做什麼事情似乎都要想辦法自己來，該是自己份內的就一定得自己做，而且太溫柔會辦不了事。

或許「過度好媽媽現象」，有時候真的幫倒忙了。

擔任督導已經超過十個年頭，曾經被我督導的學員已經在各個領域擔任督導的工作。瀅妃在文章中所提醒作為一個督導發人深省的見解，在閱讀之後，我也深刻反省。或許在實務情境當中，常會有嚴肅、自我要求、處處充滿挑戰的氛圍；然而，如何靈活的在不同模式當中切換，帶著正向而輕鬆的思考與態度去因應，除了累積接案經驗之外，也能對於人生與專業的歷練，以及內外在的成長與衝擊，都能有更深層的自我省思與整合，而能自在、自信的融合成為一個

「人」，也將更懂得珍惜每一個與人交會的時機。與大家共勉！

唐子俊

- 高雄醫學大學附設中和紀念醫院精神科門診主任及心理治療督導，高雄醫學大學醫學系助理教授。
- 畢業於高雄醫學大學醫學系、高雄醫學大學行為科學研究所碩士、台灣師範大學教育心理及輔導研究所博士。
- 曾任美國紐約大學醫學中心研究員，英國倫敦大學精神研究院會談訓練，高雄張老師資深督導，高雄市國中、高中輔導團督導，高屏區高中輔導團督導。

推薦序

諮商永不設限

認識瀅妃，是在家慈診所面試的場合，即使當時的我緊張到會結巴、發抖，但我依然注意到眼前這位督導不同於過去我認識的諮商師類型：溫柔又堅定、優雅又風趣……壓根也沒想到今天可以為自己的督導寫「分享」，剛聽到這個請求時，我還在「一個連碩士都還沒念畢業的學生怎麼可以幫督導寫分享?!」的框框內，但後來我卻十分肯定的答應了。

我發生了什麼改變？

瀅妃說，這是一本沒有框框的書，身為她的學生，我可以說這一年來的碩三實習是拆解我框框的震撼教育：「傳授知識、督導、諮商三合一」的督導方式，讓我在這精采的一年中有了許多突破。瀅妃慷慨的將她的經驗傳授給我，書中的故事一點一點的滲透在每一次的督導中，我是聆聽、閱讀、體驗最多關於這本書的第二人，抱著「默默無名的學生不能寫序」這種想法，實在有違這一年的訓練，而同時，我也發現瀅妃給了我「對自己有信心」的種子，一直努力的成長著，並沒有因為督導關係結束而枯萎。

而今，我可以對著正在實習的學妹說：「做諮商，不要把自己給綁死了。」以往我聽到的督導方式，常常是運用一個學派的專有名詞來看待當事人的狀況，這可以說是一件很流行的學習方法：補習班這樣教、學長姐這樣建議、老師也這樣講，而跟隨著別人的腳步，一直是台灣學生比較習慣的方式……很多學生共有的經驗是，有時候為了要達到「標準」，做起諮商來總是綁手綁腳。我想以往的學習總來自於模仿，創新總是令人擔心不夠傳統、不夠正確、不夠到位（味），但瀅妃書中的故事告訴我，一個學派不能完整的呈現一個人的全貌，如果你有好奇心、有想像力，再加上對自己直覺的自信，找尋答案的過程也許更喜悅於正確的使用理論來詮釋。

這一年來與瀅妃相處的收穫，其中最令我感動的是，被鼓勵「可以」天馬行空的想像，這股「被允許」的力量，是解開我對於使用「隱喻」最大的自我限制。而瀅妃很重視直覺、勇於嘗試，她看得出來這是我的優勢，但同時我也被提醒書看得不夠多、理論不夠扎實。創意並非亂搞，而是一種融會貫通的精神。我常常在督導時面對嶄新的詮釋後，忘了原先自己到底是怎麼想的，而瀅妃也提供了我們作為諮商學生的一個疑惑：解釋當事人的狀況，然後呢？原來很多時候看得是否深入的差別，在於一元或二元思考的差別，而我也發現，在治療中倘若對「不合理的現象」有愈多了解，就能有愈多涵容的能力去等待、聆聽，找尋那改變的關鍵。

這本書也不是要表揚紐約文化、崇洋媚外的貶低台灣，裡面呈現的是一個居住在紐約的華人諮商師，在工作上的觀察、理解、體會，而在回台後的一些回憶與反思。透過瀅妃自己學習、工作的心路歷程，這位有中華文化薰陶的紐約風格諮商師，勇於表達她觀察到的框框，不但為現行的諮商教育提供了一些批判的觀點，瀅妃忠於自己的表現與正視「關係」對人的影響，對於諮商教育有疑惑、或是在學校中找不到實務上實用建議的人，甚至是有受傷經驗，我也認為這本書有充足的療癒效果。至少對我來說，是慶幸面對疑惑、不合理時，有「老師級」的人也是這樣想。

裡面有許多不設限、不同文化的故事，同時呈現了瀅妃學習諮商與她個性相融下所散發的氣息。仔細看內容就會發現，她個性中那股好奇、調皮、對人成長所抱持的信念，是不斷的跳躍在文字當中，企圖用一種「明示的隱喻」，想讓讀到的人得到最多，而這也在我與她的督導中可以印證。她會在我很認真聽她說故事時，像是突然「賓果」般的表情告訴我「你剛剛被催眠了」，弄得我有點窘卻又親身體會原來催眠是怎麼回事；或是說了一個我聽不懂故事或比喻，如果我想「明確」的了解含意，她用開玩笑的口氣說「我亂說的」、「我忘記了」，而可能我在數天後，搭捷運、吃飯、發呆種種情況下突然理解；有時候被瀅妃的調皮弄得不知所措，覺得「老師心機有夠重」時，她又會很單純的在督導過後留我下來吃飯、或是帶吃的到診所給我，帶我去學校聽演講、上團督課，為了只是「分享」，或是可以讓我學得更多。

當一個諮商師，也是學著幫助一個人自我學習，加上無私的支持。

瀅妃分享的不止是專業，描述到前世今生的催眠經驗時，不止是古典浪漫氣息的小說情節讓我十分感興趣，而是根據我對瀅妃的認識，她一點也不迷信，也沒有歸屬某個宗教信仰，這讓我很好奇她會怎麼描述這個經驗。長久以來我看漫畫、小說與電影的想像力，幫助我彷彿可以看見瀅妃所描述的種種，感到震撼與心疼，又為她理解自己的生命任務而感到欽佩。前世是真是假很難被證實，可是人的心與想像力是不斷的在透露各種訊息，諮商師有時得像偵探一樣，拼湊出可以推論的線索，求得認識自我之道。

我第一次看完稿的時候，也不免擔心瀅妃長住紐約後的「中文能力」是否會影響到她想表達的，而校稿時錯別字的量也讓我很擔心「是不是要留個面子給老師」。事實上，閱讀這本書的時候，平鋪直述的書寫方式其實更容易閱讀，許多案例分享讓我不得不回憶起這幾年來與人深入探索的片刻，或是某些當事人難以理解的想法，突然得到意料之外的解答。中文能力不再是障礙，反而是更容易進入理解狀態的途徑，而這是否是瀅妃的「心機」？就不得而知了。

能夠看這本書的人真的很幸運，不用到高雄、不用一年的實習、不用親自到紐約，就可以聽到這麼多有趣的故事與珍貴的治療經驗，每一個故事是那麼的熟悉，但卻又加了獨特的觀點，讓人不得不重新改觀。

最後，我以諮商所的學生、受督者、嚴苛的讀者、崇尚批判的女性主義者、一個台灣人的身分，向您推薦這本好書，希望您讀得開心、盡興！

蕭景云

● 前家慈診所碩士班全年實習諮商心理師。

自序

為了深造心理治療的能力，我在一九九六年前往紐約念書。住在紐約大熔爐十年的學習及生活經驗，讓我自然而然地不將自己限定於任何心理學派。

我非常喜歡無拘無束地融合運用各個心理治療的學派及技術，在我的諮商治療實務中，我常常運用治療光譜的最一端至另一端，重點是適時、適人、適情境。我相信，從最傳統的精神分析至後現代的心理治療，任何的心理治療技巧絕對是可以流暢地靈活應用，而且是跟個案攜手合作在個案的生態基準上做即興創作。

在治療中，我常常融入輕鬆幽默，讓自殺、性侵、家暴、外遇、重憂鬱症的個案也笑得出來，畢竟換個角度想就不那麼苦了。連續見三個不同的個案，我可能就有三種不同的治療風格，一切「因材治療」。心理師的權威及溫暖度相對地也不會只有一種，會因治療需要而彈性演出低、中、高的強度。治療在我的應用上是一種活潑、彈性的生活對話，或許這也是受了調皮、創新、樂觀的紐約生活方式所影響。

我本身在紐約念了五年的研究所及一年半的艾瑞克森心理治療，打從第五年開始便在紐約的政府機關（兒童局家暴中心）當督導並持續接受嚴格的督導訓練，在同一個機構裡一待就是六年，回台灣（二〇〇五年底）的五年多裡亦不斷地督導學生，接下來也會持續下去。我明白系統裡的各個資源必須一塊融入治療中，也知道資源之間可能有相互干擾的現象。治療可以是一個分工合作的團隊，也可以是嚴守界線的獨立個體，依情境而定。我很強調將一個治療師及個案的靈魂帶入高層次的自我的對話中，我除了喜好一般常見的心理治療技術，亦特別喜愛將後現代治療的精神融合運用在各家的家族治療、IMAGO治療、艾瑞克森催眠式心理治療、策略治療以及一些靈性治療的技術。簡單來說，不受框框的限制。

這本書主要是用生活化的歷程方式。其中採用許多的故事、隱喻、實例、親身經驗、生活插曲來說明心理諮商的實務知識及技巧。前半段我主要是用我在紐約學習、生活時最重要的親身經驗，後半段則用一連串的實例來解說。內容前後跨越我二十多年學習心理諮商治療的經驗，當然，在融入紐約的色彩之後，我並不特別限定自己在任何的學派中，而是融合運用各家學派的理論及技巧。我為什麼會寫出在紐約的學習歷練，主要是讓讀者知道我的思緒是如何「醞釀轉變」的，畢竟孕育一個治療師，絕不是單純地在學校學習而已；就像所有的人一樣，一個想法底下通常受到很多生活經驗累積而來。

在書中所呈現的實例，皆已多重改編並匿名以保護個案隱私，沒有任何一件真實生活中的實際個案跟改編過的案例一模一樣。

通常我在做治療時，非常強調用日常生活化的字彙跟個案溝通，所以這本書的用字同樣會是儘量不艱澀而活潑的。但也希望大家見諒我住紐約太久，可能還有一些「華僑」式的繞口表達，若出現，尚請不吝批評指教。我會把話儘量講明白，但也有可能話中仍帶話，因為我不時會運用到生活化的催眠式心理治療法。我在當學生的學習過程中，便牢牢記住：「心理師是運用生活化語言的藝術家」，希望藉由刻意運用的生活化語言技巧跟個案融合，使個案進入深層潛意識，並運用人性中自然會有的矛盾 **paradox** 來加強學習。我希望從輕鬆、簡單的方式分享心理治療多年的專業經驗，並且將紐約的心理治療督導色彩跟台灣的督導、學生及大眾分享。

這是一本不限於任何框框的書。

前言

住在紐約十年，從一九九六年至二〇〇五年，是改變我一生的黃金時期。

我為什麼會去紐約？主要就是去念研究所。我總共花了五年的時間在碩士及專家（什麼是專家學位，我會在之後的章節好好解釋）兩個研究所，及後續一年半的進階心理治療技巧（艾瑞克森催眠）學習，亦花了六年的時間在實務工作中獲得專業經驗（中間有一、兩年時間是學術跟實務同時兼顧的重疊階段），幸運的是，我的實務是在紐約的兒童局家暴中心當督導主任，讓我可深入接觸各階層、種族的家庭問題。在那時，生活一直都跟紐約的步調一樣忙碌，人也跟著紐約的味道走。

若要問我十年來在紐約有何感想？我想，最明顯的莫過於經歷太多文化大熔爐中瘋狂的事，也體驗許多人與人之間因彼此太不同而激盪出的火花。若問我有什麼最大的收穫？我想，這可以從一個「相對應」的角度來看，就因沉浸在文化大熔爐的瘋狂裡，相對地，很多自己從來不知道的潛能就在因應瘋狂之中被激發出來，很多沒見過的自我也在此展現。在紐約，我逐漸認識最深層的自我，也從此帶著那些「不同的我」，在人生的不同軌道上繼續探索。

我覺得紐約真的是適合一個好奇心很重的人。我剛開始去紐約的目的，只是要念輔導與諮商碩士，本來預估兩年就可回來了。但是誰知道，這樣一踏入紐約，好奇心愈養愈大，竟然要十年才會甘心回來台灣。

我記得當自己碩士念到第二年時，突然有很強的衝勁想往上繼續念，覺得輔導諮商的知識及技巧愈念愈有念不完的內容——我似乎只有碰到這整個大領域的皮毛而已。這個感覺跟當時在台灣念完心理學學士時是差不多的，非常強的感覺讓我想再次突破自己在心理諮商上的知識及技巧。在碩士班第二年時，我了解我雖然知道得多了一些些，但我仍擔心知道得太少。有一句哲學的話是：「知道得愈多，會發現自己不知道的也愈多。」（**The More I Know, The More I Don't Know.**）就是有那個好奇又堅決的信念，讓我相信一定還有很多我沒接觸到的東西，那個「看不到並不代表它不存在」的好奇心，積極推動著我繼續往更高深的學問探索。

最衝擊的還是當我在第二年下學期念到「婚姻與家庭治療」這堂課時，剎那間，極度懊惱兩年時間消逝太快。竟然才剛打開寶藏洞穴的大門，卻感覺只看一眼便要離開美國了？愈是聽教授形容專門教婚姻與家庭治療的研究所，我愈是覺得：「慘了，我好像還沒念到什麼！」也覺得：「光是輔導與諮商的知識跟技巧實在太不夠了！」所以在那衝擊之下，我真的天天、時時刻刻，滿腦子縈繞著「我一定要賴著留下來多念一些」的想法，而且我很清楚，就是要專攻婚姻與家庭治療。

當然這一留，勢必要再多留兩、三年甚至三、四年，才有辦法完成婚姻與家庭治療的專家學位（簡單說，專家學位的學分跟博士學分一樣，但重視實務而非研究）。幸好，我有很支持孩子念書的父母，倘若孩子可以念、願意念，我父母便全力支持；他們當時的經濟能力也還許可。所以，有了偉大父母的強力支持，我便敢滿足這樣強烈不滅的好奇心跟衝勁。我積極地在紐約扎下更深的根。而意外的是，竟然一扎，連工作也扎下了。

至於我的工作是如何扎下的呢？其實最一開始，是因緣際會地工作找到了我，但，誰知，這一做就是六年。是如何因緣際會呢？其實真的可以說是因禍得福。我本來全力執著在我第一個應徵的工作——「紐約生命線」（New York Life Net）。當時，在所有選擇裡，這工作對我來說是最權威、最吃香的。但競爭角逐的對手太多也太強，到了面試的最後一關，這工作被一個住在紐約更久，而且有美國籍的香港人拿走。本來我很沮喪，但，只有老天知道，真正適合我的工作就是要這個熱心的香港人牽線來的。

他剛開始只是介紹我去參加有關服務華人的紐約市社會福利機構聯會的月會，他是當時超級有活力的召集人，而他希望我也能成為這會議的生力軍。我才去一、兩次，正讚嘆此會打開我對紐約社會福利、心理健康醫療機構的大門時，我便遇到一個機構的督導，這位督導看來有五、六十歲，也來自香港，她服務的機構叫「下東區家庭群益會」（Lower East Side Family Union）。

當時我不時在張望哪兒有工作機會，有意思的是，她宣布即將離開紐約要回香港，她的位子會空出來。當下我並不是很清楚她到底做什麼樣的政府機關工作，我只是順勢將履歷表交給她，請她代為轉交機構主管。但是，神奇地，一面談便立刻通知上班。主試的機構主管們當時開玩笑地說，是因為我穿超短的窄裙才選我的。但，當然裙子穿得短不會是主因，我有他們要的一些特質。後來，從主管們口中發現，這位督導是被新主管炒魷魚的人。當下我便覺命運很好玩，本來以為工作從香港人手中「奪走」，竟然卻從另一個香港人手上拿回。

其實，我會講這一段插曲，實在也是為了要鼓勵一個觀念，在我們的生活中真的有太多「塞翁失馬，焉知非福」（A Blessing in Disguise）的轉折，是福是禍？不到最後我們可能都不會知道。而且很多時候，老天要藉著轉彎來賜予我們的遠勝於我們原先想像的。而往往當時的「執著」是自己給自己的壓力，在後來便變得沒什必要。爾後在多次轉彎中，我學到的是：「不要太執著」，反而，要更感謝生命中有這樣顛簸轉折的出現。

有「障礙」時（目前的我不會用「壞事」來看它），我會去想，到底這狀況要我學的是什麼？在保護我什麼？在引導什麼？假若這是障礙的話，要怎樣去面對？可以的話，要怎樣去克服？很多時候，障礙不只是個障礙，我們面對它的態度會影響我們的感覺及因應方式。在接下來的內容中，我會講更多這種塞翁失馬、焉知非福的故事或案例。

至於我那個「下東區家庭群益會」工作是什麼呢？原來就是紐約兒童局家暴中心（Administration for Children's Services）的民間分支（在台灣的家暴中心分工來說，這是二線機構），它是專門在做預防及處理兒童受虐或被疏忽的家庭案件，案件都是以家庭為單位，其中特別會加強監督處理家暴、精神疾病以及藥物濫用的家庭。我要督導的社工並不多，當時我要督導五個社工，但我們並不是以社工數來計算，而是以每個社工職責上擔的家庭數及總人口數為主。一個社工要負責十五個家庭，所以共有七十五個家庭、人數約有兩、三百人（西班牙裔、非洲裔生三個以上的不少），而當督導的我，最好每個人、每個家庭狀況都要清楚記住。當然，這也訓練了我現在能記住每個個案生活故事的能力。

後來我發現，原來，在「下東區家庭群益會」的挑戰比「紐約生命線」來得大，也更適合念婚姻與家庭治療的我，因為亟需要直接面對家庭。當時本來我有點擔心這挑戰太大，所以我這個外國留學生起了一點「卒子」的心，打算只在兒童局家暴中心待一年拿經驗，好好運用移民局給留學生的一年實習時間便開溜。但後來，卻因工作中接觸更深入的紐約真實多元生活，使好奇心繁殖得更厲害，經驗也磨練我變得更堅強大膽，不斷地留了一年又一年，也升級當高層主管（成為機構第二高階）。也因為真的開始工作後，接觸的人事更廣，更讓我覺得紐約的生活豐富，更捨不得離開紐約。

本來我在得到工作之時，我以為只要善用我亞洲人的優勢來服務亞洲人就好，可是一接觸後，卻發現身處多元文化的紐約，根本不可能在同一個社區只有住亞洲人。沒幾天我便發現，我督導的社工及個案中亞洲人是很多，但總有一半不是亞洲人。

也因此我被趕鴨子上架，不得不在工作中更清楚白人、西班牙裔、非洲裔等人種的生活方式及家庭型態。我們的工作內容是一定要做家訪，去看真正的家庭生態。剛開始會怕，但久了也習慣了。反正我從小總是很好奇別人家裡長什麼樣子，那時反而有了名正言順的理由去別人家中，尤其「外國人」家又特別有一些沒見過的擺設、傢俱及生活習慣，所以工作中也帶來不少因文化

我在紐約常上報，這是其中一個專訪，由僑報記者陳葦華報導下東區家庭群益會。

差異而「好玩」的事。就也因為一年到頭常常往個案家中跑，養成了我做家訪像在走自己家廚房一樣的自然。當然，膽量愈變愈大。

在一年的實習時間結束前，大老闆便協助我申請了三年的外國人簽證，之後又再延簽三年，但我後來因為不想辦綠卡，只將這延長的三年用到兩年多一點時就回台灣了。總共待了六年的時間在兒童局家暴中心。當然，回台後發現這份兒童局的工作，磨練改造我太多，不只是讓我膽子變很大，更幫助我在往後所有工作的敏銳度及果斷執行的能力。

至於我為什麼回來台灣？有很多的原因，其中的原因之一是到了第八、九年時，我的好奇心因太熟悉同一份工作，也太熟悉紐約這地方而想換跑道。

我那時會厭倦自己對曼哈頓太熟，熟到感覺無聊的程度。基本上，我是那種面對同一個目的，會嘗試走不同的路去到達的人。但，後來真的是不同的路也走得厭了，每個轉角有什麼店都太清楚，腦中也有一個烙印的紐約地圖及地鐵圖，每一站、每一條街都不自主地背在腦中。本來我會用去其他州旅遊或到歐洲自助旅行幾次的方式，來提振我對紐約的熱情，但後來對紐約實在熟悉到太超過，連歐洲的巴黎都去到不想再去，又不想大費周章申請綠卡（因為一旦申請綠卡，必須要在原來的機構多待兩、三年以上），我那時便想轉換工作跑道，回到亞洲來做另一種冒險跟探索。

紐約因為是個超級大熔爐，所以不時讓我接觸到各國人種。然而就是因為在美洲、拉丁美洲、歐洲、非洲等眾多人種的相對照之下，在我眼中，不同國家的亞洲人更顯得差異性大。當我在紐約第九、十年時，我有很多強烈而且不斷滋生的想法是：「亞洲看來似乎比美國神祕……」

「亞洲還有好多地方是我渴望去旅遊的，風景與民俗跟美、歐差很多。」「在紐約，我見了這麼多日本、泰國、大陸、韓國、越南來的人，我卻連日本、泰國、大陸等都還沒去過……」「我想探討住在紐約的亞洲人，跟沒離開亞洲的亞洲人差異有多大。」對年輕的我而言，「有差異」才會是個對身心靈的刺激。我去美國留學是大學畢業一年後便去，所以並沒接觸過太多除了台灣之外的國家。但是，住在紐約十年後，反而我覺得紐約對我來說「沒什麼差異」了，亞洲國家卻相對地對我而言：「差異相當大」。我覺得，當時我有著那種類似美國人對亞洲國家的好奇，甚至非常衝動地想自己跨過大海洋去拿跟亞洲國家接觸的第一手資料。有時，我會跟自己說：「倘若我對一些事衝動，就是代表我自己的內心對這些事很渴望。」多少也因這樣自我暗示的情況下，促使我打包十年的斬獲回台，親身體驗亞洲文化。

當然，那時早已超過試婚年齡，生理時鐘在拉警報下，也有個催促我回台趕緊找個老公、趕緊生孩子的原因。對於太陽是魔羯，月亮是牡羊的我，前者的影響是覺得「生命階段中該做的一定要做」，後者是「不入虎穴焉得虎子」。抱著這種目的跟衝勁回台，很快地，回台兩個月我便藉由最傳統的相親方式（但，對於在紐約自由慣的我反而是最新鮮的方式）認識我老公，一年內有效率地訂婚、結婚，之後的兩年多生了兩個孩子，寫這本書的起始時間便是利用懷著老二不方便外出接案，而在家待產時開始寫的……

只是沒料到生平第一次寫書，花的時間卻比生一個孩子還長（共一年半），真的不是自己要有效率就能有效率的，有了兩個小寶貝的家庭，會讓自己很想花時間跟孩子玩，所以大部分我寫書的時間都是在家庭生活、工作中不斷偷閒，一小部分、一小部分地完成，一個禮拜可能只有一天中的一點點時間可以寫。這本書，可以說是我的第三個孩子。在此，我更深刻體驗到：「大改變是來自一點一滴的小改變。」

當然還有很多其他推動我回台的原因（一個大變動的外顯行動下，不會只有簡單的一、兩種解釋），就留著往後有機會再說。

我寫書的時候常常在想，一直住在亞洲的人，或許不會覺得亞洲有多特別，但對一個離開亞洲，浸在他國文化十年的人來說，另一個角度的觀感卻常常跑出來。就像我們往往都是跳出一個照片的畫面後，才可以更看得清楚整張照片。

基本上，我常常會訓練自己的腦子做一些天馬行空的想像，而有不少心理諮商治療的好點子，一堆隱喻、比喻，都是這樣天馬行空聯想出來的。我其實蠻相信，一個心理治療師的腦子如果能這樣自由自在地旅行的話，他會更容易把跟個案一次又一次的諮商也當成是在旅行，彼此會懂得要配合，彼此都是對方的嚮導。就像有些旅行是有目的性的，有些是隨意走走，有些常改方向，有些是要回到過去……然而，不管怎麼走，旅行都有它的意義在，回頭看時更有另一番感觸出來；而有些旅行中的個案很謹慎，有些個案很敢冒險，有些老是換導遊，有些一定要腳踏入泥沼才同意此路不通，還有些是嘴巴很愛動而已……

然而，所有的旅行有一個共通點是——我們無法在一開始便預測到任一次的諮商旅行中會有什麼樣的結果。就像我也無法預測這本書會引起什麼樣的效應，我只能在寫書時盡心而為，然後在寫完後將一切焦慮放下，我所能做的就是盡力及樂觀，然後由老天爺來做接下來的安排。

目前的我繼續逐步探索亞洲中。或許，對一個離開亞洲有一段時日，但又回來融入一段時日的人來說，會對亞洲產生另一種不同的好奇，也會用另一個角度來看亞洲。到底是什麼樣的好奇與角度呢？請允許我在書中的各個章節娓娓陳述吧！

I 緣起

第一章　讓治療自由

辛辣衝突——一場挑戰性高的督導會議

真正促使我寫這本書的原因，除了很想分享多年來自由的學術知識、實務技巧及心得，也想嘗試打破台灣在訓練心理師上面常見的一些框框。

坦白說，寫這本書是個累積下的小衝動及大衝動所促成的。並不是因為我愛寫書，相反地，我從來沒寫過半本書。要好動、愛去健身房的我乖乖坐在書桌前，一指「慢」神功地一字一字打中文，真的對我是天大的折磨。我老公也笑我，請我寫完這本書之後千萬不要再寫了。十年在紐約沒打中文，百分之九十九是用英文過日子，回台後我連怎麼用注音符號都常常拼錯，講話還會用倒裝句或直接生硬地將英文翻中文，我自己都不敢想像我哪能像其他台灣人一樣飛快地用口語速度飆頁？

一開始，我一天能打半頁就好偷笑了。但，就是有個強力的引爆點，使我一點一滴地努力把這本書寫完。

那是什麼引爆點呢？實在是因為回來台灣後受了太多「怪異現象」的衝擊。

先來講我的小衝動是什麼，那來自平時我在督導輔導諮商研究所的學生們時所不太了解的教育現象。我除了要指導學生如何將個案處理得更好，多少也聽到一些處理個案之外的「教學祕辛」。回台四年以來，發現竟然有個共通點是：在學校學習、實習、訓練上的「限制」還真不少。不知為什麼，學派有學派的框框、師生間有師生間的框框、系所有系所的框框、學校有學校的框框、文化有文化的框框……感覺上就是有些話不能直說，有些事不能直做。

我當時實在不知道，這些框框到底有何作用。看來是很傳統的尊師重道，但壓根兒只是將心理師用模子一個個在複印出來而已。不管是哪個研究所，幾乎每個學生都太有規矩，太過於恭恭敬敬。每個講話都輕聲細語，認真小心，咬文嚼字，報告超會寫，工作坊都參加得超級多……但，學生們都有個共通的特性是不太敢發言，不太講自己的懷疑、自己不會做的部分，不太會輕鬆地質問個案，不太會勇猛地澄清、據理力爭，不太會說出自己的困擾，更不用說挑戰老師……

我不是個相信自己是什麼都對的老師，但在台灣這「假象」下會讓我覺得有些不健康地活在教育的煤氣室裡。往往我會挑戰地一再鼓勵學生，一再輕鬆化督導過程，生活化師生關係，彈性化學生處理個案時的框框……就是希望多一些心理師個人的特質及活潑度。坦白說，台灣的學生真的是比紐約悶得多了，不過我自己也是在台灣長大，多少也知道為什麼。台灣太尊師重道到忘了個人發展了。我們還蠻常看到，縱使我們可以模仿大師的技巧，但往往就是不像大師的那個味道。因為同一個技巧，骨子裡的精髓不同，做出來的效果就是不同。

假如，台灣的心理師真的想做得像歐、美、澳那些大師一樣生動活潑，個性一定也要先活潑勇敢才行！這種精髓是教科書裡沒教，但從生活中可以改變的。像我，資質比較不好，我就花了十年在紐約的時間來做內外徹底的改變。

我在台灣看到有督導級的在做結構、心理劇、敘事或反思團體等時，有一些的遺憾，某些督導們以為他們是在做名副其實的治療方式，我卻深深覺得很不一樣，因為光是活潑度、圓融度、接納度就不在。

當我在指導學生時，雖然看到的是太被框住的學生，卻也看到太被框住的老師。

但不管怎樣，框框歸框框，倘若沒框到我身上就不算「緊急」的框框。畢竟學生、老師的痛苦我可以理解，我可以從中諒解或幫忙紓困，但沒壓在我身上就不會是我的痛苦，也就沒那麼不舒服，不會有衝動或力量拿掉。

我回台後是個很自在的心理師，沒有實質上的老闆，沒有固定的工作時間、地點或者個案多寡……一切都是由自己安排。想做多少就做多少，自由度及生活滿意度之高，是我以前在紐約朝九晚五時所沒有的。

可是，直到有一天，那個痛苦突然跑到我身上了。這就是後來我寫書的大衝動來源。

二〇〇九年春天，在一個個案研討會中，有一個學術單位的人應機構邀請而擔任當天的督導，我那天也剛好是被邀請的提案人。一開始我不知道他的方式，他也不知道我的方式；我不知道他的背景，他也不知道我的背景。我本來心情很好地準備分享接案狀況，並請求大家集思廣益。但等到開始時，我便被他的一句開場白：「按照我的方式」給震暈了！緊接著，他要我從他陳述的特定學派的專有名詞下看這個案及家庭。我嚇到，這位督導在來之前，早就設定他認定的學派及架構……

別人的反應不會很大，可是我的反應卻相當大。大到我都覺得壓不住我本來就有的敢言，也壓不住自己因懷孕兩、三個月而有些「荷爾蒙不適應」的脾氣。其實，他的學派及架構我懂（在此不便講是何學派），我在紐約也學得很不錯，只是他不明白我做這個案時並不只局限在特定的學派，所以我不能只壓縮成一個小點來說，我一向不愛談扭曲變形。

其實，更重要的是，這位督導完全不先去聽我說的：我接到的學生個案有一堆必須要先處理的生理狀況，因為這學生在精神上有幻覺，同時對精神科藥物明顯有不良的反應。我當時想在督導會議中了解的是，為何意識不清、生理狀況不適合談的個案，仍硬要轉介來做心理諮商？而且還期待個案儘快回校上課？但，那位督導卻不針對我認為最迫切的困難點先做傾聽及處理。

學生個案的狀況是，第一次及前幾次見面時，學生都在我眼前嚴重恍神，兩眼不聚焦，全身癱弱到不能走路，甚至有次在我面前昏倒……實在非常不適合談。我跟個案已請教另一位醫師，這醫師立即協助調整藥物，並建議暫緩諮商，在個案恍神之下實在沒辦法談什麼。但，可以跟家人談，我談了，而家人拒絕讓孩子去做腦部檢查或者暫時住院。督導的那句「按照我的方式！」以及接踵而來的特定學派問話，使我當下覺得我跟這督導沒有交集，他不在乎我最煩惱的個案狀況，反而猛在乎學派的框框，當下我覺得無話可說。

我不知道如何能在一個框框「中」，說框框「外」我覺得想說、想問或我覺得值得探討的點，而且在當下，督導的他也沒有想了解我是如何從別的角度做這案子的。接下來我便不斷掙扎著，不知道要如何將自由太久的我擠進這不熟悉的硬框框。

我知道自己在掙扎，也知道腦中出現無數個想法。可是最有意思的是，我不知道他強硬地要做什麼。

我突然想起來，當年我在兒童局家暴中心接受嚴格的督導課程訓練時，曾提過「特別強調學

派或架構是很不生活化的方式」，而且這是一項列在「不要做」的名單之中。

我在督導下屬或學生時，我也不會特別強調哪個學派或架構。因為「可以靈活運用」、「好用」，才在現實生活中「有用」。可是，在這個督導會議無預警之下竟有著特定學派及架構……這個跟我預期的真的差很多，「文化衝擊」也很大。

我心裡立刻起了很大的擔心跟反感，我抗拒嗎？是很抗拒。我不會想從好不容易在紐約培訓得來的彈性跟玩性，在此又重新框起來。那就不會是我，也枉費我長久努力後的好改變。我真的不想在有限的框框中去談可以是無限的選擇、知識跟技術。

「可是真的要那麼地強調我自己嗎？」當我問自己這個問題時，反而讓我更擔心。因為在此似乎擺明了一個心理師的特質及風格不需要被重視。看來問題又更大了。

當我在紐約念書時，我們每個學派或架構都要深入了解運用，同一個案例可能教授會要求我們用三種不同的學派取向來寫報告。但是，這都是為了熟悉所有的學派，是為了訓練學生才需要分得那麼細。可是，當我們即將畢業之時，倘若我們還在實際操作中如此死板地堅持同一個學派，絕對會被教授或同學取笑成「死腦筋」，沒有人會刻意強調哪個特殊學派，或把自己刻意綁在哪個架構下。

我的自由模式的確在那天遭到很大的考驗。那時腦中浮現的是以前在紐約開會時，大家會狠狠電彼此的真誠話：「Garbage in, garbage out.」「Wrong question, wrong answer.」

沒幾秒的掙扎，我仍選擇用我自己習慣的自由模式去表達。然而我愈講，他臉愈青。

我當時的確是蠻固執的。雞同鴨講幾回後，那位督導雙手緊緊橫插在胸前。我可以感受到空氣中凝重緊張的氣氛。我想，假如我是學生，一定會被死當或被踢出學校。而如果我不是個在校的學生，那我也會在黑名單上吧！好慘。

那位督導可能非常不習慣在台灣有人這樣地不乖順、太有主見。他不知道這樣雞同鴨講的溝通在紐約是無妨的，也是正常的。在紐約，我的經驗是，輔導治療厲害的教授或督導，反而會傾聽你跟他雞同鴨講背後的真意，不強調督導或教授的權威，雙手也不會緊緊横撐在胸前。

但在台灣，我卻也因為跟這位特別的督導直接交手的機會而「入境隨俗」，明顯感受到「有些話不能直說，有些事不能直做」的限制。原來，台灣的學生那麼苦。

雖然，當時我可以表達我想表達的，但，當下跟事後我並不舒服我所經歷的。我是那種不舒服，就會想把它給繼續清出來的人。會後幾天，我忍不住主動嘗試跟那位督導私下溝通，把兩人在乎、顧慮的事稍講清楚，但好像也不見得清楚到哪裡。兩人腦中各有固著的點，交集還是不多。雖然有稍微明白彼此的模式，解決一些衝突，但那個梗卡在心中仍存放了一段時日。我很想再多做一些消化，所以當時讓我極不舒服的經驗，變成了一股很大的動力，熊熊地燃起了我想寫本書，希望能改變台灣心理師訓練的現況。

就這樣，一場挑戰性高的督導會議，就成了這本書的由來。

無法不在乎你縮小我的天空——不能預設立場地聽

十年來在紐約的多元文化下，歷經兒童局家暴中心督導、主任的我學會先適應不同種族背景的同事、社工、心理師、個案、家庭、相關機構，才有辦法知道在他們的原始生態下，他們到底在想什麼，以及怎樣才能與他們搭起一條合作的橋。

這是一條不見得容易走到的督導之路，而且是持續改變的過程。

在督導時，督導是不能預先就假設學生懂得及按照督導的模式。至少紐約兒童局家暴中心每年花大筆錢在督導上的嚴厲訓練是如此強調的。在督導的訓練中，他們要求督導對人權、個別差異、多元文化要相當敏感及尊重。絕對不能有先入為主的立場或想法，若有偏見還會被告。

很多時候，多元文化的素養在教科書、期刊上不容易用說的就能讓人學到，而是要深入生活去體驗的。因為愈是在差異裡，愈是容易察覺到差異；連不敏感的人，都容易在差異底下變得較敏感。這就像我們出國去旅行時，反而會比較敏感一樣。

當督導的確不能將一切視得太理所當然。

倘若從一個喜好的經驗來說，在督導風格中，我自己比較強調的是受督者的特質。這多少是十年來在紐約強調多元化，強調個人特質下受薰陶的內化結果。

或許是我接觸過的紐約社工一向太敢發表意見，六年來，我這督導也就變得較敢聽取不同的意見。也或許是紐約社工較有個人風格，我這督導必須「見不同的社工就換不同的心態」。我現在想想，其實我可以接受不同的聲音及擅長切換態度的功夫，是那時練就來的。（但是，接受不同的聲音不代表接受框框！）

在紐約的我，會儘量讓社工自由地講他們想講的內容，現在回到台灣的我，則會儘量讓學生自由地講他們想講的內容。用他們想表達的方式，用他們想用的學派，然後我再依照他們的方式，在需要問的時候問，需要深入了解的時候停下來深入了解，在需要介入的時候再介入。我在問的過程中也會不時停下來，關心學生會不會不舒服或被干擾，有什麼被壓抑的地方？我會想了解，有哪些是我們可以溝通得更好的合作方式。

我會領悟這些，很多也都是紐約那些兒童局家暴中心資深多元化的老社工、心理師、老闆們直言教導我這傻督導的。尤其是我最常接觸相處的社工們，他們說，他們或許只有學士或碩士的學位，但他們的「實務經驗」是我這剛離開研究所，沒什麼家訪、法庭、學校、社福機構接觸經驗的「專家」所沒有的。剛開始聽了很挫折，被這幾個資深社工弄得很沒面子，可是他們說的很對。我的挫折其實也來自我自己的實力不足、經驗不夠。的確是，專家的學位又怎樣？隔著「什麼都知道」的態度，或者隔著「權威」的一層牆，就是幫不了該幫的人。

從那天起，我不斷提醒自己不要傻傻地去戴著「什麼都知道」的權威角色，不要去框住他人。沒有用的事情或態度，就要少做或不做。

我永遠記得，當年在紐約常常有些時候就算我很認真聽，也不見得我真的能懂，更何況紐約有一大堆我聽不懂的外國語言及異國文化。在多元文化下，有時真的差異太大、太大了。我學習到最能幫助的想法是：不能預設立場地聽。

然後，要認真地儘量站在對方的角度去聽聽看。

舉幾個在紐約生活上、工作中就有可能發生的例子來說，在那兒拉丁裔、非洲裔的人很多，但紐約不會叫一個穿著超辣、布料超少的拉丁裔或非洲裔女生穿多一點，因為她們的文化本來就是「應該要火辣得不得了」，露肚皮、股溝、乳溝、不穿內衣的滿街都是。連我們辦公室也一堆這樣穿的社工，看久也習慣了。

假如有人說：「穿那麼少會被性騷擾」，那麼這個人可是犯了性偏見及迷思。因為就算女生光溜溜地在你面前，只要女生不願意、不同意，摸了她或邪惡地看就是性騷擾。在紐約，妨礙性自主的公權力很夠，隨便一告便有很嚴重的後果，所以女生沒什麼好怕的。

像在學校裡，紐約也不會叫印度裔小孩在學校勉強吃美國人認為好吃的牛肉，因為這會違反他們印度教對牛的神聖性。

在紐約兒童局，他們也沒有辦法叫剛剛偷渡來的墨西哥人跟紐約土生土長的社工講流利沒口音的英文，因為墨西哥本身就是非英語系國家，語言也要花時間去學習的。兒童局會去找會說寫西班牙文的社工來接個案，最好還是墨西哥來的社工。一切以幫助他們成為更好的父母為原則，所以他們的偷渡並不會被舉發到移民局去，移民局跟兒童局是兩碼子事。

在做親子教育課程時，我們也沒有辦法要求一個帶著四個年幼小孩的精神分裂症的單親媽媽規律來機構上課，因為光是在電話上就會雞同鴨講，她在時間上也有錯亂，約了等於白約。我們可以做的是：離開舒服的辦公室去她家家訪她及孩子……

以上的幾個簡單生活狀況，多少會讓我知道，預設立場地聽或「按照我的方式」，不是總行得通的。至少，在實務上進行時很容易會有困難。

在多元文化下，尤其是督導訓練的前期，我一有機會就「跟」著資深的老社工們去家訪，去學校、法庭、社福機構「補習」我沒有的經驗及「實務知識」。剛開始很辛苦，因為要付出更多的時間、心力去了解。但，也因為我親身涉入了，我更懂得從社工、個案家庭「需要」的角度去看事情，以及用什麼樣的方式才能跟他們同一陣線。自那個時候起，督導給的幫助才是他們要的。我後來也才會是他們願意交心的督導。

也因我們那些資深老社工的坦誠，會直接講他們覺得不可行的關鍵在哪，使我不仗著自己學歷上的知識稍高而傻傻自滿，因為自滿反而人家會把我當沒實務經驗的傻瓜。我常常提醒自己，紐約人講話直得不得了。當我做對的時候，資深老社工自然會尊敬、交心給我；但假如我做錯，他們也會點出我沒看到的盲點，不會因為我是頂著「督導」的權威而不講真話。

基本上，理論、學派、權威對資深的老社工沒什麼意義，個案活得好不好、能不能過得去、有無安全的生活才是重點。在下東區群益會，督導跟下屬彼此的尊重及直言，不只是因為我們各自站在各自的位子上盡責，更因我們彼此坦誠了解對方而產生的「默契」。

所以，二〇〇九年督導會議中那句「按照我的方式！」聽在我耳裡，感覺上是嚴重地開倒車。感覺上是像「削足適履」的痛苦，不管削哪兒，我的報告及個案家庭都會變樣。我當時的固執，有我很深的道理在。

此時我想起，先前我曾說我會再說些「塞翁失馬」的故事，其實，這也是其中一個。我深深覺得，假如沒那些資深老社工的「電」我，我不會成為更好的督導；沒這樣地跟那位二〇〇九年督導會議中的督導交手，我可能還要拖個十年才寫得了我的第一本書。但這樣一刺激，我反而認真、有毅力地一字一句打下我平時不願花時間去寫的經驗談。（其實，當我在紐約時就有出版商找我寫書，但我總有千萬個理由讓自己寫幾頁之後，便跟著紐約的雪而冰凍起來。）改變，往往就在衝突的刺激之後。

重到扛不動的勛章

前面說完了刺激我寫書的大衝動——一場挑戰性高的二〇〇九年督導會議。至於平時就累積的小衝動又是什麼？其實，大多是從學生那裡累積聽到的框框故事，而那些框框故事還北、中、南到處都有，所以基本上，我在陳述時是對事不對人。

我發現在台灣，訓練心理師的框框實在太多了，一堆的框框重到我覺得台灣的心理諮商很不活潑。雖然熱忱、溫暖、細心、耐心、負責、勤奮……等的特質很強，但膽子大、風趣、愛笑、敢創新、有個人特質的心理師或督導少之又少。

我在紐約很喜歡被督導，覺得可以找的老師一大堆，督導們的風格可以南轅北轍，人生閱歷也可以有廣大的差異。但回來台灣五年多，我不時在等那個機運，希望能巧遇一個督導可以讓我覺得想要被督導的。我在等一種「契合」（click）的聲音，當那種聲音出現時，我會知道。

或許我在紐約太久，讓我太強調跟督導間要有那個「投契」關係，而那個投契又跟個人的活潑、自由特質有絕大相關。有一天我終於明白，為何我那麼強調活潑跟自由，或許跟我覺得怕會被別人框住有關。努力思考後，我覺得在台灣有兩大框框是我很怕的：㈠學派分得太明顯，㈡太要求學生配合老師的想法走。

㈠學派分得太明顯

我發現在台灣，就算在訓練上有意識地要學生跳出框框，從不同的角度看事情，要有多元文化的想法、國際觀，要發展自己的風格，然而，卻又很有意識地回過頭來特別強調「我是什麼學派」、「你是什麼學派」、「我的學派比較好用」、「你的學派不好用」等。

光是「你是什麼學派」，我就被同行問了好幾十遍。我真的不太會回答這個問題，尤其是面對學校教授之類的人我會很口拙，因為我很想說我是「雜七雜八學派」、「我什麼學派都愛用」，「不管是黑貓還是白貓，只要會抓老鼠就是好貓」……可是我想我應該會被白眼吧，畢竟這種答案是學生講了就會被挨罵的，做督導的我最好不要講比較好。識時務者為俊傑，還是講個正經的答案，我只好「簡單」把自己歸類成「後現代」（**post-modern**）。免得聽到教授、老師耳裡，好像會顯得我很不用功，不專精，竟然沒有一個學派是我會的。

基本上，我在婚姻家庭研究所時的確是特別專精後現代，但，其實後現代是「包山包海」，其他的學派我們也都要會，因為我們是把其他學派當成必要的治療「基礎」，而不只是在「敘事」或「反思團體」上歌功頌德；而且到後來，尤其是實習階段時，我們會將所有學派融合運用。可是在台灣，大家似乎一定要聽到「這個人特別會哪一個學派」才叫這個人「學有專精」，夠專業。

有個學生問我：「那紐約的心理師都怎麼介紹他自己？」這倒成了個好問題，而且還讓我努力想了半天。但是想了老半天之後，我實在想不太出有哪個人在「出了社會」的聚會中，還特別強調自己是某某學派的。除了特殊技能我們會稍微提一下，比如說催眠式心理治療、家庭雕塑或IMAGO關係治療的技巧，可是，那些也只是個技巧上的擅長，而不是個學派的強調。

後來，我又認真地繼續回想，終於想到紐約有一、兩個人的確是如此強調自己是某某學派的。可是為什麼我不太記得他們呢？可能因為他們的人緣也很不好，有著高尖的鼻子以及高突顴骨的自負。

我覺得在台灣，為了要訓練學生的確是可以要求他們將學派分清楚。但，一旦到了實習階段，就可以鼓勵學生用自己的喜好融會運用。可是，這可能也要教授、老師們先願意如此開始想，否則學生哪敢如此想。

講個書中可能看不到的事。大家可能蠻熟悉的現代心理學大師薩爾瓦多・米紐慶（Salvador Minuchin），他便不是像教科書中一直活在一九七〇年左右，刻板地只強調他結構性家族治療法的人。

在薩爾瓦多・米紐慶中後期時，有個很深層的改變是，因為他崇仰催眠心理治療大師艾瑞克森（Milton H. Erickson）許久，所以在艾瑞克森死前有幸抓到機會求教於艾瑞克森本人。但這一學習下的刺激，便深深幫助米紐慶從結構學派跳脫，他開始想從「深層潛意識」中去改變更深層的問題。

米紐慶他是個聰明人，他厲害的地方就在他是個有彈性、有變化的人。他也知道，深層潛意識才是讓一個人徹底扭轉的地方。米紐慶一直都很替個案著想，他會用最適合個案的方式去改變想改變的個案——不管那是什麼黑貓、白貓法。後來，我在台灣參加米紐慶愛徒李維榕博士的工作坊，更從她身上看到融合多種學派的應用。她也親口笑笑地跟我說，不是每個人都看得出她在技巧中加入很多其他學派的技巧，除非那個人很開放地懂得很多技巧跟學派的融合。當然，我也笑了。

李維榕博士也很喜歡跟催眠心理治療大師艾瑞克森的愛徒 Jeffrey K. Zeig 交流。Zeig 曾由台灣幾位精神科醫師邀請來台訓練催眠心理治療，當下被台灣醫界美譽為「天眼通」、「神之代言人」、「乩童」之類的。我在紐約曾接受過一年半的催眠心理治療訓練，在美國及在台灣都曾多次跟 Zeig 學習接觸過，曾被他在美國的心理治療年會中叫上台作示範，也很榮幸地當過他在台灣工作坊的貼身同步翻譯及晚上飯局的公關，當然在台灣的工作坊中，我是最積極舉手上台協助示範的人，我超愛體驗有關催眠的東西。

李維榕博士聽我講一些我跟 Jeffrey Zeig 的個人經歷，尤其是 Zeig 他幫忙我㈠五分鐘內加深加廣記憶；㈡把十八歲時沒長、三十幾歲才長的焦慮痘痘從潛意識中拔起，之後她更想從 Zeig 身上挖「改變深層潛意識」的寶。很多人都知道，李維榕博士是治身心症的權威。而 Jeffrey K. Zeig 在治療界當代中，又是運用潛意識催眠心理治療的頂尖權威。能學到 Jeffrey K. Zeig 的這一套潛意識改變法，可是會讓她在治療身心症上如虎添翼。

而有意思的是，表面看起來，結構學派的「直接方式」剛好跟催眠心理治療的「不直接方式」是相反的。可是，厲害的大師就是能看到「直接」與「不直接」，說穿了，就是一個銅板的兩面。看穿的人，就是能輕鬆地靈活運用。

在最近十年來，米紐慶其實常常跟他的同事、督導的學生，以及在幾個公開場合、工作坊、心理學年會中講到各個學派都好用，就看治療師如何融會貫通地運用。

其實，後現代心理學崛起後，好幾個不同學派的大師有志一同地：我用你的優點，你用我的優點。大家都來做個大融合。這也是為什麼有一堆心理學年會讓大家「交流」的主因。

換句話說就是，「不管你是黑貓、白貓，只要會抓老鼠就是好貓。」但也因為沒有「清楚」記載在教科書上，所以有不少在台灣的老師、督導們知道很多大師們前期的想法（例如米紐慶的前期的確是很推崇他自己的結構性家族治療法），卻不知道他們在中、後期實務上技巧的轉變是朝著融合的方向跑。

在心理學年會中，諸多大師及與會心理師多次稱讚後現代心理學是個「藝術」，而且是個沒框框，有彈性的人才玩得來的藝術。

懂得後現代心理治療的人，占的優勢是：知道如何去蕪存菁地融合多種學派。

我很希望台灣的心理界，不要再一直卡在強調某某學派的框框之中。

㈡太要求學生配合老師的想法走

我的另一個感觸是，台灣老師太要求學生配合老師的想法走。若不是因為我在紐約待了十年，我還真不知道如何站在國外來看台灣是多麼的尊師重道。然而，在這種尊師重道的潛移默化教育下，又是有意識、無意識地把學生放進老師的框框中。

回來台灣督導四年多後，我深深覺得在台灣的教育實在比在美國還要強調權威，也強調操控。學生似乎被教得太過於注重權威教授或主管的看法，而忽略了自己本身可以是什麼？適合什麼？老師、主管們也似乎忙著讓學生配合自己的方向。

當我聽到：「這樣不知教授會不會滿意？」「這樣不知主管會不會滿意？」「是不是符合教授規定？」「是不是符合主管規定？」我聽了內心其實會蠻難過的，很擔心學生會不會亂了本身的陣腳而失去自我，不是真的尊師重道。

當然，有很多不見得是權威教授或主管刻意造成的狀況，有些是學生將自己對權威父母的情結投射到師長上，不過這也是一個敏感的師長可以更深入了解並點出的議題。

我感觸到台灣不只是父母超級會期待兒女成為自己理想中的樣子，更在師生中看到一些沒必要的相互期待和操控，這跟台灣太以父母為重的文化也有關。

我會感觸那麼多，其實跟回台兩年多時，我慕名前往參加的另一個工作坊有關。那個工作坊是由一個面相很嚴肅，不太笑，很講究權威及傳統的亞洲老師所主講。但也因此更突顯出台灣人多習慣被操縱、被控制到不太知道如何跳脫。

我一開始便覺得這位老師的操控慾很強，不時會指示、批評、罵人。才一下下我便覺得有些不適應，畢竟這跟我在紐約喜歡的溫文儒雅、風趣好玩相差甚遠。我印象中的大師都是笑笑的，可是眼前這位頗嚴苛。當下我不太明白，為何這位老師幾乎每年都能來台灣做工作坊。可是既然都慕名來了，我也想學點東西再走。

不過我待愈久愈覺得怪，收穫不大，不舒服的地方倒很多。反而他給人的「態度」會是讓人印象跟感覺最深刻的，並不是知識。

至於他的態度是什麼呢？他在學員沒達到他的要求時，容易讓學員覺得是自己不夠聰慧、不夠好；當學員有不一樣、甚至是相反的想法時，他傾向認為那是錯的；在學員覺得沉悶時，他也沒在乎團體的溫馨或輕鬆動力，他說是學員不夠認真投入；他會直接做自己覺得應該做的事，然後高度期待大家配合；他的指導性相當高，使得那些搞不懂、跟不上的學員容易有被放棄的感覺；而在團體中，沒順從的學生容易被團體無形的壓力當成是異類……我觀察到，這位權威老師喜歡的是必恭必敬、乖巧柔順，凡事說「是」以及多方稱讚崇拜他的學員。可是，那偏偏不會是在紐約待很久過的我。

不過我知道，當時我不能說太多話，衝突對我沒好處。有時上上之策就是閉嘴，閉嘴會少很多麻煩。

當天，我就眼睜睜地看著一個比我還愛問、還愛表達的學員在被老師打了好幾槍之後索性封嘴。老師看來也想要他閉嘴，因為老師不再往愛問的學員那看，明顯地要少一些歧異、「不合作」的聲音。可是多好玩，那位需要封嘴的心理師，在我私底下的了解是個很會做治療，很有自己想法，很有熱忱，很會引導困難、抗拒個案的心理師。

那天若不是我的好奇心，讓我想看看這工作坊能讓我的「認知失調」失調到什麼程度，想觀察其他人一天下來的反應，我早就像在紐約一樣早早落跑了。

像我在紐約，若真的遇到會消化不良的訓練或工作坊，可以像其他紐約人一樣用直接離席的方式來表達。頂頭上司也不會說什麼下屬「不認真受教」之類的話。有一次，我回去跟我兒童局家暴中心的西班牙老闆 Ralph DuMont 講：「Not my type of teacher.」Ralph 還接在我的話之後糗我：「沒選擇被折磨一天。」一陳述事實後，通常我們會得到老闆「人道」的諒解，畢竟他也不希望我們浪費時間和精力在不需要浪費的地方，這是讓台灣來的我覺得很不可思議的文化差異。

但，讓我不了解的是，為何在台灣能有那麼高的容忍度忍受那些控制、批評、罵人的態度？真的就是權威文化下的影響？我很訝異為何在那個老師的工作坊中，竟然有不少人就是能乖乖地聽話一整天，然後結束後還稱讚很棒？而那些有歧見、抱怨聲四起的「歧異份子」必須要閉嘴？這真的是很奇怪的現象。

的確，台灣跟某些亞洲國家有很相似的權威文化，只是在紐約，我有充分的自由度可以逃、可以擋，但在台灣，卻似乎有個隱形的網罩住個人自由。看到這現象，使我都認知失調了。

當天其實我很苦，而且也輪到我丟臉。我記得當我朋友拉我上去，跟她一塊感受那老師的教導時，我沒機會跟我朋友說，我早就已經當「旁觀者」的角色不涉入了……所以當我上台時，我連簡單的重複話語都恍神不會說，當然立刻挨了那老師一頓罵……不過我也更深刻體會到砲火直接轟炸到自己時有多傷、而且是相當尷尬不舒服。我當眾表現超爛，當然會讓一些了解我平日水準的人訝異，自己也覺得很丟臉，我這個當人家督導的竟然不會簡單重複同理的話語？其實連我自己也很納悶，我平時會，但當下我真的不會……夠怪了吧？但我當時真的是拉不回那飛到九霄雲外的白日夢腦子。雖然跟懷孕初期的婦女容易注意力不集中有關，但我自己知道，我不完全是因為懷孕疲憊的原因，坦白說，後來的我實在是努力地「選擇不在當下」。我當時早就做白日夢去了。

當時我的白日夢是什麼？我其實是在想被關在納粹集中營的存在心理學大師 Victor Frankl 所講的一些內容。比如他有一本著作是《Man's Search for Meaning》，我在念碩士時非常喜歡。當他被關在納粹集中營三年中，他領悟出什麼都可以被拿走，但人類最後的自由，他的思想及態度卻拿不走，而且還可以透過「痛苦」，尋找屬於自己的意義跟目的……當下我真的是亂神遊去了，可是不幸被叫回來時卻像國、高中學生一樣挨罵。

至於我下次還會不會參加那位亞洲老師的工作坊？當然不會。知道是怎樣不舒服就好了，不用一直把自己往不舒服送。

我總覺得督導、老師們會是學生的一面好鏡子。老師愛笑、有彈性，會使學生更覺得心理學是活的、是很好運用的、是學了之後會使自己更快樂、使自己更激發出自己的好。就像後來我參加某台灣老師所帶領的一個薩提爾模式工作坊，我便覺得從頭到尾都很舒服，感覺很被尊重。我心裡多高興能跟一個這樣常常有著笑容，不斷給人溫暖與正向感覺的老師學習。

但，一個不笑、不風趣、沒彈性的老師，甚至凶巴巴的老師，會使我強烈懷疑這老師自己的整合夠不夠。而且，畢竟督導是在示範如何溫暖、有熱忱地跟個案接觸。難不成老師是在教我如何對個案嚴苛、強調規範、權威和限制嗎？

老實說，我在美國接觸到的大師也很多。而真正的大師常是行雲流水的表現，表情常是笑笑的。而台灣、亞洲一些國家的「大師」常是嚴肅、嚴厲，甚至不笑之餘還要罵人。當我遇到這樣的「大師」，我往往就想打退堂鼓。除了我本來就很愛逃之外，我也擔心他會誤導我往嚴肅、不笑、抗拒的一面跑。

其實我真的不清楚，用嚴肅、嚴厲，甚至不笑之餘還要罵人的「罪疚」方式，如何使一個學生成長？怎麼會用在輔導與諮商的教學上？將學習中的學生弄得不舒服，甚至批評到傷到學生自尊、哭、吃不下飯、睡不著覺，寫報告、回話時戰戰兢兢或神經兮兮，不想再念諮商、開車找不到回家的路（有一個學生難過到撞車），以及其他很容易想到的身心毛病（頭痛、胃痛、失眠、胸悶、喘不過氣來、拉肚子、肩頸酸痛、皮膚過敏等）……這樣嚴肅、嚴厲甚至不笑，真的會讓學生們學得更多嗎？

我是很不相信又凶又嚴厲這一套的。又凶又嚴厲的老師，會讓我看不到一個心理治療師的統整，基本上，假如我是個案的話，我無法跟這樣的心理師建立治療關係，更無法去矯正情緒經驗；假如我是學生的話，我無法建立好的學習關係，光是害怕就已經很干擾學習能力了。我相信的是，「愛」才能使人復元。

在薩提爾模式中，提出四種會出毛病的人際互動型態，有討好、指責、超理智及打岔型。倘若我們做個體驗，把自己當成個案去體會這四種類型的心理師時，我們會發現（縱使這四種類型終究不是長期下來使自己統整的心理師），討好型是最能讓自己感到溫暖，最被接納的；打岔型還會讓自己感到幽默，並且天馬行空地去跳脫固著的問題；但指責及超理智型，則會使當個案的我們老覺得委曲、不被尊重、被貶低，想逃，而且很容易地反射性說「可是」、「但是」，有的甚至會覺得被心理師弄到很受傷。

在美國紐約，我覺得幸福的是，若有意見，學生可以大聲說出來。就算再蠢、再白目，也有發言的權力。畢竟彼此有個尊重「對方可以跟你不同」的底限。但在台灣，很容易把意見不同當成「反對」、「抗議」、「攻擊」、「不合作」、「不尊重」，甚至是留下一筆「恨」或一股「氣」是要被記住的。這種「需要一致」的特殊心理要求，從台灣強調父母權威的家庭環境中，就很容易看到它的類同。而這種需要一致的特性也不由自主地延展到了師生關係之中，再度展現它的影響力之大。

怎知這些「需要一致」的要求之下，壓抑了一些獨創性高的心理師發展，也少了很多真正的尊重。如此長久下來，不只是老師跟學生之間難溝通，更困擾的是，延宕或干擾獨特心理師特質的培養。

台灣的心理師訓練容易「設限」太多。在授課及督導當中，很講究規矩、架構及理論。而當老師們很努力將架構、理論或自己的框框架在學生身上時，很多學生的創意、巧思便一點一滴給消磨掉。這不僅很可惜，有很多本質超可愛、超有趣的學生，感覺就像孫悟空給緊箍咒套住一樣發揮不了特質。而當我講孫悟空，其實也隱喻另一方像玄奘……至於玄奘是什麼特質，可就不用我多說了。

在「指導」、「矯正」下，有時反而使得學生步調更亂。就像《莊子》裡有一個「邯鄲學步」的比喻：燕國的一個小孩到趙國的都城邯鄲去學習邯鄲人的步法，但是，他非但沒有學會邯鄲人的步法，反而把自己原來走路的步法給忘掉了，因此，他只好爬著回家。那比喻主要講的是：讀書人最初是為了追求「大道」來恢復自然的本性，但是在求道的過程中，一味忽略自己「原本就自然」的本性，矯枉不當，反而血脈不通、亂成一團。

我常看到當學生被權威的框框給嚇到時，往往有不少做得不錯的跟師長講不出來，做得有問題的卻被殺雞儆猴般地放大百倍來看。就像我自己本身那次參加亞洲老師的工作坊中著實給「嚇」到了一樣。竟然這麼容易挨老師的批評跟罵……一定一堆人被弄得心情不舒服。

我真的很希望，在台灣當督導、教授或主管們的，儘量要溫暖、風趣地「融入」（joining）

我們的學生。

倘若督導、教授、主管們不忽略跟學生溫暖、風趣的互動，學生也才不會忽略跟個案溫暖、風趣的互動。對學生來說，「模仿」是個很直接也很長遠的學習方式。

我希望督導、教授或主管們用不著像我這麼笨，還要到國外去督導黑人、白人、西班牙人之後，才敏感察覺「每一個學生都不一樣」。融入每一個學生的方法也不盡相同。我覺得，每一個學生都需要教授、主管們示範被「融入」後的舒服感覺。這也是米紐慶所要表達的「運用自我」作為引發改變的工具。

米紐慶的「運用自我」，並非「我最大」或「心理師最大」。

反框框的紐約

在紐約時，有一個改變我很多的轉折點，教導我這個從台灣來的乖寶寶要如何用力反框框，才會使自己的命運順心。

或許人通常要不愉快，才比較會動腦筋去想如何改變，而這個轉折點，剛好就是不愉快的經驗。可是，這也是個因禍得福的故事。而且也就因為這個經驗，我才能更親身體驗當督導有什麼不能做，而有什麼情境之下別人是不敢怒、不敢言，但不代表一切風雨平靜。

曾經有幾個月的時間，在兒童局家暴中心的我們很不幸地遇過框框很重的上司。那是一個在管理上青黃不接的時期，怪異之事也就容易發生。台語：「壞年冬，多瘋人」剛好應用在我們那時候的體驗。

基本上，在紐約的工作環境不會因為你的種族、身高、體重、美醜、信仰、性別、性取向等，而來定義你能不能勝任工作。但，那時候的上司讓大家已經反感到會用上述的標籤來做很壞的宣洩。

她是個巴拿馬移民來的女黑人，但她壞了巴拿馬的名聲（我們另一個可愛的巴拿馬女社工便如此抗議）。她至少一百八十公分、體重一百五十公斤，對食物的熱愛遠勝過於對人，大部分的時間都在自己辦公室隔間裡進食。她常因體重過重而喘吁吁地行走困難，一累便休息。胸部大到常常拿來當餐桌、乳溝則當食物固定架。（我沒有誇張，因為她常常在她胸部上放早餐的麵包，或午餐的披薩、炸雞塊，或在乳溝中間放可樂。所以常常也在她胸部上看到遺留下的食物屑，以及衣服上的飲料漬。）

基本上，巴拿馬上司她能得到這份工作，跟任何歧視無關。但，愈跟她相處，我們愈發現我們沒有歧視她，反而是被她歧視跟虐待。像我剛剛那段對她體態及對食物過度著迷的宣洩，其實就反映自下屬被她歧視及虐待時會有的幼稚語言。我那時也才體驗到，一群下屬不會無緣無故幼稚或退化，除非上司讓他們不滿到無法用正常的溝通管道宣洩。

其實要了解一個主管，並不需要花很長的時間，一個禮拜就夠了。一定會有一些端倪讓我們覺得不對勁。像巴拿馬上司她剛來沒多久，有一次在上班時間，她很慎重地找正忙得不得了的我去談話。我看她那麼慎重，大概是有什麼重要的公事要商量。但，一進入她的辦公室，看她桌上放的是一堆教科書，原來她是為了自身念碩士的課堂報告而要詢問我的意見。她不忙，我很忙！看她上班時間做自己的私事，實在是太離譜了。

她問我對同性戀有何觀感，我便壓一下很想回去忙公事的心，爽快地跟她講我知道幾個男同志（gay）、女同志（lesbian）的朋友，他們的感情世界（在紐約「出櫃」是件很輕鬆的事），以及每年六月的同性戀大遊行多精采，紐約下城的同性戀街那裡有多少酒吧，夜店……我發現她一聽到我有同性戀的朋友便皺了眉，當我興高采烈地講同性戀大遊行及夜店、酒吧時她更皺眉，而當我說有些同性戀朋友的感情又忠貞又和諧，甚至到令人羨慕時，她便緊張地說同性戀在她信仰的基督教裡是個大「罪」（sin），同性戀是個不該犯的「錯」……

我心裡便起了警鈴響，巴拿馬老闆的「罪」跟「錯」的觀念很重……

那她怎麼跟我們另一個宣導防治愛滋病的部門相處？裡面從主管至工作同仁、志工、個案全是同志……

當下我知道，我們的日子不好過了。經驗告訴我，透過「罪」跟「錯」這種鏡片看人權、人性的人，很容易類化到其他的人事上。所以我沒必要太天真地以為自己能倖免。果真，後來有不少戲劇性的情節出現，我真的被捲入她塑造的人間地獄中。

這個巴拿馬老闆年紀四十快五十了，單身，但她不是個快樂的單身女郎，也似乎不是自願單身的，而是因為沒遇到對象。在紐約喜歡胖子的人一堆（中東、非洲、南美人特別愛胖子），所以胖也不是她單身的理由。或許重點是她常常會皺眉頭，弄出一臉別人不夠好、不對，凡事讓她很煩惱的樣子；她的基督教信仰並沒有使她很友善。

我們這些下屬剛開始都是採取嘗試接納的態度，學習如何適應對方。但後來發現，她的框框很重，她常要求的是別人擠進她的框框。但她的框框不見得是對的，也不見得適合每個人。

她希望我們在工作上要跟她一樣「熱衷」，但後來我們發現，大家對熱衷的定義太不一樣了。我們的熱衷是在工作上有著熱忱，盡力做到最好，但她的熱衷是從很多的細枝末節上不斷地修改，而且透過「罪」跟「錯」的鏡片不斷挑下屬的毛病與監管。

工作上盡心盡力是大家「本來就會」的，要不然也不會在她來之前，我們在評鑑上的得分常常名列前茅，董事會也老把我們當模範要其他隊組效法。基本上，她要管理的是一個不用管就會自動運作的團隊。

但沒多久，我們很訝異地發現，她常常煩惱這、擔心那，老覺得我們這個沒做好、那個做得不夠多。我們都在想她到底有沒有「雞蛋裡挑骨頭」的意味？她這樣老是透過「劣」質的鏡片看人事物，不管怎麼看都不會對的。跟她相處愈久，我們愈累。

大家上班變得不起勁，變得不熱愛自己的工作。覺得反正怎麼做都不對，那乾脆隨便做好了。我說過那是個在管理上青黃不接的怪時期，就因我們當時最大的老闆心臟病過逝，董事會也在改組中，上頭沒人可以投靠，也沒直接的申訴管道。那時，資深的社工想離職，祕書身心病嚴重（一天到晚胃痛、頭痛在請病假），當督導的我夾在中間裡外不是人……我也常頭痛，很想離職，也真的跟大家一樣在找其他工作。

巴拿馬老闆下班沒地方去，所以連帶地，她會明示、暗示大家最好留著陪她。但她總是來得比別人晚（規定九點上班，但她通常十點、十一點才來），卻又很有「良心、責任」地會待得比任何人晚（七、八點甚至更晚）。朝九晚五的生活就硬生生地被她給改寫了。她會在下班之前突然交代今天之內一定要完成的事，但事實上，幾天前她就可以說她要的東西是什麼。但她說她很忙，忘掉了。如此一來，使大家要離開時罪疚不已，而且大家會認知失調地覺得早走的人一定就是不認真的人。

其實看她留得都很晚，或加班也不知她在忙什麼（不過我們知道她一直在忙自己的碩士班課業），到後來她做的事幾乎都跟我們沒什麼直接的利益或幫助，不過麻煩還是很多。

有些話她可以直接花兩秒就說好的，但她會刻意打成公文，深怕我們不照做。收到公文的人則深深覺得被污辱——看來她的不信任我們，卻也成了我們無法再信任她的源頭。

我們在處理個案上，一定多多少少會有盲點、瓶頸，會有時間限制上所做不來的地方，但她總是先指責再說，而不是先深入了解困難在哪，或現實上可處理的程度有多深。她會定義是社工懶惰、不盡心，以及我的督導不力。但是，她繞了半天還是在繞問題（**problem focused**），是在追究責任、找罪人，而不見解決之道。

她要求社工什麼都要做到，甚至不是我們範圍內的事也要管和做。但，假如她是社工，其實她也做不了那麼多。很多都是「理想中的狀況」，但不見得能在現實中執行。社工很怕她跟著去學校或家訪，因為再怎麼資深的好社工，在她眼中都能被她找到一堆做得糟糕的瑕疵，而且她會當著個案家庭的面用很嚴厲的眼神、言語指責社工，這真的是最糟的管理方式。

一個家訪四、五十分鐘可以完成，她一去卻翻箱倒櫃地問陳年歷史，花一、兩個小時地牽扯不止，連個案或學校都覺得太超過界線、太浪費時間了。個案很納悶，為何她要重複問檔案裡社工早就寫明的資料，而不去問「目前」有何需要？當她發現個案有困境時，眉頭皺得超緊、雙手橫握在胸前，連個案看了都要安慰她狀況沒那麼難解決。

那有沒有喜歡她的個案？有，是那種倚賴性超高、個性超悲劇的個案，當女上司眉頭皺得超緊、雙手橫握在胸前，則剛好像是反射鏡一樣反射他們對生活的態度。她不知道這些個案通常會對社工有無底洞的需求，但女上司被拯救者的心態薰昏頭，不知道那是個可怕的陷阱還猛跟個案做承諾。

她一承諾，苦的是下屬，基本上那是很不負責任、不合理而且會壞了社工跟個案關係的行為。社工生氣地跟上司說不需要這麼做，這麼做會使個案更倚賴；但上司反而火大，覺得下屬不服從她。我們便常常看巴拿馬上司憂心忡忡地坐在電腦前打公文，不聽諫言，卻固執地提醒或警告社工什麼沒做，我們只覺得她在沒事找事做，說穿了是在趕公文給自己看。

大家受不了她，我跟她抗衡替下屬說話不見效果後，我跟另一個資深社工只好用離職的行動表達抗議。然而，我離職才一個月，她交給兒童局家暴中心的月報表慘不忍睹。不只是因為她不會做我熟悉的月報表，最難被接受的原因在於她執著地叫社工花太不合理的時間在同一個個案身上，但其他個案就這樣失衡地被忽略了。所以月報表上一堆沒做到的工作一一清楚浮現……那時她才知道她失衡到什麼程度，她才知道下屬扛起多少她做不來的工作。

在我離職的那個時期，團體因少了我當擋箭牌及緩衝劑而直接深受其害，那些資深社工便更不放過她，全都站出來向董事會抱怨。講究人權的紐約很難允許這樣的人生存，所以她因群起抗議而面臨被免職的命運，而另一方面，董事會請我趕緊復職。

她後來離開的時候帶走一推車都是厚厚的文件，而我們後來在幫忙收桌子時，更憤慨地氣她花一堆時間在寫沒人要看的公文，仍有好幾堆厚厚的文件在她座位上。而且什麼雜七雜八的文件都有，印了一大堆，難怪我們老是缺紙、沒墨水。我們很遺憾她花太少心力在人上面，卻花太多心力在白紙黑字的計較上。我把她寫給我的幾張「提醒」及「警告」書好好留了下來，裡面有不少嚴肅認真的威脅，也有不少語重心長的「改善期待」。我會留下來，是因為這是很棒的錯誤督導課程，清楚地告訴我當督導時，什麼是絕對「不能做」的事。

經歷過她，我深刻地知道什麼會惹得大家怨聲載道。我也看到降低士氣、損毀效率、阻撓成長，以及讓熱衷的員工討厭自己的工作是怎麼來的。我後來拿這些「提醒」及「警告」書給來整頓的西班牙大老闆 **Ralph** 參考時，他笑到翻，直叫我撕掉它，他說留這種垃圾沒有用。但我還是留了，非常有紀念價值。

也因經歷過這樣的一段苦插曲，我們所有工作同仁都在最後學習到，如何在受到不對的待遇時要替自己站出來講話。限制在框框裡，絕對不是學習成長的好方法。壓抑、忍受也只是延長自己的痛苦，對改變困境沒有幫助。

當我在台灣講這一段跟巴拿馬老闆的歷史故事時，常常會讓很多人想起自己也曾經歷過的類似受難經驗。沒走出來之前都很苦，可是一旦走過，就像打了一支免疫針。以後再遇到類似的事情時，會比較懂得如何處理才不會這麼傷。

在此我再提一下薩爾瓦多・米紐慶。他強調的是治療師培養「融入」那種順應個案、家庭風格的能力。我看到我們那位巴拿馬女上司沒有融入我們，矯正、嫌棄、找麻煩倒不少。然而，我看到台灣有不少督導、老師，也是我們這位女上司的翻版。

很讓人無法理解的是，督導、老師可能會強調教科書中要慷慨地對個案、家庭如此做到「融入」，卻沒對自己的學生做。這跟我們的親子文化也有相關性。

想想看，有多少次我們見自己的父母對外人會傾聽、有禮貌，會設身處地替對方想，會選擇性地使用增進關係和諧的話（尤其是面對生意上有利益的對象），但是對自己的子女卻關起耳朵、板起一個臉，有意識、無意識地壓低孩子來提高自己的權威，或把生活上的氣出在自己的孩子身上？說穿了，那是個盲目、會使人挫折的「雙重標準」。老師跟學生之間，或許彼此都要增加意識，去察覺自己是否正在做在家庭中跟父母一樣不愉快的事。若意識到了，便比較容易從中跳脫惡性循環，並做正面的修改。

第二章　治療新體驗

空間的轉換——諮商室可不可以換？

再來講幾個跟框框有關的故事。我記得剛回來台灣時，有位心理師看到我哪兒有諮商室就用哪兒，而訝異地「教」我說，最好只用同一間諮商室，「不要讓個案一直在適應環境。」

我就在想，他可能大多是在診所裡約見自費個案，而在外面跑公家機關個案的機會不夠多。那時，我就很感謝在紐約兒童局家暴中心的經驗，讓我有社工的彈性及快速「融入生態」的技巧，在做晤談時可以較不受地點的限制。本來我們覺得跑來跑去、換來換去很辛苦，但後來卻發現好處多多。

有時候在最自然的環境中，反而能讓個案有最輕鬆、深入的談話。我在兒童局當督導主任時，便常常為了自己要被訓練或我要訓練新進社工，而離開辦公室去個案的家中或到學校做晤談和示範。有時，家訪的時候我們是用客廳，有時是臥房；有時必須跑到個案家附近的公園去，有時是咖啡店或較隱密安靜的一角；個案家庭如果是在自家家中做生意，就要趁沒客人時跟個案或家人聊幾句；而當家中來了客人也要見招拆招，有時要扮演不同的角色，一切以不讓個案尷尬為原則。

去學校見個案的時候，我們也不能完全限制在諮商室，有時會空間不敷使用，或有鎖的那個人沒來上班，或者個案在諮商室會有過度的拘泥感……所以需要臨時變換到空的教室，有時哪兒都沒空教室給我們用，還得用到餐廳、視聽教室、大禮堂或學校的任何一角，有時就坐在操場上的階梯……其實，可以用的空間無限多，就看你怎麼去靈活應用。

比如說，我有一個國中生個案，第一次在諮商室中見面時，見他猛皺眉、一臉很不愛踏入諮商室的樣子。當下我立刻深入去了解原因，原來他從幼稚園開始便整日被父母拋棄在安親班、學校、補習班，他最怕的就是「又要在教室裡」！當下我便立刻帶他離開諮商室，兩人隨意趴靠著某處的圍牆，站著聊了一節課。有意思的是，就這樣在諮商室外談一、兩次，到第三次，他主動說「可以」進去聊了。

有時候，心理舒服了，諮商室的牆不再是束縛，而是強而有力的支持。

有時個案人在住院，我們便也整個移駕至醫院。

想想看，假如你做的個案是翹家、翹課的青少年，平時根本沒機會見到他。我們會不會逮到他終於哪兒也去不了時，到醫院見他廬山真面目的機會？當然會！有意思的是，在個案住院時，抗拒心似乎比較小，他也比較容易接納來看他的人。我有幾個翹家、翹課的個案就是在醫院裡建立第一次關係的，而關係一旦建立得好，往後做諮商便比較順。個案在出院後，雖然沒那麼快可以改變到完全不翹家、翹課，但往往會自己跑來機構跟你晤談。

所以，可不可以換諮商空間？當然可以！我們不要把個案想像得弱不禁風。常常，個案比我們想像中容易適應環境。

我們要問的應該是：「彼此關係建立得好不好？」而不是：「諮商室可不可以換？」好的話，相對地個案適應的能力就是比較強。不好的話，就算我們把他安安穩穩地放在七星級招待室裡，他仍會覺得不舒服。而有一些縱使是愛抱怨的個案，他跟你關係不錯時，抱怨歸抱怨，他還是會隨著換諮商室而修改自己的框框。

環境跳，思想跳

雖然我們都會有個在固定環境裡覺得較安全的感受，但久了之後，往往愈習慣、愈安全，愈是有可能使我們養成不敢跳脫或改變的慣性、對身邊的事物過度執著、會想抓住更多的權力。

例如我們去參加工作坊或團體時，大部分的人會心照不宣地在第二天、或下次團體時坐回原來的位子。好像無形中在固定的地方會有個專屬自己的味道或歸屬感，而這個味道跟歸屬感，似乎在腦中的某個部位告知自己安全感是必要的。或許，需要安全感、需要宣示領域是人類的本性。當然，這也是個生存的本能。要不然，從最基本、原始的生活層面來看，所有的人一出了門就不想回家了，沒人要回家，那不會走動的小嬰兒不就會餓死。所以這種歸屬、安全感及領域的宣示，在「存活」上，某種程度是必要的。

可是，假若太固著於同一個地方，太霸占，太僵化於事物的恆常性呢？在某個程度還會是必要的嗎？

先從幾個簡單的例子來看——就講「站在戲棚下站久了，位子就是我的」效應。領域、疆界跟「腦中的固著」似乎會有個相輔的關係。莫名其妙地我們會覺得那位子無形中就是「我的」，而對新來、不知情的人，我們會趕他離開這個位子。就像搭公車，司機總是苦惱如何讓先上車的乘客往後挪，因為那些先上車的人似乎討厭後上車的人改變他的舒服地盤（comfort zone）。

我記得有一個故事是這樣的：

有個媽媽帶著兒子硬擠上滿是人的公車，孩子很不安地躲在媽媽身後，避開那些投向他們的白眼攻擊。那些白眼在說著無聲的話：「都已經很擠了，你們還上來幹什麼？」媽媽則老神在在地摸摸兒子的頭，安撫他說：「不要擔心，很快地我們就是給人家白眼的人。」

我們人真的很好玩，明明工作坊、戲棚、公車上的位子都不是我們的，但，在我們存在那環境的當下，我們認為那就是我們的。

再舉兩個比較複雜的例子：㈠做母親的老想把孩子綁在身邊，㈡求學階段的孩子不想離開舒服的家。這兩個例子在某個程度就可能固著得太牢靠，太霸占，太僵化於事物的恆常性。

我們在做諮商時，常常會發現舊腦不讓我們跳脫習慣，而偏偏那些東西就是使我們生活不快樂的主因。有些腦中固著的東西對於目前的生活已不太適用了，卻有那割捨不下的「慣性」使我們不肯放下。明明在腦中固著沒什麼意義，對生活也造成很多障礙，我們卻莫名其妙地為了那

「安全感」而捍衛，堅持舊有的生活模式。做諮商時，我們會發現要添加新的東西進去時，容易被原本就在裡面的東西抗拒。

我們的個案或家庭有很多便是處在一個「安全」，但除此之外再也沒什麼作用的生活模式。這個時候，若再用同一個空間來象徵性鼓勵他「繼續安全」就沒什麼必要了。其實，太固著可能是自己心態僵化的反應，就是那個「固著的我」讓人不快樂。

所以有時，換個諮商室、換個生活空間、換個氣氛，就是象徵性地「改變」生活或思考模式，整個心情會連帶地很不一樣。

我記得我在豪福斯特（Hofstra）婚姻家庭研究所的教授 Dr. Mince 在做伴侶治療時，曾經講過一個有意思的伴侶案例。他見這對結婚近二十年的夫妻已有一段時日，老聽他們對對方極度厭倦，抱怨生活已槁木死灰。有一天 Dr. Mince 用策略治療，派回家作業給他們，要他們夫妻「換個生活空間」。

Dr. Mince 請他們離開習慣的客廳、臥房，而到房子裡「不常去」的地方談心。後來這對夫妻想了半天，終於想到屋裡有個要拉下梯子才能攀爬上去的閣樓是他們幾乎不去的。兩人為了做治療師派給他們的回家作業，便特別約好一個時間，一塊拉下梯子上閣樓去。

然而，在那過程中，因為他們是在遵從治療師的指示，所以他們有個「共同針對」的治療師而不再是彼此，他們的劍尖刺往治療師，四個鼻孔出氣的方向也改往治療師。他們變成有個「共同的目標」要同心協力完成。所以連帶地，並肩作戰之下，當他們進入「較不同」的地方時，連帶地看到「較不同」的對方，也看到「較不同」的自己，後來產生「較不同」的感覺，做出「較不同」的行為，最後還情不自禁地在閣樓裡燃起性趣。

他們發現，本來在做伴侶治療時，兩人的專注點都是在自己身上，都在抱怨自己多委曲，都在想對方如何地使自己不快樂……然而換了個地方，注意力便分散到「自己不熟悉的環境」上，連帶地那個不熟悉的「我」，或是很久以前就被遺忘掉的「年輕的我」（因為閣樓是放一些年輕時候的東西）竟然也給帶出來了。

這對夫婦二十年來都在同樣的地方繞，很多的互動可能已經成為「可預期」的自動化反應了。要求這樣「安全但不舒服」的「心」要有不同的感受，的確會是個「慣性」及「想像力」上的挑戰。

後來這對夫妻在一次「不同的經驗」中，燃起了對自己及對伴侶的新感受，也憶起了一些當年追求愛慕時的心情。之後他們自己便嘗試在家中做一些不同的改變，如：換傢俱擺設的位置、重新油漆、換個窗簾、多個共同的寵物、煮個沒煮過的菜，改變一些規律事情的先後順序，放不同的音樂、點個蠟燭、滴些精油，甚至還做了一些計畫要出城去旅行……他們發現：改變環境可以改變心境，增添新的東西（不見得是物質）會增添生活情趣。

其實，這對夫婦後來補充說，因為要爬上閣樓時，老公會奮力拉下頭頂的梯子，還因為梯子不好爬而自動伸手拉老婆上去。你想想看，已經很久沒肢體接觸的夫婦，一旦再次碰觸時的感動會有多少？

對這對伴侶而言，那一接觸的剎那，老婆突然覺得老公是個「很Man」、很有力氣的男人，是個可以勇猛拉她往上走的英雄……光是這個想法就使她罷工許久的女性荷爾蒙開始動工；而當老婆近距離望著老公爬上樓梯時，剛好看到屁股，也想起當年自己看他打網球時翹屁股的愛慕。至於老公這邊怎麼說呢？他則覺得突然被老婆緊緊抓住的感覺就是好舒服，那個自己「真的被需要」的感覺回來了，不再只是一個養家的機器人。而他覺得，原來平常那個囉嗦的老婆似乎不是真的要推他走開，而是用錯誤的語言表達她需要他。

這對夫妻體驗到，光是爬一個樓梯，便使失落很久懷念的年輕感情回來了，而且還有很多年紀大了才會有的成熟安全感也新鮮地跑出來。他們後來答應治療師要繼續從小地方經營，儘量去用相互欣賞愛慕的眼光看對方。後來，聽說他們很容易在閣樓找到對方。

我們在做諮商治療時，往往看到有許多夫婦平時不是不想碰對方，只是很尷尬地找不到理由去碰觸。

所以心理師往往可以幫忙製造一些情境，讓伴侶產生一些感覺跟行為來碰碰對方，而碰一碰那久違的伴侶，很多熱戀時溫馨的感覺便會自然出來。當然，這也要心理師本身就很調皮，很有情趣的才推動得自然。所以我非常鼓勵心理師要調皮一點，要有彈性，要風趣，要好玩，要懂得臨時創作，冒險讓個案夫妻間彼此做一些事，這樣在做伴侶治療時，才會比較容易輕鬆化解一些伴侶議題。

做伴侶治療時，我們最怕的是心理師一板一眼，老是在講理論、架構、原生家庭、系統、分析、目標、疏離、緊密、同盟……，然後還期待伴侶治療中的伴侶會對對方感興趣。像艾瑞克森這位催眠心理治療大師年紀七、八十的時候，都還比三、四十歲的治療師調皮會設陷阱，然後個案往往在很輕鬆愉快下做了使他自己更好的改變。艾瑞克森一點都不主流，也不拘泥在某些特定的問話或技巧，可是他所做的東西卻很好玩，很有行動力，而且有效得不得了。

有時，在做團體督導時，我會故意在大家都坐穩之後改變位子，目的是要刺激一下學員們及我自己固著的舊腦袋。想想看，有時候在固定的地方，就是會不由自主地談同樣的話題、做同樣的事，舊有的腦子是不太需要去思考的。

變換位子當然會引起幾分鐘的氣氛動盪，內心也會有十幾分鐘的餘波蕩漾。但是那一動盪，新腦也就跑出來工作啦！很少有人會愛跟督導坐很近（這跟我們從小就投射的「長幼有序，師生有距」觀念有關）。所以可以猜到的是，那幾個本來習慣坐離我較遠、較少發言的學員，這下子就有壓力要多說幾句了。而我本身也最愛往離我坐最遠，最少發言的人那去。當然我本身很愛把團體的氣氛炒熱，但有部分的原因是，我頗喜歡看到那些突然跟我太靠近而有點慌的學員表情……我的確是蠻調皮的。不過，督導、治療本來就有個「玩」字在裡面。

玻璃罐中的45度黃金角？

回台後我曾經遇過一位相當在乎、特別強調座椅呈黃金「45度角」的心理師。他每次做個案前，一定會很貼心地將心理師跟個案的座椅角度喬成45度角。他會這麼擺，有一大部分的原因是：教授、教科書都這麼教。不這麼做，他會覺得沒給個案最極致的場面設置，當然更少了正向尊重的最好角度。沒有黃金「45度角」，他會覺得沒諮商效果。

那時，我就有點好奇，倘若他看到我不時實驗性地讓個案自己進來，再調整自己舒服的角度及距離——有時我主動地完全跟個案肩並肩，有時一百八十度角面對面對坐，有時又像在懲罰個案一樣地請個案將椅子轉向牆壁自己獨坐……豈不讓這位心理師皺眉、搖頭，更覺得要費心「教」我黃金「45度角」的黃金重要性？

基本上，怎麼跟個案坐的確是門藝術。但，黃金「45度角」真的是二、三十年前的教科書裡才會刻意強調的老派概念。老早以前就沒那種不可抹滅的固定性，而是被擱在玻璃罐中供陳列了。想想看，最簡單的一個衝擊性思考，倘若用到體驗性、實驗性、策略性強的心理治療方式，或心理劇，我們很可能在一個小時裡，就跟個案換了好幾次座位方向。而且每個方向，各有它的感受效果。

光講一個最始祖級的佛洛伊德，他就沒有要個案乖乖坐著，他的個案很多是躺著的。當然，佛洛伊德有一些說法也被後人改革，但在紐約，比較昂貴的心理治療通常有張媲美佛洛伊德的豪華躺椅，個案或坐或臥，相當舒服；然後治療師愛坐哪就坐哪。在紐約，我也有好多個案第一次來，就在找佛洛伊德的躺椅，他們以為心理諮商或治療就應該要有印象中該會出現的躺椅。我自己也躺過，是真的很舒服。可惜台灣大多用獨立的椅子或沙發。

其實，個案愛怎麼坐就讓他怎麼坐，是最簡單不過的事。讓個案自己去調自己舒服的坐姿、角度及距離，其中，心理師可以看到很多個案的心理投射，我們至少可以看到個案跟人之間的基本心理距離及態度。而這個投射性地表現心理距離及態度，都是在黃金「45度角」中看不到的。

我記得，有一個很討厭人群、滿手是割腕痕跡的高中女生，在剛開始跟我是一百八十度角面對面遠遠地僵直對坐，一、兩個月諮商後我發現，雖然仍是一百八十度角面對面對坐，但是她自己已把椅子拉靠近我，會傾靠在椅子裡半躺著，看我的眼神也少了許多「要殺人」的態度。此時你會知道，她對人及對自己的態度接納多了些。

對我來說，椅子有時候也不是用來坐的，而可以是道具。

我記得有一次，我請一個胖胖的男自殺個案乾脆不坐椅子，請他起身，將重重的沙發椅扛在頭頂。指示語只是請他扛起椅子，但並沒說多久，個案可以自己決定要扛多久。之後我問他，頭頂感受到的是什麼？雙手撐著椅子的感覺是什麼？

他說，頭頂因為有椅子而有不見光的感覺，有壓迫感；雙手因撐著椅子而覺得愈來愈酸。個案自殺是因長年飽受有精神疾患的太太施虐。我問他，扛椅子這感覺跟他在夫妻關係中的感受有多像？他哭了，啜泣許久。他強力連結到在家中如何允許自己被可怕的老婆欺壓，家中一點都不明亮，總是籠罩著黑嘛嘛的烏雲，他太壓抑、委曲聽話以致失去自我，也失去婚姻中的平衡。他也明白自己老扛起改變的責任，試了又試，只是對方不領情。他的傷痛就像雙手愈來愈酸痛一樣，只是愈來愈多。

讓個案扛椅子，主要是藉此讓他在諮商室裡感受壓力的再現，讓他深刻地體會夫妻關係中的沉重壓力。很多在夫妻關係中認知失調的個案，當在環境安全時便淡化問題的嚴重性（就像家暴受害者，很容易在稍平靜時就撤銷保護令；在警察來時說沒事），所以唯有讓他「重回痛苦現場」，他才較容易有危險情境下自我照顧、自我保護的正常安全意識。（像這男個案，老婆會拿刀架在他脖子上，他身上也一堆被老婆指甲抓傷的新舊傷。）

我的指示語很開放，只是請他扛起椅子，但並沒說多久，個案可以自己決定要扛多久。通常，愈是有自主權的人，愈不會扛太久，就算心理師要求他扛，他也會在累的時候跟你主動說太累要放下了。但，這個案一扛就是十幾分鐘。我見他在大冬天都流出汗來，問他邊扛邊談到底覺不覺得特別累？

幸好，他的感官仍是有知覺，是會累的。心理師問他願不願意讓自己舒服些？他願意。他也知道要放下椅子，甚至坐下會更舒服。

他坐在椅子上時，喘了一大口氣。

我跟他說，太溫暖的關懷處理對他沒有幫助，會不符合他的生態。我在做的是從情境中激發出讓他移情、讓他投射出對老婆的感覺。他說，當下他的身體記憶的確帶出那痛恨老婆高壓欺負的反彈，但又無奈自己會反射性地習慣去承受吞忍痛苦，所以他才會一直撐、一直撐，也都沒想要放下椅子。

但當心理師問他，願不願意讓自己舒服些時？有個「被允許」的引爆點，讓他突然在痛苦中想尋找可以跳脫的方式，而最簡單的就是放下椅子。

後來他也明白，他一直在伴侶關係中傻傻地等老婆允許他放下椅子，但這是不可能的。要跳脫惡性循環、要放下沉重的椅子是「自己」要負的責任，而不是等老婆要他放時才能放。而且要扛或要放下的決定權都在他自己的雙手及自由意識。

放下椅子後，個案不只感受到全身的甦醒和輕鬆，更覺得婚姻走到了盡頭，不離婚不行。舒服坐在椅子上是不會有扛椅子的痛苦體驗的。黃金「45度角」對他並無幫助。

後來我輾轉聽到他樂於跟別的個案及心理師、醫生們講他被我「整」的經過。他開心地談扛椅子扛得汗流、手麻的痛苦，談他自己把痛苦當習慣，談他不懂得該放下的時候就放下，談他頓悟夫妻關係中自己要負什麼責任……之後再來一個令我窩心的感謝，他感謝我當時讓他痛苦地扛椅子，反而使他後來快樂多了。他說他甚至每次看到類似的椅子時，都會提醒他要放下對自己再也沒有功用、沒有幫助的事。離婚後，他也覺得得到了新生，現在他重新在找第二春。

地上？高椅上？

剛回台灣帶團體治療時，我頗不習慣有些機構在跟我第一次接觸時會抱歉地說：「不好意思，我們的團體室沒有用和室椅。老師，我們可以用其他方式嗎？」我聽了還真納悶，為什麼他們會認為我一定要用和室椅才能帶團體？

難不成，台灣帶團體都強調要在木板地、用和室椅？

坦白說，和室椅對我來說並不是很好用。我的第一個反應是：「不用不好意思啊，我本來就不會想用和室椅。」

假如是在學校面對一群年輕的學生時，這種設備還ok；但假如團體涉及到十八歲以上的人士的時候，可能就會開始有一些不妥了。
想想看，如果這團體是給上班族平日下班後參加的，那就可能會有穿窄裙的女學員。而我們要一個穿窄裙的人坐在地板上的和室椅，這真的是很不舒服而且尷尬的事。解決之道並不是說在上課前告知學員要「穿寬鬆舒適的褲裝或長裙」就ok了，因為在現實生活中，有太多女生不愛穿長褲、也不愛穿長裙的。就像我，我本身就是一個不愛穿長褲、也不愛穿長裙的人。我有幾條長褲、牛仔褲都可以用三隻手指頭數出來。所以我會感受到那種穿不屬於我風格衣服的不舒服感。而我們總不能讓這些人，為了每次要坐地板而傷腦筋。我就曾見那些穿窄裙還要帶其他衣服來換的麻煩，她們會抱怨說：「我們來上課反而要煩惱記得穿什麼，而不是深入地做自我探索。」
更甚者，假如團體中有孕婦、老人或膝蓋有問題、腿部傷殘、手受傷的人，坐在地上對他們真的是頗麻煩、頗痛苦的一件事，常常很難坐下去，一坐下去又很難爬起來。
二○○九年夏天，我去參加一個在台灣辦的催眠心理師聚會，我一進去便傷腦筋地看著木頭地板，連和室椅都沒有。那天邀請來的是一位八十三歲的美國籍催眠指導老師，她便苦惱地說她太老了沒法坐地上，坐下去會很難爬起來。所以幾個小時裡，她都坐在有扶手的沙發上，跟低一邊的學生互動。
對老經驗的她是不會影響太多，對習慣尊師重道的台灣學生也不會影響很大，只是高大的老師一站起來時，學生相對地變得更矮，那種師生高度差距很多的視覺接觸頗需要適應的。
我又想到，還好那個美國籍催眠指導老師她很正向又很溫和，所以我們感覺到的心理距離不會太遙遠。但倘若她是那種凶巴巴、高權威、高強勢的呢？師生高度差距很多的那個視覺接觸便更需要適應的了，而且還會有個威脅感。

其實坦白說，那次我正好在懷第二胎，要一個大肚子的我坐在地上，太硬了，高度不對，不符合孕婦的人體工學，真的很不舒服。只見我一直扭來扭去，想辦法換舒服的姿勢。但好像怎麼坐都不對勁。若要起身做些活動時，便可見我喘吁吁地努力從地上撐起來，一不小心還會失衡。剛好我也是那種坐下去會很難爬起來的人之一，而且連脫鞋、穿鞋都會被自己的肚子卡到。所以我才知道孕婦很怕和室的團體室。

其實我在紐約念研究所時，看了一堆大師的教學錄影帶，尚未看到個人、家庭或團體坐在地上的（但是，教授會帶年輕的學生在戶外的樹下上課）。

影帶中帶團體時常常都是用一張張分開的高椅子，不管你穿什麼都還蠻方便的，膝蓋可以很自然地垂放，有膝蓋問題的人也比較不會痛。而椅子上有附帶個人的桌子會很方便，一方面可以寫筆記，一方面可以將手放在上面分擔身體的重量，也可當成人與人之間的安全屏障。為什麼說是人與人之間的安全屏障，是因有不少個案多了這桌子隔一層，會較敢在團體中發言。而且若大家每次圍一圈時，就也可以乾脆在中間有個大桌子讓大家寫字、畫畫，或邊吃、邊聽、邊講（我在紐約兒童局家暴中心的親子教育團體便是採這個模式）。

而台灣不知從何時開始，受日式裝潢的影響。當學校、社區諮商中心、社福機構、家暴中心在做團體諮商室裝潢時，有意思地還特別要求要有個和室地板及和室椅。

如此東西差異地做室內裝潢，跟文化差異或許是有關連的。撇開台灣受日據時期的影響，在歷史上就常常習慣坐地板，像是幾千年前就有的私塾或廟宇中的參禪打坐，不都坐在地上？

而，美國人則受習慣穿鞋子的影響。傳統上，美國人習慣穿著鞋在家裡或工作地點趴趴走，地上若有地毯照樣把鞋子踩上去；冬天到時，沾著雪的鞋子一樣穿進家裡或機構。就因機構也是到處都有地毯，所以叫沒脫鞋習慣的人脫鞋甚至是赤腳去踩在髒地毯上，其實是頗不衛生的事。他們可能很容易沒穿鞋便難在家中或機構裡走路，不習慣也不喜歡穿別人穿過的拖鞋，有些人不穿鞋，可能會一直擔心腳會感染到細菌……基本上，美國人的地板沒那麼乾淨，若要放和室椅在不怎麼乾淨的地板上，會讓人不得不聯想到「髒兮兮」。或許這也是為何，在我觀察過的教學錄影帶中，不曾見過大家坐在地上的原因之一。

至於會不會是亞洲人的膝蓋比較強，所以才能坐在地上呢？我不確定亞洲人的膝蓋是否比較好，畢竟「維骨力」在美國沒賣得像台灣一樣瘋狂……

每個禮拜見一次？

有沒有必要每個禮拜見一次呢？其實真的要看狀況。

假如我們服務的是公家機構，或跟公家機構有相關業務的民營機構，每個人有每個月固定要接的個案量，而每個個案每月又要算「基本的見面次數」，比如說一個月至少要有兩次，那當然為了達到工作上要求的標準，要做到該見面的次數。

像我在紐約時服務的兒童局家暴中心，督導所要確定的是每個社工固定手上要有十五個家庭案件，而且每個月每個家庭固定要見至少兩次。假如個案父母是程度較嚴重的——如家暴、酗酒、精神疾病這三類，便一個月最好三次以上的見面，而且至少要含一次家訪。

假如我們做的是學校的駐校心理師，那就要看個案狀況（需不需要每週見）而定，通常學校會尊重心理師的專業判斷。在實務上，通常心理師這次諮商做完，便知道下禮拜「要不要」、「能不能」約同一個個案，而不是一開始就開門見山跟個案說：「要見八到十二次，然後每週都要見！」有很多本來就愛跟老師槓上的學生個案，雖然表面不說「不要」，內心卻已被心理師這樣的硬性規定給勾起了反抗心，下禮拜便不來了。在學校裡，有的個案我們會週週見，有的會隔週見，有的三週，有的一個月見一次面，有的則不定時追蹤一次。

真的就是看個案狀況而定。

就像有的個案，雖然我們覺得需要週週見，他卻是那種不定時翹課、翹家，那便要碰運氣，要看心理師駐校服務那天，個案有沒有來學校。然後其他情形，當駐校心理師不在學校時，由學校本來就在輔導他的老師上場。跟輔導老師相輔相成也很重要，畢竟這是個合作的團隊。

假如研究生仍在實習階段，當然教授會希望實習生能一個禮拜見個案一次。希望從規律中搭起實習生的架構，也搭起個案的新架構。但，往往我們在做個案的時候，便自然而然會知道一個禮拜見一次有時只是「理想狀況」，個案不見得想一個禮拜見我們一次。

像我在台灣的自殺防治中心或家暴暨性侵害防治中心所接觸到的高困難個案，便常常會有所謂的「臨時狀況」或一堆避不見面的藉口。個案不容易約、不容易來，這是大部分資深工作人員及當督導心裡就有底的。若在這些機構裡要求實習生每個禮拜一定都要見到個案，那可能是在故意整實習生。

在自殺防治中心或家暴暨性侵害防治中心，不會像在醫院裡見住院病人或在高中以下學校那麼容易見到個案。但我們會記錄何時我們曾打了電話、傳真、簡訊、電子郵件、寄信或親自登門拜訪，嘗試溝通。總是要跟自己的良心及上級交代這些努力不懈的溝通嘗試，這些紀錄會幫助我們，倘若在個案有不幸意外事件發生時，保護我們免於「不負責任」或「管理不善」、「監督不力」的責難。

假如我們做的是自費的個案，其實有很大的決定權來自付費的個案。通常自費的個案其求助動機及改變意願，相對來說，會比一般不用付費的強。我們會比較知道，個案他們會希望來了就有收穫。他們會諮商，是因主觀上覺得情況較緊急及需要，所以個案可能會在一開始時週週都要跟我們見面，有的還會要求一個星期見兩次。

又比如有些個案長年在國外或外地工作或念書，便會在他回國或返家時，有計畫地要求在短期內一個星期見兩次，或者每次從一小時增為一個半小時，直到個案出國或返回外地為止。

而心理師跟自費個案大多會知道，什麼時候是狀況較好轉的時候，此時便慢慢拉長見面的頻率，從一週兩次至一週一次，再從一週一次至兩週一次、三週一次、一個月一次，最後是想來時再來一次……而有些個案在幾次或一陣子之後便自己停掉了，幾個月之後又自己覺得有需要而回來一次或幾次。有的個案是有錢有閒，他就是喜歡週週來聽他自己的聲音或心理師的聲音，有些心理師就會電他，請他好好發展外面的人際關係而不准他來。（不過假如你剛好缺錢用，這個案就會是你很固定的收入來源。）

我曾經聽過有一個個案，已婚男子，他就是週週來。他老婆不准他老上酒家聊天，便週週親

自開車送他老公去找心理師聊天，至少有用「疏導法」，也便宜很多。不過後來這心理師也不是省油的燈，請他老婆一塊進諮商室做伴侶治療，讓老婆變成他也可以聊天的對象。不過，心理師後來發現，這老婆從小在極疏離的家庭中長大，這老公從小也習慣難搞的媽媽，他們兩個跟親近的人有點距離反而會使他們都舒服。所以在他們的關係裡，只改一些些就好，不能做到太親近恩愛。有心理師在中間撐著，兩人是很舒服的安全距離。所以這對夫妻便成了那心理師的固定收入來源。

基本上，自費個案會在經濟許可的範圍下，約往後見面的時間。但是，就也因為自費，牽涉到手頭方不方便，所以會衍生出一些敏感的現象。其實，不管國內國外，講到錢都會牽涉到一些深層的心理議題，沒處理好會有些尷尬。心理師的言語中有時便要敏感地給個案一個緩衝的空間，因為不見得每個個案都會明說：「我的經濟狀況只能偶爾負擔一次的費用而已。」在這樣的情況下，我常主動說的話是：「你會想要現在約？還是等到你把今天談話的內容消化後，想談的時候再跟我們的行政助理約？兩者都行，對我都很方便。」

心理師千萬不要因為看對方是醫師娘或公司老闆，而假設他們用錢很鬆。很多時候有些人賺的錢只想存起來放，來看心理師的這筆費用並不在他們的用錢藍圖裡。

所以當我們跟個案說：「你會想要現在約？還是等到你消化後，想談的時候再約？」基本上，這樣不只是讓個案在經濟上有所緩衝的餘地，更讓個案多些自由選擇的權力，他們會覺得在諮商上更舒服。

有時我還會策略性地補一句：「假如在下次要來之前，感覺沒什麼話要說，就事先打電話來取消。我會希望你來都是你想來的時候。」如此一來，也是在幫個案從諮商中學習，在他實際的人際關係中不被強迫做事或說話的權力，學習從自己不愛的約定中做些有效的言語溝通，來和諧退身卻不會自疚。

有意思的是，往往個案在擁有取消的權力時，他會學習到更有自主權。當人們有自主權時，怎麼選擇都會是好的選擇，而且會甘心主動去做本來覺得不想做的事。所以就因我補了這幾句話，往往我又多了好幾個本來今天沒什麼話想說，但覺得來跟心理師隨便說話也會舒服好幾天的個案，而且他們一來就是自然會有話講，不是「為賦新詞強說愁」。

往往在有緩衝的餘地時，個案也比較敢跟你明講錢的問題，錢在你們之間便不再是個尷尬的話題。

本來我自己也不太明白，為何有一大部分我的個案常常在本次諮商結束後沒約下次時間，但回鍋率卻又很高……而且個案狀況好轉的機率也很高。可是後來我明白了。個案有他們自己的時間表及想讓自己轉好的步調，但假如我們干擾了他往後退的機會及修護的緩衝速度，反而會有揠苗助長的適應不良出來。

我現在也很愛跟個案說：「假如你下次取消，我不會生氣，我會很高興。因為表示你會自己處理。」個案會懂得自己處理事情，本來也是諮商的目的。

很多時候，個案的問題就是來自生活中沒有自主權，從小就一直活在怕別人生氣、不喜歡他，太過於在乎別人怎麼想，太過於讓別人掌控他的生活，行程、思考老是被別人排得滿滿滿。

所以心理師沒必要做同樣使他們陷更深的事。

心理師沒有必要讓個案再次進入不懂得拒絕別人的困境。這又有點像：當我們想吃飯的時候再吃飯，會覺得飯比較好吃。假如在不餓的時候，有人催著你吃，飯就吃起來有硬塞的感覺，而且還會為了抗拒那個被催、被迫的感覺而不吃。

所以，真的不見得每週都約的個案會比較有效果。

我其實會這樣狀似鬆散地約個案，當然有一大部分是來自觀察、體會、研究自費個案約談行為的累積，另一方面也是學艾瑞克森催眠心理治療後應用「順著抗拒走」的心理動力方式，它有著回力棒效果的策略。

假如能讓個案從小小的決定去掌控自己何時約談，增加自主權，如此也會少掉個案對心理師及諮商的倚賴性。畢竟我們要的是教個案自己釣魚吃。

預約也是門藝術，多少要用點策略心理學。有沒有一點欲擒故縱？是有的。

那會不會有心理師要個案下星期「務必來」，或一個星期見兩次面的時候？是有。比如說，自殺、重度憂鬱、感情重創之類的個案，就常常是我們擔心狀況不穩、攸關生命安危而強烈邀請的對象。

我會建議心理師，邀請得剛好就好；邀請的過多恐怕反彈很大。當我們判斷高危險性的個案務必要再來時，說得太硬、太強制，他們反而會反彈。很多時候個案會心領了我們的關心及在乎，嘴巴上答應，但在下禮拜或一星期裡的第二次便不再出現。

不過，從某個心理上的角度來看，取消掉那「被外加」的約定是他們目前可以擁有的控制。

當生命一團亂時，若能在可控制的範圍內表達抗拒，也是宣洩的方式。

所以也因觀察到這現象，我才會覺得，基本上讓個案決定何時來諮商就好；但是，在這些自殺、重度憂鬱、感情重創之類的個案，在他們混亂時，真的不太會照顧自己的生命安全。心理師的主動邀請會談，排個時間，期待見到他，絕對是「儀式上」一定要有的安全保護，除了讓他有個可抓住的浮板，也讓他轉移了宣洩的對象至心理師身上，當他因生氣心理師抓住他、不讓他了結生命時，這對他會是比較容易宣洩的出口。

倘若個案危急性太高、混亂性太高，已強烈地在自殺或殺人邊緣遊走，我會建議他直接去醫院急診或住院。心理師不要以為自己是神，要知道自己能擔的限度是多少，以及高度危機處理屬不屬於自己的工作範圍，這些都要放入承諾個案可幫多少的考量。

再者，提醒一下，心理師在紀錄上必須寫下類似「個案狀況不穩，攸關生命安危，已經請個案下禮拜（或這禮拜）……來進行密集式諮商（或治療）」、「已經給個案做危急時的自救教育——請個案直接去有精神科的醫院急診、打一一〇請警方幫忙、打一一九叫救護車、打一一三請家暴暨性侵害中心幫忙、打行政院衛生署的免付費安心專線〇八〇〇—七八八—九九五或張老師、生命線做立即關懷及疏導……」之類的話。倘若個案狀況有任何不幸，這一些話及處理便可使心理師免於「判斷不當」、「處理不當」或「不負責任」的麻煩。

通常，諮商心理師不是做二十四小時開著手機的危機處理服務，而是按約定做鐘點式的諮商及收費。所以有些觀念及界線要讓自己及個案明白。（我會這麼特別提醒，是因台灣有「過度好媽媽」現象，這樣訓練下的心理師太開放自己的私人時間、空間給個案，對心理師本身的健康會是開倒車。）

Dr. Jeffrey Zeig，艾瑞克森的得意嫡傳弟子，也是艾瑞克森基金會創辦人及執行長，他在短期心理治療界中是出了名的厲害人物。他斬釘截鐵地說，他也不週週見個案，基本上，他跟個案的治療約談模式偏向「家庭醫師」，個案「有感冒」才來就好，所以是讓個案決定何時來諮商，而他也不會讓個案一直賴著他。他相信個案平時有自己照顧好自己的能力跟責任。至於他大概都見個案幾回？他說，有很多都只見個「一、兩次」。

在催眠心理治療工作坊中與 Dr. Jeffrey Zeig 合影。

Zeig的「一、兩次」讓我心安很多，因為有很多我在診所接的案子，真的也只是見一、兩次就ok，很多個案只要被反射出盲點，自然會有方向自動去改善，不需要心理師一直在旁邊陪。

要懂得讓個案「逃」掉

有一些個案，短期內我覺得他們不適合來約談，而他們就算約了也不見得來。畢竟有些個案的「心理準備度」（readiness）明顯還不夠，可以看得出他們心理上目前並不想改變。翻成白話一點，就是我們平時在說的「抗拒」。然而，心理師假如把「抗拒」跟「心理準備度」稍畫個等號，做心理師的會覺得輕鬆很多，因個案不來就讓他不來，個案心理還沒準備好就不必勉強。

有一個連我們紐約婚研所教授也喜歡的禪學故事，或許可以拿來解說。故事是這樣的：

有一個禪師會刁難來求教的學生，他會測試學生願意投入自我成長、頓悟的程度有多少，倘若不夠，他會一再地請學生回去想想再來。

倘若學生說，因為景仰大師美名，禪師會退了他。因為學生不是為了自己的長進而來，而是為了跟他不相關的大師美名。

倘若學生愈重視大道，愈滿口仁義道德，禪師也會退了他。因為他要學生體驗的是深入卻簡單的生活禪，而不是滿嘴空談。

倘若學生很有抱負、理想，卻不願割捨綁住他實現的障礙，也不肯做出應做出的行動，禪師同樣會退了他，因為他不只是手腳不在，心更不在。只要學生的準備度不夠，禪師便一直退掉學生的請求。禪師知道，當學生的準備度不夠的時候，給什麼學生都接不住。但是當學生準備好的時候，將事半功倍。

這也就是：「當學生準備好的時候，老師就來了。」（When the student is ready, the teacher will come. 紐約人很愛用這句）同樣地，當個案準備好的時候，心理師就來了。

自費個案以及做自費個案的心理師，有很高的自由度決定見面的頻率。在底下的討論我暫時以做自費個案的心理師來解釋。在機構、學校或醫院的心理師可參考看看，然後斟酌如何運用。

畢竟四處都在跑的我，也常常把這套偷偷運用在機構、學校或醫院裡。

在機構、學校或醫院不容易做到讓個案想來時才來，有一些個案「情節重大」，開過個案研討會的，更不要談要故意讓這些個案「逃」掉，因很多規定就是規定，要週週見、定期見或要在特定時間內做到什麼樣的成效回報，一切就是要心理師積極、有行動力、盡責……當然，規定有規定的好意，目的通常是希望個案能在心理師的介入後儘快改善。所以讓個案「逃」掉不是個可以隨心理師意就做的。大部分的上司會覺得，再怎麼不想來的個案，若用緊迫盯人的方式，個案最後一定都會來。所以大部分的上司不會覺得讓個案逃是個技巧，而是種「失職」。但，我們也知道，很多時候欲速則不達。有的個案我們愈追，會逃得愈遠……

緊迫盯人的方法後來便成為跟個案建立關係的「迷思」。

以下有三種個案，我覺得當心理師遇到時可以嘗試讓他「逃」掉：

㈠大眼瞪小眼型：

往往，心理師不會想在諮商室裡跟不想見我們的個案大眼瞪小眼。個案不想說話、不想探討，心理師也就不會唱獨角戲地還在那猛絞盡腦汁擠話出來。就算擠出話了，大家都不舒服。

像這樣的個案，我們在自費中偶爾會見到。他們的「心理準備度」明顯還不夠，心理師便可請他準備好了以後再回來。而往往在一陣子之後，個案準備好了，果然跟心理師之間的對話便較明顯地投入，而且也比較願意朝著深度自我探討、了解以及整合的方向走。

通常，跟一個轉介制度良好，諮商、治療智能高的精神科醫生合作，不容易見到這樣大眼瞪小眼的現象。因醫生通常會確定個案想談、可以談了才轉介。像我在家慈診所中見到這樣要跟心理師玩啞謎的自費個案微乎其微，畢竟自費個案也不會想拿自己的錢開玩笑。而且我合作的醫師都很會篩選個案，也很會看出個案準備好了沒。我曾經見過有幾個個案竟然花了一、兩年才準備好的。其實，當下我最佩服的是醫師，看得懂個案的心理準備度。

當我講我在家慈診所的經歷時，我也常聽我一些心理師朋友不一樣的故事。

比如說，我有一個心理師朋友，她便曾遇到一個很重視「個人權威及隱形魔法」的精神科醫生。那醫生平常不是花很多時間在了解心理諮商的知識與技巧，五成以上轉介來的個案都是心理準備度不高的個案，醫生跟個案有太多私交（吃飯、聚會、購物、打球），也太講求傳統的權威，他太跟個案家庭拍胸脯保證，在他的「監督」之下，他們在接受心理治療後很快會神奇地好轉……這往往導致一堆個案跟心理師大眼瞪小眼的現象。最麻煩的是，個案有一堆先入為主的諮商迷思，認為諮商跟吃安眠藥一樣，諮商有沒有效當晚就知道……所以我那可憐的心理師朋友，光是處理這些諮商迷思就處理不完。

當然，我朋友繼續說了，在沒有神奇的即時魔法下，個案一個個回診時「投訴」醫師說心理師「無能」。醫師在我朋友做諮商的時候，不時想要進來「坐鎮施法」，可是卻往往抵消心理師嘗試的方向，我的朋友嘆氣得不得了；醫師也不時傳個案不滿的簡訊及 E-mail 內容給我朋友，甚至當著個案的面，打電話給心理師指示哪兒要多注意……我的朋友那時被弄得神經很緊繃，沒多久，是她先「逃」了。

在政府機構、學校或醫院裡有相當高的比例，心理師會遇到個案沒有心理準備度。（在不用付費下，通常會自然而然地少了一層承諾及投入。）例如，上課睡覺的學生會抱怨說，他無法預期為何自己在風和日麗的上午會「運氣不好」被叫來輔導室；家暴中心的很多加害或被害個案，也不太能在通報後坐下來內省或求跳脫惡性循環；醫院裡的住院個案或門診的諮商老鳥雖然知道諮商時間到了，卻躲到廁所去或說車子抛錨……

在不用付費的個案中，會很常見到大眼瞪小眼型的個案，只是心理師礙於政府機構、學校或醫院規定，較難說不接就不接。但心理師就會見到個案他們愛來不來或不來的理由一大堆，來了又不說話。無奈的是，心理師若沒有在後面追著他們跑，又會被上司訓話……

若在一個家庭中，不愛講的正是被盯上的孩子。這動力往往可在父母找到一個跟孩子溝通的方式後，或父母改變後，孩子便願意說話及探討。所以這種孩子只能算是「假性的」大眼瞪小眼型個案。我們其實可以使用的技巧是：「假性」地讓他逃掉。讓他坐一邊、直接允許他不用講話、在單面鏡後面看、在外面等、或過幾次之後再加入跟父母的談話……，我看到的是，往往家族治療中父母改善得愈快，孩子也較容易改善。畢竟孩子的狀況大多是在反射父母的狀況。

㈡「我只來看一下」型：

做自費個案的心理師也會遇到一些只愛看診拿藥，一年復一年卻不願再往前走一步的個案。倘若他們真的被醫師苦勸成功來找心理師，也偏向於隨便應付、「看一下」心理師的心態。心理師多少也有個底，一次之後大概就沒下次。

像這種，也不用多勸。因為個案預設立場是「我只來一次」。

這樣的個案其實很像大眼瞪小眼型，只是，不同的地方在於，這樣的個案很容易做 Dr. Shopping 或 Counselor／Therapist shopping——四處看看醫師、心理師，但就是不願為自己的整合下承諾。

這樣的個案容易把來諮商的原因全賴給「醫生建議我來的」、「家人要我來的」、「是心理師跟我約的」，而不是「我自己願意來的」。這樣的個案容易把諮商先入為主地視為「無效」、「失敗」、「心理師無能」。一進諮商門，便容易投射自己內心的不耐，而擺出一副「心理師好煩」的不耐表情；或一開始一副好好先生或好好小姐的態度，卻到頭來什麼都不配合、不行動。讓醫師及心理師跟著覺得無奈的是，他們較不容易看到最核心的問題是——自己演那個不肯正視問題的人。

若遇到這樣的個案，心理師也可以故意睜一隻眼閉一隻眼，個案不來就算了。而且他也真的大多來一次而已。沒有必要讓不想諮商的個案做諮商。

至於以後他會什麼時候才來？要看。通常，假如心理師的功力高，個案會在那顆「改變」、「成長」的種子終於萌芽時前來。但假如心理師功力弱，在那一次的會談中沒能種下種子，便也連帶地沒芽可發。

㈢把問題弄得「更完美」型：

也有一些個案很會說，相當會說，但來諮商只是來把「問題」弄得更完美而已。至於怎麼判斷這些個案是只想把問題弄得「更完美」的個案？

其實不難，但真的也是要靠經驗才能判斷。除了前提是個案很會說之外，從言語中也很容易聽到他自責底下說一堆妨礙他改變的藉口，他的思考會傾向於外在歸因，好像他長久以來的問題都是因為別人對他怎樣、運氣多不好，所以自己才無奈地怎樣。然後繞來繞去就是在繞圈子。我們可以點出個案惡性循環的模式，但個案左耳進、右耳出。我們也可以聽到個案無形中在挖陷阱，明示暗示要心理師全力投入，要協助他做努力……但基本上，他是要證明「我有很多的問題」、「沒有人可以改變我」、「沒有人可以拯救我」。

這跟智慧高不高沒有多大相關。

像我就有一個大概每隔半年就會回來找我一次的外科醫師，他在諮商中清楚知道，自己是個老把問題弄得更完美的個案。專業智慧上，他是絕頂聰明，但生活管理的智慧卻是讓人覺得他老把自己往地獄般的工作裡推，自己老是演那個搬石頭砸自己腳的人。

他所說的抱怨模式跟我剛剛陳述的特質雷同——外在歸因的理由一堆。他苦笑他無法在諮商中承諾，因為他真的也沒有想要改變，這點他很老實。在第一次的諮商中，我們就看到他很苦的原生家庭環境，影響他必須要在很苦的環境中，才會感受到自己的成就感及生命的價值。他來諮商真的不是抱著改善的心，他只是要來「享受」一下他一大堆的問題纏身卻仍存活的感覺。而，太「享受」又對不起自己，所以久久來一次，確定自己仍有問題就好。

上次在諮商近尾聲時，我故意問他：「你不會讓自己舒服點，對不對？」他說：「對。」或許他這輩子就都這樣不舒服，反而也是種另類的幸福。

有些人就是喜歡在勞碌、痛苦中看見自己。不能說那樣的生活就不好，只能說，那不適合每一個人。

我們當然不會想幫個案完美他的問題，諮商治療是個合作的關係，不可能只是心理師在忙，在替他乾著急，個案卻在一旁納涼。不過像那個外科醫師，他來諮商時知道自己老想把問題弄得更完美，所以索性自己忙，心理師在旁納涼。不需談任何解決辦法，心理師只要傾聽就好。所以心理師不強拉著他，讓他週期到了就自動回來談，那也演變成另一種諮商的模式。

遇到以上三種基本款的個案，在自費上，心理師可以給自己多一點空間做到讓個案「逃」的權力。往往我會跟個案說「不勉強」、「想來再說」。

心理師或許要多提醒自己一點，我們不是拯救者，也不是在跟個案玩警察抓小偷的遊戲。我在面對這三種個案時，所用的策略看來都是「往後退」。但，有意思的是，往往心理的準備度是在「逃」了之後才有辦法開始，離開之後種子才會發芽，沒跟心理師談時，問題才沒那麼完美。長遠來看，「逃」或許會是個「以退為進」，有可能個案的準備度會慢慢升高。

不管個案後來回不回鍋，總比耗在諮商中繞圈圈的好。

在自費上，心理師有個很大的自由度可以切掉、擋掉或者協助尚未準備好的個案往後退。所以假如心理師看到這些目前擺明了不想動，只想繞惡性循環的圈圈，狂把諮商當抱怨所，還不想對自己的問題下承諾的個案，我們就可以故意睜一隻眼閉一隻眼，他不來就算了。沒有必要讓不想在此時諮商的個案做諮商，諮商不用那麼辛苦。

自由「錢」途

另外，有學生擔心「錢途」，問我說：「依鐘頭算錢的心理師薪水豈不很可怕，很不穩？尤其是個案不見得每個星期都來。」坦白講，對於剛出道或把所有收入來源都放在同一個籃子（薪水只有一個來源）的心理師，的確是會不穩。但對於出道有一陣子、打出了口碑、會四處接案的心理師，他們的薪水倒還比在醫院、機構或學校拿固定薪水的高。

我是很喜歡當四處接案的心理師。當然跟我愛換空間、換新腦、不斷接觸新個案的個性有關。我會秀給學生看我的預約本，在星期一時看我下星期的預約可能還很空，但到了星期五再看一次，往往下星期都是滿的。而往回翻我前幾個禮拜、前幾個月的預約，竟然也都是滿的。

我跟學生說，若從短期的角度「往前」看，當然在空白下有些可怕，但從長期的角度「回頭」看，沒什麼好擔心的。哈福•艾克（Harv Eker）寫的《有錢人想的和你不一樣》（*Secrets of the Millionaire Mind*）一書當中，作者說了個我很喜歡的描述：「生命不會筆直往前進，它像一條蜿蜒的河，通常你只看得到下一個河彎，而也唯有當你抵達了下一個轉彎處，才能看見更多的景象。」我覺得，就是順著走就好了。

我雖然不是個基督徒，卻很相信「神的時刻」，我總覺得，神會在適當的時間讓該跟我相遇的人相遇，我所要做的只是「準備好」就好了。聽我剛剛陳述的語氣，有一些人可能已經猜到我深受《祕密》所影響。

事實上，有一大部分的我，真的很受《祕密》這本書的信念所影響，我深深相信，散發出對錢的「正向吸引力」及「信心」，錢就會自己長眼睛地來到我身邊。所以有沒有必要擔心下星期會怎樣？下下星期會怎樣？下個月又會怎樣？其實真的不用。

擔心不會有用，所以就別擔心了。在輕鬆的態度中順著走，不要有恐懼，自然而然錢會跟著來。而且隱約之中，我總覺得老天爺會把我可以照顧的人帶過來，而這些我照顧的人，也會照顧到我可以生存下去的麵包。宇宙中真的有它神祕自然運轉的吸引力法則。

乾脆在這插個題外話，這是個跟《祕密》有關的實際情況。事實上，我本身見證過不少次「吸引力法則」的神奇力量。有時候，當我想多拚一些經濟時，我會釋放出很正向、邀請的念力。然後，我會看到新的或舊的個案，隨著念力的請求，一個個像雨後春筍般跑來找我，直到我說「飽了」、「接不完了」、「行程表已經爆了」為止。

然而，當我做個案做到感覺很累或生病時，或像我在懷孕期間很容易感到疲累的某一階段，當然除了自己刻意安排少些工作之外，我也會散發出一種推力，我會希望這陣子個案量少一點，讓我可以好好休息一下……有意思的是，老天爺真的便很幫我，使那一陣子沒什麼個案約，也沒演講、沒工作坊，個案臨時取消或者延後約定……無論如何，我都說：「神啊，謝謝祢取消了！」這下子我可以安心休息了。我自己常笑自己，我都跟我的神老闆請假。

對我來說，很多工作上的安排都可以是心想事成的。

與其擔心「錢途」，倒不如擔心自己的實力。畢竟，要安排個案何時來簡單，但個案會不會下次再來？做諮商會不會有成效？有沒有口碑？靠的還是我們的能力。我們在金錢上成長的幅度，只會被我們自己成長的幅度限制住。

我常覺得，做心理師的人，基本上只要做得好，通常都會很有「福報」。而且愈做會愈有福報。有福報的人，只要他對自己的金錢沒有仇視，在金錢藍圖上便很容易有「大容量」的回饋。我覺得老天爺是站在我們這一邊的，自然而然會讓我們過好日子，會把我們歡喜見到的錢幫忙吸引過來，當作我們的報酬。

然而我也看到，不少亞洲人對錢財有很奇怪、矛盾的觀念。他們會認為，做諮商假如真的是在積德積福的話，就不應該收個案的錢。會這麼想的人，其中包括我自己的母親。

我媽媽跟很多人一樣，去廟裡拜拜或是找算命師時，甘願花大把大把的鈔票點光明燈、安太歲、添香油錢……一切都是在求平安。我便跟我媽媽說：「有時候孩子需要神的照顧，但神不能照顧每個孩子，所以祂會讓很多媽媽做這樣的工作。有時，人們也需要神清楚地跟他談內心話，但神不見得能一個個都講到，所以祂會讓很多的心理師來幫忙當小使者。」我後來跟我媽媽說：「要不然，就把心理師當成『諮商算命師』好了。有『算命』兩字就可以拿錢了吧？」其實我認為，心理師是諮商「改」命師。跳脫「命」「運」的執行力可是很強的。

基本上，心理師所拿的酬勞都是應得的。老天爺要我們先能照顧自己，才能照顧別人。我知道的是，老天爺不會想讓我們泥菩薩過江自身難保。

我常會用彌勒佛整天笑嘻嘻的表情舉例，因為他在示範世人過生活可以不用那麼苦，而且他圓滾滾的大肚子也在告訴我們，「有錢」跟「有福」是不牴觸的。

我會反問我媽媽一個問題：「我們去求老天爺給我們賺大錢，卻又在祂給我們錢時拒絕，這樣老天爺會不會不知道你到底要的是什麼？」這句話，我媽就不知怎麼回答我。

畢竟，我們在金錢藍圖上若有矛盾，錢是進不來的。我們不知道自己要什麼，神也只好允諾我們的不知道。而，我們矛盾之所在，又常常來自成長過程中家庭對金錢觀的干擾，或社會的一些禮數道義教條的限制。

其實，那些會來找我們諮商治療的個案通常都跟我們有或多或少的緣分。我們不是這樣無緣無故地進入個案的生活，個案也不是這樣莫名其妙地進入我們的生活。我若要深入解說我為何有這樣強烈堅定的吸引力信念，要從我對前世回溯的了解跟在紐約的靈性開發說起。我會在「靈魂伴侶」那一章再說明仔細些。

再說一個小小的技巧——不妨從古典制約的角度來看。有時我們在做個案時，可以用「不定時」地給正增強物的方法，如此一來，渴望的效果可能會比「定時」給正增強物的還強。

比如說，每次諮商都是「正增強物」，然後要操控的是「約定的時間」。假若我們不是用週週見的定時方式，而是不定時的，這次個案約的是星期二，等他回家想想、消化了諮商內容後再約時，下次可能會被擠到星期四，因為星期二心理師已被別人約滿了，或甚至在這個星期都排不進。在心理師跟個案很抱歉擠不進他之後，個案會有些為自己的利益受損而緊張，他會知道自己方便時，不一定心理師方便。

在不定時的預約文化下，個案相對地會能夠早點預約就早點預約，以免自己的利益又再受損，而且個案會覺得那是「我的」時段，真的在諮商中跟心理師的互動、投入都會變得比較多。所以有時我會看到，被不方便一、兩次之後的個案，在諮商結束約時間時會直接說下次什麼時候——先卡位再說。

所以有誰說，心理師一定要提供穩定的諮商時段才叫好的心理師？我覺得心理師要懂得人性，要懂得運用行銷、商業心理學，才能跟個案做更深的互動。要懂得充斥個案生活的是怎樣的生態環境，而不是教科書中一板一眼、照本宣科的規矩。

過度好媽媽現象

台灣的心理界、醫療界、社工界、尤其是教育界，容易有「過度好媽媽」的現象，不少人在扮演著「過度好媽媽」的角色。

我們的文化講求「溫和有禮貌、體貼他人、事事周到」，我們似乎很容易看到教授或主管教導學生對個案家庭要盡全力，能全部投入就要全部投入，能花更多的時間就要花更多的時間。要滿足個案這個、那個；不斷地要做這做那；簡單講，就好像「過度好媽媽」一樣，要儘量犧牲自己照亮別人。

當我剛去紐約的時候我很不習慣，因為紐約強調「個人風采、獨立自主」。做什麼事情似乎都要想辦法自己來，該是自己份內的就一定要自己做，而且太溫柔會辦不了事。紐約跟台灣的文化、態度相差很大。我那時在紐約覺得做起事來都沒人幫忙，在那之下，我懷念起台灣「溫和有禮貌、體貼他人、事事周到」的感覺。覺得在台灣「方便」多了，很多事情別人會幫自己扛，也會幫自己做得好好的。

但去了十年紐約再回來台灣時，我又不適應台灣了。走到哪都覺得台灣的心理師、社工、老師、護士們太溫柔、太客氣、太有禮貌、太服務周到、太會替個案想、太像超人了……我反而會努力跟身旁要幫我的人說：「沒關係，我自己來就好。您不要忙。」我也反而開始覺得我自己做得太少。

但，真的是我做得太少嗎？

溫柔有禮、事事周到固然是好事，但用在諮商治療上卻不一定。

就像台灣這一代（二、三十歲左右）及下一代（二十歲以下）有很多被溺愛的孩子，有個「草莓族」的名詞因應而生；在過度好媽媽的教養態度之下，這些孩子很容易在很多事情上不會自己想，而是依附、倚賴父母去想。為什麼我會有這種感覺？因為我自己本身也是被溺愛長大的。倘若我沒去紐約，我的骨頭可能一輩子都因為被溺愛而長不硬。我也可能不知道自我分化時的喜悅感。若沒有在紐約磨練，我不容易學到獨立自主的思想及言行。

當然心理師假如有個過度好媽媽的態度，會很容易跟個案建立關係，很容易讓個案覺得親切，就像回到家一樣；但也容易讓個案像回到家一樣地黏住媽媽來黏住心理師，繼續過度倚賴跟依附的生活。在諮商治療上便容易起不了什麼效能。過度好媽媽反而會使本來就倚賴的孩子，持續認同自己的軟骨頭。

在台灣，我本身會很敏感地避開邊緣性人格的個案。並不是不會處理，而是不容易處理那種連環境都鼓勵倚賴的倚賴，在這大環境下，我不想沾那個腥。

因為剛回來台灣時，我曾經接觸過幾個邊緣性人格的個案及家庭，覺得心理師在台灣少了很多人權及公權力的保護，而使得心理師很容易「受害」。

在台灣，資深的邊緣性人格個案很容易學習到在「溫柔、體貼、周到」的文化下，變本加利地操控索取心理師的溫柔、體貼跟周到。偏偏我在紐約時學到的因應方式是比較強硬的、有界線的，不能這樣體貼邊緣性人格。所以一開始當我以在紐約的那一套硬方法跟台灣的邊緣性人格個案接觸時，個案他們都紛紛不理我，因為在我身上，要不到他們要的操控，然後我看到他們轉而找其他會理他們的心理師。

我記得有一個心理師抱著雄心壯志，自願接觸那個「開除我」的邊緣性人格個案，在一開始，她覺得自己才是真正能了解個案苦衷的人；但沒兩次，就見她氣紅雙臉回到辦公室放聲大叫，她說個案的無理操縱弄得她快發瘋……而且個案還要告她……

在台灣，我覺得是邊緣性人格的天堂。一方面是個案抓住台灣心理師要有「過度好媽媽」的態度，一方面又太沒有人權及公權力在保護心理師。在這樣少了很多保護膜，卻又要求心理師儘量當過度好媽媽的情況下，豈不很委曲而且很難為？

我在台灣督導學生時，常常看到學生在這樣「溫柔、有禮貌、體貼他人、講求事事周到」的教導體制下，很容易拿捏不到自我保護及心理師可以有的專業界線。我看到學生很容易就掉入個案生活的流沙，在工作上變得容易過度燃燒，而且還是蠟燭多頭燒，那種感覺是又累、又慌、又亂、又煩、又悶、又苦……

像有個學生，明明自己休息不夠、身心狀況都不好了，還要犧牲假日做志工、帶團體；有一個學生則是女朋友都要跟他鬧分手了，還要犧牲好幾個晚上去做義務性的張老師。放下該談心的人不談，卻跟不認識的人猛談？另一個學生是自己晚餐還沒吃，卻要趕在上課前去幫忙發送獨居老人的愛心便當；還有一個學生遇到自己的教授要寫書，便連續好幾個月犧牲自己晚上的睡眠時間熬夜找資料、校稿，平時也沒空跟家人朋友相聚……

有一個學校老師，中午午修時間，自己肚子在痛，遇到中輟個案家長好不容易打電話來，卻只好雙腿夾緊、臉色蒼白地耐著性子跟家長講小孩子的狀況；另一個老師，自己份內的工作已做完，下班時間過了卻不好意思離開，只因為很多人還留在辦公室，然後自己還要幫忙處理別人的工作；另一個老師，本來要去接自己的小孩，學校個案有緊急狀況發生，沒有其他人手，自己便走不開，從四、五點一直陪個案到晚上十一點，最後才讓警局接手，自己本來就已累壞了，回家後又要面對所有家人氣她氣到炸……

另一個拚命的學校心理師，個案父母不管不回家的孩子，這個心理師便天天上班時狂打電話找人，下班後也去校外四處找孩子，去跟孩子談、勸說，自己常常弄到十、十一點才回家……

在機構裡，有個已二十多年年資的心理師接生命線快交班時，個案說想自殺，哭著要人陪，自己便跟個案在公園約見，從半夜一點講到天亮；另一個心理師，個案常打他手機跟他哭訴，可是又不來做整點的付費諮商，而他跟這個個案講話時，又使眼前付費諮商的個案癡癡地等；另一個心理師，個案跟她說「只有星期日有空」，她便犧牲自己跟家人相處的時間週日還上班，而她自己的女兒後來氣到母親節不理她……

就因這些現象在領有執照的心理師上也頗常見，而且有的還是督導階層的人，所以才更讓人擔心，這過度好媽媽的現象太根深蒂固。

心理師們都是很認真的人，心也超級大。像這樣把心過於懸在工作、學業或個案身上的實際例子說也說不完。但當他們說給別人聽時，最大的共同點都是：自己累了，家人抱怨了。

我常常佩服那些可以「做這麼多」或「無限多」的心理師或督導，很羨慕他們的心力跟體力，畢竟我沒那麼多。但，我在三十五歲之前也有年輕人的瘋狂，已經衝過了、忙過了，我想，這樣就好了（been there, done that）。

我現在寧可用「我老了」或「體力沒那麼好了」當藉口（事實上也是），寧可多一點時間給自己跟家人。坦白說，我每天都在家睡午覺、陪陪孩子，然後下午三、四點才又開始再上班幾小時。假如是下午一點半、兩點多就開始的諮商、演講或工作坊，通常我都會推掉。要不然就是事先給自己很多心理準備，安慰自己說這樣的情況迫不得已，非常、非常偶爾才破例接一次。

我認為自己不用在有了一些年紀，沒二十多歲的體力時，還把自己當二十歲的人來用。而且二十幾歲的我沒小孩要牽掛，三十幾歲的我可是很清楚地看到我有兩張可愛的小孩笑臉在家引誘著我多花時間陪他們。在家陪孩子、休息，對我來說比「衝衝衝」重要，會免於彈性疲乏。當自己彈性疲乏的時候，諮商的內容也會疲乏。我會很希望，我在個案面前都像剛充飽電一樣，精神好，思路也比較清晰，直覺也比較清楚。我會時時提醒我自己：「少做些」，身心才健康，做個案的品質也才會比較好。而且更重要的是要時時問自己：「我有沒有顧好自己孩子、老公的心？」若沒有的話，我就一定要好好調整減少自己的工作量。

若以一天能接的個案量為單位，我是以六個為上限。上午三個，下午茶時間過後三個。而且一個禮拜我雖然跟別人一樣只工作五天，但五天之中也頂多允許自己一、兩天是六個排滿，其他則最希望是做督導或帶團體，可以不用寫報告。否則自己腦力、體力都會吃不消，而且最可怕的是報告寫都寫不完（一個報告至少也要二、三十分鐘），假如要耗上週末的時間來寫報告，自己及家人都會不舒服的。

> 我永遠記得在一個工作坊中，一位台灣各地到處跑的心理師督導在大家面前含淚說，她在美國時太忙了，跟先生的關係雖然在同一個屋簷下卻很遙遠、也很僵，所以忍痛辭去美國很不錯的工作，跟先生回台灣重塑關係。我那時很好奇，她在台灣到處跑，會是用怎樣的方式跟老公相處，我便問她說：「那回來台灣後有改善嗎？」她說：「有，可是，只有在一開始沒什麼工作的時候。」後來工作陸續飛來，自己在台灣仍改不掉那很忙的個性，所以跟老公還是在台灣弄僵了。

我可不希望自己成為那樣。我不希望現在的我冷落老公在家裡一個人看電視，或可愛的兩個孩子在旁自己玩耍，我卻忙著做諮商、寫個案報告。畢竟我小時候是個鑰匙兒，我會希望彌補我母親當年沒什麼時間理我卻用物質替代愛的遺憾。對我來說，婚姻家庭治療師要更懂得愛自己的家，否則那會是本末倒置。

然而，當我在思索是否真的有「小蜜蜂」心理師將所有事情做好時，有很多同業消息一一打破我的幻夢，消息的現實面告訴我，很多小蜜蜂會煩惱的事。

其實，事情真的不像表面看來那麼完美。小蜜蜂心理師看起來很有幹勁、活力充沛，凡事必躬親。但相對地，時間就是這麼多，在某些事情上花了很多心血，在其他事情就必須要縮減。

比如說，見個案一個小時就好，卻延長至快要兩個小時，不在乎只收一個小時的費用事小，讓下一個個案等或耽誤到其他工作同仁的時間事大。

小蜜蜂心理師做諮商談話時是卯足全力地付出，過度努力，一個禮拜見一堆個案，卻囤積不少個案紀錄，有的還是一個月前的紀錄，回想時不只特別辛苦，還容易將甲個案的狀況混到乙個案上。

有不少拍胸脯的事在當時答應得很爽朗，到頭來卻很容易忘掉，他們的口頭禪常常是：「太忙了，忘掉了。」

他們開會或帶團體時晚到，因為被先前的事耽擱了，然後帶團體或開會的時候就得拖延預計結束的時限；在開會的時候會接「緊急」的電話，旁人會希望他有分身；會重複約人；會零零碎碎地做事……而且常看到的是心理師做到後來，實在做過多了，反而讓個案及周遭的同事變得倚賴心理師，大事小事都想找這些小蜜蜂心理師。

我曾經調皮地測試過幾個過度好媽媽的小蜜蜂心理師，我故意說我做不來，結果屢試不爽，這幾位心理師真的都把我做不來的接起來做。而且觀察下，他們督導的學生、同事也跟著扛特別多的事做。

就因自己回台後，曾經跟幾個「過度好媽媽」的小蜜蜂心理師共事過，所以我才知道沒有好好擋的話，苦差事就會跟著扛不少。最苦的是「過度好媽媽」的小蜜蜂心理師覺得：「凡事必躬親」會比較能掌握狀況，所以跟個案聯絡時，他們常常沒有中間人的機制，但四處跑之下還要找到個案及相關人員，所以跟他們共事時，我自己的私人手機號碼便被透露給了個案，因此發生很多痛苦的事。個案的「緊急」認知跟我們不同，常常界線不分地在不適宜的時間打來。個案會先說：「抱歉打擾了，可以跟你講一下嗎？」但不見得同理心理師是多麼勉為其難，個案接下來就像抓住最後一根稻草一樣，狂說、猛講、吐苦水，賴在線上不肯放。「講一下」往往都是講很久。後來我學聰明了，當我遇到這現象時，趕緊自己閃邊邊，不能再繼續跟他們共事，我知道自己撐不了那麼多。其實，連「過度好媽媽」的小蜜蜂心理師也常常配合在電話上說很久。我都很替他們擔心電話費的帳單。據說有幾個心理師就是好心回電個案，害得自己的手機費用爆掉……

另外，我有一個心理師朋友的小孩，抱怨說他媽媽在全家出遊時跟個案一直講電話；另一個心理師朋友的老公說，他在小孩好不容易上床睡覺，十點多，氣氛很好時，被個案又再打來的電話澆熄了慾火，只好一個人抱著枕頭孤單地在客廳假裝看棒球納涼。

其實我們真的要好好想，我們需要做到嘔心吐膽、影響自己生活品質才叫好心理師嗎？

我們可能要時時提醒我們自己：「與其老是抓魚給個案吃，不如教個案釣魚技巧。」那為何我們要做這麼多？難道我們不相信個案自己有能力嗎？還是我們在自己的成長過程中，有一些未竟之志投射在個案身上？或者我們在重現自己父母教養孩子的行為？

我在紐約兒童局家暴中心的老闆是西班牙人，Ralph DuMont，我跟他合作最深，也常看到他處理人際及工作關係的勁爆點。Ralph 是個獨立性很高的人，不愛去煩別人，也不愛人家來煩他。他對禪學有些研究，常提醒我：「少做一點有時反而多，英文就叫 Less is more.」其實，我在三十歲之前也是犯了台灣「過度好媽媽」的毛病，所以我老闆才會如此提醒。我是主任督導，他是我的督導，當他看到我為個案做超過能力及本份範圍的事，他便會遏止。

剛開始時我覺得他太沒感情，太不了解亞洲人那種熱心助人的心態，但久了之後，我才知道這跟有沒有感情、熱心助人一點關係都沒有。重點是：做少一點，個案反而有能力做多一點。中間的適應過程可能個案會覺得想罵人，但長遠來看，會使個案狀況愈變愈好，因為有很多是自己可以做的事。所以當我們做少一點，個案反而有能力做多一點。

西班牙老闆有一個很奇怪的行為。他看下班時間快到了，便會叫大家東西收一收，回家休息。他會很自認為有「禪師」般地提醒大家說：「你明天就死了嗎？沒有的話，明天再來。」不少人聽了這句話會覺得他是個大老粗，甚至嘴巴帶穢氣，但，他的粗魯裡又帶有幽默跟關心。他會說：「該回去當老婆的回去當老婆，該帶小孩回家的回家（有一些孩子下課後，會先到機構待著等爸媽下班），至於那些單身像我一樣的就不要急著回家，去約會。去做一些有意義的事，就是不要待在這裡，延誤我下班時間。」

他說我們會延誤他下班時間，是因為他這個做老闆的，會像警衛一樣拿著機構的鑰匙在樓下準備設密碼走人。這下子還有誰敢留在機構加班？被鎖住就真的不用回家了。但有意思的是，換了這老闆之後，大家的工作時間變少，但工作效率反而提高。

我忘了是哪個紐約黑人女護士跟我說的故事。她說有一次，當她的護理長在急診室處理被強暴的婦女時，婦女泣不成聲地跟護理長要銅板來打電話聯絡家人（當時手機還沒有很普及）。但護理長沒有立刻往自己身上找有沒有銅板或和別人借，她反而很冷靜地請個案先在自己身上找找看。就因為護理長太冷靜了，讓旁邊看的人覺得她到了冷漠的程度。因為，就算個案的手再怎麼顫抖，護理長也堅持要個案嘗試找找看。後來，這個案在自己衣服裡找到一枚銅板，她便用這銅板打了電話給家人。

事過境遷，幾年後，這個案在一個大會中應邀發言，請她說些話激勵性侵受害者，要大家知道這是一條走得出來的路。在發言中，有一段話裡她提及在危急時，最感謝的就是那個在外人眼中看來「冷漠」的護理長。當下，她不太明白護理長的用心，但她事後非常明白。她說，護理長絕對不是狠心、不是吝嗇，也不是疏於照顧，她只是要個案在這樣最無助、無力的關頭下，也不要忘了「自己」，更不要忘了「自己」的力量。

那個在自己身上找到一枚銅板的動作，對她意義很重大，她腦中留下的印象是：「自己」做了什麼，而不是別人做了什麼。

這故事對我的震撼很大。的確，有太多醫護人員會立刻把被強暴的婦女當成「受害者」來好好保護，深怕任何的疏忽都會使她崩潰。所以醫護人員會將所有能圍設的保護膜都儘量圍設，能做的事都儘量做得好好的，處處小心翼翼，幾乎是無微不至。然而有時，在最緊急的關頭，我們反而剝奪了他們僅存的智慧、資源及尊嚴，卻仍傻乎乎地自以為對他們好。

做諮商何嘗不是如此？當心理師做愈多，相對地個案就會做愈少。當心理師做了全部，相對地個案就什麼都不會；個案會看不到自己也有能力做的好的部分。

其實，對一個人殘酷一點，不代表不為他好，有時反而是在幫他。

愈把個案當「受害者」，個案便愈可能在自己腦中刻印下嚴重的受害者心態。打從聽了那黑人護士的轉述故事後，我便特別小心地在做自殺、重度憂鬱、家暴、性侵之類的個案。有個很大的前提就是，不讓個案在最脆弱時把我當成最後的救世主。畢竟，讓個案倚賴我們絕不會是解藥，反而是毒藥。

像有一次，在台灣，我有一個年紀不大的個案因搶劫而被抓。案發當下距結案已有七、八個月以上的時間。當然，之前的「結案」並不代表「完全」沒問題，事實上，心理師也不可能讓個案完全沒問題。諮商在結案當時已到了一個瓶頸，再繼續下去所能突破的不多。在結案時，個案倒也「比較乖」，會天天上學及回家，在學校也不再那麼誇張地跟老師槓上。所以是有個相對性好轉的結案理由。

當案發時，我沒有像機構裡的一些過度好媽媽心理師一樣趕去觀護所裡看他。相反地，我堅持不去。當然當下我被罵慘了，而且跟過度好媽媽們解釋不清。

在我的認知裡，當下如果繼續再接案，並不會對個案好。但，我跟過度好媽媽心理師的認知理不出共識。

我最堅持的理由並不是說因為有社工介入，也不是因為獄中有他們專屬的心理師，而是我覺得，個案及他的家人有過度不合理的倚賴及期待，他們以為我去了會有一個奇蹟，似乎個案的行為以及入觀護所的事實，會因心理師的出現而改變。

我了解過度好媽媽心理師的心情，這或許有一點像某人受傷住院要去探病一樣。但是，諮商跟探病不同，而且，在醫院裡就算受傷，也要合理地花一些時間療傷，而主責的會是醫師。

我很了解這個案，他主要的問題就是出在太喜歡用衝動當合理的藉口，而此次，他也是因為衝動性地想證明自己無所不能，而被同儕叫唆行搶。當時我會跟他結案，有部分原因就是因為不能再讓他把心理諮商當成：「我生病了，所以我可以衝動」的後盾。我覺得，此回他既然做了如此衝動，自己就必須去承擔後果。該進觀護所就進觀護所，至少是為自己的行為負責。

結果在十個月之後，個案出來了，他主動找我談。那時，我願意跟他談。他說，剛進觀護所時他非常生我的氣，他氣最了解他的心理師竟然沒來安慰他，竟然拋棄他。但過了一段時間，在一堆「資深室友」的借鏡及沒外在環境的干擾下，他終於想明白，原來問題來自自己不會控制衝動及運用理智思考，他說，倘若我當時去了，反而只會鼓勵他不斷跟我哭訴，更讓他覺得自己委曲、全是被朋友害的，更讓他覺得一切不是他的選擇。意思就是，當下我會是他錯誤的避風港。而事實上，在觀護所中苦歸苦，在一次次的內省過程裡，他學會自己往後要為自己的言行負責任。

從這個個案，他的「問題」在過度好媽媽的眼中似乎是太大了點，個案的「能力」在過度好媽媽的眼中也似乎是太弱了點，所以才讓過度好媽媽這麼緊張及涉入。

我延伸想到，在台灣有一堆我看不太懂的個案研討會也是類似的現象。

在紐約的兒童局家暴中心或當我是學生在實習時，我對工作坊很熟悉，但對個案研討會很陌生。因為大多數的個案我們都在督導時間做了處理及安排，大多是督導跟個案管理員等兩、三人就可以決定的事。或許這跟紐約人的行事作風——習慣大家獨立自主有關。

但，回來台灣後，我卻發現不管是在政府單位、社區機構或醫院，三不五時就要來個個案研討會，而且最不同的是，與會人士一大堆。我所謂的一大堆是指七、八個左右或十人以上。

當然，為了改善對個案的服務，固定時間在工作同仁之中找幾個困難個案來提報，除了希望能集思廣益地激發出更好的服務方向，亦希望能增進彼此的專業知識能力，這點絕對是值得讚許的，而且有必要持續下去。畢竟我在自殺防治中心擔任督導工作時就是這個模式。這模式是比較偏向研習或團督，個案不用來，重點擺在督導跟工作人員相互對談。所以或許與會的工作同仁多，但對個案的「殺傷力」小。

為什麼我會說到「殺傷力」？也是因為從個案那聽來的。我有幾個接觸過的個案及家人跟我抱怨，他們曾參加過個案研討會，而那次的研討會對他們的副作用很大。

比如有一次我去參加一個跟學校有關的個案研討會。本來以為頂多學校、家長及心理師等大概三、五人出席，大家共同想辦法解決孩子的狀況就好。但把門推開一看，我有些愣住，竟然已有十幾個人在裡面，而且陸陸續續還有人開門進來……當大家自我介紹時，除了學校、家長及心理師之外，尚有精神科醫師、社工、教育局官員、專家學者等。當然，個案是有狀況，狀況也不小：中輟面臨休學危機。但這樣一堆人似乎也太誇張了。

過度好媽媽心理師及主管將所有人都號召到齊，人數真的相當壯觀。更不用提前置作業有多耗心費力。

似乎一個孩子的「問題」，在大人們的眼中太大了點。我那時就常常在想，倘若小孩看到大人是如此看待他的「問題」，他會怎麼想？

我後來有偶然的機會，曾經在一、兩年後追蹤訪問幾個當年被開過如此會議的孩子，他們表示，不論他們是否當時在場，都會很納悶：「有必要把事情鬧得那麼大嗎？」而在場的通常反彈會更大。

開完會後，不只個案覺得自己是個很「帶有錯誤」的人，才需要那麼多人來矯治他。父母後來也有一些反而不覺得學校熱心，而是覺得：「我小孩一定沒救了，才要那麼多人出面。」父母在眾目睽睽當下說不出口的是，自己並不是那麼強烈地感受到「多重資源」的兩肋插刀，反而像是多重捅刀。不管大家是不是來自友善的幫忙，當自己是坐在焦點熱椅上的時候，在會議室中就是尷尬地覺得自己「無能」、「面對那麼多專家，相比之下自己渺小得不得了」、「很想找個地洞鑽進去」、「我真的是教子無方」。

有一些父母還報告說，反而開完會後變得更提不起勁去教孩子，他們深深懷疑自己能否做「對」的事。

或許「過度好媽媽現象」，有時候真的幫倒忙了。

當我再深入探問孩子，他們說，本來他們跟心理師、社工關係不錯，有話可談的，卻因開完會後太公開，太有殺傷力，讓他覺得「被看光光」，不安感變高而言行封閉了起來。有個孩子形容說，他像「被曝屍後還被鞭屍」的感覺。雖然大家都是專業人員，有共識做到保密，但一個一個私底下見個案，跟個案被放在聚焦中心、坐在熱椅子的位子上，開放地「挑」出來談，就是不一樣。

而且有孩子在開完會後，抗拒去找精神科醫師回診，也更偏向完全不想吃藥。在孩子的心中，他開始解釋：「吃藥」等於更讓「大家」覺得「我病到沒救了」。

曾經有一位孩子在被轉介來給我時，就是在個案研討會進行當中。孩子、父母都在場。當時，電話線的那一頭緊急地要我立刻從家中離開，立刻前往學校去接下案子，他們要我好好利用機會同時見孩子、父母及相關人員。但我沒去，我不認為那是個「好」機會。雖然他們沒說，但我想我是被貼上「不夠有行動力」、「不夠有危機意識」、「不夠熱忱」、「不夠為個案著想」或「不合作」的負面標籤。

但後來，我在一、兩個禮拜之後再去跟孩子單獨見面時，孩子跟學校、父母的衝突已經稍微冷卻下來了，那時才有辦法談。

孩子後來說的很直接，他說，假如我在激烈火爆的個案研討會中出現，他打死都不會跟我建立任何關係，而且一開始就會認定我跟學校是「同一國的」，而他會「用對付學校的那一套」狠狠對我，絕對不會給我好看。可是，後來，那孩子跟我頗投緣的，他跟我可以無話不談。回頭想想，也真的還好我沒出席那場個案研討會。假如我當時選擇出席，我就無法認識那個火爆、叛逆、輕浮之下仍可愛的孩子，我也沒有機會陪著他一塊改變了。

聽那些孩子跟父母的內心話後，真的讓我很反省。我們專業人員真的要小心，有時熱心地開個大型個案研討會，反而會讓個案有「被貼標籤」或「負面自我實現預言」的效應。孩子會想：「既然我壞，我就壞到底給你看。」或者大人想：「反正我不會教孩子，那我就乾脆放棄，讓孩子丟給你們教就好。」如此，對孩子及家長有時反而是加深問題的嚴重性，要翻身更困難。

其實我們常說，不要在外人面前教訓孩子，孩子會無地自容，反而聽不進教訓中的好見解，大型個案研討會也是會有如此危險的團體動力效應。當然，我們會說我們不是在教訓，是在幫他們。但有時，要往「更深層」的團體心理動力去考量對個人或家庭的反向效應才是。

這又讓我想到，在豪福斯特大學時，老教授常叮嚀我們的一個概念。他要我們不要傻呼呼地以為我們是在做焦點治療，而要更深度地去想想焦點治療（Solution Focused Therapy），其實是來自問題解決治療（Problem Solving Therapy）。

焦點治療聚焦在尋找解決辦法，問題解決則聚焦在抓出問題的來源，進而去除問題。但前者跟後者可以說是同一個銅板的兩面，焦點治療仍是問題解決治療，只是「換個方式」、「換個一百八十度的角度」去看同一件事情。所以，焦點治療若沒處理好，就會落入更深的問題面。就如同我們倘若在那個被強暴的婦女需要銅板打電話時，傻呼呼地立刻從自己的口袋掏銅板做「問題解決」，很可能使她落入更深的無能、無力感之中。

焦點治療在實務上，必須考量到陽面之下的陰面。

後來，我也跟幾個教育機構的心理師同儕提出這樣的負面現象。他們也了解這個道理，但也跟我說出一些我們心理師平常不太去想的苦衷：他們其實也是在「不得已」的情況下，才「不得不」將學校、家長、心理師、精神科醫師、社工、教育局官員、專家學者等全員都邀請到齊。因為，假如這個案剛好出了更大的麻煩，如登上報紙的刑事、家暴、自殺、性侵、援交、吸毒、霸凌之類的案件，或者被更上層的長官抽查到，而其中剛好有一單位是「主觀」上重要，卻沒在個案研討會出現的醫護、社工或輔導人員，那他們就準備被叮得滿頭包，甚至嚴重地要捲鋪蓋走路了……從他們的角度來看，也是有一番他們的道理。因為往往會需要開個案研討會的個案，狀況都很嚴重，通常都是在行為、情緒上有相當程度的危險。

不過我覺得，為了減少一些「陽面底下的陰面」，還是多少折衷一點，在個案研討會時能少些人就少些人。事先也要跟個案及他的家人好好暖身，預先心理準備他們會看到、聽到、被問到以及要回答的方向大概是什麼。至少，個案及家人坐在熱椅上也會比較接受些，事後也不會那麼創傷。

愛「禮」不「禮」——可不可以收禮跟送禮？

有一天，有個個案在最後的諮商時段結束時，匆匆丟下一個紅包給他很感謝的心理師，然後個案頭也不回地趕快搭計程車跑掉。心理師在後面努力追，但個案就是拼命跑，不給心理師追上，一定要心理師收下這紅包。這心理師很欣喜個案如此感謝他，但也被這紅包困擾極了，他不知道要如何處理這紅包。更何況，身邊還有很多同儕心理師在看他怎麼處理。

其他同儕心理師七嘴八舌地給意見，有的說收下，有的說退回給個案，有的說交給上級處理，有的說充公，有的說均分，有的說捐給慈善機構，有的說用這錢去買等值禮物送還給個案……

光是一個送禮跟收禮就弄得大家沸沸揚揚好幾天，最後這紅包用充公解決。

或許就因為送紅包等於「送錢」，令大家敏感得不得了。可是，送蛋糕、送蘋果，大家卻又會高興地二話不說分著吃。

這真的是一個奇怪的現象！似乎是在說：「錢，不好」，「蛋糕、蘋果，好」。

可是，蛋糕、蘋果也是用錢買的。有時，送蛋糕、蘋果所花的錢，還比直接送錢來的更多。但大家接受蛋糕、蘋果接受得很自然。

我就在想，那也要蛋糕夠大、蘋果夠多，在大家都有份的情況下——沒有人被冷落，大家便也對送禮、收禮欣然自得。

但，假如只有一顆蘋果或一塊小蛋糕，在不夠分的狀況下又如何？好像大家看了也就主動「允許」接受者自己吃了，雖然內心覺得有些吃味……這到底是怎樣的心態呢？而接受者真的需要受到旁觀者的心態所影響，而改變自己的收禮行為嗎？

送禮跟收禮，這問題往往讓送禮跟收禮兩邊的人都覺得很模糊，有時也很兩難。尤其是現在特別強調「肅貪」之下，「清廉」顯得格外重要。

這就很好玩了，面對蛋糕或蘋果之類的禮，我們不會歸類在「不清廉」，但是在面對金錢或高額禮物，大家多少會有一些爭議。

先來看兩難的狀況。就以收禮來說，個案往往很想藉一個禮物表達他對你的感謝，但又怕自己的舉動叫賄賂，或者自己的舉動害你戴上「不清廉」的帽子。而收禮的人也明白，個案想藉由禮物傳達感謝的心意，但收了怕自己「不清廉」，怕「以後會有事」、也不免會想著「問題可能不是只有一個收禮那麼簡單」；但不收，又怕個案受到拒絕而受傷。

其實，我覺得我們會顧慮那麼多，多多少少都是卡在考慮一個「禮」之下有無「操縱」的線繫著？假如前提是沒有那條「操縱」的線存在，似乎大家就也可以大大方方地收禮跟送禮（但是其中也仍然不敢大大方方地在現金上的收送）。

我是覺得，一個有不錯能力的心理師，多少在跟個案相處時便嗅得到有無操縱的意味。而當我們嗅得出來時，便會知道哪個個案可以收跟送，哪個個案不行。而且就算真有失算、沒嗅出暗藏玄機的時候，也不見得我們沒有矯正這操控的能力。比如說，有時就算對方猛拉線，但只要自己這方不反應，這條線自然不成為對方操控的線。

最怕的還是我們矯枉過正，一竿子打翻送禮跟收禮的好處。在「清廉」之下，為了避免落人口舌的危險，而在送禮跟收禮間定下一個僵化的拒收跟拒送行為，似乎這也落入了一個很奇怪的框框。

我本身就常收禮跟送禮。因為我樂觀地覺得它的本質是好的。送的人高興，收的人也高興。當然，大部分我是「選擇性」地收跟送，會對沒那條操縱線（**string attached**）的個案才做。而有時候，縱使有一條很明顯操縱的線，我也還是會去做，因為收禮跟送禮可以有個很深的心理治療作用——所謂的「策略」。

什麼叫策略性地藉由收禮跟送禮做心理治療？舉一個實際案例來解釋：

有一個個案是強烈有自殺意圖的年輕女生。她先前曾自殺未遂過，媽媽自殺身亡，外婆也自殺身亡。爸爸在她小的時候就因外遇而失聯，扶養她長大的奶奶在一年前因病過世，她再也沒有親人。而且她沒有朋友，沒有愛人，本身也年紀輕輕欠了上百萬的消費卡債。她認為活著一點意義都沒有，只是辛苦。

有一天，她把所有的自身事物都收拾好，遺書也寫了。她先去跟她住院期間的精神科醫師告別，然後她也來跟我告別。她對我們兩個都清楚地說：「不要阻止我，你們阻止不了我的。」她送我一隻她很珍貴、很有紀念性的泰迪熊，要我好好照顧它。跟她接觸過有一陣子的我收了，我並且跟她說，以後我看到這小熊都會想到她。我跟醫師都很有策略地說：「尊重」她的厭世選擇，沒有阻止她。

當下我跟這個很會處理自殺個案的精神科醫師當然內心都很緊張，但我們皆知道，這小女生假如我們愈去攔阻她，反而愈會使她去自殺。不擋她，反而還有一絲希望。

個案離開後，住進旅館要自殺時，她突然覺得超級懷念抱住泰迪熊的感覺。她想要泰迪熊陪她走最後一段路。但，那泰迪熊在心理師那。

這小女生突然捨不得那隻半衝動下送給我的泰迪熊，想拿回來的心情愈來愈強烈。在旅館裡，愈想愈不自在。結果，下禮拜這小女生在她的時段準時出現。但我策略性地不想在此刻還她，必須要增強個案的在乎。個案也真的因小熊討不回來，而更覺得有個地方她在乎（本來個案是什麼人、事、地方都不在乎了），泰迪熊也很象徵性地讓個案覺得，自己在心理師身邊占了一個空間跟地位。而那種感覺竟然跟「歸屬感」有點像。

就是這個「歸屬感」救了這個案。當然我們鬆了一大口氣。後來這個案活得很辛苦，但她還是很努力活著。在自殺防治的訓練中，我們知道自殺往往是個當下衝動的行為，但假若有一條操縱的線拉住個案，那就很可能是使他活下去的力量。

從深層的心理簡單地剖析，心理師的接受禮物正是「接納」她，當下就給她一個歸屬的感覺；之後故意不還她，則是更增強她的歸屬感。而且一來一往拉扯這條操縱的線之下，風箏有了線在拉，便不再像以前那樣連線都沒有的孤單（沒有家人，沒有根）……而且就這樣，個案跟心理師的治療又進入另一個更深的層面。

後來有一個好笑的事，有天我們在諮商，突然發生地震，個案竟然比我還怕死，努力地尋找庇護……

從這個案例，有誰說送禮或收禮不能運用在治療上？

至於那隻泰迪熊，當然，在她沒自殺意圖後我還她了，她需要一個伴。好玩的是，她說，這小熊有被心理師「加持過」，所以小熊會提醒她要「加油！」

所以或許，我們可以將送禮跟收禮看得輕鬆一點。

我感覺在台灣，有個愛送禮跟收禮的本土心態。尤其是過年過節，大家送得不亦樂乎。本質絕對是個好事，送禮可以送得很高興，收禮也可以收得很高興。只是不知為何，大家覺得在工作場合下送禮跟收禮都不妥當、變質了，甚至對高額禮物或金錢饋贈下了一個「不好」的標籤，賄賂還是大家最怕牽連的事。

不過很好玩的是，在我們日常生活中，我們有很多的情境是自己常常甘願被賄賂、甘願變質的，而且有那條線拉扯住是雙方都愉快的。舉個最常見的例子：商店、百貨公司送的來店禮，或者他們推出「買多少千，送多少百」的回饋活動。我們都知道要花基本的消費才能換，但我們願意如此做，因為整體來說那是吸引我們的，「感覺」很好，連回饋的現金也高興地收下，而我們很清楚有一條線在當中拉扯。

再舉另一個日常生活中的現象，也跟錢有很大的關係——添香油錢或奉獻金。在廟裡或教會中，我們會很自然地添香油錢或奉獻。好玩的是，我們覺得是「應該」的，不添反而對不起神，畢竟平時求神問事，禱告請求這麼多，「神為我們做了這麼多，這麼照顧我們……當然要給點回饋。」令人納悶的是，我們一點都不覺得自己是在用錢賄賂老天爺。

像在廟裡，我們還常常在柱子上大剌剌地宣稱這個信徒捐三萬，那個信徒捐十萬；捐愈多的排在最顯眼的地方。我們會自然地添香油錢或奉獻，是因為老天爺幫了我們什麼忙，讓我們平安、快樂，我們感恩在心，我們希望回饋，而我們添的錢也大多是能力可及的合理範圍。在此，錢一點都不壞，反而是好的。

所以基本上，有金錢涉入也不見得不好，只是最好不要發生在「工作場所」。但真的是這樣嗎？真的不能在工作場所嗎？我不知道你們有沒有這樣想過，老天爺不能親自照顧每一個人，所以祂讓很多的媽媽當祂工作上的分身，祂也讓醫護人員及心理師來當祂工作的分身。假如照這個邏輯來推，神收我們的禮收得多少有些被動（很多時候，這些禮都是送的人一廂情願，認為這樣送才叫有心），而媽媽跟醫護人員、心理師等，或許也可以跟神一樣地被動接受任何物質或金錢上的回饋，不是嗎？

有一年，在美國的靈性心理治療大會中，很多有權望的大師就曾認真地要醫護人員、心理師將自己想成是老天派來照顧個案的使者，然後也要讓自己跟錢好好相處。

假如我們相信老天爺是照顧人的，當然我們也要相信老天也要照顧這群使者。用金錢跟物質來回饋給醫護人員跟心理師，只是很「實際」的事；金錢跟物質，可以被很單純地看。

我很喜歡的美國牧師約爾・歐斯丁（Joel Osteen）在《活出美好》一書中及〈生命的贏家〉電視佈道中，曾說過一個他父親做的傻事。在他們家窮到生活有困難時，他們全家求神賜予抒解。然而當一位生意人刻意地拿一張高額支票給牧師爸爸，來改善家裡的生活時，爸爸在掙扎下竟然還是將支票全額奉獻出來，落得幾個孩子仍是吃飯有困難。他不明白爸爸為何沒想到是上天透過生意人來「實質」地幫助他們有飯吃？「實質」地愛這個家？生意人都已經這麼刻意地要給了？但為何爸爸還是不懂？還是不敢接受上天額外的恩典？

所以幾個孩子還是餓肚子。他們看到神的愛，但，懷疑父親可以代表神好好照顧他們。

這就很像一個在荒島上等待耶穌救難的那個人。明明老天派直昇機、遊艇來救他，但他仍執著卡在要「老天爺」來救他。的確，我們很容易一直卡在我們所執著的那個點，卻忽略了真正可以變通的其他的點。

我的好朋友，金髮褐眼的美國人 James Skinner，在日本是個很有魄力而且超級多金的心理學名人（長得像胖很多的布魯斯威利）。隨便 google 一下便可看到一堆有關他的訊息，他曾被多個新聞媒體及CNN訪問過。James 是個啟發我要「大方收禮及收錢」的人。他本來年輕時在日本大使館做事，對語言很有天份，沒幾年便日文聽說寫超流利，因緣際會之下，後來轉行當高級企業領導的顧問，後來愈來愈演變成是個策略、認知、現實、催眠心理學的實用專家。就因他做了一堆震撼到CNN的自我改變工作坊及寫了好幾本暢銷的自助書，我跟他認識則是他計畫將暢銷的日文書用英文母語來反攻美國市場的時候。我們談話的地方就在他下榻紐約的飯店，曼哈頓地價超高的中央公園南方的麗池酒店。

James Skinner 專門訓練頂尖的企業領導者，而他所賺來的錢，就如他所說的：「睡覺也還一直有錢進來。」他有錢到曾經讓他真的搭上太空船，出地球來看地球。試問，有多少心理學家能夠這麼做？但他能夠。而且還不斷地在賺。而他為何可以賺那麼多錢？他說，純粹是因為「我敢要」，因為「我值得」。而他們也覺得他值得。

他跟我說：「我們要跟物質及金錢當好朋友，這樣才會睡覺的時候，你的錢都還在替你賺錢。」事實上，這心理專家賺錢真的像在喝水。看著他來紐約時輕鬆地住一晚三、四百塊美金、正對中央公園美景的麗池飯店，並聽著他說他曾嘗試過的瘋狂事（跟電影〈一路玩到掛〉的 Bucket List 很像），James 便真的讓我相信，老天爺會照顧那些照顧他人的人。他成功地使不少企業家營運、轉型、獲得下屬的支持、士氣高亢、賺大錢……理所當然，老天爺也特別眷顧 James Skinner。

他的成功可清楚地在他堅定的神情及溫暖的眼神中散發出來。坦白說，盯著他看，會被他給催眠……他自信的眼神，就是會帶你到更深層的潛意識中，改變自己的行為、情緒跟思考。他明白地說，他是個相當懂得催眠式心理學的專家，NLP 是他的強項之一。

James Skinner 就是讓我明白心理學要更大膽且實際運用的人（他的 Bucket List 玩得超級猛），也是他讓我把「錢」跟「心理學」自然單純地畫等號。他說：「你愈懂得心理學，你的錢可以賺更多」，「心理師可以很有錢」，而且「錢的來源會源源不絕」……這都是他跟我一對一的談話中教我可以相信的。

他那時把他未上市的新書英文版電子檔送給我，書名是：Living the Dream: The 9 Steps to a Successful Life。基本上，書的內容就是把他成功的關鍵及祕訣做了個摘要。他的書，比《祕密》早了好幾年出來，內容差不多，但成功者的祕密就跟《祕密》所說的一樣——「早就在那」，只是我們自己不敢像那些成功者一樣。

在CNN所採訪播放的影片中，他可以超權威地使用嫌惡治療，令菸癮很重的人在滿嘴十幾菸，也要邊抽邊往山坡上跑、邊吐邊狼狽流淚地呈現在國際電視台螢光幕前。而之後八成以上參與活動的老菸槍，打死不再碰菸……他也可以權威地讓那些企業家身無分文、沒信用卡、沒手機、不運用任何已認識的人脈，在好幾天的行程下，只有一個使他自己存活的頭腦，沿路想辦法從甲地到達乙地，而這些企業家也會證明，他們在那種情境下如何突破重圍……

至於他在那些企業家付了一堆學費給他後，他還接不接受更多的禮物及更多的金錢？當然。因為他「值得」。而 James Skinner 是那種你以為你能夠藉由禮物或金錢來操縱他，卻操縱不來的人。所以有沒有那條操縱的線，對他來說一點都沒差。這就是大師。

也因為我遇到這麼有魅力的人，讓我更懂得高度的權威怎麼用，以及策略、催眠式心理治療如何顛覆、改善個案的生活。

他也告訴我，很多時候，是我們自己內心對錢的恐懼投射在我們對事情的看法。這跟我們從小到大的金錢藍圖有關，而我們的金錢藍圖，又跟父母所灌輸的觀念有最直接的關係。

而且很多時候，又都是一個「相對性」的比較。像我們給小孩子糖果、文具，其實也是送禮的一種。但，大人從自己的角度覺得送這只是小禮物，沒什麼大不了。對一個孩子而言，尤其是那些平時沒糖吃及沒文具的，卻是個「大」事。所以為何我們不覺得，這是對孩子的賄賂呢？

有一些平時沒什麼零用錢的國小、國高中生，他們會省下千辛萬苦存下來的零用錢去買一些材料，做成紙花、陶土、毛線娃娃、紙黏土之類的送心理師，這道理跟口袋裡有十萬元的大人買一只鑽錶送心理師一樣，不是嗎？但，好玩的是，心理師竟然不敢收十萬元的鑽錶？

我有一個在杜拜當醫生的中東朋友。因為他醫技很不錯，而且又在紐約醫院待過。他說，他回到杜拜後，就「常常被錢跟禮物砸」。因為病人常常感恩在心，所以為了表達對他的感謝，便扛了數不清的錢或禮物到醫院去送他。而且有很多次，病人是把錢跟禮物直接攤在桌上，還故意要護士及其他病人看到他們送給醫生的「感謝」才算感謝——別人沒看到就不算大感謝。

朋友說，在杜拜超級有錢的人真的太多，以錢來講，他們送那一大把的錢真的不算什麼，就好像億萬富翁拿兩千元給你一樣。我朋友還說，富翁出手也通常會送「相等他身分」的財物，不會只是兩千塊……他跟他的醫生老闆們就常常收到那種「等同富翁身分」的財物，像勞力士錶、金塊、金條他們就都收過好幾個，也不時會有私人飛機送他們去歐洲玩。而他的老闆則收過勞斯萊斯的車，那個送勞斯萊斯的富豪是擁有多架私人飛機的王儲。所以相比之下，勞斯萊斯對大大富翁簡直不算什麼。

我朋友後來還不正經地開玩笑說，有不少人用「以身相許」來當禮物。我知道我認識的這位朋友，當他眼睛在閃時，往往話中有話，所以我知道他在暗示我去挖他玩笑中的真實面。果然一挖之下，他本身就遇過不少次這樣的提議。在中東那種地方，縱使杜拜已經夠自由了，卻也仍然是個性壓抑的國度。而愈是性壓抑的地方，愈是對女性有嚴厲的規範，所以也愈是有反壓抑的瘋狂性事出現。

他說有一次，一個很辣的年輕女生為了感謝他治好她弟弟的病，而強迫醫生要在診間接受這份以身相許的心意。當然我朋友分辨得出她是著迷地喜歡上他，以後一定會糾纏不清，所以沒收下這份禮。不過，朋友後來補了一句：「實在是因為旁邊有護士，要不然……」而，那護士就是他已論及婚嫁的老婆……

至於在心理師高考時，我會強烈建議學生不要如此回答說：可以「選擇性」地收禮跟送禮，或者「大大方方」地收禮。因為不見得閱卷老師會同意如此不在教科書中的說法，分數可能會給得很低。我會這麼說是因為，我就是那個高考中如此作答，結果被打得分數很低的人。我真的很希望那位批考卷的老師知道，實務跟理論是很不一樣的。以前的舊有框框可以不用套在現代。若實務做的好，便知道送禮跟收禮可以動到深層的心理，可以運用到策略及催眠心理學的部分。

想想看，一個自殺的個案因為你收了他的禮物而覺得在心理師那被接納了、有歸屬了，心理師收這個禮有沒有效果？值不值得？一個被班上同學排擠到不敢回教室的學生，卻因你常常開心地收他做的小手工藝而覺得有人接納他，慢慢地，他體驗到自己的主控權，他也敢從整天窩在輔導室而漸漸地再回教室去。心理師收這個禮，值不值得？

「接納」的強大作用，才是我們應該要注意的方向。

當我兒子一歲多一點時，他喜歡在公園撿石頭當寶。每次，他都會撿幾顆給我，我都是笑咪咪地跟他說「謝謝」之後收下。我知道，我收下的是我兒子的寶，我收下的是我兒子當時的「所有」，我的收下也給了他許多「接納」。曾經有幾個同在公園的媽媽看在眼裡，覺得這個媽媽亂教。那幾個媽媽們只看到「撿石頭很髒」，而要小孩子立刻丟掉。然而，她們不知道，這是跟孩子相互接納的好時刻。她們也不知道，「錢跟禮物很髒」的觀念很可能從那個「撿石頭很髒」的時候就灌輸給小孩，而且還讓孩子覺得「你給得不好，不夠好」，隱約中，這些孩子也容易翻譯成「我不夠好」。

當媽媽的都要懂得超脫了，更何況是心理師。其實補充一下，我兒子撿的石頭當中，偶爾會有狗狗的黃金……因為顏色、形狀都很像，但做媽媽的，還是要依他當時年紀的認知程度來好好接納。

II 與紐約共舞

第三章　異鄉求學經

膽小鬼的震撼磨練開跑——長島大學

未去紐約之前，二十幾歲的我很膽小。自己一個人不太敢出遠門；不會騎機車，更不用談開車。基本上，青澀之下還很呆。

我一開始計畫去美國時，本來是要去加州，而不是去紐約。（因為我的姑姑一家人全住在加州橘郡，多少對我會有個照應，所以加州對我而言是首選。）本來也只是要待兩年，我有個很篤定的計畫是——念完諮商輔導碩士之後，我就要回台灣工作。但，在自序中我曾稍微介紹，我後來在紐約總共待了十年。

有兩個因素讓我突然改變方向往紐約跑。一，我不愛開車、也不會開車，但在加州沒車就跟沒腿一樣。可是我不想為了念兩年而買車、養車及賣車，太麻煩了。二，當我正猶豫時，我在台北工作中遇上從紐約哥倫比亞大學念博士的台灣研究生，他回來參加台灣舉辦的國際愛滋病大會。之後，他從紐約寄了張像水晶一樣閃閃發亮的克萊斯勒大廈頂端的夜景明信片問候我。而，就是那張明信片讓我深深被震撼，感動紐約的美。後來一打聽，知道「紐約有個非常方便的地鐵系統」，「可以不開車」，我當下便樂得很想去。而那張明信片，似乎也天天在我書桌前呼喚我去紐約親眼目睹它的美。當然，去紐約就成了箭在弦上的事。

我本來也不是要念長島大學（Long Island University）的。當時我很執著地申請哥倫比亞大學（Columbia University）教師學院（Teachers' College）裡的諮商心理學研究所。但對一個沒什麼社會經驗的小女生而言，沒能申請上這麼好的長春藤學校並不是很意外的事。不過，當我收到學校寄來回絕的信函時，年輕時候的我仍是感覺天崩地裂。

誰知道，後來我重新繼續找紐約學校，反而找到了是我該去的地方。那個學校就是布魯克林校區的紐約長島大學（地鐵出口就立刻是學校大門）。而且有意思的是，在夢中我就曾經夢過校園景致（我偶爾會夢到未來會去的地方）。

就這樣，從一個人、一張明信片、一個夢的場景，開始了我從生活中感應一些「線索」，「訊號」的指引。一扇窗關了，卻開了另一扇門，而且反而此路更順、更好走。

後來也證實，碩士念長島大學，相對上也比較適合一個初次遠離家人，要獨自適應生活、文化衝擊的小女生。我那時看到，紐約環境適應的要求比較少，壓力也相對好一些。假如我一下子就去哥倫比亞大學，我想搞不好我念不到一學期就自動休學了。

剛開始去紐約時，我很膽小。那時最無奈的就是——父母讓我在成長過程中太過度被保護，沒被好好訓練生活技能，所以在獨立時困難重重，很多事情我都先在心裡覺得好可怕、好難。

我剛下飛機時，先住在皇后區的半地下室套房，是留學中心幫忙牽線的住所。當時，我連出門都不敢，不知如何填飽肚子。然後沒幾天就接著要去惡名昭彰的布魯克林校區，人都還沒去學校，自己心中就已皮皮剉。雖然去學校裡面應該會比較沒事，但我那時常想的內心話是電影中留給我的印象：「布魯克林好可怕！」「黑人好恐怖！」搭地鐵時看到一堆不同的人種，怕都怕死了，所以我把自己的錢包抓得超緊，超級怕被搶。

那時，覺得自己像「解離的第三者」（連觀眾的身分都不是，而像是飄著同時看電影、跟觀眾的疏離角色），我每天都在看「恐怖電影」，失真的感覺很強。

地鐵出口就是學校，所以我往往用飛快的速度從地鐵衝進學校。校門口有配槍的警衛把守，也有金屬探測器。說安全是安全，但我腦中就想，一定有意外、暴亂發生過，才要如此把關預防。一問之下，果然是真的……下完課，當然我也是再用飛快的速度衝進地鐵。而每次衝出、衝入時，都可以感受到自己心跳有多快，腎上腺素有多努力分泌……

後來，隨著日子一天一天過，我有慢慢適應。但是我常常找我們輔導諮商研究所的同學靠，剛好坐在我身邊的就是一個胸前刺有野玫瑰的性感黑人女警同學，坐在她旁邊，我覺得比較安全；倘若她沒來，我就會去跟一個壯碩的白人男警同學一起坐，反正他們兩個身上都隨時荷槍實彈（我覺得跟警察坐比較安全）……當時的我是如此膽小。

有一個快六十歲、胖胖的猶太女教授最照顧我，最想調教我的膽小，她最會在班上叫我舉手講話。（所有任職輔諮所的教授，不知為什麼，清一色是白人，而且都是猶太人。）可是我第一次去她個人辦公室時，她把我嚇到了。其實也不是什麼大不了的原因，只是我完全沒有這樣的人生經驗，也沒有心理準備。因為，有個又蓬又大的頭髮大剌剌地放在她眼前的桌子上！

我第一次看到時，第一個反應是：「剛剛那不是她的『頭』嗎？」她看我嚇到了，笑著摸著她的真髮及假髮解釋，她們猶太女人在宗教上虔誠的話要戴假髮。可是後來我發現，她也太愛漂亮了，真髮、假髮常常都是不同的顏色或形狀，唯一一樣的是那假髮總是又大又蓬，而且梳整得非常漂亮。後來，進她辦公室前，我總是會跟自己的心理建設一番，預期我會在某處看到一大顆頭。而且，每次上課時，她都是頂著「一大顆假髮」……

漸漸地幾個月後，有了不少真實面的相處，愈跟同學相處，愈不覺得「外國人」有多可怕，更不覺黑人有多可怕。不就都是人嗎？漸漸地了解，原來我的害怕都是在台灣時就自己嚇自己的恐懼。後來，大概有半年之久，也不再覺得自己老是像「解離的第三者」在看電影一樣，失真的感覺少了，比較像「觀眾」了。同時，因為同學會邀我去學校附近的店吃飯，所以我也一步、一步地敢去學校「圍牆外」晃晃，而不是一下課就直接衝地鐵。學校旁有一家超有名的起士蛋糕店（**Junior**），便常常是我跑去買一塊草莓起士蛋糕來解饞的好地方。

當然布魯克林路上大多是黑嘛嘛的人（黑人），愈是接近太陽下山愈是覺得視力困難，因為，沒有開玩笑地，只能看到眼白跟牙齒在路上震動。街上則不時充斥著黑人及拉丁美洲的音樂，聲音超級大聲，而且他們還要扛著超大音響在肩上晃著走才叫酷。而每走十步就一定可以聞到非洲的不同薰香味道，身旁一定漫布著中南美洲、加勒比海一帶黑人、西班牙人身上會抹的椰子油味道。他們愛吃油炸的東西，所以炸雞、炸香蕉的速食店味道也是瀰漫在空中。黑人的頭髮又硬又捲，編髮、戴假髮的人很多，相對地，這種編髮、賣假髮的店也多。他們熱愛用又粗又大的金飾裝飾自己，所以金飾店也一堆。

當我慢慢擴展活動版圖，四處晃之後，我十分訝異在我們學校的圍牆外竟然有「光明面」，竟然商店一堆！我以為布魯克林應該是一切黑嘛嘛的。後來才知道，「原來我們學校是在布魯克林的商業金融及政治中心！」「而且學校的前身是繁華一時的派拉蒙戲院！」難怪學校的設計很像戲院，而且學校旁邊有這麼多好吃的店，更棒的是，有一堆百貨公司、商店可逛……我腦中那時真的覺得，自己又再次被自己預設的恐懼所誤導，另一方面我也開始感觸到何謂：「不入虎穴，焉得虎子！」「或許探險是不錯的東西。」打從「頓悟」這點之後，上課增加不少附加價值，我常常會上課前或下課後在學校周圍逛逛，不時發現新鮮好玩的異國事物及美食。當然，膽子也因愈來愈離開自己的舒服區域而變得愈來愈大。

後來跟另一位黑人女同學當不錯的朋友，那時已在紐約一年多，我膽子變大不少。可以跟她去夜店跳舞，再自己一個人搭兩、三點的地鐵回家。縱使同節車廂中有流浪漢或兩百多公斤重的黑人，我也一樣老神在在。其實紐約的治安，在市長朱里安尼幾年下來的整頓後是很安全的。

我理解到，安全感真的是來自於腦中所沒想像的恐懼。而腦中所沒想像的恐懼，也因深入面對內心的恐懼才不覺得恐懼。

另外，讓我少了些恐懼的還有一個點，那就是去哈林區實習。沒錯，就是去哈林區！

我當時其實有在想，我的命運真的很坎坷，一下子布魯克林區，一下子哈林區——都是紐約聲名最不好的區。

我這外國人要找實習的地方並不容易，尤其是諮商的地方又特別要求語言能力要夠好。但我有一個很雞婆的義大利裔女同學（長得很像歌手瑪麗亞凱利），幫我安排去她選的地方一塊實習。那地方叫作伏泰斯（Veritas），是個罪犯中途之家，就不偏不倚地座落在哈林區。

硬著頭皮去之後，竟然發現……哈林區的確是蠻可怕的。

那裡真的很亂，一出地鐵就覺到處髒髒舊舊的，牆上滿是塗鴉，地上滿是口香糖跟吐痰，商店不像店，一堆防盜的鐵欄杆……當然，我又是一出地鐵就趕緊衝去伏泰斯，一出伏泰斯之後又趕緊衝去地鐵。而此回我的這個行為並沒有因熟悉而改變，心跳也因在奪命衝進、衝出地鐵時，大聲到連自己耳朵都聽得到。

要進去伏泰斯其實沒那麼容易，有好幾道安全戒備的鐵門，還有警衛。我其實一直搞不懂，到底是防止裡面的人出去，還是防止外面的人進來。只聽說，曾經在伏泰斯有仇家尋仇的流血事件發生過（犯人中途之家裡的每個人都是罪犯，多少跟人結仇）。

但坦白說，實習一陣子之後，伏泰斯並沒想像中的可怕，罪犯中途之家裡的罪犯竟然都蠻可愛的。

裡面的督導偶爾才在那，但我記得他的一個建議是我不要用正式諮商的模式，只要我懂得跟他們一直聊，從中了解他們的狀況就好。意思也是我的破英文不打緊，放心去閒聊也可以。我並不反對督導如此的建議，畢竟我這才剛去紐約一年的留學生，英文還沒有好到能對答如流，而且還要善用俚語的程度。此外我從來沒有接觸過犯罪者，要能聊天已經算不簡單的事。不用正式的諮商模式，我反而可以放輕鬆，自然許多。

我那時的發音不時會出差錯，所以也鬧出不少笑話。比如說，我在幫忙發自我檢視的問卷時，我說：「**Please pass this shit of paper down to the next person.**」結果全場二、三十人笑成一團，當下就只有我不知道發生什麼事。他們狂笑地立刻跟我說我罵髒話，我把 **sheet** 發音成 **shit**，「一張紙」跟「大便紙」是差很多的。不過這也剛好說出他們常用的「髒」字。另外，我也常把海灘 **beach** 跟婊子 **bitch** 混在一塊，可是每當我混在一塊時，他們都聽得好高興。

當我在寫這一段的時候，我才突然領悟到，不用正式諮商的模式反而才更符合那些個案的原始生態，生活化的諮商才叫諮商。自己傻傻糗糗的，反而一點都不尷尬，反而讓自己更貼近他們，難怪我在那很有人緣。不太會講英文，但反而他們喜歡我。那時我學到的是：心理師「不用很厲害」，低權威也很好用。

而且，我也在想，聊天中問出一堆內容的技巧，搞不好就是從那時候學的。

說一些我跟個案的互動是怎樣吧。有一個六十幾歲的黑人阿嬤，染愛滋病已有多年時間。我見到她時，她剛產下一個嬰兒。她不清楚自己怎麼懷孕的，因她常吸毒吸得意識不清。而她吸毒的錢是從當流鶯及幫忙販毒賺來的。她會進來，就是因為流鶯加上販毒。最懊惱的是自己讓小嬰兒一生下來就有愛滋病。我最喜歡跟她聊，因為她是個又風趣又親切的人，人生經驗又很豐富。我的第一個黑人頭，就是她跟另外兩個女生邊跟我聊天邊幫我編的。

另一個我也比較常對談的個案是一個二十出頭的白人年輕小伙子，他當流浪漢已經多年。長期酗酒到雙眼無神，會不時忘掉自己講了什麼。身上一堆傷痕，大多是喝醉時跌傷的。他來自父不疼、母拋棄的家庭。父親嚴重酗酒，失業，動不動就打罵他。十三歲時他開始多次偷竊進出感化院，沒在感化院的時候就是離家出走。他說：「反正爸爸從來不知道我在不在家，我想他也從來不在乎。」他常睡在火車站或地鐵站，但也為了有錢喝酒而不時偷竊，被抓多次，也曾為了酒錢而販賣自己的屁股。他覺得被抓進來反而幸福，有安定的屋簷遮風避雨，又有熱騰騰的飯吃。

有一個我很不敢去談的是一個很高壯的西班牙人，前警察，他在三年前氣老婆偷情而用自己的警槍射殺了他老婆。他很恨女人。他說所有的女人都是不好的。接下來的內容我沒了，因為我是「辛子」，那時的我不敢再跟不愛笑的他多談什麼。

在伏泰斯裡面，我談過不少毒販，階級有高有低，不少自己也吸毒。他們邪邪地笑說，愈是把他們這些人關在一起，愈是使他們有「分工合作」、「企業管理」、「互通有無」、「相互切磋交流」的精神及方便性。就因他們販毒的高低階層都有，所以各個管轄區更可以互相借調、掩護，而在互通有無之下生意就愈關做愈大。

也因為他們會講一些生意及幫派的故事，所以我實習時得到的生活化知識便是知道在曼哈頓的哪個路邊、哪個橋下有他們的人在賣毒；我也知道哪個麥當勞裡面，就有小嘍囉賣一包五元的大麻，以及他們是如何吸引國小、國高中生、大學生進入校園幫忙販毒。就也因為有注射性的毒品，所以罪犯之中感染愛滋病的人不少。也有不少女性為了吸毒，跟六十幾歲的阿嬤一樣當毒販，或者為了吸毒當妓女，當妓女時又常意外被打個半死，然後也有很多人為了吸毒、沒錢繳房租而被趕上街頭當遊民。

其實，最大的發現是，幾乎所有人（百分之九十九點九九九）都是因為小時候生長在極不健全的家庭環境。每一個人在閒聊式地訪談中，都多少會為自己顛簸的成長歷程心酸。

他們說，被什麼樣的父母生出，以及在什麼樣的家庭下長大，不是自己所能夠選擇的。而不健全的環境下引發太多不健全的影響，他們學歷大多很低，因為小時候常常連基本的溫飽都沒被父母顧到，生命也常常有危險，哪還能談學業。

很多犯罪個案在幼兒時就是兒童局家暴中心的常客。很多人也甚至寧可在不同的寄養家庭中長大，也不要回去面對殘暴的親生父母。真實的故事中，有的是被棄養、被虐待疏忽、被幫派養大、被販賣、被強暴、被亂倫……往後他們走上這麼墮落自殘的路，都只是順著當年的混亂走。而他們長大後棄養自己的孩子、加入幫派、家暴自己的家人、強暴、亂倫……等的比例也相對地高很多。

歷史會重演。實在是自己的原生家庭太糟、父母太傷人。當我愈是了解他們，愈是覺得大家血液裡流的都是怕被父母傷害的血。

在伏泰斯裡，我有觀摩到一些「心理治療」的「矯正性課程」，有一些是我那「來無影，去無蹤」的督導帶的，有一些是專業人員帶的。督導帶的勉強「還可以」，但團體氣氛總是兩極化，要不就吵吵鬧鬧的，要不就大家沉默在那不發一語。而「專業人員」帶的更是兩極化的「加強版」。

坦白說，非常需要加強督導、專業人員的訓練。我會這麼說是因為，我反而從那些督導、「專業人員」身上學到「什麼不要說，什麼不要做」會對個案比較好。對一個仍在念碩士班的菜鳥而言，觀察他們，卻已覺得裡面的督導、「專業人員」連傾聽、同理心都用得很糟糕，因為他們常常一言不合便跟犯罪個案吵翻天。常常我分不清，誰才是罪犯，這都是我在層層鐵門之後所看到的現象。

其實，督導及專業人員的水準不高，那也是因為地點在哈林區，政府給的經費及關照就是硬生生地比曼哈頓的其他地區少。就因給的薪水較少，自然較高學歷、較有受訓練的治療師不會想往那兒跑。

而且還有一個最現實的因素，那一區太亂了。出了機構的門，我都是用衝的趕緊去地鐵站。從實習之初到實習最後，我一直不敢掉以輕心，更從來不敢在天黑後仍沒進到地鐵。因為偶爾會有流彈……不小心的話真的會中標。這也是諮商師、治療師、輔導員大大不敢來的原因。

擁抱婚姻家庭治療——豪福斯特大學

在自序中我提到，在長島大學念到第二年時，我突然有很強的衝勁想繼續往上念，覺得心理諮商的知識及技巧絕不是只有這樣皮毛而已。而一切就因為，我在第二年的下學期念到了「婚姻與家庭治療」這堂課，我剎那間最大的感觸是——極度懊惱兩年時間消逝太快，竟然才剛打開婚姻家庭治療寶藏的洞穴大門，卻看一眼便要回台了。所以在緊急搜尋之下，得知當時紐約竟然還真的有學校專門在教婚姻與家庭治療。可是學校不多，在整個大紐約，當時教婚姻與家庭治療的學校只有五所。兩間學校著重在實務，其他三間較注重研究。我便趕緊問教授這差別在哪，怎樣選才會更符合我的需求。

先說一下實務跟研究的差別：實務會很重視婚姻家庭治療的理論及技巧如何適時、適性地融入案例中操作，實習在比例上很吃重，而實務表現、反應靈敏性的要求標準也很高；課堂上絕對會有很多演練、示範以及案例講解，而老師會要求學生不斷地交個案錄影帶供他課堂上指導，老師當然會電學生錄影帶中的表現電的很厲害。但電過之後，盲點通常少很多。假如用最簡短的一句話來描述實務取向，則是：「特別重視知識技巧的實際靈活應用。」研究取向則是像著名的代表人物：約翰・高特曼（Dr. John Gottman）。光是從他的研究及書籍當中，我們就可以看到，他不斷地在他的婚姻家庭實驗室中研究、研究再研究，問卷、問卷再問卷。做的比較是實驗而不是治療。一樣會有婚姻家庭治療理論及技巧的教導，但實務操作的比例不高，也較不注重操作中技巧的彈性變化。因為所謂的研究，就是在執行中有一些控制的不變因素，以及控制的觀察角度。會有一堆重複執行的觀察、實驗、記錄，然後累積一堆家庭實驗室中的數據，量化、分析、比較，最後結論。非常著重有篇研究報告的出爐。

例如約翰・高特曼博士所做出來的許多研究中，便都是這樣一點一滴辛苦累積而成的。他的研究生可是要不斷盯著實景及螢幕分析好幾十個小時，才能寫好一份家庭實驗室中的個案紀錄研究（夫妻或家庭在監視器下的實際生活）。然後，再累積好幾十個、幾百個的個案紀錄去抓共通點。

至於研究到的東西又是什麼？比如有一個高特曼的研究結果是說，夫妻之間有「三種扼殺關係的表情」，就算夫妻彼此不用言語攻擊，長時間下來也會容易使人鬧離婚。那三種表情就是：一、悲傷，二、冷默，三、鄙視。而這有百分之九十四的準確度。像這研究結果便可幫助很多實務的婚姻家庭治療師，去協助婚前婚後的伴侶避開尖銳易傷人的互動。

所以，假如偏愛做問卷、測驗、做實驗、享受研究成果的人，走研究路線這會是個好選擇。

但倘若愛好變化及高度彈性的人，卻會在研究中容易覺得悶，那麼則適合選擇實務——冒險性較高，較需求獨立作業，以及個性較愛有新鮮感的人。

另外，說來會讓一些人很快樂的是，念實務的有可能不用寫論文，研究的則通常都要寫，而且是驚人的長篇研究論文。為什麼可以不用寫論文？因為「就是不用」。台灣每一個研究所都要寫，是因為這樣的學制沿襲數十年，要跳出這常模的確會讓人質問，就像當年我也很訝異為何我們婚研所不用寫一樣。（其實我念碩士時也不用寫，只要資格考過了就算數。所以當我知道婚研所也不用寫時，那是我的第二次訝異。）我後來終於說服我自己，台灣要寫論文，但不代表國外每個研究所亦跟台灣一樣。比如說，台灣一個學年有兩個學期，但國外有的學校一學年有三個學期，放寒暑假的時間便都跟我們不一樣。我們若要問為什麼？簡單來說，就是學制不同。

至於平時呢？其實就不輕鬆了。動不動就數十頁的大報告（像我們平時少則十幾頁，正式的則四十頁），不管是研究取向或實務取向，兩者都要寫報告，而且是一開學拿到教授開出的課程大綱後，就立刻都要花很多的心血去研讀教科書、數十本的參考書籍、期刊以及坊間書架上的自助書等的資料，才寫得出來一篇報告。寫的不好，教授一定會退，要學生重寫到他滿意為止。教授除了愛看你的想法外，又特別愛看你的出處從哪來，以及兩者如何配合、融合運用。通常愈多舉一反三的出處，老師愈是愛。

至於資格考，則是研究、實務取向兩者都要考。然而準備資格考，就是個讓人絕對有高度焦慮的大工程。有的學校除了筆試之外還有口試。但，通過資格考後，學位就快到手了（我講快到手，是因有些學校在資格考後仍要求有論文的通過）。

我呢？我選擇的是實務。坦白說，我不愛做研究，我只愛讀研究結果然後再拿來運用。我也不愛寫嚇死人不償命的長篇論文，但我可以不眠不休地一直花腦筋寫大報告及交一堆會被老師電死的錄影帶，我也覺得我是個愛變化、愛挑戰的人。所以後來我選擇走實務。

只是紐約當時只有兩個走實務的學校可選，不像加州跟佛羅里達州婚研所多，走實務的婚姻家庭治療研究所也多。

至於紐約的那兩所走實務的學校在哪？我記得一個是在很遙遠地方的雪城大學，另一個則是在長島的豪福斯特大學。雪城大學在紐約州很上面很上面的地方。在那，雖然是在紐約州，但，卻是少了百分之八十九紐約的都會氣息；另一間豪福斯特大學，則是在曼哈頓東邊的皇后區還要再過去很遠的長島區。

在長島大學那一段內容中，我提及我不會開車，也不想開車。所以要不會開車的我去雪城大學，等於是把我推回面對加州一樣的難題，更何況雪城下雪比紐約嚴重，交通不便又是另一個不吸引我的原因。

至於去豪福斯特大學其實真的也很麻煩。我必須要不斷地換交通工具：搭地鐵（或公車）、換火車（或另一路公車）、搭校車（或再另一種公車）、再走路。單一趟前前後後至少一個半小時，每次上課便要花三小時以上來回。當然，不想開車的我，還是選豪福斯特大學了，跟曼哈頓不分開可是很重要的生活體驗。更何況在曼哈頓，我才覺得真正有「人生真美好，美國真好玩」的強烈感。

不過我現在寫書的時候想想，三個多小時不斷換車的車程，一個禮拜還去好幾趟……真佩服年輕時的體力。

可是，不見得花那麼多時間在車程上沒有半點好處，像我就會利用車程上的時間，思考很多問題。

至於在去長島大學那段，我提到我曾經在未去過學校前便夢過學校幾個景。有人就問我，那我在夢中有夢過豪福斯特大學的一景嗎？也是有的。當我看到連接學生中心跟圖書館的天橋，以及長島火車下車處，我笑了，因為在夢中，我早就見過這兩幕。我覺得，人真的是一種很神奇的動物，我不是會通靈的人，但在夢中竟然會多次看到未來的場景。有人解釋說，那是因為靈魂會做時空旅行。

豪福斯特大學不只學校漂亮，還是個當地開放的觀光植物園。說來不好意思，我一直到畢業後才知道，豪福斯特大學在長島上是最大的私立學校，難怪我覺得校園大到讓我走得好累。學校的標幟是一隻公獅跟母獅。旁邊還緊連當地一個超巨大的體育館，常常有非常盛大的比賽或表演。春天時，校園裡四處盛開鬱金香，夏天則一堆豔麗的花朵，秋天楓葉掉落得像詩一樣美，當然冬天時，只要不是要走積雪的路讓我兩腳快凍傷地跋涉校園間，冬天的景色也很美。

我真的很慶幸我念了豪福斯特大學，雖然三年來的交通讓我很傷腦筋，連到現在我還常常夢見沒趕上火車、心急如焚地在火車站跺腳，眼睜睜看著火車門在我面前關起來的場景。我常常在夢裡是在車站痛哭今天上不了課，或有時是拚了所有力氣趕去搭公車、換公車再換公車……那種夢做得很辛苦。但也是因為在交通上實在太不方便。

至於我為何不買車？因為我老覺得我念完豪福斯特大學就會回台灣了，而且其他不上課的時

豪福斯特大學婚姻家庭治療研究所教授群與我。左起 Dr. Frank Genovese，Dr. Joan. D. Atwood, Dr. John Mince.

間，我也不會想往長島跑，我大多在曼哈頓晃，所以我實在不想要在有方便地鐵的紐約自找麻煩。另外，光是租一個車位，最少一個月也要花一百五十美元，而且每次取車都還要給一、兩塊的小費；若不小心吃上一張罰單，罰單的金額也超貴，那個月就少了幾頓好吃的了……基本上，紐約養一台車的成本很高，比我原本要去的加州還要高，當然我會覺得更不能買車。（可是，後來有一點後悔的是，我父母怪我沒利用留學生可免關稅帶一輛車回台的福利。意思就是，假如一台車在美國值一百萬台幣的話，在台灣是價值兩百萬元。）

三年來的通勤真的很累人，尤其是我常常手上捧著好幾本從圖書館借來的厚重書籍及期刊。

2000年 12月 17 日豪福斯特大學畢業典禮。

（我現在想想，扛這麼重的書也真的是只有二十幾歲年輕人的體力才有辦法做得到的事。）

現在來說說我的教授們。所有我遇到的師長，都是影響我這輩子很深的人，所學到的知識及技巧更是使我受用終生。主要的靈魂人物是系主任 Dr. Joan. D. Atwood，教授 Dr. John Mince，教授 Dr. Frank Genovese，他們全都是白人。

為了要寫這本書，我特別回豪福斯特大學婚姻家庭研究所的網頁去看看，恩師們現在還在不在系所。然而，除了 Dr. Frank Genovese 是我在紐約時就知道退休之外，我最崇拜的另一位老恩師 Dr. John Mince 竟然也早就退休了。Dr. Joan. D. Atwood 雖然不再當系主任，但她仍在學校，而且仍不斷地做治療、做計畫、督導學生、寫書……當她得知我在畢業十年後寫了這本書，而且要放上她跟兩位教授的合影時，她高興驕傲得不得了。

而那時的 Dr. John Mince、Dr. Frank Genovese 老歸老，就因為老才辣（薑是老的辣）。那時他們跟那些大師級的年紀都差不多，功力也是一樣棒。

不過想想，當我在求學時，系主任 Dr. Joan. D. Atwood、Dr. John Mince、Dr. Frank Genovese 他們三個都是有不少白髮的人，現在認真算一算，其實當時他們都快是六十或六十幾歲的人。而離我畢業至今已快隔十年，照時間一推，的確是早退休了。

我特別要提 Dr. John Mince，他真的是那一年代菁英中的超級菁英，尤其是後現代心理治療的精髓，他抓得最傳神。Dr. John Mince 是我覺得，在我生命中最會教學生的好老師。他的想法、態度、技巧深深影響我，他好幾門課我是拿到A之後仍請老師讓我再次旁聽，因為那時我打算回台後，用他那套好好地教學生。雖然有幾個下一屆的學生一開始不知情我是來旁聽的，而給我使了個對「重修生」貶低的眼神，但後來他們老在聽不懂時猛問我怎麼解釋，終於發覺我是拿A的學姊。後來，他們也在寫報告時，猛想拿我得A的報告來看，教授則明示我只能對他們點到為止，不能給看報告，要他們自己去查看詳盡的資料及體會精髓，因為後現代的東西必須要自己去頓悟，才叫真的懂（後現代的東西我會在稍後幾章再多詳述）。

Dr. Joan. D. Atwood 她的交情及人脈相當豐富，往往會請一些有名的專家來學校開工作坊或演講。她電人電最凶，最喜歡從我們交的錄影帶中挑戰、琢磨學生。那時我們會有種被電得「體無完膚」的感覺。但也因為她的嚴格訓練與要求，我們婚姻家庭治療研究所出來的學生很容易在尚未畢業前就有工作找上門。像我就在畢業前半年，就在紐約兒童局找到工作。

Dr. Joan Atwood 不忌諱跟人家說，她當時是在第三次婚姻中。她對離婚前後的爭執議題、伴侶權力衝突、孩子監護權、重組家庭等是個專家。當時，很多學生們對她有一些很爭議性的想法是：「為何心理治療師自己經營不好自己的婚姻？」「不是『應該』在戀愛關係中，就可知道這個人適不適合自己嗎？」Dr. Joan Atwood 出乎我們意料之外地，竟然允許我們有這些爭議的想法，因為我們想的都對，一般人也大多如此想。她說她以前的確很笨，弄不好自己的婚姻，而這錯誤就從不會顧好自己及選錯人開始。她很懊惱自己在婚姻中的辛苦，就因為沒人教她婚姻家庭治療，才需要結三次婚。可是，假若她的婚姻路走得很順、很幸福，她也不會從中領悟到怎樣才可預防或治療，也不會有從痛苦中跑出來的衝勁去創婚姻家庭治療研究所來造福其他人。

後來，當我自己進入了婚姻，才真正明白在戀愛關係中跟在婚姻關係中的確是不一樣。更何況是那些結婚七、十七、二十七、三十七年的人呢？那種感受跟戀愛更不一樣。原來，婚姻會讓我們回頭去處理，很多原生家庭中刻印在我們身上的問題，更會往前去處理家庭混合後的變化題，對每一個人都是個很大的考驗。有的人很快地就會抓到竅門，有的人卻要從跌跌撞撞中去慢慢摸索，每個人學的方式都不一樣。而像 Dr. Joan Atwood 年輕時跟另一個人不能配合，嘗試解決無效卻又找不到其他辦法後，共同生活的痛苦會遠大於離異的痛苦。那時，離異在健康的生存上是有意義而且有道理的。

Dr. Joan Atwood 當年就要我們針對「旁人對離婚者的負面刻板印象」（taboo）去寫一份報告。結果，不管是已婚或未婚的學生，我們每個人寫的離婚報告，幾乎都被 Dr. Atwood 退回來。除了一個猶太白人 Laura 沒被退報告之外。那時，所有的人便對 Laura 很好奇，想知道為何年輕（才二十三歲）而且處在和諧婚姻中的她，懂得對離婚者的負面刻板印象。

本來大家覺得 Laura 是個跟大家最脫節的人，因為她總是百分百服從傳統猶太教的嚴苛教義，而且還是所有猶太教裡最嚴謹的東正教（Orthodox Jewish）遵循者，她戴假髮，將保守傳統地裹住自己，袖子過手肘、裙子過膝、衣服不露胸，一定只跟同宗教的人結婚，固定全家上猶太 synagogue，一定禱告、吃符合猶太法令的食物（kosher），到了星期五下山後，一定開始莊嚴肅穆的 shabbat 儀式（當中包括要遵循很多下山後不能做的事，例如，不能撕紙，所以捲筒衛生紙要事先撕下、折好一份一份地來備用；不能再動電器開關，所以下山前要先決定這區域要開著燈還是讓它暗，太陽下山後不能再碰電器，所以家裡必點蠟燭……）

其實我們對 Laura 是一知半解而已，幾乎所有的同學都在想，活在很多宗教傳統中的她，眼界一定很狹隘，根本是鮮活紐約中的山頂洞人。但當我們的離婚報告被退之後，大家開始去探討 Laura，尤其是我那時很主動地邀她當我另一堂多元文化諮商課的受訪者，我便在莊嚴肅穆的星期五 shabbat 儀式那天進入她的住家，也進入她三代以上的家庭歷史去好好了解……我後來發現她們的猶太歷史文化、宗教信仰、生活模式美得不得了！我個人覺得美得像詩篇。我極欣賞她曾曾祖父母們在被納粹迫害中，堅強飄洋過海求生存的韌性，及堅持接受高等教育在陌生國度裡扭轉人生的態度。原來他們是獨特到，讓自己的心境處在混亂的紐約中仍像在世外桃源。同學們聽了我深入的報告後，不少人亦對 Laura 改觀。

Laura 可以完全理解旁觀者如何對她的族群有刻板印象，因為，別人常用「古代怪胎」的異樣眼光看他們的生活方式與宗教（連電影、影集都常把這當題材）。但也因為長期被異樣看待，所以她特別能解讀負面刻板印象對人的影響。也難怪她那篇對離婚者的負面刻板印象報告能寫得那麼好，因為述說出的就是自身活在「常模外」的感覺。而離婚者長久以來，正是被當成「常模外」的人來看待。

雖然我們大部分的同學在聽完我的報告後，對 Laura 改觀不少，但班上仍有個很豪放的希臘美女很受不了 Laura 在她穿比基尼時仍穿一堆衣服，也無法忍受當她還在夜店狂歡、左擁右抱時，比她年紀小的 Laura 已生了一個孩子在家相夫教子。

就因訪問 Laura 後我跟她走的很近，後來，Laura 讓我感觸到，不想懂的人仍只會透過自己的價值觀來看，因為 Laura 說她不用穿比基尼或去夜店才會快樂，而在家教小孩是她的快樂泉源。在猶太東正教當中極強調愛、婚姻、家庭，而她的價值觀讓她快樂與平靜。Laura 是讓我很感動的一個人，我覺得他們一家跟神好近。我後來跟她成了不錯的朋友，跟她同堂課的時候，她都會順道載我回家。而且，她做諮商及治療時很穩、很成熟。

話說回來，Laura 的報告能得到 Dr. Atwood 的青睞，其實也因共鳴到 Dr. Atwood 的內心世界。Dr. Joan Atwood 的婚姻看來是辛苦些，離婚是較難讓社會接受。但我發現，就也因為她離了兩次婚，所以當年也真的只有她最能一針見血清楚講明離婚議題的眾多層面。後來，進入婚姻的我，終於了解從實務中跌倒學到的經驗，往往是「理論不見得有帶到，卻針針見血的感受」。跌倒過的人，會比較容易說出使人信服的跌倒經驗及感覺。

需要特別一提的是，豪福斯特大學在校內設有一個開放給民眾的婚姻家庭治療診所，大部分都是住長島或皇后區的人會運用這資源。班上有一些同學便直接在學校的診所做實習。

然而我的實習地點，並不在校內的婚姻家庭治療診所。我是跟著義大利裔的 Dr. Frank Genovese，去他服務的私立 Xavier 男子高級中學的輔導室學習。那學校真的是所蠻高級的高中，無論地點、學校、制服、學費都頗昂貴的，算是當地的貴族學校。

Dr. Frank Genovese 跟 Dr. John Mince 一樣，不時會指點所有實習生心理及生活中的迷津，是個不太干涉實習學生卻又能強烈引導出學生潛能、使學生頓悟的人。在我們眼中，Dr. Frank Genovese 就是一個將督導、教授、心理師自然地三合一的人。

Dr. Genovese 在 Xavier 男子高級中學的輔導室服務三、四十年，這算是他的正業。

就因他在那裡工作已三、四十年，所以他給我的幾個個案中，都是父親年輕時就上過 Dr. Frank Genovese 的課，而有意思的是，現在兒子有狀況時，父親一定都乖乖聽 Dr. Genovese 話。

他常會提醒那些「當年自己也很混」的父親，不要忘了當年的年輕傻事，不要一當了父親就不懂得將心比心。其實孩子正跟父親當年一樣在經歷叛逆期的狂風暴雨，需要父親的同理、支持跟導正，而不是責罵和拒絕。

在他的辦公室裡，有一張家庭照是他跟他帥哥兒子出海玩的照片，他們那艘小船的名字就叫「遊戲治療」（Play Therapy）。我超級愛這如此好玩又聰慧的名字。

他不是做兒童遊戲治療的人，但卻是個老頑童，我們幾個實習生老是看他在做有意思的震撼治療。

例如，當我在被個案的悲慘、淒涼、哀怨的故事重複地壓得不自覺時，Dr. Frank Genovese 便突然站起來到我面前假裝很悲慘地拉小提琴。他這樣一跳，我也跟著轉了思路。從訝異中頓悟，他正在表示我的個案像用壞掉的小提琴（Broken Violin）拉我往問題的漩渦裡跳。他用 Broken Violin 比喻那些個案老把自己當成無力、無望、無助的受難者，而個案這樣重複抱怨，就像老電影裡悲傷情節中重複奏出的悲哀小提琴配樂一樣，重複太多次會沒有用。這就像在鐵達尼號上演奏一樣，會沉就是會沉。而心理師愈是允許個案重複講一樣的抱怨，則是允許個案他不用負責改變自己的生活模式。

從那以後，我會特別對愛抱怨的個案「沒耐心」，Dr. Frank Genovese 叫我千萬不要陷入家庭的陷阱去猛聽壞掉的小提琴音樂，一定要跳出來，跳出盲點。

偶爾，我們看到 Dr. Frank Genovese 的辦公室會冒煙，不是失火，而是他在滿足他的菸癮，順便 joining 他的菸槍學生。他常常跟學生兩人邊談邊抽菸，甚至弄到整個辦公室幾乎看不到人。這就是我所說的震撼治療，竟然在高中輔導室裡這樣抽菸也可以被允許?!我們常常看他談完話還重重地往學生胸膛上送一拳，或是很 man 地勾學生脖子、用力拍肩膀，要學生記住男人跟男人間的談話，要學生遵守諾言去採取行動。偶爾也聽到他 joining 學生的髒話，只聽到整個房裡髒話不斷，而他比學生還會用髒字，但我們知道，他又在用髒話要拉攏一個「壞」學生的心。

他很會用他「父親」的角色來帶需要父親帶的孩子，而且他會因材施教，該溫文儒雅時便溫文儒雅，該髒話滿嘴時便髒話滿嘴。我們常看到 Frank 見三個學生變三個樣。那個老「玩」童的彈性及創造性是無限的。我會「見三個個案變三次」的技巧，就是跟他學的。

其實，**Dr. Frank Genovese** 跟結構治療學派大師米紐慶很像。當我們在看米紐慶的錄影帶時，幾個跟著 **Dr. Genovese** 的學生便互投認同的眼光說：「That's our Franky.」而且我們覺得 **Dr. Genovese** 是比較可愛、活潑版的米紐慶。

慚愧的是，**Dr. Genovese** 跟那群男學生的那一套我不太容易學。要一個女心理師抽菸、動作粗魯、飆髒話、跟男學生撞來撞去地稱兄道弟……真的讓我心慌慌，不太適應。不過，我常跟我的男性受督學生說，要好好地利用自己的「性別優勢」。有時，男心理師在治療上是較吃香的，那種兄長或父親的角色往往很好用，而且用得自然，因為有些個案就是要這樣才醫得了。尤其是那些中輟、打架、頂撞侮辱師長、霸凌同學等的個案，反而是「大哥」、「流氓」或「黑道」型的心理師才能讓他們買單。有些人可能會覺得不可思議，但我們想想，這些男孩子下課後愛去混的地方有什麼樣的人？他們愛崇拜誰？愛倚附誰？誰是投射的替代父親？那答案不就出來了？所以，太溫柔、太理性的心理師在此是沒什用的……

過一條人類學的橋

在豪福斯特大學婚姻家庭研究所裡，我們的總學分中並沒說要修人類學概論。但就在我們念了一年後，婚姻家庭研究所系主任 Dr. Joan. D. Atwood 就在暑假前要所有的人都要去大學部修「人類學概論」，否則擋修他科並且不給畢業。

當時真的是全部的學生抗議連連，搞不清楚為什麼要去修一門跟婚姻家庭治療沒關的課？那一年的暑假我便沒法回台灣，整個暑假就耗在學校修人類學。而且所有學生都要去別的學校上，因為豪福斯特大學本身在那暑假並沒有教這門課，我便選了皇后區的皇后大學，跟大學部的人一塊上。

大學部當然跟研究所不一樣。人數不光是從研究所的六、七個人，變成大學部的一百多個人，年齡層更是降得厲害，身邊沒半個有皺紋的人還真是怪。而一科的時間更是從研究所一個禮拜三個小時，變成我主觀錯覺中的一個禮拜上兩、三天，從一早七、八點上到快中午的感覺。

拿個不算在總學分裡的學分本來就會很心不甘、情不願，不只是會讓人覺得花錢沒花在刀口上，更讓人覺得暑假被綁死，所以當時真的很想在暑假中混個可交差的學分就算了。

但，也不知道是老天爺的安排還是運氣好，第一眼看到這人類學教授時，我噗嗤一笑——男教授胖嘟嘟的，手毛、腳毛到處露，穿著短版卡其衣有聲有勢地隆重出場，我的好奇心來了，教人類學的他還真會用「戲服」幫助我們融入情境。好笑的是，第一堂上課他就唱作俱佳地演猩猩，親身說明猩猩跟人的關連及進化……他的幽默感及活潑生動的方式，讓我突然從癱在椅子上變成挺身坐直，直覺地認為這暑假可能會比想像中好玩。

的確，愈是聽他授課，我愈是聽得津津有味。有太多「原來如此！」的人類行為一一在他的講解及自修中解答。他說了個重點：為了要了解現在，我們必須要了解它的發展背景。信念及傳統價值的發展並不像一張快照，而是像拼湊的「馬賽克」。

所以在發現許許多多「原來如此」的過程中，我終於知道為何印度人把牛當聖牛，因為除了牛對任何農業社會皆有很大的貢獻之外，（牛糞可以蓋房子，也可當煮飯的燃料，牛有牛奶，還可高耐力地耕田、抗旱、抗饑……）更重要的是，牛在印度教裡是極神聖地象徵著一切生命的精神，是生命之母，所以印度人不可能為了要有肉吃，而扼殺象徵生命之母的牛。

我也終於知道，為何回教及猶太教的人不吃豬肉，是因為很久很久以前，實際上受限於地理環境而不適合養豬。在又熱又乾的地理環境下，豬隻難以長途跋涉，並且豬吃的食物對乾熱中的人們來說太奢華也太難取得，不像牛羊一樣餵草就好。豬奶也不夠人喝。而在二十八・八九度以上，豬為了涼快會睡在屎尿上使自己降溫，但愈熱就愈臭愈髒。所以在中東他們乾熱的地理環境下，豬的確是又臭又髒地使人碰都不想碰。

另外，教授又講到為何有些族群要一婦多夫？為何黑人皮膚要黑才能在酷熱中生存？為何人類學家不能不涉入太深，去改變太多值得保留的珍貴文化……基本上都跟「生存」有關，（這後來幫助我學薩提爾模式很大，因為薩提爾的核心相當著重在發展背景中求生存這個觀念。）而這一些有趣的答案，就請大家自己去找人類學的課本……上沒幾堂人類學的課，我就不怨系主任Dr. Atwood了。我深深明白她為何寧願遭學生怨恨，也要學生利用整個暑假耗在學校修人類學的

用心。❶

後來我漸漸了解，只有這段人類學的「橋」，才能讓我們明白「生存之下的演化」是什麼。縱使有很多「目前的現象」看在外人的眼中不合理，但，在局內人的眼中，從歷史性的演化來看，卻是相當符合邏輯，是必須的，是再也自然不過的，而且，一切都跟為了「生存」有關。

也因為有了這段人類學的「橋」才讓我明白，為什麼心理師「一定要打破自以為是的觀念」。通常心理師很容易犯的毛病，就是太將自己的想法套到個案或家庭上。就像我們愛吃豬肉，我們便覺得其他人也「應該」會喜歡豬肉一樣，會想說服其他人去吃豬肉。

然而心理學家卻需要去學人類學家「不事先設限問題的答案」，不要一開始涉入太深，也不要去改變太多原始的部分，如此我們才可以看得到本來就值得保留的個人、家庭、文化韌性及遺產，而且更關鍵的是，也要看到有些東西可能不能隨便去動。後來想想，要強迫自己把自以為是的心理師心態手腳綁起來，還真的是需要花一個暑假的時間來雕塑。

經過了那一次暑假，我得到另一個相當珍貴的禮物是：人類學就是銜接傳統、現代心理學至後現代心理學的橋！

當我在人類學的課堂上不斷聽到葛雷格里・貝特森（Gregory Bateson）這位後現代心理學一直提到的大師時，那種感覺就像海倫凱勒被水給震醒了一樣！

你知道震醒我最大的是什麼嗎？那就是——人的腦子基本上是「社會現象」，其次才是心理現象。這跟我們傳統、現代心理學中所強調的個人心理現象差很多。（這也是為何我們在寫「對離婚的負面刻板印象」時，幾乎大家都被退報告的原因，因為我們太不懂「社會環境」的影響力了。）

而「社會現象」在我們做家族治療時，是很重要的關鍵概念，我們一定要有「生態性」的系統觀及「社會現象」所鋪陳下的背景想法。至於何謂「社會現象」？簡單地舉例解釋：做伴侶治療時，要想到一張床上至少睡著六個人。因為除了小倆口外，還有雙方的父母，他們的想法會影響到小倆口的想法及互動。

葛雷格里・貝特森這人類學家雖然在一九八〇年代就過世了，但他的想法和態度深深地橫跨心理學諸多領域，婚姻家庭治療及後現代心理學很多便從他的想法中起源。在紐約的 Ackerman Institute 及義大利的米蘭團隊（Milan Team）更是熱衷地研究葛雷格里・貝特森的想法。在此，我則強力推薦所有的心理師能花些心力去了解葛雷格里・貝特森的想法，或許你也可以像我一樣被震醒。

如果可以，請大家去看葛雷格里・貝特森一九七二年寫的書《*Steps to An Ecology of Mind*》，這可能會是你一生相當受用的好書。在其中，貝特森有很多話都可讓我們在做心理治療時應用的字句，而且很多很厲害的教授愛採用貝特森的話，簡單舉兩例：㈠改變會產生改變（a difference that makes a difference）、㈡科學從不證實任何事（Science never proves

❶：推薦一本有趣又深入淺出的人類學用書《*Cows, Pigs, Wars and Witches: The Riddles of Culture*》。作者是 Marvin Harris。裡面有我剛剛所提出的問題跟解釋。

anything）。

第一句「改變會產生改變」還蠻容易懂的，因為往往我們在治療中可以看到，一個改變會是像「投石問路」般地引發下一個改變，而這改變不一定要大，也可以是小小的，只要有些不同就會產生另一些不同。若以漣漪來說，前一個波會引發下一個波。這也使後現代心理學的人有相當高的樂觀，相信小小改變會擴散成大大改變。

另外第二句，「科學從不證實任何事」這句話在後現代的婚姻家庭治療觀上是相當合宜的。因為在最早的行為科學，通常是「控制」，不自然地在一開始的實行時就決定觀察向度、控制因素、達成目標等。然而，當我們在訪談一個個案或家庭時，他們就像四處散落的拼圖，很難用這些因素去看。試問，我們哪有辦法在沒見過的拼圖散片上預知拼出來後的圖？哪有辦法在「謎」上面設定已知的因素？尤其這些拼圖碎片又是活的，會隨著時間變化而變化……所以，當我在督導學生時，我不會去問：「你設定的目標為何？」因為會問這種問題的督導，他本身還未跳脫傳統及現代的心理學框框。

我後來深深覺得，只有自己親自去走人類學這段橋，才能讓我更清楚知道怎麼去銜接「為什麼」跟「為什麼」之間。

人類學教了我很簡單的一個技巧是：靜下心來，慢一點，往後退一步，反而容易以退為進，反而會看懂「馬賽克」下的整體圖。然而這個往後退一步的功夫，並不容易在我們一般的思維下內化，更不容易在「過度好媽媽」的衝衝衝文化下學會。

我在人類學中學習到，心理師要不時退一步地自我省思，要敏感地去看治療者的想法有無自以為是的想法？有無先入為主的偏見？有無過度干涉的破壞？當心理師懂得往後退的時候，個案或家庭便容易在心理上準備好，會有個開放的空間讓我們進入。

的確，後現代的心理學裡的「非專家」（non expert）角色不容易學，但當我們終於學會時，對「整體」的幫助非常大。

後來，整個暑假耗在學校修人類學也成了因禍得福的又一故事。我覺得自己對後現代的心理學真正開竅了。

旋轉門效應——我是外國人？

剛開始去紐約時，面對強烈的文化差異，我覺得我是以「解離下第三者」的角色在過日子。最初我是非常「不切現實」地在看紐約發生的一切。我覺得我對自己的定義比較偏向是時代廣場上匆匆走過的觀光客，看也看不清楚背景，也搞不懂自己怎麼舉手投足才適當，內心還是那種投射性地定義紐約很危險，以致於要將包包抓在前胸才覺安全的人……

漸漸地，我變成是那種會住比較久的觀光客，我成了坐在街上悠閒地喝咖啡、觀察紐約的「觀眾」，我懂得去利用社會資源，去看表演、展覽，去吃美食，去內行人會去的地方購物……再漸漸地，我開始不太清楚我是外國人還是別人是外國人，變得很像在繞旋轉門一樣，立足點的不同，使我一下子覺得我是外國人，又一下子覺得別人是外國人。然而，最大的不同是真實感變強，不管立足點是在哪，我都像是參與在電影裡的「演員」，只是角色或輕或重而已。

我記得 Dr. Joan. D. Atwood 曾問我：「大概花多久才適應紐約？」我那時跟她說：「至少三

年。」三年多的時間才讓我變成演員；而我這個演員，一直都在旋轉門繞進繞出。

這個旋轉門效應很好玩。在修習人類學概論之後，我腦中強烈轉換成「我是外國人」。但，在觀光客的眼中，我又是個道地的紐約人。事實上，我也真的是道地的 New Yorker，我可以說整個曼哈頓，我熟得比大多數的紐約人還熟，〈欲望城市〉、〈花邊教主〉影集的生活對我來說並不陌生。可是接著，在班上發表意見時，我又轉回外國人的角色，我的身分一直是「外國留學生」；回台灣玩時，我以本國人的身分入境，但親友視我是外來者；回紐約時，我要走的是「持外國人護照」的路徑才能入境，但在兒童局家暴中心處理事務時，我卻又代表紐約市政府的公權力。這旋轉門不停地一直繞……

就因這旋轉門不停地一直繞，不管我視哪邊是外國人，或者何時是台灣人、紐約人，我都是一直不斷地在適應。對我而言，「適應」就對了。這個「適應」能力，有助於我跟個案及家庭的晤談。有時我從個案的角度，有時我從心理師的角度；旋轉門效應在此發揮功效了。

在「不同的聲音」那一段內容中我提及，不管我是在長島大學念輔導與諮商的碩士，還是在豪福斯特大學念婚姻家庭治療專家，還是在紐約艾瑞克森催眠心理治療學會（NYSEPH，The New York Milton H. Erickson Society for Psychotherapy and Hypnosis）學習艾瑞克森催眠心理治療，很妙的是，竟然都只有我一個亞洲人。（雖然在豪福斯特大學念婚姻家庭治療時，中間曾短期跑來一個印度醫生娘，因為在家沒事做而來進修性心理治療課程，但也待不到一個學期就跟著老公換醫院而無疾而終了，我們那時候猜想，可能是她覺得這門性心理治療課程跟他們印度的 Karma Sutra 比起來，實在是小巫見大巫吧！不過玩笑歸玩笑，她那時真的是搬到別國去了。）

至於為什麼只有我一個亞洲人？我也不知道為何這麼剛好，但環境就是如此，兩所學校的教授都說，長久以來在我們學校，真的沒什麼亞洲人念這一科。所以我就是那種想講中文也一點機會都沒得講。

很多人一聽到班上只有我一個亞洲人時，可能的第一個反應是：「那你不講英文不行囉？」的確是。我真的不講英文不行。而且是再怎麼缺乏詞彙也要絞盡腦汁讓別人了解我，常常肢體語言也要跟著出來。這就很像我們在飛機上，為了要確定我們可以吃到雞肉而不是豬肉時，我們會不惜一切演出雞翅膀怎麼揮、公雞怎麼叫。若要吃魚，便會努力演魚怎麼游泳。若要吃牛肉，就可能要比牛角，順便學牛叫……（這一招我在後來一個人去歐洲自助旅行時便常用，因為在當地英文變得沒用處，也不會講他們的語言，身體語言反而比較容易讓別人懂。）

在紐約，身體語言可以幫助溝通。我發現，這多少也有點耳濡目染的效果，因為紐約有一堆種族的人都習慣「用手講話」，有時候大家「比畫的還比說的多」，尤其是那些個性普遍外放的義大利人、西班牙人、黑人。幾年時間下來，我講話變得頗多時，會用雙手比畫當語助詞，就是為了要讓別人多了解我這「外國人」。

然而我記得剛去紐約時，我的雙手是緊緊黏在身體兩邊的。我的身體姿態是很典型的保守台灣女生。上課時我乖乖聽講，認真做筆記，我會去圖書館拚命借一堆書、看期刊做研究、準時交報告……但，「有耳無口」的東方傳統美德可能無法讓我在紐約的研究所生存，教授不欣賞這樣不表達自己想法的學生，不講話會被視為不參與。舉手在課堂上，算是最棒的身體語言。教授們直接期待我會多舉手、多發問。他們要知道我在當下、當時的反應，而不是一份白紙黑字的延宕表達。

所以打從在長島大學被頂著一顆大假髮的猶太女老師熱切鼓勵之後，我靦腆地硬逼自己舉了幾次手，當我發現我並沒有因此羞愧得死去後，我便愈來愈常舉手。還好我本來好奇心就很高，舉手發問也愈來愈不是問題，而是個「反射」動作了。尤其是在豪福斯特大學婚研所的訓練中，特別強調後現代的心理治療師要「懂得問個案好問題」，而好問題往往會引出個案的內省及改變。所以在課堂上，大家都是此起彼落地一直舉手發問。

回台後，在很多演講或工作坊中，仍會看到我很積極地一直問問題，曾經在凱旋醫院有個醫生忍不住對我說，希望少看到一些我的「反射動作」……這真的是文化差異。不過，我覺得很奇怪，我們老要個案當眾講話，我們自己卻不講話？

回來台灣的這幾年裡，我雖然收手一陣子，後來還是忍不住又復活，因為我發現，腦中就是會有一堆好奇的東西想問，而大家那麼安靜，演講者又要聽眾問問題，乾脆我來問一些能讓自己腦子滿足的問題……

當然，我也轉而將這些想舉的手「轉化」成一句句在諮商治療中的問句……（總是要有個宣洩的地方。）

我也發現，我在一句句問句中，有著我在紐約那種繞「外國人」這旋轉門時的類似效果，有時我從個案的角度，有時我從心理師的角度……

其實我又聯想到，當我將自己放在這個「我是不是外國人？」的旋轉門時，比較能引發自己的好奇心去進入個案的生態，探索個案跟家庭的深度意義，而另一方面，我也有一定的自由度離開個案的生態。

我也覺得，當我把自己當成是外國人時，其實我會看得比較清楚。為什麼我會這麼有感而發地說，其實就因我在紐約曾有一大段我是個外國人、想講中文卻一點機會都沒得講的念書時期，正因自己很認分地知道沒得講中文，所以便付出格外多的心血，特別去琢磨中文翻譯成外國語言時要怎麼用才不失真、才能讓別人聽得懂、才能聽得懂別人，才能在紐約文化下表達得體。我也會特別去看相同字眼中在不同文化以及不同年代背景下，有何不同的獨特意義。而且那時我深怕自己聽不懂，別人聽不懂，所以特別敏感跟人溝通時的用字、身體語言、臉部表情，及每個人可能因家庭、種族、文化、背景不同而解讀不同的特別意義。

那時我就一直是繞著「我是外國人？」這旋轉門在努力使自己看懂紐約、進入紐約。

在紐約念書以及後來在工作中，我會因為清楚知道我是外國人，所以很有意識地不將自己的想法先入為主地灌入同學、朋友、教授身上。因為在多元文化下，太常時候我會是錯的。後來習慣成自然，我便會很有意識地不將自己的想法先入為主地灌入個案及個案家庭身上，因為十年在紐約的訓練使我知道，不能如此做。我會用的方式是：先站在外面看一下，什麼都不做。然後，假若我走進了這旋轉門，融入了他們，用他們的角度去體驗，我就會懂。然後再繞出來，用我的角度去問，我更會懂。

說真的，我非常感謝那段繞著「我是外國人？」旋轉門的日子，讓我的耳朵、眼睛、心、腦子都敏感多了。

而在心理治療中，當我們在跟個案、家庭接觸時，的確極需要聽得出「話中的話」、看得出肢體語言附帶的意義。所以在那樣「我是外國人？」的旋轉門環境下，不只使我在學校時，就慢慢磨練出幾年後可當兒童局家暴中心主管的英文語言技巧、多元文化適應的能力，更有著「第三隻耳朵，第三隻眼」的能力開發。我很感謝老天爺把我放在「只有我一個亞洲人」的地方，當個「外國人」，但也把別人當外國人，這也是個焉知非福的故事。

第四章　靈性成長與自我追尋

一把打開靈性成長的鑰匙——靈性成長聚會

在美國，聽說有一年的身心靈大會有一個人穿了一件T恤，前面的字是「God in Progress」，而背後寫的是「In Becoming a Human」。短短的幾個字引起了許多人的共鳴。「使自己更像一個人，也就更像一個神。」這想法得到眾多人的讚許，當然我也深深同意。聽說隔年，一堆人穿了同樣的T恤。

在我念書及工作之餘，我利用在紐約之地理位置及資源上的方便，參加不少專業訓練及工作坊。而很有緣分的是一個我參加多年的私人靈性成長聚會。

這多年的聚會影響我甚多，亦影響到我在心理治療上的發展。

我其實已經有點忘掉一開始怎麼跟這靈性成長聚會帶領者義大利裔人 Clifford Ribaudo 在網路搭上線的，反正很自然就進入這團體了。他所引領的這個靈性成長聚會，基本上就是讀書會。雖然我不記得怎麼認識他，但我相當記得他的家，因為有好幾年的時間，我幾乎跟別人一樣週週去他那曼哈頓上西城的家。Clifford Ribaudo 雖然是個義大利人，家中卻一堆亞洲的文物，更充斥著西藏方面的靈性書畫。平時，參與靈性成長聚會的人並不多，大概都是維持在小團體五到八人左右，而且是什麼人種都有。我記得當時，我是年紀最小的。

在那，我們用的是愛麗斯・貝利（Alice A. Bailey）的書，每本書的封面都一樣，都是高層靈性意識的深藍色。令我印象最深的幾本是：《*Esoteric Psychology, Esoteric Astrology*》以及《*The Seven Rays of Life*》。基本上，這些書的內容真的不簡單，跟其他人一塊研究的確容易些。因為很多時候是有看沒懂，至少集思廣益大家一塊想還比較簡單些。坦白說，偶爾大家一塊想都還想不通，因為真的很深奧。

在讀書會中什麼人種都有，宗教也是五花八門，但在這裡又是沒有機會說中文的地方，雖然有亞洲人，但最常來的兩個四十多歲女士，她們一個是日本人、一個是韓國人。當年年輕的我本來想說，在這兒應該偶爾會出現個種族衝突，或者宗教參雜當中，偶爾也應該有個宗教戰爭……但是好玩的是，愈是懂得接近高層靈性自我（higher spiritual self）的人，愈不將自己限制在種族上，更不會將佛教、基督教、天主教、回教、猶太教、印度教、拜火教等的「教義」或「規範」當成自己身上的盔甲。

在那兒，竟然有著種族跟宗教「融合」的共識與和諧。

就像 Clifford Ribaudo 的住家，義大利人不像義大利人，家中有一堆中國文物，還特別愛穿中國功夫鞋，我反而覺得他像個中國人。他說他雖然在義大利的天主教家庭中長大，小時候常跟媽媽在天主教教會做事，但自己長大後，卻酷愛吸收東方的文化跟思想，家中擺上一堆西藏及中國明清時期的掛畫、雕刻、陶瓷，往往讓我誤以為我身在亞洲。

有意思的是，在他家中又不能說只有中國文物，很明顯地還陳列其他幾個宗教的文物。比如說，在一年一度春天的復活節中，他會聚集另一批我們不曾見過的人去他家，而且還限定幾點幾分之後門就關上不讓人再進出。我才剛趕著在門限前喘吁吁地進門，卻在門口被一堆穿著正式儀式服裝的人嚇到（一個個都穿了像在梵蒂岡做儀式的服裝）。正在納悶為何他們穿著儀式的衣服，接著卻發現他家有個我不知道的密室，原來有一道牆推開之後，裡面出現的是基督教的古董桌椅及文物，藍色天花板及牆上有著十二星座的圖案……這時，我才知道 Clifford Ribaudo 這人有點暗藏玄機。

幾年後，他娶了一個韓國人當老婆（大家本來很想開他玩笑，想問他是不是也信統一教？因為他這老婆是突然冒出來的）……後來想想，或許在這麼多的宗教下，Clifford Ribaudo 就是那種相信「不管是什麼宗教，只要能夠使人好、使人快樂的就是好的宗教」的人。也或許，讓我在心理學上覺得：「不管是黑貓還是白貓，只要是能抓到老鼠的就是好貓」的啟蒙者，就是 Clifford Ribaudo。

在那聚會的我們共同有個很生活化、簡單的想法是：「神都是同一個。」

這想法其實我是很保守地在他人面前表示，但在我的信念中卻是很強烈的認同。我深深覺得，神只是為了「適應」人們不同的文化跟種族的需求，而在「表面」上需要看起來不同。擺脫宗教的名稱，釋迦牟尼、玉皇大帝、主耶穌、聖母馬利亞、阿拉等的名稱底下，神都是同一個。要不然我到紐約或去歐洲玩時，玉皇大帝、觀世音菩薩豈不就因為超越管轄範圍而不管我了？

其實我們認真想想，再加上一些想像力，所有宗教的基本教義都是一樣的：都希望人們過得好，都希望所有的家庭和諧美滿，都希望人們過得快樂平安，希望人人向善互助……所以當我們深入地虛心領會的話，我們會平心靜氣地同意讓神在每個地方都關照著我們，縱使祂的外表（名字）不一樣。

我常常在想，我們每一個人不都有很多的角色？在父母面前，自己是個「孩子」。在朋友面前，自己是個「朋友」。在伴侶面前，自己是個「老公」或「老婆」。在老師面前，自己是個「學生」。在孩子面前，自己是個「爸爸」或「媽媽」……而「孩子、朋友、老公、老婆、學生、爸爸、媽媽」這些名稱都只是個名稱。擺脫這些名稱，不都是同一個人？不都只是我們為了適應面對不同的人，而在表面上有所包裝和修飾？但打開基本核心來看，都是指同一個人。

其實，宗教基本上沒有要人戰爭。戰爭是人的權力在鬥爭，是人在利用宗教。

互相排擠並不是宗教最原本善良的本意。所以在我們的聚會中，並不會看到宗教上比來比去的現象，也沒什麼荒唐的宗教儀式或奉獻。我們唯一的奉獻就只是大家買各國的零食去邊讀書會邊吃，像我們最愛吃的就是韓國太太帶來的脫水蔬菜脆片。在那聚會中，我們純粹只是分享，純粹只是一群喜歡內心平靜喜悅的人想探討更靈性的自我，以及想開發更祥和的生活所自然聚在一起的聚會。

就也因為它給人的基本感覺很舒服，我才會參加好幾年。而且對一個沒家人在紐約的小女生，每週能有個歡迎自己的地方去是生活中很支持自己的部分。再加上那裡什麼人種都有，也剛好幫我深入了解多元文化的差異。

我們的帶領者Cliff本身對星座盤及夢很會解析，而他對心理分析及中國的「國寶」：禪、佛、道之類的也很感興趣，所以我便燃起了跟他「以物易物」的奇想。他很大方地教我去看星座盤在人格、伴侶關係、人際溝通、事業及家庭等的解析，亦從冥想中得到夢的意義；而我則跟他分享他想知道的精神分析學派概念，尤其是從佛洛伊德的心理分析來解夢。

另外，Cliff也跟我討論風水、禪學、老子的道德經、莊子的思想；後來我們常常還會提到面相、手相怎麼看……我發現剛開始時，我自己懂得的中國思想並不怎麼多，但為了要幫助他了解，自己花了不少心力去自修，看了一堆相關的書籍並且跟他討論後，我反而覺得我在紐約把中國的東西摸得比較熟。

最棒的是，也因那段時間持續有好幾年，所以這些學問到後來都內化、融合到我的腦子中，而不是短期地填鴨，放在意識表層而已。然而，自然而然地，星座、解夢、面相、禪、老莊思想、手相、風水等，後來竟然也都大大幫助我在心理治療上對人的了解，以及擴展我跟個案可以討論的話題層面。

比如說，幾年來，星座在台灣媒體上成了很受嬌寵的自我了解及溝通工具，演變成很多個案在諮商中會自然地說自己及他人是什麼星座。星座已經成了日常生活用語，當然諮商師要懂得這些才能跟個案溝通。

然後像我因為會看一些面相，所以一見到個案的臉，我就有個大概的個性可以描述出來。舉幾個最簡單、普遍的例子：顴骨高突的人愛權，愛爭高低，愛計較，兩性關係易因個性太硬而相對地較困難；而眼睛下垂、沒神的人鬥志不高，消極怕事；嘴角下垂、嘴唇薄的較會批判別人，較易負面看人事；大且外露的鼻孔容易留不住錢，經濟狀況可能常緊張……

對我而言，簡簡單單看一下一個人的臉，便可以知道他從小至今最粗略的大概，算是個案在歷史上的寫照。我會強調粗略，是因為我不會用面相來全盤定義我對一個人的觀感。看面相是個參考。而且，面相會隨心境、時間而轉變。我常看到的是，假如一個人變快樂了，面相也會變得快樂。所以運用到諮商時，我主要還是以言談中的互動為主，面相為輔。私底下我會希望，個案能隨著諮商中的自我改變，讓他快樂到連面相都變快樂。

對我而言，面相是一項外揭的人格表徵，從一張臉多少知道一個人執著、卡住的是個性中的哪個部分，也大概知道這個人的人際關係中會遇到什麼障礙，以及人生的階段裡何時可能頗辛苦的……像這種簡單的「心理衡鑑」在幾秒鐘之內就做出來了。不用任何測量工具，而這中國國寶的準確率可絕對不比西方的一堆耗時心理測驗差。

倘若可以，我真的希望在心理學研究所的課程中，也能夠將面相教學列入選修課程。在多年來的實務應用上，我真的覺得它比中規中矩的心理衡鑑來得方便好用。因為不用任何工具、道具，也不用花太多時間操作，個案只要邊跟你談話時你邊觀察就好。其實，一分鐘都綽綽有餘。

再說解夢，太多時候個案會跟我們說他最近或以前做了什麼夢。夢算是意識、潛意識以及靈魂跟我們說話的管道。有的夢很直接，是日有所思、夜有所夢的反應；有的則帶有隱喻；有的是會預期我們最近會發生什麼事，或直接跳到很久以後我們會遇到的場景；有的是反夢，意思就是表面情境跟解夢後剛好可能完全相反的夢；有的是不斷重複的……

我後來才知道，夢的解析不一定要把佛洛伊德的那本《夢的解析》一書捧為唯一的聖經。因為在美國的書店，光是新時代分類的架上就有不少當代的解夢書。像我在紐約時，便有一本我固定放在床頭的解夢字典，幾乎天天一醒來我就翻它，書名是《*The Dreamer's Dictionary: From A to Z...3,000 Magical Mirrors to Reveal the Meaning of Your Dreams*》，作者是 Lady Stearn Robinson & Tom Corbett，歸類在新時代的書籍中。它的設計是容易攜帶的口袋書大小，又輕又便宜（折合台幣三百元有找），所以我以前連去歐洲旅行時都還帶著跑，因為我會從夢中看我當天順不順，若不順，便多少要避開夢中出現的警訊。不過，因為它全是英文，所以有些關鍵字可能對慣用英文的人會比較方便。

現在再講回 Clifford Ribaudo 跟我還做了些什麼探討：

基本上，Cliff 直覺很強，但他絕對不是靈媒。有時，他的直覺甚至強到我們都不能亂在他背後嚼他舌根，因為他曾經就直接打電話來叫我停止想任何有關他的事，因為我弄得他耳朵痛（像我現在寫書提到他，我便有些緊張他會寫電子郵件來抱怨）。Cliff 很會冥想，他喜歡從冥想中去尋找一些星座盤裡的關係互動，以及探看一些深層神祕的東西，例如他最常用的便是從星座盤中探看前世因果及最近狀況的推測。我那時便常藉著我是他最喜歡抬槓的讀書會成員，而非常愛拿著我的星座盤追問他：「我最近會怎樣？」問到後來，他有點火卻又有點開玩笑地說我都把他當免費的算命師。不過他也從星座盤中看到，他在溝通上會跟我激發出很多豐富的火花，這是他跟其他讀書會成員所沒有的交集。

其實我那時候因年輕，所以蠻敢調皮的。我便跟他辯過一個有關冥想的變通方式。Cliff 其實是個頗嚴肅、中規中矩的人。所以當他冥想時，他的個性是一定要把身體弄成打坐的姿勢，而最好又是坐在他精心布置的神聖位子上，點個薰香、搖個鈴。但我卻覺得，只要身體可以放鬆，可以跟自己的「心」及高層次的「靈」連結，「躺在床上」舒舒服服地，反而能進入更深層的冥想。當場我的這番「躺在床上就好」的話就使他臉上出現好幾條黑線，他覺得我是個學習冥想上的壞學生——太懶了。

我那時真的很搞不懂，為何冥想一定要委曲自己去受兩腳酸麻、脊椎酸、屁股痛的苦，我覺得那是古代的苦行僧才有的執著。基本上，我到現在也還是不懂，為何這些冥想的人要折磨自己的身體。

事實上，當我開始去紐約艾瑞克森催眠心理治療協會學習催眠時，我調皮的想法竟然得到了證實——因為「躺在床上」舒舒服服的姿勢反而可以放鬆地進入更深層的冥想，而不受到身體不適的干擾！

不過，雖然我常讓嚴肅的 Cliff 臉上出現好幾條黑線，他卻曾用他的嚴肅幫我一個超級大的忙，那就是如何用「很嚴肅的方式」保護自我的磁場（這跟有些人知道的脈輪類似）。

我以前其實有一段時期很容易在身體上感受、吸收到身旁他人的情緒及能量，尤其是負面的能量會很明顯地讓我不舒服。比如說，往往在做悲傷、憂鬱的個案時，我的胸腔會跟著悶痛，而愈憂鬱的個案，我會愈心臟糾結地不舒服；做憤怒的個案，我會胸腔變熱，心臟跟著流出焦躁不安的血液，頭也會跟著痛起來；若個案對我有性的欲望，我的喉嚨會癢、會咳得厲害，眼睛也會自動往對方的性器官看。其實這種感覺的共振可能每個人都會有，只是看我們敏感到什麼程度。而我二十幾歲時，不懂得如何畫分人與人之間的磁場或靈性界線，所以不管好的、壞的情緒和能量，都容易吸收到自己的身體，而有時候，那種身體的不適還會延續到諮商結束後好一陣子，自己變得很累、很難過。

Cliff 知道後，他叫我某天的讀書會提早到，他那天便趕緊拿他剛剛才烤好的烤蒜頭泥要我吃，他說那個是他們義大利人的淨化驅邪偏方，吃了之後身體就會擋住負面能量。就因為Cliff常常在他們家做一些有的沒的「淨化」磁場之舉，所以我不疑有他，反正對他很信任，而且好奇心很強的我就是會姑且一試。

可是就當我皺眉吞下「一碟」超難吃的烤蒜頭泥後深感噁心，猛對著洗手台想吐，Cliff竟然在旁樂得哈哈大笑。他一大笑，看一眼他得意的笑容，我才知道上當了！原來這才不是什麼義大利人的神聖淨化驅邪偏方，而是他靈機一動，拿他治感冒、提高身體免疫力的食療法來整我，縱使要吃也不用吃那麼多，一湯匙就夠了。他問我像不像被當成吸血鬼來治？我那時真的很像被蒜頭強烈壓制住的吸血鬼，全身噁心到無力，真的被治了！Cliff 說，此時不整我還等到何時。

不過無論如何，Cliff 狂笑之後，他回歸到他的嚴肅，開始認真教我這冥想不坐好的壞學生不斷地練習觀想。他要我想像我在自己身體周圍有白光安全地保護著我，不斷地讓白光擴大、發亮，用白光洗滌掉所有負面的能量及磁場，從頭到腳，從裡到外，都感受到白光的祥和平靜，都可以感受到白色的光洗滌保護著我，告訴自己是安全的，被照顧的，被安全保護的……沒多久，我學會在需要的時候，立刻利用想像，在自己身體周遭建立一層保護膜，漸漸地，我會保護、控制自己身體的感受性，我可以在接收到任何的負面能量後便想像我戴上白色光芒的金鐘罩，不舒服便很快消逝。這一招對我來說，果然是蠻有效的。

當我學會控制之後，我發覺我不見得要完全消除掉這從個案傳來的不舒服感，畢竟這會是很棒的情緒同理。但是心理師絕對不要一直繼續扛著那些不舒服的感覺，全身很可能會因吸收太多個案本身的負面能量而沉重悲傷，這很傷。治療師要懂得開關保護膜。

寫到這裡，我現在回想起來，我在紐約的前六、七年幾乎都在狂熱地念書、進修、參加讀書會、心理學年會、工作坊……幾乎沒什麼玩到。可能跟我老是覺得「念完這個、學完這個、做完這個我就要回台灣了」有關，所以我會很積極地像海綿一樣能吸收多少就吸收多少。就怕自己沒學到什麼就要回台灣了。不過說真的，能有這樣一股腦的衝勁放在專業進修上，真的是三十歲以前才有的精力。

我真的蠻感謝這幾年的靈性成長聚會，因為它刺激我去花相當多的時間自己看書研究星座、面相、解夢、手相、禪、老莊思想、前世今生、風水、塔羅牌、血型等。後來這些知識都對我在做心理治療上有很大的幫助。因為不管是在東方或西方，三不五時就會有個案跟我提起其中一樣。而，當個案他們發現我「竟然」懂這些他們也感興趣的東西，甚至有時比他們還懂！那個融入個案生態的部分就可做得深了。而且常常個案會主觀報告說，覺得自己不只是在心理上被同理，甚至在靈的部分也被心理師支持。

講一個衍生出來的探討。在我們團體裡，有一些人會探索另一個向度的世界──「靈魂」。或許聽來比較玄，但在美國有研究所在專門研究這區塊，認為靈魂是帶有能量的東西。這不是個禁忌的話題，他們在研究所中，甚至希望科學地將這「看不到」的部分用具體的東西表現出來。從某個角度來看，他們大聲地說看不到的靈魂是存在的。有一陣子，很多美國電視節目紛紛邀請一些專家、學者、通靈者、親身經驗過的人來講靈魂之類的議題。

在台灣，對於靈魂、鬼魂的接受度因傳統民俗文化的關係，而長久以來接受度相當高。連科學辦案的專業法醫楊日松、前警政署長侯友宜等人都講過一堆遇到靈魂、鬼魂之類的故事而相信它的存在，所以我們一般人怎麼去解釋說沒有？

人的肉體死了，不見得靈不在。而相信這部分，對哀傷治療上來說會很有幫助。基本上，要談靈魂這個話題，我覺得對一個在台灣長大的孩子來說，通常不是件難以理解的事。

然而，我本來以為鐵齒的美國人不信鬼怪之說，但後來我才發現，在文化大熔爐下有不少美國人信這一套。我認識的朋友當中，除了亞洲人之外，我發現尤其是西班牙人、蘇俄人、中東人以及加勒比海一帶來的人便都很信靈魂、鬼魂之說。他們甚至會跟台灣人一樣，去找通靈人或算命師之類的。

舉個最實際的例子，像美國的紐奧良這迷人的地方，便是大大方方地相信靈魂、鬼魂、巫師、巫毒、巫術。後來我有機會親自探訪紐奧良時，便在一個夜晚的導覽行程中，聽到一堆飯店、餐廳、酒吧前身的鬼故事，以及巫術盛行時期的巫師故事，（詛咒、治病、害人、放火燒女巫、大晴天卻突然天黑打雷下雨……）更看到歷史性地標的廣場路邊有一大圈的算命師、占卜師、靈媒（至少三、四十人以上）。而且，以飯店來說，反而愈是有鬼故事的飯店，愈有人要去住住看。對我來說，紐奧良的鬼故事、巫師的故事都可以聽聽，但比重也相當重的吸血鬼傳說，我就把它當神話了。

談回紐約這裡，當我跟豪福斯特婚研所很要好的同學兼好友 Katie 聊我在參加靈性成長的讀書會時，這位蘇俄裔美女便講到——他們一家都很迷的美國通靈大師 Sylvia Browne。

這位通靈大師上過一堆的電視節目，包括嚴謹的CNN、歐普拉脫口秀等，公信度相當高。當我這不認識 Sylvia Browne 的老外去查資料時，才訝異知道，Sylvia Browne 的書在書店、網路暢銷排行榜第一名已經無數次。原來，美國人這麼相信靈魂，要不然 Sylvia Browne 的書哪能如此暢銷？

像 Katie 他們家就曾花三百美金（約合台幣九千多元）、半小時去問 Sylvia Browne 一些事情，而準確度及真實性令他們一家瞠目結舌，所以他們之後更愛講這大師的奇聞妙事。

Katie 說她曾親眼看 Sylvia Browne 的頭髮飄起來，是因靈魂在拉 Sylvia Browne 的頭髮。其實，Sylvia Browne 跟我們台灣熟悉的知名通靈師一樣，重點是她很會跟請教她的人溝通，而且準確度的確高到爆。要不然，嚴謹的CNN、歐普拉等也不敢砸自己招牌主動邀她上電視。

而放眼望去，只要我們留心，全世界有很多這種第六感、直覺、靈性頻道很強的人在通靈。我們常把這些人歸為具特殊天賦的人，但，事實上，有好幾個有名的美國靈媒說出共同的觀感是：「我們每一個人都有那潛藏的能力，只是我們沒去開發。」

像在新時代的書籍中就有一堆教人如何開發直覺、如何敏銳第六感的書。所以有一段時日，我也很著迷在激發自己的第六感、直覺、靈性頻道。這就是為什麼我家中也有一堆「如何當靈媒」的書。

我覺得，當一個好的心理師，第六感、直覺、靈性頻道的天線最好是強的。因為常常我們可以把自己的感受性拉高，而較容易感受到很多個案在言語文字說不出、解釋不了時的話。

就像有時我也蠻訝異自己為何會冒出一些不太屬於我的話，還常常不經意地幫個案接話，或者直覺地講出他壓抑的心事。有時個案問我為什麼知道？我也只能說：「我就是感覺得到。」或是很「俗」地說：「老師有練過。」

至於那種「知道」的感覺像什麼？很難用言語去形容。只能說一切發生的很像水龍頭打開一樣的順，來了就是來了。

當我愈懂一些靈性的東西，我愈相信很多人與人之間的相遇，不管是好是壞，都不再是意外或巧合。就像我跟 Cliff 的認識，除了開發我從未接觸過的靈性自我，更讓我在國外反而研究中國幾千年留下來的好東西。跟他的相遇，是有功課要做的。而 Cliff 也說，他變得比較不嚴肅，視野更有廣度。

我也從此發現，當一個心理師，若能開發這些看來神祕卻又尋常的靈性知識，絕對會使我們對個案跟家庭的身、心、靈有更高層次的了解，而且更深一層來說，我們會更知道如何在此生就盡力把自己該做的功課做好。

我後來較沒去聚會是因為：我覺得這部分的知識已到了一個段落，剛好我又開始參加催眠心理治療的一百小時訓練，而且我在努力寫豪福斯特婚姻家庭研究所的畢業報告，我訂定的主題是「靈魂伴侶」（靈魂伴侶我會在另一篇章陳述），基本上已忙不過來了，但我還是會偶爾跟他們見面閒聊，尤其是訪問他們對靈魂伴侶的看法。

這邊講一個有意思的故事。當我在寫那篇靈魂伴侶的報告時，有好幾本跟靈魂伴侶相關的罕見書籍在所有圖書館都借不到。我還憂心苦惱地尋線，親自跑去最上游的出版社求他們賣我絕版書，但還是吃了閉門羹。然而，有一天我跟我們靈性成長聚會中的大蓬頭黑人夥伴 Kevin 聊近況時，他打開了他潔白的黑人牙齒及眼睛，很輕鬆地跟絕望的我說，他工作的圖書室中有我要的書！當下我真的像坐雲霄飛車一樣衝到天空，整個人樂瘋了，不知道鬆了多大一口氣，差點跪倒拜他。（講到此，我突然想到我曾經跟 Kevin 說過一個笑話，說我們台灣人最喜歡黑人了，一天到晚都在拜黑人……因為廟裡的神像都很黑。）

真的就是有這麼神奇的連結，原來老天爺早知道我會念到那幾本絕版書，原來老天爺早安置 Kevin 在我身邊當貴人來把書借給我。說來真的有意思，長久以來，我一直知道 Kevin 是在專門出版及販售愛麗斯・貝利的新時代出版社工作，Cliff 跟他也因買書而認識。但我不知道 Kevin 他們的工作場所竟然有美東很珍貴的靈性研究圖書館，裡頭收集一些罕見亦可借出的書……這是我很難用邏輯去說明的緣分。

催眠的呼喚——艾瑞克森催眠心理治療

再來說說我是如何開始參加紐約艾瑞克森催眠心理治療學會所辦的一百小時催眠心理治療訓練。倒推起來，有很多的人生經驗在影響著它的發生。我總覺得，會對催眠心理治療有興趣的人，多少在成長過程中便對一些比較玄的東西有偏好。

其實早在我念大三、大四時，那時很流行一本精神科醫師布萊恩・魏斯（Dr. Brian Weiss）所寫的《前世今生》（*Many Lives, Many Masters*），內容是講述利用前世回溯的催眠法在心理治療上處理恐懼，但後來卻意外地不斷創造一個個跟大師接觸更寬廣的空間。布萊恩・魏斯的那本書除了使很多人認識因果輪迴及轉世、前世中要學習的課程，更讓人認識大師及守護天使。只是那時的我沒有很開放的靈魂，無法將書中闡述的精髓給理解得清楚或吸收得很好，二十出頭的我並沒有把這本書的理念用心去體會。我的注意力，有點偏倚地，其實是放在熱潮掀起的催眠表演秀上。

當然，隨著催眠熱潮的掀起，那時很頻繁地在電視上會看到「催眠舞台秀」，常常看到的就是一個叫馬汀的大師。他誇張的舞台效果讓我看得非常震撼，我心裡在想，真的催眠師指示什麼，個案就會順著指示做動作嗎？在我們的外表下，真的能夠突然一改自己閉塞、害羞的個性而公然跳艷舞？我們真的能像木頭一樣硬梆梆地被別人站上去踩，只有兩端各有椅子撐住頭跟腳課，還直挺挺地懸浮在空中？我們真的能忘掉自己是個人，而是台洗衣機？……有太多、太多的問號，讓我好奇並訝異我們真的能夠釋放這麼多未知的潛力？

接著，我們大學也順著布萊恩・魏斯掀起的催眠熱潮，請了台北某一位會催眠的精神科醫師來學校示範催眠，當然他在最後就順勢示範回溯。當天我們最屏息期待的就是前世回溯，但他只示範到今世兒童時期的回溯而已。當那位精神科醫師將我們其中一位學妹催眠到小時候時，雖然我們不能看到她看到的畫面，我們在場的所有觀眾卻都被學妹完全不同於現在的兒童聲音及字跡給深深震撼。我那時深深覺得催眠「好神奇」，竟然可以帶出那個早忘掉的自己。

可是，坦白說，二十出頭的我分不清真正的催眠心理治療跟催眠舞台秀有何不同。不管看到什麼催眠，我都很粗淺地像在看「魔術」一樣讚嘆欣賞。

後來我到美國紐約念研究所時，又陸陸續續地看了布萊恩・魏斯出的《生命輪迴》（*Through Time Into Healing*）、《返璞歸真》（*Only Love Is Real*）、《前世今生來生緣》（*Same Soul, Many Bodies*）、《前世今生之回到當下》（*Messages From The Masters: Tapping into the Power of Love*）這幾本書。除了訝異竟然可以從催眠中做到廟裡小冊子、農民曆及一些厲害算命師在講的前世輪迴及因果循環外，我也終於比較了解了催眠是「治療」而不是「魔術秀」。

其實那時會再碰布萊恩・魏斯前世回溯的催眠書，是因從小帶我長大的爺爺、奶奶相繼在我留學時過世。我不方便從美國回台灣跟爺爺、奶奶他們相處最後的一段日子，甚至見他們最後一面或參加喪禮，我總是有個哀傷跟遺憾在心裡。但是從布萊恩・魏斯的書中，我得到很多的安慰，一本一本的書變成是我一次又一次的哀傷治療。

在書中，我感到安慰的是知道人與人之間會選擇一次又一次的相聚。至於何時相聚、何時離開，在時間上都只是個幻覺，基本上可能根本都沒離開過。而家人可能早在上一輩子就是家人，下一輩子也可能再是家人。靈魂會超越時空，而愛會傳到下一輩子。當這個人再次出現時，我們的直覺會幫助我們認得。而一個有意義的關係並不局限在肉身的死亡，在腦中、心中可以一直是存活的。愛你的人會一直在自己身邊……那時的我，愈是領悟這些，愈是跳脫哀傷。後來，當我遇到個案有死亡哀傷跟遺憾時，我在那時從布萊恩．魏斯書中領悟到的便很適用。

從布萊恩．魏斯那些故事及領悟裡，我發現有很多心理治療可拿來運用的部分。例如，一群靈魂會一次又一次地降生在一起，而且是以許多世的時間清償彼此的相欠或繼續彼此的互惠。而天賦、氣質、個性、智慧、興趣跟偏好等，其實是一世一世的累積與傳遞；意識中，我們或許不會去想這麼多，但我們的潛意識及靈魂替我們記得很清楚。

從催眠中就很容易讓我們憶起我們以為忘記的事。愛會傳到下一輩子，恨也會傳到下一輩子；恐懼會傳，虧欠跟償還也會傳，但我們都不用等到下一輩子，在這輩子我們就可以做一些事讓它平衡……我愈看愈著迷，愈看愈想學習催眠，我尤其最想學深度的前世回溯如何對心理治療有深層的幫助。

布萊恩．魏斯用的催眠方式是深度的前世回溯，其實只是眾多催眠治療的其中一項，但偏偏前世回溯這一項，跟我們個人心理治療或婚姻家庭治療最有相關性。

基本上，前世回溯跟一般戒菸戒酒、減重、消除恐懼、無麻醉手術之類的光是在指示語上就有相當大的差別。因為前世回溯通常都會談到「人際關係」。比如說：「你看到誰？」「他跟你是什麼關係？」「你跟他的相處是怎樣？」「你在這關係中學到什麼？」

前世回溯可以幫助我們看到人與人之間相遇的意義、相處模式跟前世可能重複、同一群人可能會再相聚、糾結的因果可能因未做處理而未能解開、角色的轉換可能是為了得到一個平衡或使我們更能設身處地為對方想，以及我們來這世上需要學習的課題有什麼……前世回溯的問話，是一種很深刻的關係治療。

而那時，剛好我最喜歡的豪福斯特大學婚研所教授 Dr. Mince，常在後現代心理學中融入催眠式的心理治療技巧。那時我就常常納悶，為何教授往往說了幾個生活化的故事或隱喻、比喻等，卻使我們打從心底一直記得，甚至打從骨子去深層改變？原來他有偷偷用一些催眠式的心理治療法在教學上。

像他舉過一個比喻是：我們不能控制讓同樣的水流過我們的腳兩次：「You can not step into the same water twice.」（中文翻譯有時無法跟原文很像，會失韻味。）意思是說，時間一直在流動，變化、演化一直在發生。我們以為我們的腳碰到的水是一樣的，其實不然；這一秒流過去的水跟下一秒流過來的水都不一樣。後來，在我做諮商治療時，我便常常用這句話來提醒自己，每次見面的個案都已經跟上次不同。心理師要先相信個案是有變化的，這樣個案也才會跟著相信自己是有變化的。

再講一個 Dr. Mince 曾說過的現象，他說，如果我們仔細去看古老教堂的玻璃，我們會發現下面較上面厚。我們以為玻璃不會流動，但本來是像水一樣被塑形的玻璃是會動的。當時我真的愣住，我從沒想過玻璃是水，而古老的玻璃窗會因地心引力的影響而上薄下厚。但後來我去歐洲看一些古老教堂，認真地去仔細端倪時，才訝異地證明 Dr. Mince 所說無誤。

的確，我們只能活幾十年的人，很難看到幾十年的玻璃「動」給你看，這道理就很像「夏蟬不可語冰」一樣。但有幸的是，我們可以從幾百年、幾千年的古蹟玻璃去了解，本來是像水一樣的玻璃如何在幾百、幾千年的過程中緩緩流動後的痕跡。這也挑戰了我們常以為看不到的就不存在，但很多時候，看不到的依舊存在。就很像「道」裡面所說的，每個東西都在動，都在改變。愛因斯坦也曾說過：「靜止的物體有它儲存的能量。」在此，Dr. Mince 又用隱喻的方式教我們相信，個案是有變化的，而且要多看看我們以為「看不到」的東西。

在我那時候的生命裡，我真的覺得布萊恩・魏斯及 Dr. Mince 這兩個人都太厲害了。現在呢？也還是覺得他們很厲害。因為他們的信念一直存在我的腦中。所謂的催眠，不就是一個想法像種子一樣發芽茁壯嗎？

所以，基於一波又一波對催眠的滾滾興趣，我便開始了我在紐約艾瑞克森催眠心理治療學會一年半的催眠心理治療訓練。

我們當然無緣讓已故的艾瑞克森大師直接教導，但我們有艾瑞克森極得意的弟子史德奈・羅森（Dr. Sidney Rosen）來親自指點，他就是《催眠之聲伴隨你》（*My Voice Will Go With You*，生

命潛能出版）一書的作者。❶

至於為何會想花至少一百小時去學習催眠心理治療？其實那都是因為我一直渴望學習前世回溯的技巧。但前世回溯在課程裡，算是最高階的技巧層次，放在課程的最後一個階段。當然，一般戒菸、戒酒、減重、無痲醉手術、消除恐懼之類的技巧也很難學，只是前世回溯牽涉到更多催眠師的洞察深度、心理治療功力、人格成熟度、高道德標準等，以及更重要的是，問話帶領中要有更多「人際關係互動」的智慧在裡面。

他們怕催眠師沒學好前世回溯的話，很容易誤導個案，有時甚至會造成亂植記憶的錯誤發生。美國就有一些因亂問話而植入錯誤記憶的治療官司在打，比如說，有一個回溯兒時被性侵的案例，催眠師問個案說：「你不覺得那性侵你的男人是爸爸嗎？」這便成了錯誤引導，因為個案聽到「覺得」、「爸爸」，卻把它連結在一起成了肯定句：「覺得是爸爸。」而想像中的個案則愈來愈繞著那句「覺得是爸爸」的話產生更多的畫面。那個催眠師害慘那爸爸，因為後來證實真的不是他，而是另有他人，但那爸爸也被官司折騰壞了。催眠師當時要用的問句，其實只要簡單說：「你去看看他是誰？」這樣就好了，就不會多說多錯還害人。

所以學前世回溯必須要從其他一些傳統基本的先學起。就這樣我願意去撐到最後，承諾一百多個小時的投入是為了要學前世回溯技巧。

一百小時的時間真的不算短。它不是那種幾場一整天下來的工作坊就消耗掉這些時數，然後快速發給我們證書就當我們學會了。它是一週去上一次課，每次兩小時。一班才五、六個人。注重的是扎實，邊學習邊內化吸收。有一堆的教科書要我們在其他的時間念過，然後再利用上課時間演練、討論。有一年多的時間是在完成一百個小時的上課，然後再半年左右的時間讓我們做實務並寫實務報告（上課一年後，才准我們做實務）。而且實務報告如果沒寫得符合標準還不給畢業。我每次上課就在想，還好我是住紐約，要不然哪有辦法這樣週週通勤一年多。（不過我們有個德國女士一家住在很遠的紐約雪城，她卻也很有毅力地坐長程火車往返一年多，課程結束後，她才搬回德國。）

至於學費要多少？我記得是採二十小時為一期的付款方式。一期六百美金，總共三千美金（現在已經漲到一期七百美金）。美國人不見得很會存錢或做金錢管理，所以有一、兩個學生學到一半便沒錢繼續下去，至中期有可能只剩五、六個學生。而老師有分初階、中階跟進階，共有四位老師，每二十小時換一位。愈後面的老師功夫愈厲害。而當中，就屬史德奈・羅森最厲害也最有名，他便是教中、後期。

> 我是從學校公告欄的傳單中得知「紐約艾瑞克森催眠心理治療學會」的年度招生，一年只收一次。學生事先要經面談篩選過，而且嚴格將職業限制在醫護、心理師、社工領域的人，並要求一定要有碩士以上的學位。我們面談的方式最初是用電話訪談，過了這關之後，便邀請這些

❶：在眾多得意弟子中，艾瑞克森挑史德奈・羅森來傳述艾瑞克森的故事，就因史德奈・羅森最能抓得住他的精髓，換句話說，史德奈・羅森的思路、手法也是最像艾瑞克森的。

可能成為學生的人去參加一個派對，重點是要讓所有老師跟學生間彼此有個相互對談的機會，也摸清楚彼此的期待合不合理。

派對的地方位在曼哈頓南邊格林威治村中某豪華閣樓，屬於某精神科催眠醫師的豪宅。我仍記得我被那豪宅給強烈震撼，一樓公共入口的古董手工壁畫及古董燈完全吸引住路人的眼光，充滿了一九二〇年 Great Gatsby 的電影風情；再從電梯走出閣樓，映入眼簾的是古式情懷的古董原木大門，進屋之後則充滿了異國風味的古董傢俱，四處有中東式的吊燈以及點綴滿屋子的蠟燭，供奉馬利亞神像的地方還有流水，另外有在都會城市中相當稀有的空中花園，而且還是從客廳延伸出去的一片綠意盎然，屋內、屋外到處是綠樹、盆栽……感覺就像走進了時空隧道。果然是在「回溯」。

在那，我第一次遇到七十幾歲的史德奈．羅森，滿頭白髮、蓄長的白鬍子，有點駝背。人不高，但眼神在睿智中很溫柔。雖然那時我不知他正是艾瑞克森得意的少有門生之一，也不知道他是《催眠之聲伴隨你》一書的老師，但我很快地被他的神奇魅力給影響。他很親切地過來打招乎，介紹什麼是艾瑞克森式的催眠心理治療。我提起希望他現場示範的要求，他沒說好不好，只是很輕易地跟我握手。就一、兩秒鐘的時間，我的整個右手臂便僵硬不能動彈。

我很清楚地記得，他之前只是示意要我看著他的手，

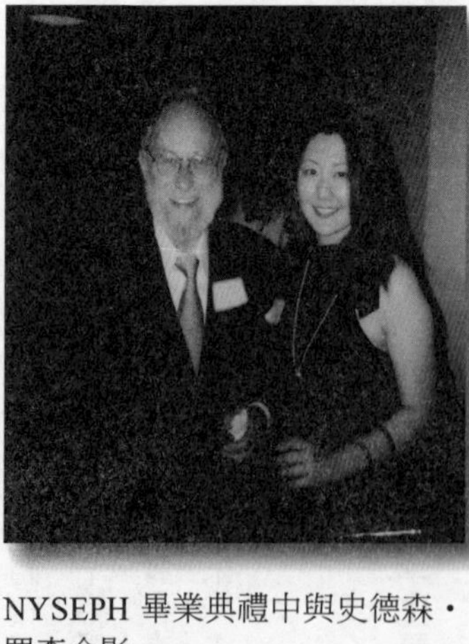

NYSEPH 畢業典禮中與史德森・羅森合影。

而他隨意地將手指在我手上點兩下，順勢彎了我的下手臂稍稍往我的身體方向跑，真的就幾秒鐘的時間，我的整個右手臂便整個僵硬，我眼睜睜地看著這一切的奇妙發生，心都還來不及想：「怎麼了？」自己就快速自然地進入催眠狀況。其他圍觀的人也都瞪大了眼睛哇哇叫。我納悶，為何他不用像電視節目表演的那樣還要看著來回搖晃的懷錶，或讓我盯著催眠師的眼睛才能讓我進入催眠狀況……竟然這樣不同於「電視表演秀」，而且速度之快！我最不敢相信的是，當下我的意識清楚得不得了，我能眼睜睜地大笑我的奇妙反應，而且完完全全知道史德奈·羅森在做什麼，我真的很不敢相信，竟然這樣也能進入催眠狀態！催眠竟然可以睜著眼睛做？太神奇了！

當下，就衝著史德奈·羅森的「神奇魔力」，立刻求他一定要收我做學生，其他圍觀的人也是立刻要了簽名。或許我整晚表達出強烈的求學意念，也或許我是被催眠的好受試者，要做示範叫我準沒錯，所以他們也真的收了我當學生。這下子我便真正踏上學習催眠心理治療的路。

基本上，我太興奮了，迫不及待地先跟史德奈·羅森私底下約診了一次，付了一百五十元的費用，（十年前的學生價，他收一般個案是兩百元。）請他幫我做我生平第一次的前世回溯。我實在等不及到最後高階的時候！

在正統的催眠心理治療課程中，我認識到「所有的催眠都是自我催眠」，能夠被催眠，都是在自己願意的情況下。像當時我能夠被史德奈·羅森催眠，就因為我早就卸下心防，我是百分之兩千地願意被催眠，是「我」催眠我自己的，而史德奈·羅森說他只是個媒介。

台灣有一些通靈師會講出個案的前生，這是屬於別人講出來的。但，是真是假，我們很難去知道。而像布萊恩．魏斯的催眠治療會帶個案運用前世回溯來看自己的前世，這是屬於自己看得到、自己感覺得到的。基本上，很多被成功催眠過的人說，雖然自己看到、感覺到的也不見得知道真假，但，會有更強的說服自己的力量及心理治療的效果。

在美國，前世回溯其實是被看成另類心理治療（alternative psychotherapy），在靈性心理治療大會上有不少運用催眠來治療個案的治療師表示，前世回溯可以用來填補歷史、神祕學、靈性療癒跟正統心理學的不足。

而靈性治療大會中，很多治療師、精神科醫師、社工亦特別強調「因果輪迴」，有的人還特地去印度或西藏取經。我那時真的很訝異，竟然這麼多西方的治療師鼓勵大家應用東方的因果觀念，讓因果成為個案這輩子應該要學習、平衡的課題。而這些西方治療師舉證因果的方式則是去探討自己一輩子又一輩子的前世回溯。

布萊恩．魏斯對整個治療界的影響實在很大，打從一九八八年他第一本書《前世今生》投下心理治療改變性的震撼彈之後，「前世回溯」及「因果平衡」的觀念便深深影響心理治療的方向及「深度」。更多相信此道的治療者紛紛跳出來，選擇讓自己的靈魂及治療方式超越時空，西方的醫學、心理治療當然更不再被傳統的理論給綁住。

不過，依艾瑞克森的嫡傳弟子，也是艾瑞克森基金會創辦人及執行長 Dr. Geffrey Zeig 說，在他這麼多年來的催眠心理治療當中，他還沒有一次有病人跳到前世的經驗。他無法像布萊恩．魏斯一樣，幾乎每個來找他的病人都會有前世經驗跳出來。而 Zeig 說，基本上這跟信仰相關，他完全不相信有前世這回事，所以連帶地，他會「選擇看不到」。假如有個案跟他要求要做前世回溯，他會立刻做轉介。Zeig 的觀點很有意思，而史德奈・羅森，艾瑞克森的另一名嫡傳弟子本身也很清楚地說，艾瑞克森是不做前世回溯，因為「這輩子的事都做不完了」。但，史德奈・羅森本身並不排斥前世回溯，所以他可以教、也可以做前世回溯。

其實，催眠是一種很自然的現象，催眠師只是個介於個案意識跟潛意識中間的橋樑。催眠師只是個誘發、陪伴的人，真正作主去探索、理解的仍是個案。個案基本上是很有自主權，也會很清醒自己在做什麼。所以，史德奈・羅森要我們一定要記住：「所有的催眠都是自我催眠。」個案不願去做的事，催眠師絕對勉強不了。

像我有一個超理性、超不敢放鬆的證券公司副總裁朋友他便無法被史德奈催眠，我的朋友說，他一直在抗拒那種「太輕鬆舒服」的感覺。不過史德奈也很客氣，他建議我朋友下回在工作快累死、很想睡時（沒力抗拒）再來試試。我朋友則說：「我不能讓我自己是不清醒的。」所以史德奈也只能說：「那再說吧。」不等我朋友心理真的準備好是不行的，史德奈不想違反個案的自由意志（Free will）。

所以，在正統催眠心理治療裡，個案不像電視表演秀中任由馬汀大師操縱的一樣，不會是完全失去自我控制。其實很多在電視上的表演是在後台已經測試過或套好招了，比如說，我在紐約曾參與電視台被催者的徵選，但因我聽不懂催眠師他很重的歐洲口音而進不了催眠狀況，當場被拒絕。其實，就算事先沒在後台徵選並且預演表演內容，催眠表演師也會看現場觀眾中有哪些是一直出現「Yes」反應的，比如說點頭、高興拍手、身體往前傾……他會聰明地叫這些人上台，因為這些肢體動作都已經代表「我同意」，「我已經在催眠狀態中了」。

在正統的艾瑞克森催眠式心理治療課程中，我學到了很多超級實用而且好用的東西。比如說，在最基本的課程中，我們介紹什麼是催眠現象、什麼是催眠的迷思、如何巧妙地運用聲音及字彙、身體細微反應的現象觀察、放鬆技巧、「伴隨」（Pacing）及「帶」（leading）個案進入催眠狀況（其實，只要伴隨及帶的技巧做得好，很多高難度的個案都容易處理）、如何運用抗拒、直接及間接建議、運用隱喻、身體訊號溝通（ideomotor signaling）；之後才進入中階的困惑技巧、說故事、矛盾技巧、身體疼痛控制、戒癮、自我能力增強；最後才進入恐懼治療、性問題治療、自動書寫、時間扭曲、回溯等。基本上，剛剛所陳述的內容，我大致都會穿插應用在心理治療中，若要簡單地下個評語：就是「好用得不得了！」而且極度生活化！我常跟學生開玩笑地說，我是個「睜眼說瞎話」的老師。

若有興趣看課程大綱的人，可以上NYSEPH的網站（http://www.nyseph.org）去看階段性的課程如何安排。目前史德奈•羅森已從紐約艾瑞克森催眠心理治療學會退休，他已八十多歲了……只接受一些獨立約診，做視訊督導。

靈魂的眷戀

我自己在整理這些前世回溯的內容，時不時會思索著：懂得邏輯的人很可能常常會聯想到

「到底是雞生蛋？還是蛋生雞？」的問題。「到底是今生的生活經驗影響前世回溯的內容？還是前世回溯的內容讓我放大今生的經驗？」這倒是我們可以好好思考的。

因為，若是以今生的經驗來使自己有前輩子的相關畫面，並不是很困難的，編故事也編得通。但是，我在前世回溯中有很多的感覺、直覺，就是讓我無法做任何理智上的解釋。我只能說：「我就是知道，我的感覺就是如此。而且很多莫名的情緒來得無法由理智控制。」

其實，較讓那些曾做過前世回溯的人訝異的是，很多在深層催眠中出現的景致、穿著與生活方式是自己這輩子未曾在任何地方見過、接觸過的。就像我，歷史地理超級笨拙，卻在後來刻意去依照回溯情景求證時，相當訝異原來以前真有這樣一段歷史，原來當時的人真的這麼穿衣服，原來當時真的是這樣的生活型態……或許這也是歷史、地理很笨的人才會有的額外收穫、更多的求證驚喜。

當我愈是研究前世回溯所能帶出的心理治療功效，我愈是強烈建議一個從事心理治療工作的人能擁有靈性的高層次開發。不一定要學習前世回溯的技巧，但，若可以的話，研究一下因果輪迴及前世回溯中可以學習到的靈魂課程，然後再回到現代的心理治療做個大整合。我覺得這樣去走心理治療，才會將個案的身、心、靈全都顧到，如此才會算是較完整的心理治療配套（package）。

我為什麼會這麼建議，是因為在我所做的實務中，有不少台灣的個案對於靈性開發、前世今生、因果輪迴等有研究或有興趣。但是他們很多頗苦惱找不到契合的心理師去了解他們這一塊。我那時慶幸，還好我聽得懂，知道怎麼跟個案跑，也知道怎麼帶。個案都很高興心理師不認為他在「說傻話」或「腦子燒壞了」。

我存著一個概念是：「就像所有的謊話中有真話的成分，傻話裡也會有。」所以，傻話並不是傻話。往往是內心一些意識裡壓抑得太深，而潛意識裡卻清楚沒遺忘並且想透露出來的東西，所以算是一些未竟事物的投射。倘若心理師們可以強化「直覺天線」，便可以更貼切地聽懂個案這些「傻話」、靈性開發、前世今生、因果輪迴的意義，這對個案他們會是很深層的融入及高層次同理。

比如我有一個中年婦女個案，常常在晚上做一個重複的夢，但夢裡的她並不是在現代。但她發現，那個夢的故事情節跟現在生活中的困境很像。她在夢中被那時代的婆婆虐待，找不到解決辦法，然後在困境中投井身亡。而現代的她，一樣是有嚴重的婆媳問題，而且她已嘗試多次用自殺解決。個案本身強烈地會想從夢境以及前世的角度來探討，但苦惱找不到心理師聽得懂，更甭談要進一步討論解決的方式。她怕心理師認為她腦子有問題，因為在某次精神科就醫時，醫生便說她：「白天想太多，晚上才會亂做夢！」醫生開給她安眠藥，要她「不做夢就沒事了」。

其實，從一個靈學的角度來看，一個不斷重複的夢，那麼地真實，真的很有可能就是個案前世殘留下來的記憶。夢，有些時候就像是時空膠囊，將一些重要的事件存放著，然後在特殊的時間點打開。

個案夢裡的困境跟現在的困境那麼相似，很多時候是因自己的靈魂在提醒自己別再老用同樣的方式去解決問題。如果這輩子個案做些不同的行動來平衡因果，就將提高不同結果的可能性。後來，我跟個案深入地探討她的夢境及前世，打從那個案開始做些不同的選擇，正視婆婆對她的無理迫害，採取行動搬離婆婆家，她的夢就也不再跑出來困擾她了。

後來，個案反而感謝夢境的出現是在提醒她不要再做同樣的犧牲角色，如此才會避開像跳井一樣的自殺結果。

又比如我另一個年輕男性個案，他從小老愛做白日夢，而且都是同一個白日夢。他幻想自己是個年輕的男學生，在維也納愛上一個大他十多歲、已婚的男教授。教授門當互對的上流婚姻並不美滿，但在十九世紀的年代，要一個有聲望的教授為了一個小男生離婚，根本是個破壞世俗道德、而且極度困難的事。教授老婆雖不愛先生，卻從中作梗，故意在社交場合使小男生難堪，甚至使小男生必須搬遷他地。白日夢中的他在飄浮他鄉時，恨死了教授的老婆。

從小到大個案做這白日夢無數次，每每讓他有不少負面情緒。然而縱使內容在結尾上對他不利，個案卻從沒有因為是「自己的」白日夢而改寫成快樂圓滿的結尾。

最有意思的是，這個案在現今的婚姻中，從跟老婆相識以來，便很神奇、巧妙地吻合他童年時就不斷幻想的白日夢。他覺得他就是那年輕男學生，老婆就是那老教授（現今生活中，兩人年紀相差沒那麼多，但也有五、六歲，老婆比他年紀大），而老婆前夫便是當時教授的老婆。

個案跟老婆在相識之初，老婆亦處在一個極度不滿意的婚姻中。老婆雖離婚跟他結婚，但他極痛恨老婆的前夫曾經擁有她，也恨老婆沒把最美好的黃金歲月給他。個案不時傷心此點，老婆雖然愛他，卻無法讓他的痛恨與執著消除。

在個案來找我之前，有一個心理師對著個案說，他純粹是「小男人心態」、「處男情結」。這批判性的診斷式說法使個案很不舒服。而且批判了，卻沒有半點治療效果。個案只去找那心理師一次，而當時沒有機會跟那心理師討論他從小重複千萬遍的白日夢，他之後也不再想去找那心理師。

個案仍執著在恨老婆的前夫，而且縱使老婆千萬遍地鄭重表示她跟前夫分得很徹底，個案卻不斷地一早醒來第一件事便是恨老婆的前夫。看在老婆眼裡，他基本上是在恨一個現實生活中不需要恨的人。個案的恨，看來雖很不合「常理」，已經超過老婆說的「無理取鬧」的程度，但，一旦參考個案從小就建構的白日夢情節，多少便可以了解，個案早在認識老婆前就已恨那個前夫入骨了。

個案在未接受心理諮商前，自己便曾半開玩笑地解釋，或許他的白日夢是很久以前的前世記憶，或許是在很早以前的某一世，就跟老婆的前夫有恨。

在我的理解下，我並不反對他，因為做白日夢其實有不少時候是在用「Alpha」腦波，前世回溯的催眠狀態同樣是用「Alpha」腦波。我的看法是，白日夢中，或多或少可能會殘留一些前世記憶。而這些較多的殘留，通常就選擇在我們不太合理的執著中表現。因為我們的靈魂就是會這麼好玩地用「執著」來告訴我們，以前留戀或卡住的部分是什麼。

我跟個案便直接深入他的白日夢去抓出跟現實相似或相異的點。在完全沒有用到前世回溯的催眠方法之下，直接將白日夢當「前輩子」來看待。用「前輩子」跟「這輩子」來畫分兩個不同的年代。個案則很高興終於有人把他的白日夢認真處理。其實，我在做的是讓他的「前輩子」從「這輩子」中「外化」出來。

一旦外化，前輩子的東西才容易回到個案的掌控之中。一旦能掌控，內在的自制力量也比較容易出來，要改編「前輩子」或「這輩子」的故事也會容易些。而「痛苦的症狀」跟「現實」也才容易被分開。在此，應用敘事治療的方式。

而在敘事治療中，我們曾提到一個故事，情節改編時談到他跟老婆前夫一樣早就是情敵。但在那「前輩子」，性別轉換了，他是女的，情敵也是女的，在爭奪同一個男人（現在的老婆）。而當時也是對方因社經地位高、擅長權術而爭贏，而且還殺了個案，當時個案「她」也是恨那情敵恨到骨子裡。可是，就在那節骨眼，個案突然領悟，對方能殺「她」，是因為在前輩子裡沒有什麼正義公理，只有一堆宗教、道德、傳統對權貴保護的歪理；可是，活在現代的他，已有一堆法律、平等的人權能保護他，頓時，他覺得他「安全」了。原來，長久以來，他缺少的就是一種「在社會建構下的安全感」。在安全中，他漸漸安心，也漸漸有力量。

個案看到，在現今的社會裡，這輩子至少有很強的法律可以保障他跟老婆的婚姻。

在伴侶治療中，心理師的我故意擺第三張椅子示意前夫的角色，我問他們：「有這第三個人在你們的生活中是你們要的嗎？」老婆很聰明地將椅子搬開，而且是搬出治療室外。有了這樣的視覺效果，個案在他現實生活中有了老婆徹底請出前情敵的畫面。老婆根本不想再跟前夫有瓜葛，就像她堅決果斷地搬開椅子一樣。我接著探問個案：「老婆都已經清楚地把前夫請出去了，可不可以不要再邀請他進來？」個案此時較明白，最好不要再跟老婆談前夫，或再自尋苦惱地想老婆前夫的種種。因為每次談、每次想，都是在邀請前夫進入「現在」的生活中。

個案對老婆「現在」的感受愈來愈有意識。

個案看到，雖然情節類似，但老婆在「這輩子」是很堅定地選擇跟他在一起，而認真去看，老婆的前夫在這輩子是放手不再干涉的。此外，現代的社會風氣開放許多，他跟老婆在一起並沒有受到家族或社會的太大阻礙。最大的阻礙反而是個案要自己負責的，他要去除他那「撿人家破鞋」的委曲心態，也要面對自己在伴侶關係中所做的破壞（如冷漠、悲傷、鄙視、憤怒……）個案後來看到，他對老婆的抱怨、排斥、侮蔑才是可怕的推力，會使他們在這輩子分開。他便開始警惕自己，「這輩子」儘量不要再做這些摧毀婚姻的事。

愈是跟個案深談，個案愈是對這輩子有掌控感，「前輩子」──也就是白日夢的東西，對他愈來愈不影響。

老婆自己也講，她現在的婚姻讓她活過來，以前婚姻中的她早就枯槁。然而，沒有前一段婚姻，她也不會是個案這輩子能愛的女人，因為她可能不會因為心死而想要有重生的渴望，也不會有那果決堅定的態度，更不會從前次婚姻中學習到該避開的障礙跟困難。她鄭重地跟老公說，現在的她才是她的黃金歲月。她在乎的是兩個人的現在與未來。

個案看到，老婆不管從前輩子還是這輩子，都跟他關係一樣地好，她總是那個最眷戀他、最愛他的人。而老婆的離開是「擁有自由」以及「跟真愛重逢」，在這新的定義下，個案覺得自己是個能「給與」老婆「自由」跟「真愛」的「能者」（而不再是個輸家Loser）。

個案覺得自己要學習的是，在這輩子放下對「過去」的前夫的恨，才能包容「現在」老婆的全部。甚至，個案把老婆的前夫當成「前一輩子」的事。把離婚後的老婆當成「這一輩子」，給他們倆一個新鮮的重新開始。個案感謝命運之神讓他跟老婆在安全的社會中再度相遇，他跟老婆說，他不想再生「以前」的氣了，他要好好地活在當下，並萬分地珍惜未來。

個案在諮商中期曾經透露，他極相信緣分跟神祕的星座學。他秀給我看他跟老婆的星座圖，的確，從星座上，他跟老婆有太多的因果淵源（karma），身、心、靈上真的都配得很好。難怪他們可以這樣相互強烈地吸引對方。

在諮商中，我是儘量用適合這個案原來思維的方式，也就是白日夢、前世、緣分、靈魂及神祕的星座角度跑。個案覺得在諮商中可以將他的信念談得很暢快，因為除了跟他老婆之外，他不敢跟任何人用如此綜合的方式來坦露自己，他怕人家說他「神經病」。

當我對個案在做「星座的解析」時，走得還蠻深入的，除了太陽星座外，還談月亮、上昇、金星、火星、水星、土星等。簡單用表格來表示我們探討些什麼內容：

月亮	基本個性、態度。
上昇	這輩子的任務及要學的課題。
金星	愛人及喜歡被愛的方式。
火星	脾氣、行動力及性表現。
水星	思考邏輯、說話表達方式。
土星	限制、束縛，這輩子最困難的課題，俗稱「宿命」或「業障」。

另外，還看了他的每一個星落在十二宮的哪一宮，也看了對方的什麼星落在他的什麼宮，星跟宮是有相互影響的。

若想將星座走得深一些，各位可以自行找一些坊間的書研究，並不難自學。

現在來說第三個個案，她才國中，有強迫症，會拔頭髮、抓傷自己、撞牆。家人習慣帶她去看命理師，有兩、三個命理師都說她身邊跟了很多討債的遊魂。這些遊魂都是前幾輩子個案欠他們的。個案覺得自己吃精神科的藥物沒有用，因為反正是「因果病」。個案還說：「遊魂會不斷地想辦法吸掉我的陽氣，不會讓我死，可是這輩子也不會讓我好過。」

我聽了一點也不排斥她身上有遊魂跟著的說法，我反而說：「它們跟著你，一定是在你身上可以撈到『好處』。就像在貝殼上我們常會看到寄生的小蟲或青苔，一定有好處它們才跟在貝殼上。」在此我將個案「悲慘的壞處」重新架構成「好」的。個案頓時眼睛一亮，命理師向來只跟她說可怕悲慘的事，卻從未跟她說過有關「好處」的話。在此她豎起耳朵認真聽了。

我接著又跟她說：「你基本上也不用擔心它們吸走你的陽氣，只要你不斷製造就行啦。你知道嗎?搞不好心理師我身上也跟了好幾個遊魂，或許你有五個，但我可能有五十個或五百個，就因為我製造的陽氣多到『很夠分』。」個案聽了笑了，除了覺得心理師有些無厘頭的自大跟自信，卻也被心理師的自大跟自信感染到。她覺得安心多了。而且心理師比她扛得還多，她「輸」得倒輕鬆。觀念一轉，她少了許多被迫害的恐懼，取代的是：「我可以是有能力供養它們的。」

個案家裡是跟大部分台灣人一樣，佛、道混合信仰的。接著我問她說：「南無觀世音菩薩、釋迦牟尼、彌勒佛、濟公長得如何?」個案基本上知道祂們都是慈祥、心淨、溫柔、愛人的，而且彌勒佛還圓圓胖胖開口笑，濟公則是幽默的。我問她：「會不會去拜一個骨瘦如柴、面目可憎的神像?」個案馬上皺眉說：「不會。」我便接著問她：「所以為何解釋事情要從懲罰、破壞、淒慘的角度去呢?這樣會離神佛很遠的。」個案頓時領會，或許真的不需要從懲罰、迫害自己的方式去看事情，笑瞇瞇的神不會希望她如此不快樂。她學到要遏止負面的思考方式，她要跟她的神佛接近。

就因個案篤信「因果」、「業障」，所以我順著她的想法點出「因果平衡」、「消業障」的關鍵就是——「學習」，而學習的重點就是「使自己變成一個更好的人」。她同意此觀點，因為她自己平時也常在家佛堂前拜拜時，想著如何才能使自己成為更好的一個人。我點個案說，她在學習，而她身邊的遊魂也可能就是想要跟著學習才跟著她。個案此時又笑了一下，她看到自己的確可以從「學習」中成長，而沒有什麼理由她身邊跟的鬼魂不跟著成長。此時，她跟鬼魂的關係已不再是拖累或敵對，而是「共生」。反而在共生之下，不再是為了要「還債」，而是要使自己成為更好的人才能「幫助」鬼魂，在這「助鬼責任」下，個案會努力成長。擔心、害怕變成沒有必要存在的東西，因為擔心、害怕一點都幫不了她跟鬼魂的成長。後來，因焦慮、害怕產生的抓頭髮、抓傷自己、撞牆，便也在她不注意焦慮跟害怕之下消失了。

在做心理治療時，其實，我把握住一個原則，那就是「身」、「心」、「靈」三個部分都要顧到，而且儘量是從個案的原始生態著手。

我並不熱衷做催眠式的前世回溯，但我熱衷運用前世回溯中學習到的因果平衡的觀念。對我而言，前世回溯的概念是個幫助我將「人的心」跟「靈魂」搭上橋樑的工具之一，可以協助我從靈魂的層面更深入了解一個人。從靈魂的角度來看時，會較容易融會貫通一個人早期的童年、家庭環境、教育背景、感情世界、社會經驗以及工作閱歷等。

其實我覺得，很多時候我們會接觸的個案，並不是平白無緣地來找我們。很有可能在好幾世以前，我們就有某些程度的接觸了。比如說，當我在接觸一些個案時，雖然在這輩子從未見過面，卻不由自主地覺得我早就認識這個人，會有一些熟悉感。

或許心理師們可以這麼想，我們可能幾輩子前沒那麼多的能力來協助他，但我們現在睿智多了，能力更強了，所以現在的我們所能提供的會更符合個案的需求；而且，從另一個層面來講，也有可能個案是帶著他的議題來協助我們進化、突破瓶頸的。心理師不見得老是那個「教」的人。在我的經驗中，有太多時候是由個案、學生來教我看更深層的人性，使我成為更好的治療師。總之，人與人之間的相處會是個互相學習的大學校。

而且說來有點納悶，對於有些個案，有時候我還會有著「這個靈魂沒什麼變化」的負面熟悉感。我心裡還會出現一句話：「到底要怎樣才能推動他在這輩子做些正面的巨大改變？」當我這麼想的時候，我反而覺得這會是我跟個案這輩子要做的挑戰，「怎麼做？」我單方面不一定知道，但我跟個案可以共同去想想解決的辦法，然後在這輩子就解決、改變它。

在台灣做個案時，頗容易就會遇到佛、道混合信仰下太深、太重的「悲情」傳統，往往我看到傳統會讓人誤解：自己目前的不順心是某前世做不好的結果。基本上，傳統的「因果說」太常被解釋成「負擔」，而且還讓人覺得一定要在身體、情緒上受些「苦」才能抵罪的感覺。我看到有些人便不斷負面地喝酒、自殘，或強迫自己留在一個虐待關係中來「償罪」，老覺得自己非得要吃很多「苦」或受很多「難」，才能平衡、償還因果。例如：家暴的婦女便常覺得自己上輩子欠加害者的，所以選擇繼續留在受虐的環境中「償債」或替對方「贖罪」。其實這真的是個扭曲的迷思，只會繼續將自己陷在一個不必要的負面循環經驗而更傷到自己。

有的人甚至投入一些「儀式」來試圖改變。例如，有些人改吃素、念經、抄經文、捐款、鋪馬路、在大冬天洗冷水澡、買烏龜或魚放生、家中放一堆水晶、神像或符咒、用棍子打自己、打坐打到腿麻瘀血、離家棄子就為了修行……等。有的人亦花大錢或傾家蕩產請法師、算命師「幫」他們改運、改命、收驚，但遺憾的是，做了這麼多儀式或法事，有些人對人處世仍是一個老樣子，對自己恐懼、憎恨、無力的事仍是努力在逃。後來他們會發現，唯一正向改變的是法師、算命師的財運。

「悲情傳統」會使人覺得當歷史再重演一遍時，便是感嘆命運作弄人。事實上，自己的命運不變都是我們自己頑固，不肯放棄自己的執著，不敢大膽跳脫惡性循環的框框，不敢改造自己強烈的愛恨情仇。探討「我前輩子到底做了什麼才會讓這輩子這麼不順？」基本上只是個表面上自我安慰的理由，而能做到徹底心理改造、治療的人居少。我常鼓勵個案，若有正向改變，也真的是自己有心、有行動力去做了有用的改變。

當一個靈魂選擇有效的行動力去過得比現在好時，他就跳脫惡性循環，選擇進化蛻變了。

撲朔迷離中的學習

在我學催眠時，我曾念過幾本 Dr. Bruce Goldberg 所寫的書。其中有一個案例對我來說印象太深刻，它放大性地講述靈魂如何把自己放在「適合自己的環境」中去學習。

Dr. Bruce Goldberg 是美國加州很有名的一位臨床催眠師，原本是個牙醫，但因個性、興趣、才能的關係而另外去修得諮商心理學碩士的學位，後來 Dr. Bruce Goldberg 接觸催眠，之後便全神貫注在全方位的臨床催眠心理治療。Dr. Bruce Goldberg 上過 CNN、歐普拉脫口秀、CBS 及一堆有名的電台、電視節目，在催眠界算是蠻有名的一位專家人物。

他除了講授全方位的臨床催眠心理治療（所謂全方位的臨床催眠心理治療，是指從減痛之類的傳統催眠延伸至另類靈性心理治療的前世回溯），更出了一本震驚社會的臨床實際故事。他在他這本書中《*The Search For Grace: The True Story of Murder and Reincarnation*》詳細講一位二十六歲的女生在前世回溯中，曾看到她的四十六輩子。

其實，對一個擅長做前世回溯的催眠師而言，看到四十六輩子或許沒什麼，但最令人震驚的是竟然這女生看到有二十輩子跟同一個男人在一起。而這男人可不是什麼好人，他在身體、心理、精神上強烈虐待她，一輩子接一輩子都這樣虐待。甚至當中，這女生有多次被那男人用殘忍的手段謀殺。

個案會來找 Dr. Bruce Goldberg，就是因為這名二十六歲女生今生的痛苦，也正來自同一個男人跟她的伴侶關係。

最讓人震驚的重點是，有太多回溯的內容都可從歷史紀錄中考證。

比如說，其中有一世便解開了一樁六十年未能破案的凶殺案。就在一九二七年五月十九日，在紐約上州的水牛城有位女子被殘忍謀殺。而在六十年後藉由 Dr. Bruce Goldberg 跟個案做的前世回溯破案，因為那女子就是她。

這女生一輩子接一輩子，甚至包括這輩子都還跟這男人有著負向的伴侶關係，Dr. Bruce Goldberg 便問她：「這輩子可以做什麼事來化解兩個人的愛恨糾纏？」在安全的深層催眠心理治療下，個案終於了解，是自己的靈魂一次又一次地把自己放在「待學習」的環境中。她會那麼地苦，是因為她從來沒有學習去「選擇在困難的關係中跳脫」。那個男人的靈魂或許還不想學到什麼，但個案有絕對的自主權可以選擇學習，而最好的方式就是離開這病態的關係。她下定主意，自己不能再那麼沉溺執著在這病態的虐待互動中。而當她選擇跳脫、離開時，她得到了自己。不只二十六歲以後的日子不用再跟同一個虐待她的男人糾纏，下輩子、下下輩子、下下下輩子都可能不會再見了。個案終於明白自己必須要做些「正向改變」，才能跳開「自己所選」的「學習環境」。個案也終於了解為何她跟他有那麼強烈的愛恨感覺，為何那樣難以解釋對方令她害怕卻相對地著迷。其實，恨他卻走不開，就因「自己沒學會愛自己」。

其實，在看來像是冤家的關係中，有太多我們這輩子需要去面對的「眾多輩子自我缺陷跟遺憾」。

我們現在的關係，可能是好幾個前世關係的延伸（或濃縮版）。

在這一些關係中，有一部分可能是正向地重複互動，有一部分也可能反映出一些前世中所發生而尚未平衡或尚未解決的事。我們生命中所存在的每一個關係，若是尚未平衡及尚未解決，有一部分我們的確是可以較消極地用台灣式的「償還因果的債」來看，但我們也可以更積極地看成是：為了要「學習」一些「使生命改變得更美好」的「行動力」。

從這個「學習」的角度來看，在任何的關係中都是一種「借鏡」，從對方對自己的反應中，看到自己該學習的部分。所以人與人之間的「關係」，都是為了學習更進化彼此的靈魂。

在很多人報告的前世回溯中，我們會看到跟家人、親密伴侶以及朋友之間的關係可能會與我們前世中對他們所做的相同或相反，我們的性格也可能跟從前相同或有一百八十度的轉變。

但不管是相同或相反，其中有著我們要學習與平衡的課題。

在處理今生的問題上，我們「一直都有機會」去選擇平衡彼此的因果關係。我們見到自己前世的經歷如何構成我們現世的經歷。我們在前世或今生中對於另一個人所做的事情，將會發生在我們自己身上，就像是回力棒一樣，物理現象上，作用力等於反作用力，拋出去的會再回來。有衝突、負面的關係通常就是會一直重複，直到事情被解決、平衡為止。

其實，後來當我在做心理治療時，不管是個人、伴侶或家族，我不見得要帶個案從前世回溯中學習，很多時候我會跟個案強調「當下」。就算個案要求，我也不見得會帶他們走前世回溯。因為我覺得個案就算做了深度催眠，看到一些重複的模式，個案仍是要在「現在」做一些行動力的改變。

到後來我領悟，催眠裡的前世回溯只是繞個彎，現在的自己就是好幾輩子過濾後的版本！改變現在最重要！

當我領悟這點後，我對前世回溯的狂熱大減，但對當下採取行動力做改變的策略學派、現實學派、經驗學派大大熱衷，我終於知道，為何催眠心理治療大師艾瑞克森並不強調前世回溯，而是強調「現在」可以做什麼改變，在此我才真正明白，艾瑞克森催眠心理治療是直接在今生這一輩子去面對自己該改變的事情。

改變以前的歷史並不是那麼對現在有關，但改變現在卻可以改變未來。

基本上，藉由觀察自己「現在」的狀況，我們會發現，自己直覺上是知道在這麼多輩子以來，自己應該要做一些什麼來平衡因果。我會這麼說是因為，我們可以聽一聽那些「我不敢」的聲音就會知道，我們卡住的地方在哪。簡單地比如說，「我不敢」跟老闆請假，「我不敢」跟老公說我要出去工作，「我不敢」跟父母說我要搬出去，「我不敢」嘗試新的事物，「我不敢」一個人出門……

坦白說，在我的經驗裡，就算我把個案回溯到了前世，也很可能看到相同情境的翻版或相反版。那些「不敢」的東西是了無創意的。

所以我們大可直接在這輩子裡，直接地去面對我們腦中不敢的部分是什麼。比如從剛剛提到的「不敢」來說，「我不敢」跟老公說我要出去工作，我們的腦中可能是在想：「我老公很不尊重我的成長」；「我不敢」跟老闆請假，我們的腦中可能在想：「我老闆是我很害怕的權威」；「我不敢」跟父母說我要搬出去，我們的腦中可能是在想：「我父母很管控我的思想跟情緒」……其實，更深一點的領悟是：「我還沒學會跟老公在兩性關係中如何平等自主」，「我還沒學到跟權威老闆互動的技巧」，「我還沒學會在父母跟子女的關係中有個健康的界線」。所以，在那些「我不敢」的聲音裡，我們其實都知道，我們在關係中卡到了什麼樣的麻煩。我們也知道，自己是如何將改變的主權交託在他人（老公、父母、老闆）手上。

然而，做心理治療其實就是讓個案看到：「麻煩」跟「希望」就像是銅板的一體兩面。將麻煩翻過來看，我們也就知道我們希望改變的是什麼。然後最重要的是，推個案一把，讓他從卡住的地方跳出來，從沉寂過久的靜止中開始滾動。

另外，我們要注意個案那些「永遠不要」的心理抗拒語言。在一段前世生命中，我們可能會打自心坎裡「決定」自己以後都不會再去做某一件事，或者不讓某一件事發生在我們身上（例如：不讓自己跟人有相聚的機會，就不會有分離）。但也因為我們做這樣堅決的決定，硬生生地影響往後的輩子。我們會變得過度僵化、恐懼，過度心胸眼界狹窄，我們甚至會滯留住膠著難解的情感（就像那些不斷鬧自殺、仇恨心很重或邊緣性人格的個案表現得更是明顯）。

所以，其實我們的「感覺」、「個性」、「執著的部分」也會讓我們知道，一世一世當中留下的議題是什麼。很有可能同樣的情節會在這輩子、下輩子或下下輩子再演一遍，直到我們正視自己的問題而願意改變為止。

而且，往往我們會發現「恐懼」及「仇恨」，會將我們最想避免的人或事反而像磁鐵一樣給吸過來。負面經驗中所潛藏的恐懼及仇恨若不處理，會使我們一再經歷那樣的狀況。而這些負面的經歷不只身體上影響我們的健康，更會消耗我們生存的心理、靈魂能量。

而靈魂會依照自己的承諾，去把自己放在「適合的學習環境」中，然後累積不同輩子的學習至下一輩子，直到自己的靈魂說「夠了」、「學到了」。

看來，要懂得一些事情是要付出「親身體驗」的代價，而且還不是只有「一」輩子而已。我也連帶地在想，我學習婚姻家庭治療並不只是這輩子而已。

從另一個角度來看，我看到有些惡性循環需要一輩子、一輩子地被打破，或者在一輩子裡很努力地有效打破。好幾世紀以前靈魂選擇的寂寞、不快樂，竟然可以殘留到今生。像我就覺得今生我是在兒童、青少年時期表現寂寞表現得很明顯。後來，我有意識地去修改，而這改變，其實花了我十幾、二十年的時間，因為今生的我在三十幾歲之前，仍有不少部分在重複同樣的孤寂行為跟想法。

我後來體會到，或許我們目前經歷的因果，是根據我們前世中的行為跟情緒；但更重要的是，我們這輩子的「態度」跟「行為」，造成了我們現在的生活狀況。

我們的「感覺」、「個性」、「執著的部分」，說穿了，也都是一些指標來讓我們知道自己需要努力達成平衡的情形。基本上真的不用前世回溯，也不用問仙姑、命理師，我們自己就可以去注意自己在今生的某件事情中會有哪些反應及情緒，進而了解動機與潛在的因素，我們的「感覺」，會讓我們知道當中的教訓及需要的學習是什麼。

而什麼時候會是我們「學到了」的指標呢？或許就是當我們的情緒平靜，或覺得幸福時，就是某個平衡達到的時候。

終歸一句：「我們才是造就自己命運的人。」「業障」之說，只是我們懶得改變的藉口。

其實，再強調一次，真的不一定要把自己放入深層的催眠狀態去做前世回溯，才能知道自己以前是誰。有一個我很愛的美國女通靈師葛羅麗雅・切威克（Gloria Chadwick）寫了一本書《*Discovering Your Past Lives: The Best Book on Reincarnation You'll Ever Read – in This Life*》，中文譯成《穿越前世今生：迴》。本書也真的是我個人覺得這輩子讀過最會講輪迴的書。葛羅麗雅・切威克說從太多現今「生活的層面」中，就可知道我們前輩子是怎樣的人。

比如說，從我們對傢俱、衣著、食物、藝術品、國家、歷史、音樂、天氣、興趣、天賦、嗜好、職業、身體健康狀況（胎記）、工作、朋友、家人、夢等的特別「喜好」或「厭惡」，都可以看到端倪。因為我們基本上，不會無緣無故就特別「喜好」或「厭惡」一些人或事。

在此舉幾個我融合葛羅麗雅．切威克建議我們可以自己探討試問的問題，這些也是我最常用的問句。例如，我們可以問自己：

- 最喜歡或最不喜歡的是怎樣的天氣？為什麼？
- 最喜歡或最不喜歡的是怎樣的傢俱、藝術品？為什麼？
- 最喜歡或最不喜歡的是怎樣的食物？為什麼？
- 最喜歡或最不喜歡的是怎樣的衣物？為什麼？
- 自己喜歡待在室內還是室外？為什麼？
- 是否有某地或國家是你一直想去的？為什麼？如果你曾經到過那，當時有什麼感覺？
- 最喜歡或最不喜歡的是怎樣的電影？為什麼？
- 最喜歡或最不喜歡的是怎樣的音樂？為什麼？
- 最喜歡或最不喜歡的是哪一年代的歷史？為什麼？
- 你的興趣是什麼？
- 你有什麼天賦？

而針對朋友與家人，舉幾個我們可以自己探討試問的問題：

- 你最喜歡或最不喜歡自己家庭的哪一點？
- 你覺得自己跟某個特定的家庭成員感覺特別親近或遙遠嗎？
- 你的童年是怎麼過的？跟現在的你有什麼關連？

- 誰是你要好的朋友？他有什麼特質能夠吸引你？
- 誰是你無法忍受的人？他為什麼會讓你覺得討厭？
- 誰是你第一眼就喜歡或討厭的人？
- 誰算是你的貴人？他都在什麼情況下幫你？
- 誰讓你最愛或最恨？為什麼？
- 誰跟你最有心電感應？

有沒有可能在回答完這些問題時，自己有了另一層面的自我反射？

十幾年來，在美國心理學的大會上，有不少較有強烈直覺、靈修階層較高的人便很相信身心靈兼顧的說法。Jean Houston 在二〇〇〇年應二十三屆 Family Therapy Network Symposium 的邀請擔任開場的榮譽講者，當時她已寫了十七本書，是個在視覺、直覺上通靈的名人。在那一年大會的主題是：The Possible Therapist: Realizing Your Potential for Creating Change，而 Jean Houston 早就出了一本跟主題相關的書《*A Passion for the Possible: A Guide to Realizing Your True Potential*》。一看就知道，整個大會主題受到她強烈影響。

只見這個穿著很寬鬆舒適、融合多重異國風味的中年女治療師 Jean Houston，很順暢地在舞台上用巧妙的方式引導所有的人開發靈性。她強調，一定要從「靈」的深度去開發新的心理治療角度，她提到，希望每個治療者都能增添感官上（sensory）、心理上（psychological）、神祕學上（**mythic**）及靈性上（**spiritual**）的開發，讓這四重開發增添我們思考跟學習的廣度，並且要我們每一天都活在對生命的熱忱中。她要大家：「跳！」要從自己的舊框框中跳出並且躍升，要治療師善用自己的正向能量！

另外，最令我印象深刻的是，**Jean Houston** 要大家很認真地跟她做一個十幾分鐘的活動，她那時不停止地念出一長串的人名、地名、事件（例如：莎士比亞、愛因斯坦、阿姆斯壯、釋迦牟尼佛、印度、埃及、威尼斯、日內瓦、文藝復興、越戰、南北戰爭……）然後她要與會者立刻、直覺式反應，不能過度思考，要立即抄下任何聽到讓自己「有感覺的」人名、地名、事件。十幾分鐘下來，所有的人都忙著聽與寫，當下並不知道她要的是什麼，但後來，答案揭曉時，我們全都很訝異地發現，她竟然是在協助所有的人簡單地從生活、歷史中自己「早有感覺的」人事去看見自己的前世！的確，當我看見自己所寫下的人事時，所有的內容都跟我在前世回溯時所感受到的相關。

Jean Houston 帶人們去了解自己前輩子的做法，跟葛羅麗雅・切威克是有高度雷同的。

另外，**Jean Houston** 極愛好研究世界神話，她提到埃及神話裡的 **Isis** 以及 **Osiris**。她當時只簡單地說，在埃及這古老靈魂之源地，可以探討很多相關生與死、光與暗、身體與靈魂的知識。從 **Isis** 以及 **Osiris** 這靈魂進化程度相當的一陰一陽伴侶中，她導引出她對靈魂尋找靈魂團圓的強烈看法（她在一九九七年出了一本書，書名是《*The Passion of Isis and Osiris: A Gateway to Transcendent Love*》）。這也就那樣恰巧地，我當時已著手寫「靈魂伴侶」這篇離開學校的最後一篇大報告。所以聽了 **Jean Houston** 的開場演說，就好像有了最棒的指導教授點通我所有可研究的方向。

而且，接著 Jean Houston 之後，好幾個講者的主題皆協助我在感官、心理、神祕學及靈性上的開發。簡單列舉幾個當時講者的主題供大家參考：

- 婚姻是靈魂旅程（Marriage as a Soul Journey）
- 心理治療中的靈魂與鍾愛（Soul and Compassion in Psychotherapy）
- 從問題到可能與機會（From Problem to Possibilities）
- 從憂鬱中領悟禪道（A Zen Path Through Depression）
- 靈性治療師（The Spiritual Therapist）

靈魂伴侶之開場白

當我在豪福斯特大學念婚姻家庭研究所快畢業的時候，我寫了一篇自己很喜歡、教授們也都覺得很有意思的大報告（我們當時定義：只要教授要求四十頁就叫大報告〔Big Paper〕）。我自己定的主題是有關靈魂伴侶，而報告最關鍵的是開場白。

我用的開場白比較調皮一點，不完全平鋪直敘，而是反向思考地挑戰傳統，用「問問題」的方式反過來玩玩教授的腦袋。開場白中帶有西方人覺得神祕的「禪問」（Zen Question），而在心理治療中，「問問題」主要是想擴展思考空間。

開場白是這樣問的：「有一隻毛毛蟲想要過一條湍急的大溪流。但，沒有橋，請問牠要怎麼過去？」

這個腦筋急轉彎的問題很符合後現代學派。問一個無限的問題，會有無限的答案——無限的問題中會有無限的選擇，而每一個選擇都代表一個可能性。教授說他們高興地猜玩好久。

答案有太多太多種，教授們就跟其他人一樣古靈精怪地什麼答案都講出來玩。答案當中包括：「搭樹葉漂過去」、「等一頭要過河的牛順便往牠背上跳」、「等看看有沒有船」、「等河乾掉、等雷劈了樹，樹倒到對岸再爬過去」、或者惱怒地說：「幹什麼過去？待在原本這岸不是很好？」

當然，教授他們最後會很正經地說：「努力使自己變成蝴蝶。」「變成蝴蝶之前要蛻變！」「當變成蝴蝶的時候，自己飛過去就好了。」

的確，「努力使自己變成蝴蝶。」「變成蝴蝶之前要蛻變！」「當變成蝴蝶的時候，自己飛過去就好了。」有時，最好用的答案就這麼簡單，答案就在毛毛蟲「自己」身上。只是我們要跳脫框框，目前雖然看不到蝴蝶的形體，「卻不代表不存在！」就如同未來雖不可知、不確定，卻會在自己的布局、鋪路下一步一步靠近。過程當中，我們要蛻變，一次又一次。看來或許辛苦，但每一次的蛻變卻是為了下一步而做準備。

現在我們花一點時間來看看教授們亂玩的答案。基本上，「搭樹葉漂過去」，很可能毛毛蟲還沒到溪流中間就落水而溺死了。「等一頭要過河的牛順便往牠背上跳」、「等看看有沒有船」、「等河乾掉」、「等雷劈了樹，倒到對岸再爬過去」，這些都不知要等多久，搞不好毛毛蟲都還沒等到就死了。這也像我們常聽到的俗話：「靠人人倒，靠山山倒。」所以到頭來，還是使自己有本事一些，「靠自己最好」。

另外的答案是：「若繞大彎到另一邊試試看，搞不好有橋。」基本上，這繞大彎所下的賭注實在不小，至於另一頭到底有沒有橋？以小毛毛蟲的眼光來說，實在不知道，但不免讓人擔心有「夸父追日」或「愚公移山」的傻方法，而且在整個過程中，毛毛蟲便衰竭而死的機率真的很大。至於：「爬到樹上讓大風吹過去。」這動作也像自殺行為，勇氣是有，但靠這機會就真的要有中樂透的機會，這是一個很大的危險賭注。另外有一個答案是：「請一隻善良的鳥載牠過去。」嗯，這是很可怕的幻想跟否認危險——鳥的本性會把毛毛蟲吃掉；還有惱怒地說：「幹什麼過去，待在原本這岸不是很好？」這下子吃不到葡萄說葡萄酸的心態出來了，當中嗅得出放棄及無奈的味道。

當然，每個答案都很有意思，每一個答案都看得出解決問題的各個層面。讓教授們覺得有意思的是，這開場白的問題帶有禪味，可以引發出很多層面的人性想法。在豪福斯特婚姻家庭研究所裡，教授要我們學到的後現代菁華就是「玩」。治療師自己一定要懂得輕鬆有彈性的遊玩治療（跟遊戲治療有些像），才有辦法在陪伴個案尋找答案時讓他體驗、遊玩生命中的各個層面。教授們很高興，我在報告的開場白就已帶出後現代心理治療的精髓。

會玩的心理師，相對地，較容易找出不僵化的答案，也較容易面對困境。這一個禪味的問題剛好可以帶出不少人做問題解決的影射方式。因為在現實生活的伴侶、家庭關係中難免會有困境，常常需要解決一些問題。而人們在解決問題時，不見得每個方法都好用，有時反而會使自己筋疲力盡、兩敗俱傷或大家都陣亡了。

有時候我會在工作坊、演講或督導教學時，順便拿這問題出來做活動。大部分時候，大家會又猜又玩，會講出像前面所陳述的眾多答案。當然，也有不少人很快地可以說出：「變成蝴蝶。」然而，讓我納悶深思的狀況是，有些時候我聽不到最後那個「努力使自己變成蝴蝶」的答案。而，問不到的對象最常是家暴或性侵的受害者。

我不免去探討，為何家暴或性侵受害者會看不到「努力使自己變成蝴蝶」的方式。問了數十個家暴或性侵的受害者個案，他們很感嘆地說，在成長過程中，他們「忘了自己是蝴蝶，或根本不曾、也不敢相信自己是蝴蝶。」

一個看似輕鬆的問題，但對家暴或性侵的受害者竟然回答得不輕鬆。

另外，也有一些人是問不到蝴蝶的答案的。通常，是那些思想比較受控制、僵化，極容易緊張、害怕、或較不敢相信自我的人。其實想想看，的確是有不少人不往內探看自己的力量，或常常忘了往內尋。而心理治療的過程就是協助、提醒個案往內，看到自己本來就有的力量或者去激發出潛能。

若往內看，就會發現自己雖然現在外表是毛毛蟲，卻會知道「我本來就是蝴蝶」。只要我歷經「蛻變」的過程，我就會成為一隻可以輕鬆飛過溪流的蝴蝶。不用靠別人，靠的是自己，靠的是努力，靠的是相信自己。

其實，毛毛蟲、蝴蝶的隱喻不只講出個人的自我成長，也連帶講出婚姻、家庭互動中需要配合蛻變成長的部分。

比如說，當一個人還是在毛毛蟲的時期時，牠的伴侶也通常只能是隻毛毛蟲，很難會是蝴蝶。光是觀察自然中的生態，蝴蝶不會跟不能飛的毛毛蟲在樹枝上爬來爬去作伴。毛毛蟲的伴就是毛毛蟲。而毛毛蟲活動的空間向度大多是在二次元的樹葉上，大部分的時間是在尋求溫飽及躲避食物鏈上的掠食者。看起來，毛毛蟲就像是整天汲汲營營地重複一樣的日子，牠必須顧好自己有沒有樹葉可吃，以及高度警覺地顧好自己不被掠食者吃掉。基本上，我們頗少見到兩隻毛毛蟲閒閒沒事地晾在枝頭吟詩作對、享受日光浴、談天說笑、互相摸頭……

在毛毛蟲階段的伴侶們，往往就因活動空間有限，視野、資源有限，生活中多少容易緊張擔心生存的問題。而且伴侶的存在對自己而言也有競爭性，若伴侶多吃了一口樹葉，就代表自己會少吃一口。很容易兩隻毛毛蟲為了搶樹葉、地盤而起衝突。在牠們的關係裡，一加一常常小於二，甚至只有一，更甚至是負的。教授們覺得這部分我已點出很多伴侶不和諧的原因是來自權力爭奪（power struggle）。

然而，蝴蝶的生活可大不相同。

蝴蝶的生活是自由的三度空間，想飛哪就飛哪。若這棵樹的花蜜沒了，就飛到另一棵，不用擔心自己困在一棵植物上。有一首兒歌：「蝴蝶，蝴蝶，生得真美麗。頭戴著金絲，身穿花花衣。你愛花兒，花兒也愛你。你會跳舞，他也甜蜜。」若去研究這兒歌的歌詞，我們其實不難看到蝴蝶的高度自我概念，亦看得出蝴蝶跟自己周遭環境的和諧跟安全感。

或許就因蝴蝶對自己及環境的安全感，一隻蝴蝶就是飛舞得從容自在。而，通常蝴蝶的伴侶也是一隻飛舞得自由、從容的蝴蝶。蝴蝶玩的時間很多，跟對方的互動看來就是愜意優遊。基本上，蝴蝶不用跟自己的伴侶搶食物，活動空間無限，視野、資源更無限。

當我連帶講出這婚姻家庭互動的隱喻時，希望可以帶出的是擴大每個人自己腦中的蝴蝶自我概念、生活價值、品質及空間。畢竟忽略自己可以做得到的事（成為蝴蝶），是對自己太盲目甚至殘忍的。在心理治療中，我們就是看到太多個案忽略自己，反而使自己生活得不輕鬆也不簡單。我們沒有必要困在一個毛毛蟲的身軀及思想中，然後再來煩惱有壓力、不能解脫。我們要知道自己可以蛻變成蝴蝶，知道自己可以去體會「無限」自由的空間、視野以及資源。

在蝴蝶的伴侶關係裡，一加一不只是二，還可以大於二。另一半不是補足你的缺，而是升等、昇華你的優。

從紐約回台後，我刻意將自己的名片找個有蝴蝶、花草的圖樣來當明示、暗示蝴蝶的具體提醒，所以我的名片才會「這麼花」。有不少人跟我說：「假如有一堆名片打散在地上，你的會很好認，因為最「花不拉幾」的就是你的。」我希望讓自己及收到的人，都記得自己是蝴蝶，不時地提醒自己內在是有能力、是無限的。

在此我要建議兩本書❷，或許大家不相信，但謝爾・希爾弗斯坦（Shel Silverstein）寫的這兩本繪本真的是我們在豪福斯特婚姻家庭研究所用的教科書。只有零星一點點文字，大部分是圖片，但我們卻用這兩本書針對伴侶關係寫了另一篇中型的報告。非常建議大家看，跟我所說的毛毛蟲、蝴蝶隱喻會有異曲同工之妙，我希望大家能夠從中得到更多伴侶治療的聯想。而在台灣，

❷：一本是《失落的一角》（*The Missing Piece*）；一本是《失落的一角會見大圓滿》（*The Missing Piece Meets The Big O*）。

我發現已有不少治療師運用它帶工作坊。

靈魂伴侶

有一種感覺或許我們都不陌生，那是一種一直在尋找一個可以跟自己搭配得相當完美的「另一半」的感覺。我們會希望這個人是在地球的某個角落被找到，而且感覺好像找到了他，一切就會完整。

這種感覺就好似榮格所講的「集體潛意識」，古今中外到處都可聽到這種說法。

似乎我們的人生際遇中，每當我們遇到伴侶候選人時，我們的內心多少會問：「是這個人嗎？」我們多少會希望這個人是可以跟自己相處得很融洽，可以配合得好的「另一半」。

就因為很多人都會有這種感覺，所以我很好奇地想知道，到底為什麼我們會有這種感覺。後來，在美國的電視節目中、社交圈子裡、以及豪福斯特大學婚姻家庭研究所中，我愈來愈注意我聽到的「靈魂伴侶」（soul mate）這名詞。我好奇，「靈魂伴侶跟我們內心渴望的『另一半』是一樣的嗎？」

後來，我意外聽到一個猶太人跟我說的古老教義，那說法是這樣的：在好久好久以前，神將一團白色火球一分為二。一個代表陽，一個代表陰。一個比較男性化，一個比較女性化。就因為兩者來自相同的來源，所以他們有著最完美的配合。

這兩團火球來到世界上時分散來。但就因為兩個火球分散了，所以各自都會有「失落另一半」或「尋找另一半」的感覺。

這一種「失落」及「尋找」的感覺，當下立刻解答了我內心的疑惑。原來，我們那種尋找另一半的感覺是有緣由可解釋的。

有特殊的名詞稱呼這兩團分裂的火球，那就是「孿生火焰」（Twin Flames）或者「孿生靈魂」（Twin Souls）。

我們常聽到的「靈魂伴侶」其實還只是很通俗的說法。真正跟自己最契合的是「孿生火焰」或「孿生靈魂」。

後來，我再去查文獻及相關資料時，我發現，早在西元四世紀，希臘哲學家柏拉圖便曾說過「孿生火焰」或者「孿生靈魂」的概念。原來，柏拉圖不只是「精神上情愛」的代表人物，他基本上就是在講「孿生火焰」或者「孿生靈魂」！他認為「孿生火焰」或者「孿生靈魂」是跟我們最心靈相通的人，不只是最了解我們的靈魂，而且在身、心、靈三方面都跟我們配合得最好，是我們最完美的對象，也是我們唯一的真命絕配。

當我知道有「孿生火焰」或者「孿生靈魂」時，我也跟著在想，要怎麼樣才能找到自己失落的另一半呢？

後來我看到猶太教義裡嚴格地說，只有當人們過著純淨的生活及做好事，神才會讓另一半與你再次相遇。在那之前，各個孿生靈魂有自己對他人要履行的任務，有要學習的課題，也有要平衡的因果。這說法跟我們中國的「十年修得同船渡，百年修得共枕眠」有某些類似的概念，只是要修得「孿生火焰」或者「孿生靈魂」似乎要好幾輩子的修練。

基本上，在猶太神祕學中對「孿生火焰」或者「孿生靈魂」的說法是：「孿生火焰」或「孿生靈魂」的其中一個靈魂，雖然分隔兩地，卻會拉拔另一個靈魂，協助另一個靈魂的成長；而另一個靈魂的停滯成長，也會讓另一個靈魂停滯成長，連帶地會拖延彼此再相遇的時間。

所以基本上，靈魂要努力地使自己成長、進化，成為更好的靈魂，才能更進一步靠近自己失落的另一半。神祕學基本上是在鼓勵靈魂努力進化跟冒險成長。「孿生火焰」或者「孿生靈魂」的確是蠻神祕的，甚至感覺很難擁有，但，這真的是靈魂在努力進化、演化到一個高階程度之後的「獎賞」。

後來，我便想到，這跟毛毛蟲要努力變成蝴蝶相似。在毛毛蟲的階段遇到的就是毛毛蟲，蝴蝶的階段遇到的就是蝴蝶。就是要努力使自己成為一個更好的人，才會遇到更好的人。

伊麗莎白・克萊爾・普弗特（Elizabeth Clare Prophet）是個享有國際盛名，四處倡導「孿生火焰」或「孿生靈魂」的專家。她也寫了很多相關「孿生火焰」或者「孿生靈魂」的書。我後來發現，許多研究這方面主題的人都是猶太人，或許因為在他們的教義裡，對伴侶關係有如此深刻嚴格的教導。

我在紐約時，雖然對猶太教研究不深，但我一直喜歡它在伴侶關係中倡導的高道德標準，連帶地我也覺得猶太教有著非常神祕及莊重的美。

我記得在紐約發跡的瑪丹娜，有好一陣子非常虔誠於研究猶太教的卡巴拉（Kabbalah），當時瑪丹娜正懷著大女兒（一九九六年女兒出生時，她三十八歲），所以也自然而然地，母愛使瑪丹娜更遠離肉體而趨近靈魂，其中也包括探討靈魂伴侶，她想從她不安的人際關係中找到平靜。

當女兒出生後，她說她終於找到這一生一直在追尋的真愛，那就是她的女兒，那是屬靈的部分，而不是肉體或物質上的沉溺。那時瑪丹娜的正向改變真的是有目共睹的，完全反映在一九九八年〈Ray of Light〉這張專輯，而且這張專輯還是特別感謝猶太大師 **Rabbi Eitan Yardeni**。

當然，瑪丹娜所接觸過的宗教不只一種，隨便一提便有天主教、佛教、猶太教、印度教等，她也是那種不管什麼宗教都是融合的信仰者。我有幸在二〇〇三年紐約麥迪森花園廣場（**Madison Square Garden**）裡的**VIP**包廂看過她的巡迴演唱會，她的歌詞雖然很生活化，那時卻更常透露出猶太卡巴拉所要傳遞的訊息。她不斷地告訴大家。她是個不斷進化的靈魂，她透過多種宗教及猶太神祕學的力量在尋找自己的內在力量、生命的意義以及更和諧的伴侶關係，她也希望大家是個不斷進化的靈魂，她用她的歌詞在影響任何聽她歌的人。

或許一九八〇年以後出生的心理師會因接觸的流行偶像不同而不太了解，瑪丹娜為什麼對一九六〇至一九八〇年出生的人很有影響，所以為了幫助大家立即了解另一年代、另一層次的瑪丹娜，我稍摘錄她二〇〇三年〈American Life〉專輯中的幾句歌詞，這些都是當年及現在仍讓我感動的部分。

因個人在翻譯上會有些許的不同，而這不同會造成不同的感受，所以在此我不做逐句翻譯，以免影響解讀。

在「Easy Ride」這首歌的歌詞裡，有一句是：

I want the good life, but I don't want an easy ride, what I want is to work for it.

在「Die Another Day」這首歌的歌詞裡，有一句是：

I'm gonna break the cycle, I’m gonna shake up the system, I'm gonna destroy my ego.

在「Nobody Knows Me」這首歌的歌詞裡：

No one's telling you how to live your life, but it's a setup until you're fed up,It's no good when you're misunderstood, but why should I care what the world thinks of me. Won't let a stranger give me a social disease.

I, I sleep much better at night, I feel closer to the light, Now I'm gonna try, to improve my life.

在「Mother And Father」這首歌的歌詞裡，有一句是：

I made a vow that I would never need another person ever turned my heart into a cage, a victim of a kind of a rage.

我為什麼要特別提到瑪丹娜寫的歌詞，因為她並不只是亂寫一些濫情的東西，在一九九八年以後，一些生活化的字眼中，其實她嵌入不少她研究卡巴拉的心得。

她想要以自我改進的方式去得到新生，努力打破惡性循環、去除沒必要的狂大自我，不再賴給自己的命運坎坷或他人的干擾擺布來設限自己的成長，她發誓不再使自己的心像關在籠裡憤憤不平的犧牲者一樣，她會使自己更靠近光……

當我慢慢研究「孿生火焰」或「孿生靈魂」時，我明白到，原來其實「孿生火焰」或「孿生靈魂」並不只是限制在尋找一個跟自己最能心靈相契的極致性靈魂伴侶，最核心的部分更是從最源頭的地方來改造、進化自己。就像瑪丹娜，她從汲汲營營尋找一個愛侶來完整自己，到懷孕時領悟跟自己有深層的靈魂接觸才能找到自己「真完整」的開端，而女兒便是她靈性的領悟、延伸及擴大。

「孿生火焰」或「孿生靈魂」，基本上，我們在尋找的不見得是我們「另一半」或「另一部分」的火球，因為在分開時，我們就已經「各自是獨立的一團火球」，不用靠對方也是會發熱、發光。這就如當毛毛蟲變成蝴蝶時，蝴蝶不一定要有另一隻蝴蝶在身旁才叫完整，一隻蝴蝶就已經叫作完整。

最重要的意義是尋找自己最高層的內在力量及生命的任務，要儘量讓自己的火球可以散發出更大、更美的光亮，而不是一動也不動地像暗淡無光的殞石。

所以，縱使「孿生火焰」或「孿生靈魂」不見得在此世與我們相遇，或者相遇了卻不見得成為婚姻伴侶，但我們自己能夠跟我們自己高層次的自我相遇，就叫作完整。

伊麗莎白·克萊爾·普弗特專門研究靈魂伴侶，更特別研究「孿生火焰」。她說，每個人或許不容易在這輩子擁有「孿生火焰」或者「孿生靈魂」，但有一個好消息是，至少老天爺都給了我們所謂的「靈魂伴侶」，而靈魂伴侶也不是那麼難求得。

以下我們就來討論一下何謂靈魂伴侶，當然也會包括「孿生火焰」的進一步解說，「靈魂伴侶」基本上可以簡單分成三大類：第一類是「伙伴式的靈魂伴侶」（Companion Soulmates），第二類是「貼心式的靈魂伴侶」（Twin Soulmates），第一類、第二類在我們日常生活中很容易就見到；第三類是最極致、最難求得的：「孿生火焰」或「孿生靈魂」。

㈠「伙伴式的靈魂伴侶」

伙伴式的靈魂伴侶，是指那些會幫助我們接近我們的目標或達成任務的人。「功能」或「企畫執行」的味道很重。

伙伴式的靈魂伴侶可能是那些會協助我們已經在做的事情的人，也可能是會鼓勵、支持我們去嘗試我們想做的事情的人；他們可能會點明我們可以走的方向；欣賞我們工作或生活的人，讓我們覺得在工作或生活中有更明顯的意義與價值；他可能會更進一步幫助我們靠近我們的夢想；也可能是那個跟我們相互學習、相互分享的人。

伙伴式的靈魂伴侶彼此間可能有共同的興趣或嗜好，這個人很可能是我們很合得來的朋友，會一塊逛街、旅行、上課、看電影、運動、吃飯、做義工等。而至於興趣或嗜好，只要有一項就算，不用所有類型的興趣或嗜好都要合得來。比如說，張三是那種會跟你四處搜尋美食的人，李四是跟你旅行步調最合得來的，老五是跟你去健身房或室外騎腳踏車運動的人。這三個人都算是有他自己的「功能」，都是你的伙伴式的靈魂伴侶。

而且通常我們有某種目標或達成任務的意識，就會吸引有同樣意識的伙伴式的靈魂伴侶出現。物以類聚。

就因為意識上物以類聚，彼此便有很多可以配合的地方，所以跟伙伴式的靈魂伴侶相處會是較簡單、較無衝突的。

有意思的是，有不少伙伴式的靈魂伴侶會在我們最需要的時候出現。有點像我們台灣人所說的「貴人」角色。有時候，前一分鐘我們還在苦惱如何尋求適當的幫忙，下一秒這貴人便神奇地出現，常常會讓我們覺得有巧合的感覺。

比如，我們有個企畫案膠著在一個解不開的盲點，但跟朋友吃飯時，他帶來的朋友竟然就是那領域的專家；在馬路上車子爆胎，卻有好心的陌生人跑過來幫你換輪胎；或者，你很想有人陪吃飯，下一秒鐘便有朋友打電話來問你今晚要不要一塊吃飯；或者，學術上有自己一個人不懂的地方，結果你發現另一個不熟的人剛好要組讀書會；又比如說，一個媽媽在需要有人帶孩子的時候，合適的褓母出現了；或者我們參加團體旅遊，遇到一位極會使團體有效率、氣氛又好的導遊；或者是你那個老是可以讓你借鹽、借米酒的鄰居……這一些人的出現，其實並不是我們想像中那樣的巧合，很多時候是我們散發出的電波將他們吸引過來。而在這個任務或目標達成後，或許就如此分開了，但也有可能緣分不只如此短暫而繼續下去。

其實，在我做諮商治療的實務中，不管是當人家的督導、老師或心理師，甚至去演講、帶工作坊，我發現幾乎每一個我遇到的人，都帶給我這樣的「伙伴式的靈魂伴侶」感覺。我在我的「伙伴式的靈魂伴侶」身上學習很多，他們也透過我了解到更多他們當時想要知道的。有太多次的經驗，學生或學員會走上前來告訴我說，謝謝我講出他最近很想解開的問題答案。我自己常會被這樣的巧合給嚇到。我不知道原來自己早準備好了他們要的訊息。可是後來想想，這不就是「伙伴式的靈魂伴侶」？所以往後，我在每次督導、演講、做治療前，心裡會事先告訴自己，要好好地去傳遞一些訊息，希望透過自己，幫助一些當下我可以幫的人。

從另一個角度來看，我也認為在實務當中，很多人是我的伙伴式的靈魂伴侶，因為常常在我不確定一些訊息時，我便會遇到伙伴式的靈魂伴侶透過當個案或學生的關係來告訴我更確切的答案。像我在寫這本書時，就不斷有這樣的「巧合」出現，數也數不清。比如說，我不確定是否要寫心理師需要學靈性成長的這一段時，診所裡便突然來了好幾個愛談巧合、緣分、因果、輪迴、宗教、算命、深度星座等的個案，連我督導的學生也很巧地遇到不少這樣的個案。那時，我雖然嘴巴有些訝異地關不上，但我清楚地知道，我該把這些經驗及心得寫下來。

其實就像這幾年暢銷的一本書《祕密》所述，任何想法或感覺都會產生一些波動或磁力，把我們希望的事情吸引過來。縱使是在千里之外或隔著遙遠無邊的海洋，我們都可以把希望的人或事帶到我們身邊。基本上，想法或波動產生的吸力是超越時空的。我們看不到，但是它存在。

此外，跟我們會在一起成為伙伴式的靈魂伴侶，很有可能在很多輩子前就跟我們在一起了，當時我們便一塊相互幫忙、相互支持，有著特殊的連結，甚至有著深遠的意義。因此在這一世，仍有著一些微妙的連結存在。只要對方認真地呼喚、邀請，我們便會出現，彼此有著幫忙的正向連結。彼此的相見、相聚，很有可能是在「互換」或「互還」好處或恩惠，或者是在完成我們上輩子未完成的任務。

通常，伙伴式的靈魂伴侶是以功能或任務為導向。沒有很硬性要求的規範將彼此綁在一塊。所以往往當工作或任務完成時，也就是該說再見的時候。而那感傷或許會捨不得，但又是一個頗快樂的結束。

(二)「貼心式的靈魂伴侶」

貼心式的靈魂伴侶，是那些我們已在很多輩子中分享友誼、感情的人。跟他們在一起，我們會覺很放心、自然、輕鬆。貼心式的靈魂伴侶擁有伙伴式靈魂伴侶的特質，然而卻比伙伴式靈魂伴侶更多強烈的心靈連結及更多心領神會的感覺。

當我們第一次遇上貼心式的靈魂伴侶時，雖然是第一次見面，我們卻會覺得就像遇到「好久不見」的老朋友一樣。立刻會有著很舒服的感覺，好像我們常感覺的「這個人讓我看得順眼」。而看得順眼跟外表美醜一點關係都沒有，是一種台語形容的「他有我的緣」。彼此間似乎不用太多時間或言語，就能夠很了解對方的想法，有著很深的默契及熟悉感。縱使已分離一輩子或好幾輩子，再次見面時卻像昨天才分開一樣。

根據葛羅麗雅・切威克在《穿越前世今生：迴》那本書中所述的，貼心式的靈魂伴侶通常是很親近的家庭成員或很親近的朋友。有時會有著心電感應的現象，直覺地可以知道對方的思想跟感覺。

我們也可能發現這輩子跟這個貼心式的靈魂伴侶常在生活上有關連，可能在家庭生活中、學業上、工作中、休閒、興趣上……其中一項（包括一項以上）跟他就是心靈契合、相處愉快。在一起時，從很多層面上彼此會有幫助、成長與學習，而且感情會愈來愈強，關係會愈來愈密切。

通常目前的關係可能維持好幾年，也可能延續一輩子。而如果真要分開，也會以正向的方式分開，會非常重視彼此間分享的親密情感。

在我本身的經驗中，除了跟自己的家人、幾個知心朋友是貼心式的靈魂伴侶之外，我還發現跟自己督導的好幾個學生也有這樣契合的感覺，當然不是跟每個學生都如此，但大多數是如此，跟學生半年、一年下來所建立的情誼、默契，就好像是兩個很熟、很好的老朋友在旅途中彼此當嚮導。在實習時，學生可以很容易地把自己的困惑說出，不會有那種卡在權威而不敢說自己做不好的議題，相同地，我也可以很容易地接學生們要說的話，很容易知道他們腦中想要表達的是什麼。在分享上來得很簡單，常常輕鬆愉悅地探討。感覺個性就是很合，很信任對方，非常容易配合。不時也會因感動而起雞皮疙瘩。而有意思的是，倘若需要經歷挑選實習生的過程，別的督導可能沒有特別要挑他，但偏偏我就會特別與他看對眼，有很多別人在短時間內看不見的點，竟然我一抓就到，會有著特別的欣賞與支持。

貼心式的靈魂伴侶，說穿了，就是一些關係很好的老靈魂在相聚。

(三)孿生火焰或者孿生靈魂

先前已稍提到「孿生火焰」或者「孿生靈魂」，那是柏拉圖在西元四世紀時便曾說過的觀念，他覺得孿生火焰或者孿生靈魂是跟我們心靈最相通的人，是最了解我們的靈魂，而且在身、心、靈三方面都跟我們配合得最好。柏拉圖他把話說得很滿，他認為孿生火焰或者孿生靈魂是我們唯一的靈魂絕配，是我們最完美的互補對象。

後人了解柏拉圖這精神靈魂上配合得極致的概念，但也明白，當有人表達「我跟這個人只是柏拉圖式的愛情而已」時，在意思上是使人感傷的，因為意指有一些無法抗拒的因素使彼此在時空上「難湊在一塊」。

猶太教的教義裡最常講「孿生火焰」或「孿生靈魂」。它說，每個人都有他的「孿生火焰」或者「孿生靈魂」，跟我們是最原始時共同被創造的。神祕傳奇中是說好久好久以前，神將一團白色火球一分為二，一個代表陽，一個代表陰。一個比較男性化，一個比較女性化。假如我們是比較陽剛的，那另一方便可能是較陰柔的。就因為是來自同一個源頭，所以會有著極致的心靈相通與最高靈魂層次的愛戀。

但是因這兩團火球當他們來到世上時分散開來了，所以「另一個我」是在地球的某個角落，也連帶地會使很多人都有著想要尋找「我的『他』」的感覺。我們也會覺得希望被「我的『他』」尋獲，感覺好像有了對方，一切就會完整的樣子。這種互找對方的感覺，對我們而言其實一點都不陌生。（這也或許是為什麼我們那麼喜歡被深度「同理」的原因之一，因為被同理時會有被了解的感覺，被了解時又有「被找到」的感覺。）

伊麗莎白及葛羅麗雅皆表示，「孿生火焰」或者「孿生靈魂」擁有「貼心式的靈魂伴侶」及「伙伴式靈魂伴侶」的特質，然而又比貼心式靈魂伴侶更多強烈的心靈連結，以及更多心領神會的感覺。

跟我們的「孿生火焰」或者「孿生靈魂」見面時，不見得一見面就有「一時天雷勾動地火，一發不可收拾」的感覺，但第一眼會有「進入靈魂深處」的強烈悸動。縱使是第一次見面，我們會覺得這個人極為熟悉，極為順眼迷人，看了就是異常舒服，異常正向地覺得「他」吸引自己，有「看到自己」以及「被他看到」的溫暖。就因孿生火焰本身是非常進化、完整的靈魂，是非常接納、了解、熟悉自己的獨立個體，對自己的感覺是極為舒服的，所以當然對另一個自己的感覺也是極為熟悉且舒服的。（這跟希臘神話故事中有位年輕男子愛上水中自己倒影的「自戀」〔narcissism〕是很類似，但，不是以精神分析中的病態版本呈現，而是以一種正向的版本呈現self - love。）

靈魂伴侶中的孿生火焰是兩個處在相似靈魂進化程度的高度完整個體。他們了解最甜美的音樂旋律不是來自兩個人唱一樣的音調，而是兩個不同的音調配合得貼切、和諧。

我們的「孿生火焰」或者「孿生靈魂」跟我們的價值觀、主要目標、方向是契合的。

對同一件事不一定總是同一個看法，但協調會是很容易的，可能會互相欣賞不同的觀點，可能彼此會是很棒的互補，而不會是個困難的衝突。

孿生火焰跟我們可以心靈契合，可以相處融洽，可以和諧地住在一塊……孿生火焰彼此間會有很強的心電感應。就算各自在地球的另一端，也可以感受到對方，有時會透過夢，或腦中突然浮現的字眼、感覺等方式來傳遞彼此的思念或溝通。

彼此在成長背景及習性中可能會有很多雷同點，比如說，兩個人都成長在類似的家庭環境中；都在年輕時需要離鄉背井去學習；都不對課本上的東西好奇，卻喜歡自己在生活中去探索體驗；兩人都對同種族、文化的伴侶不感興趣，卻對不同種族文化的伴侶特別感興趣；兩人都喜歡在鎂光燈下被聚焦；或者兩者都有商業頭腦也有文藝氣息；或者兩人都對錢不感興趣，只想在山中種菜……這種在價值觀及習性上的「相通」，是彼此認出對方的關鍵。會有很多「我也是」的共鳴。

我們可以感受到孿生火焰的心理、精神支持，他對我們是好的、健康的選擇，能激勵我們更進一步的成長、朝自己的目標邁進；他也是個我們能愛、尊敬、欣賞、信任的人，而他對我們的感覺亦如此；他是我們最好的朋友、伴侶、愛人，彼此相互關愛，承諾隨著時間加深……孿生火焰在靈魂上，是我們靈魂伴侶的極致搭配，也就是我們最完美的「真命天子」或「真命天女」。

就因孿生火焰的各自完整性夠強，他們的在一塊並不是在彌補那個缺，而是在提升彼此的生命，會激勵對方去完成目標。

伊麗莎白在她書中曾舉了好幾個強而有力的實例說明，但有太多是在美國文化下才懂的例子，所以在此只舉一、兩個我們會比較耳熟的，就是法國居禮夫婦的愛情以及印度泰姬瑪哈陵的故事，這兩者皆是孿生火焰相伴相隨的歷史見證。

另外，**Joudry, P & Pressman, M**（一九九三）這兩位研究孿生火焰的大師，亦在《*Twin Souls: A Guide to Finding Your True Spiritual Partner*》這本書中說，很多孿生火焰都是心靈完整的助人者或有力量改善世界的人，所以像一些有完整人格的醫護人員、社工、心理師……或許本身都已經是孿生火焰，已經見過自己的孿生火焰，跟孿生火焰在一起，或者已經很靠近。

不論是哪個研究孿生火焰的大師說法，對孿生火焰而言，真愛是全宇宙最神奇的力量。而這最神奇的力量，時時刻刻都發生在孿生火焰彼此之間，而且不一定是要兩人都在一起時才會發生。真愛給人的感覺就是正向、舒服、善意的能量。

在這種真愛之下，是沒有恐懼的。

在我學習過的靈性成長書籍《奇蹟課程》（*A Course of Miracle*）一書中說：「真愛是沒有條件的，沒有條件的愛是不帶有恐懼的。」「真愛是在人類靈魂中最神聖、最美麗的對話。」Antera 在他《*Twin Flames: A True Story of Soul Reunion*》這本書中，記載了一首歌叫〈*The Light*〉，其中有一小段歌詞是：「And as we reach out for the One, we feel the Light of the Golden Sun. And when I open up my eyes and see, I realize all in me.」而在《與神對話》（*Conversations with God*）一書中，亦說出相同的觀點，「真愛就是跟高層的自我及神對話。」

孿生火焰是我們自己靈魂的進階版。

很多人會誤解契合就是一凹一凸。其實不全然是這樣的互補。雖然具象一點來說，這很像我們中國所說的一黑一白，陰中帶陽、陽中帶陰，黑白合而為一的「太極」。但其實，最適切的說法是，這兩個「各自陰陽並濟」的「完整個體」重疊、融合在一起時，可發揮一加一大於二的能量，甚至大到無限大。是由兩個搭配合宜，互繞、互影響的能量個體相配而成，兩團不同的火球可以自然而然地合而為一，成為一個更大的火球。

第五章　欲望城市中的戀愛實驗室

從match.com練出交友戀愛技巧

有好幾個學生問我：怎麼這麼懂得兩性心理及交友戀愛的技巧？坦白說，有很大的部分是書上學不來的親身經驗，而我大部分的經驗是在紐約的十年裡學來的。

我要特別歸功於現代科技的幫助，那就是一個叫 match.com 的戀愛交友網站。這是個有全球性會員的網站，在紐約極度熱門，幾乎紐約想談戀愛的人都知道。這幾年在台灣爆紅的〈欲望城市〉影集中也特別演出一段紐約人如何在 match.com 網路交友的一般現象、陷阱及有趣情形。

在我活躍在 match.com 的那段時期，match.com 是採取付費的服務。只要繳了年費成為會員（因為年代對我已久遠，我有些不記得了，好像約一百美金左右），我便可以看別人的自我介紹及跟對方通信。使用上很方便，而且有照片可供參考。

透過那個網站，我發現上面有形形色色的人，而且不限定在紐約的人而已，它的會員是全球性的。它可以很簡單地將一個人從狹小的工作生活中快速帶開，帶到一個不受生活領域限制的地方。在那，我常常訝異一個網路竟然可以將一群平時跟我們生活沒有交集、完全不同領域的人放在同一個平台上。這對一個平時下了班之後沒什麼地方跑的人，真的是一大福音。

當時我很難在自己的生活圈子中找到一個男友，畢竟兒童局家暴中心是個太單純的社服機構。雖然每天接觸的都是人，而且一堆人，個案量很多，但我想，沒有人會想在個案家庭中找自己的另一伴。

後來不斷地聽著、看著自己的一些男性、女性朋友在 match.com 上玩得鬧哄哄的，而且有不少成功的案例，自己便也想上去試試看。

剛開始真的很笨拙，不會包裝自己，也不懂得如何對話。我那時就覺得，在輔導諮商工作上敢問話的人，不見得在兩性中就很會說話，這根本是兩碼子事！沒有學過的愛情課程，還是不容易憑空去懂。但靠著一顆敢冒險、嘗試、不怕失敗的心，我發現自己慢慢地也摸索、練習出一個小方向。剛開始只敢跟異性在 match.com 上保守安全地通電子郵件，後來可以MSN上即時通，或進一步通電話，慢慢地我便敢試著面對面看看。後來見了幾個人之後，發現也不會怎樣，我也沒有因緊張而死，所以便也愈來愈膽大，愈來愈敢見人。

有意思的是，見的人愈多，我的心思愈來愈細膩，甚至開始有「精明」的東西出現。此時我便覺得懂得愈多反而是使自己更輕鬆、更上手的方法。知識還真是個力量。當然同時我開始會不斷地去翻一些兩性的自助書籍，舉例來說，其中除了《*Stop Getting Dumped*》，也包括《*Men Like Women Who Like Themselves*》以及《*Why Men Love Bitches*》（中文翻成《壞女人有人愛》，這本書是我放在床頭的聖經，也是我常常強力推薦給個案的教戰手冊。）

兩性的自助書對我的幫助真的非常大。我常常「現學現賣」自助書的內容，而當我愈應用這些知識跟技巧，我愈是覺得人性、人性太好玩了。後來我也覺得看了這麼多自助的書，假如當一個實務的婚姻家庭治療師要寫書的話，最好就是寫人人易懂的自助書，深入淺出反而容易拉一個卡住的人一把。後來我便靈光一現，乾脆趁自己在找男友的階段順便做兩性關係的研究——摸蛤蜊順便洗褲子，一石二鳥，何樂而不為？所以自那時候開始，我便積極地開始了我「高階田野研究」（**high level of participant field research**），也就是實驗性的親身經歷。

當我未有積極研究的頭腦之前，我一個禮拜頂多見一、兩個人。但當我有積極研究的頭腦後，尤其是當我非常有空的時候（沒男友的時候真的很空），一個禮拜可以約會個五到八次，而且都是不同的人。週末最誇張，我會約一個早上十點半見，吃早午餐（**brunch**），另一個下午三點喝下午茶，晚上七、八點再與另一個吃正式晚餐。一天就可以見三個人。當然，衣服也會跟著變，因為晚餐通常很正式，要穿小禮服、高跟鞋。要如何變裝也是門功夫。至於沒空的時候，一個禮拜也會利用假日，有兩到三個約。前前後後細細數下來，我所見的人可能真的有破百。這個數據，其實也讓我自己懷疑我的正職似乎是做這個研究。

或許我做實驗的心態太強了，我從不跟第一次見面的人看電影，因為在看電影時是沒有機會練習對話及研究心態的。若真的要看電影，通常都是好幾次約會以後，關係已有發展下去的可能性，或者已經降溫至當朋友才適合的程度時。

當我家人從台灣打電話來，問我怎麼這麼難找？到底在忙什麼？我只要跟他們講「我在做研究」，爸媽便知道我在做約會的田野調查及兩性練習實驗。

初期的時候，我約會通常都是不同的人，因為沒那個知識、技巧去留住想留的人，所以也喪失不少不錯的機會。只要對方說：「I will call you.」我就會自動翻譯成：「謝謝，不聯絡了！」就很像飯店的旋轉門一樣，進來又順著旋轉出去了。這就讓我深深了解，光是有機會見面仍然不一定管用，話不投機，就真的只有半句多。而不會表達自己、不懂兩性交往技巧，絕對會是很吃虧的事。

但中期，情況愈來愈對我有利，因為失敗太多次之後，我也知道自己什麼地方做得差，什麼地方是要避免，什麼地方要如何改進；到了後期，竟然約個一次之後，我可以保證一定會有下次。我的題庫裡已有太多應對進退的教戰技巧。

我真的沒有天賦，看我失敗那麼多次大家也看得出我沒天賦。我只是靠著一個敢冒險、嘗試、不怕失敗的心慢慢去摸索、練習出一個管用的方向。我可以說，我失敗的次數一定比很多人多。但是，我後來對愛情的洞察力以及對壞男人免疫的力量卻也相對地比很多人強。這個經驗後來在我做諮商時，常常用來激勵那些宅男宅女，不要自怨自艾自己遇人不淑、技巧爛或沒桃花，也不要相信算命師說的沒姻緣，有些時候好的桃花樹要自己種，自己灌溉，要吃魚也要自己去撒網捕魚。除了練習之外，還要用腦子聰明地練習。我會鼓勵他們走出家門，走跟平常不同的路線，做些不同的改變，採取一些積極的行動，不要只是待在家中還期待郵差會將男友或女友叮咚一聲地快遞送上門。

到底我在網站上遇到什麼樣的人？這些人其實真的完全超乎我在兒童局家暴中心的社會服務領域，也真的是超乎我憑空所能想像的範圍。有不少是華爾街知名證券交易所花錢如流水的總裁、副總裁們，電視節目（Discovery，Animal Planet，Travel and Living）的副總裁，好幾個以香檳禮車代步的大律師，家住在上東城一輩子不用工作的公子哥，在聯合國處理關懷第三世界兒童（Unicef）的發言人，一見面就秀他跟柯林頓合照的參議員，擁有飛機的商人，住在獎盃山裡的運動明星，花大把鈔票送自己去太空總署搭太空梭看地球的名人，美國運通公司雜誌總部的副總裁，百老匯的導演，好萊塢的電影製作人，擁有多家知名餐廳的老闆，名攝影師，男模兼名校高材生，廣告公司老闆，地產大亨，幾個名醫院的內、外科醫師……。雖然耶魯、哈佛、麻省理工學院、普林斯頓等名校或許我沒機會念，可是我都跟他們畢業後有高成就的校友及教授約過會。

當然，還有很多其他不同領域的人，但我當時只挑我自己最感興趣去研究的人。我特別欣賞的特質是生活精采、人生經歷豐富、極度聰明、以及在金錢上非常優渥的人。（其實我那時在macth.com設門檻時，把對方的經濟收入定在月入三十萬以上。而不少人在實際上是月入超過五十、一百萬的。）

就因我當時把標準設得很高，想交往、研究的對象都是紐約上層社會的菁英，所以相對地，跟這些人相處多了，也體驗到在美國的上流多金人士是怎樣地過日子，也從中學習到他們成功致富的思考模式。就像有一本書中文翻成《有錢人想的和你不一樣》，我後來也真的覺得，有錢人想的真的和我們不一樣。他們會成功，是有他們成功的道理在。

很多有錢人過著頂尖成功者的享樂生活，其實這是個結果，很多都是經歷自己從基層一步一步爬上來的。而且書呆子般的高學歷（book smart）並不是那麼重要，懂得人情世故（street smart）以及高EQ才能把一個人推向頂端。像我在華爾街的一群總裁、副總裁朋友，他們很多學歷不見得比下屬高，但他們就是有超水準的能力去管理哈佛、耶魯等長春藤名校的碩、博士。後來，「street smart」以及「高EQ」這也成了影響我很大的管理指南。

往往我在治療中推動個案跳脫自己固有的宅男、宅女生活框框時，我也會跟著講一些我曾經歷過的不同生活。例如，我常會因為沾光而跟著在高級餐廳、富豪聚樂部、私人招待所、養生會館、休閒渡假中心等出入，常坐禮車及跑車，週末則常常搭著飛機去別州渡假。

若有音樂、藝術、體育活動時便都不用跟別人擠，門票有專人送達，輕輕鬆鬆地從另一個獨立的電梯尊榮入場；並且在VIP包廂裡會有記住你姓名的服務生服務，當然包廂裡會有獨立的乾淨漂亮廁所。而且常常VIP包廂裡也有高級香檳美酒、豪華自助餐（餐點常有烤羊排、烤牛肉之類的，而不是廉價的漢堡、薯條、三明治或披薩）。我本來就很愛吃，所以能讓我的胃滿足，又外加精神上的娛樂享受，我便有整個靈魂跑到天堂的感覺。

印象當中最深刻的則是被邀去看瑪丹娜的演唱會，為什麼最讓我永生難忘？因為我從國中開始就非常喜歡瑪丹娜，能夠有機會看到這場秀實在是太意外的驚喜。而且秀實在太好看，坐在包廂也實在太夢幻。去之前就興奮地失眠好幾天，去之後也興奮地失眠好幾天。

另外我在VIP包廂也看了不少場網球公開賽（而且是最後最精采的那幾場大明星的總決賽，通常一票難求）、洋基隊的棒球、NBA的籃球等也都是在VIP包廂中看…雖然我對任何運動比賽沒什麼興趣，誰是明星球員？幾個人上場？打幾回合？或什麼比賽規則要做什麼？基本上我至今都搞不懂，而且仍沒興趣，但我卻對這些上流社會多金人士的閒聊感興趣。

這些人談話的內容跟我們一般領固定薪水階級的真的很不同。他們在包廂裡基本上談話中都隱藏著生意的運作，但生意經很有意思地大多嵌在超八卦的話題裡，比如說，去哪個超炫的主題餐廳吃飯，跟什麼樣的名人見面，去了什麼新鮮有趣的地方渡假、打高爾夫球，做了什麼瘋狂的冒險，買了什麼最先進的電子產品（當然都索價不菲），擁有什麼樣的名車，住什麼樣的高級房

我在 match.com 約會時的各種裝扮。

子，炫耀自己有多少財富……

說實在的，這些八卦都蠻好聽，甚至有些真的像天方夜譚，因為光從消費上就有一個門檻是一般收入的人不太可能辦到的。比如說，有一個人剛從波士頓坐著珠寶商男友的私人飛機回紐約、另一個人在加勒比海有一座私人島、再另一個人有一艘可環遊世界的大遊艇……嗯，光是這幾點就讓人瞠目結舌。

所以後來當我看到一些男生沒見過什麼世面，口袋空空，沒什麼才能，態度卻很傲慢又愛批評時，我真的不知他憑什麼傲慢及批評？心裡會替他們感到悲哀。腦中自然會浮現一隻青蛙在井裡面的畫面。

有時在 VIP 包廂裡，贊助廠商又會送「小」禮物，我就收過一萬多元的復古型 Nikon 相機當「小」禮物帶回家（而不是什麼鑰匙圈、筆、傘、帽子之類的）。我真的只能說，這些人的生活中「錢會養錢」，附加價值常常超大。所以那時也奠定了我要把自己放進跟錢快樂共處的世界，「用錢養錢」的觀念的確會讓人的靈魂變得很大。

為什麼要跟大家說這些？因為有些時候，我們根本不知道還有另一個不同於自己固定模式的生活。而往往要等當自己跳脫了，驚喜才會一連串不斷地來。當然，也要靠不少的智慧跟勇氣才能創造及抓住這些機會。

跟這些人相處之後，我深深覺得一個人散發出來的氣息真的跟他處的環境有關，像我就很難在兒童局家暴中心的利他取向男生身上，嗅到華爾街男生精明算計的味道。當然，最原先的我，身上散發出的也只是個書卷味很重的社會福利機構人員。坦白說，這樣的氣息跟紐約的上流多金社會是截然不同的。然而，在眾多次的約會研究當中，我學會了在下班後轉換身分的功夫，在社交的場合我可以有一個很不同於工作中的我，在氣質、態度上差異很多。像我們那個西班牙大老闆，他便很清楚上班時的我一扎起長髮，便是他不能干擾的拚命三郎，但下班後頭髮一放、衣服一換，便是他非常不熟悉的另一個我。

不是我自誇，除了言語上的技巧，我實在還蠻知道在紐約去哪個場合要穿怎樣的衣服及打扮。當年的我要在一群女生中顯得光芒四射、使所有的人轉頭看我，並不是一件困難的事。而我也知道，當一個「別的男人都想搶，別的女人都羨慕」的女人，的確會連帶地使我約會的對象在我身上下更多的籌碼。

我不見得會花很多錢在治裝上，因為在紐約這個時尚的大本營，根本用不著去雜誌上刊登的國際名店，就有太多地方可以撿到超便宜的特賣，又有一堆暢貨中心（outlet）可讓你隨時遇到特惠品。

而且紐約，到處是時尚。在紐約，有個很強的觀念是，獨特的東西會比雜誌上一堆人都有的名牌來得令人眼睛一亮，甚至復古的裝扮會勾起舊腦熟悉的情感記憶。就像欲望城市中的女主角們皆強調個人的風格，會將名牌跟其他的混搭，而不是強調自己只穿某名牌。我們會覺得強調自己「只穿某名牌」的人通常是俗不可耐的「時尚受害者」（fashion victim）。想要在紐約街頭發光，重點就是懂得如何去選很漂亮又獨特的東西，然後懂得去搭去變化，像我就很多次走在路上還被設計師擋下來誇讚。（在此，其實也顯現出為何紐約的心理師並不特別強調自己是某學派，但我們會強調自己多會應用多家學派。）

有些人可能覺得，我那麼常地在約會做研究，一定會花很多錢。這點可就不然。那時，有個附帶的「福利」是：美國的男性禮儀中，約會費用是由男生支付，而且我還常收到禮物。意思就是說，身為女生的我沒什麼好花錢的。而且再想想看，上流多金的社會，這些男生有財富，他們更是想在女伴身上秀他們的財富。為了使喜歡的約會對象印象深刻，他們一定會買一切的單，甚至有時連女生的計程車錢都幫忙付（一趟約二十五元美金）或者叫禮車送她回家。像我常常就只要付個紐約地鐵的錢（一塊五美金）去赴約而已。

先前我有提到，我不時會週末先約個十點多的吃早午餐見面，第二場是約喝下午茶，然後晚上七、八點再約一個是晚餐的時段。所以我那時不只是吃得飽飽的，而且是吃得「好極了」。因為最棒的是，紐約媒體強力介紹的超高級餐廳我幾乎都有機會吃遍。畢竟這些男生為了使我對他印象深刻，並且創造出兩人往後回憶的第一次美好經驗，他們絕不會挑我曾經去過的餐廳見面。

這也是我的紐約朋友訝異，為何欲望城市影集中的大小餐廳場景我都如數家珍。竟然一個外國來的女生比她們當地人經歷更多紐約的高級餐廳，更了解紐約高階層的男人。

其實，紐約高階層的多金男人比口袋空空的男人好相處，因為不管怎樣，他們會少了很多憤世嫉俗的酸言酸語。他們極喜歡他們自己，也喜歡他們的工作，舉手投足之間就是充滿自信跟魅力。而且在知識、經驗上，跟他們相處會有很多意想不到的學習。這個就真的是一加一大於二；光是那選擇上的冒險及自由性，就會讓人的靈魂視角變得很廣大。

相對照之下，當時同樣都是女生，但我的一些外國女留學生朋友，有的就只跟校園中認識的外國留學生在一起；當地的美國女性朋友，也很多只局限在自己的社區。甚至住長島、皇后區、布魯克林區的仍繼續留在她的長島、皇后區、布魯克林區。我就很訝異，幾十分鐘就可到的曼哈頓對她們來說竟像天涯一樣遠。我不是很明白，為何有一些住在紐約的人放著曼哈頓的寶藏不挖，卻固守原來沉悶打轉的地方。當時我就領悟到，一個人的領域狹小，真的是自己的心跟行動力所做的選擇。「咫尺天涯」原來是這樣來的。

當時有本書我把它當成床頭聖經，就是《壞女人有人愛》。這本書非常適用在紐約的戀愛文化中，但也極適用在目前的台灣都會區。「壞」女人真的一點都不壞，它在請女生一定要有聰明獨立的思考跟行為。愛自己要勝過愛對方，才不會在戀愛中迷失自己。

這本在紐約排行榜蟬聯第一名的暢銷書，真的不知道救了多少在感情上栽栽撞撞的女生。後來我看到在台灣也是掀起一股旋風，各大媒體都在討論這本書。

有些女生會太討好心怡的對象，但我懂，一旦 puppy eye（像小狗一樣痴痴地看著人的眼神）出來時，也是那些男生覺得目標達成、準備收手離去時。有一個證券所的總裁便跟我坦白說，太容易達到的目標沒意思，沒有挑戰性。他們在工作上歷經太多大風大浪，在他們的神經細胞裡，沒有辦法讓他們「分析」、「投資」或「挑戰」的女生是無趣的。甚至他們會覺得，那些痴痴的投注眼神是在污辱他們的高度智慧。他們知道自己的財富是個優勢，他們也願意跟自己心愛的女友分享財富，但他們並不要一個不懂他們智慧的拜金女。

另外，託人脈之福，我可以花一點點的手續費便可常常看紐約百老匯、外百老匯、外外百老匯的秀。光我留下來的節目介紹本子及票根就有一個大紙箱那麼多。當時的我，真的不管有沒有在做約會的研究，我便常常在時代廣場那一帶晃，看秀去了。

一個人看秀有一個人的樂趣，但有時太好看，我便會拉我的朋友或約過幾次會的人去再看一次。（比如說大家比較知道的魔術師 Chris Angel 的 Mind Freak 及韓國的亂打秀，我便各看過兩、三次。）有時週間晚上可以看個一、兩場，週末則看個兩、三場。我不知情的朋友會覺我怎麼會有如此昂貴的嗜好，但我真的沒花什麼錢。聽起來蠻誇張的，別人在家看電視，看DVD或出門看電影，我卻在看一堆真人演出的百老匯之類的秀，而且有時也會去電視台當觀眾。

我覺得這些秀也真的影響我很大，因為實驗性、體驗性的東西太多，而且都是針對人生百態的東西作題材。所以對於在做心理治療的我來看，潛移默化當中便讓我加入了一堆實驗、體驗的技巧。

紐約百老匯的秀雖然場面大，但坦白說，真正精采的是外百老匯、外外百老匯的秀（紐約的秀基本上分三種，百老匯 broadway、外百老匯 off-broadway、外外百老匯 off-off-broadway）。就因為我的票源特別，所以常常我可以坐前面幾排，有時還因坐第一排被拉上台跟著演，像我就曾在台上跳大腿舞而跳得很過癮。你說這些近距離的秀對我後來敢深入體驗個案的情緒及戲劇性地做家族治療有無幫助？當然有！

基本上，每一場秀都是眾多專業人士的精心設計安排，看愈多，愈是學到別人「跳出框框」的思考。而且表演者都是很擅於將自己換化成另一個角色的人。對我而言，深入體驗、欣賞得愈多，愈會使我跟那些編劇者一樣跳出框框，跟演出者一樣深入活化當下的角色。像目前，倘若我有三個不同個案，我可能就會在三個小時裡，簡單轉換成三個不太相同的我。其實非常可能就因我看太多的秀，見太多不同的約會對象的結果。這也是書本上學不到的珍貴經驗。

在紐約的生活步調很快，光在街頭就可見一群群快速從我身旁擦身走過的人。當然，在紐約時的我走路、說話、做事的速度也跟著非常快（但回台定居後我發現我變得愈來愈慢）。也因大部分的紐約人都很快，所以人情味，坦白說，就是在快速之下相對性地比那些慢慢來的其他城市少。人情味少，從心理學的角度可以說是彼此之間較獨立自主，個人化的主張較鮮明，但也因界線較分明，所以要跨越界線、融入他人內心的領域便不是那麼容易。當然，在紐約的兩性關係亦是如此，要跨入對方的界線並不容易，台灣式的黏密、條件式地替對方著想、不平衡的犧牲奉獻、家人過度關心及操縱等，在紐約是很不適用的。

有些人對紐約人的印象是比較不禮貌，但相對地，喜歡就是喜歡，不喜歡就是不喜歡。不扭捏造作，也成了紐約很真實的人性寫照。從一些在紐約拍攝的「現實生活秀」中便可以看得出來，我們可以看到裁判不忌諱的直言，比如說〈名模生死戰〉（*Who is the Next Top Model*）、

〈決戰服裝伸展台〉（*Project Runway*）、〈誰是接班人〉（*The Apprentice*），以上這些都是很有名的例子。所以在約會上，任何一方都像是裁判，假如一個人覺得跟這個人沒什麼可能發展的未來，通常遊戲規則是不會浪費時間去硬撐。

所以或許有些外人以為，在大都會的紐約會是個很容易就認識人的地方，是沒錯，大部分的紐約人很容易跟你聊上幾句。對他們來說，跟人聊天已經是「反射反應」，不需花太多心力就可哈啦。人才濟濟，有知識、才能、口才的人多得讓你吃不消。但事實上，哈啦歸哈啦，有沒有心跟你深交就不一定了。通常現實生活中，走在路上會以浪漫情懷當出發點來搭訕你的人實在不多。或許，跟紐約人不想當面被拒絕也有些關係。

另外，紐約單身的人太多，想不寂寞、崇拜立即享樂原則的人也太多，但是，在親密關係中承諾的人太少。所以，在紐約有個戀愛的旋轉門效應，就像在欲望城市影集中便可見四個條件都很好的女生，不斷地在感情的旋轉門中進進出出。往往很高興進去戀愛關係了，卻也跟著同一波旋轉推力被推出來。在紐約，要結婚真的很難。連要有個稍微長久的承諾關係都很難。這也是為什麼，我在紐約研究戀愛這麼久卻還是回台灣找承諾。而且，回台一個月就找到了。

或許有些人以為在紐約的夜店（舞廳）會比較容易找到伴，但其實它跟台北的夜店文化差蠻多的。台灣是三、四十歲都還會去夜店，但在紐約，它只限於某年齡層以下的交友場所，通常是青少年或大學生在混，也常常是一夜情的溫床，一大堆喝醉的人，是個極不成熟的地方。若想找個已出社會、有固定工作的人反而少得可憐。

酒吧、咖啡店雖然會有很多下班後或假日出現的社會人士，但也不是那麼容易，大家不想在看不到戒指之下還去猜誰單身、誰不是。想想看，每一個我們看了順眼的人，我們都要問一遍對方的基本資料（身高、學歷、興趣、職業、年紀、才能、出生地……等），然後又要告知一遍自己的，當我們問到近十個的時候真的會想翻白眼。一個一個耗時間去問規條式的問題是很折磨人的。所以大多的紐約人寧可在酒吧喝自己的酒、跟調酒師聊天或跟自己帶去的朋友聊，或在咖啡店裡自己看書、打電腦配杯咖啡。

連帶地，**match.com** 在紐約便迅速爆紅，要求快速省事的紐約人，寧可在網路上就已設好自己交友的基本條件，在條件中直言不諱：「自己要什麼，不要什麼。」比如說，有男生要求對方是：「天生紅髮的女性，染髮的就不要。」也比如說，有男生一定要女生是：「有著在健身房運動下的結實身材，到時可一塊在健身房一週至少運動五天以上。」

就因紐約人愛明講，所以一開始便像裁判一樣利用電腦的功能篩掉自己不會去碰的條件，然後再從一堆照片中篩掉第一眼就看不順眼的對象，接下來，再從這些人的自我介紹中挑有興趣的人做回應。

在此，我可以順便回答一個：「為何我可以快速篩選研究所實習生做駐地實習」的問題。基本上，我在醫院及診所看履歷表的速度很快，幾乎一分鐘一份。曾有醫生、心理師很緊張地問我，這樣會不會漏掉不錯的學生？因為他們基本上比較偏向於慢慢細看每一個人的自我介紹、成績及相關學習證明。而且他們也深怕有人履歷表不如本人的表現，所以幾乎想將每一個人都叫來面談，但又苦惱沒那麼多的時間。

然而，我很可能在第一關從十五份履歷表中就快速只篩到剩兩、三個來面談，而且堅持只見這幾個就好。篩選速度之快，真的會讓醫生、心理師同事緊張。但是有意思的來了，當他們幾乎面試十五個人之後，最後突出的學生竟然往往就是我最初篩選的那兩、三個。他們雖然知道我篩選得很快而且蠻準的，卻不知道我是怎麼辦到的？用什麼工具可這樣大膽地篩？

其實在背後，我真的花了不少功夫練習過。突然想到有句話可以這麼形容：「台上一分鐘，台下十年功。」

我不曾開誠布公的關鍵祕密其實就是：在紐約用 **match.com** 練出來的技巧。想想看，假如我親眼晤見交友網站的人都已經快破百，基本上，我是從多少「千」份的自我介紹中挑出來的？然而，我只是常跟同事開玩笑說我會看面相，但這「以貌取人」的說法，反而會使謹慎的醫生、心理師同事更緊張。

其實我玩笑話中有一些是真話，我是真的在紐約念書時就常常捧著中國國粹「面相」在研究，那一研究還歷時好幾年……我後來還開班授課，教一堆老外怎麼用面相做心理、個性評估的輔助工具。

拗不過「認真」的醫生、心理師他們要我「認真」講一個理由，我也只好說個正經一點的，那是因為我在紐約兒童局家暴中心當六年主管，期間本來就常在看履歷表及主試面談。挑社工、心理師是家常便飯。這「認真」的答案就比較被接受了。

但，認真講，那時看的工作履歷表大概也只有一、兩百份，也只是一、兩年才需要挑一次人，因為我們的流動率不高。而且我那時看一份工作履歷表所花的時間也長得很，通常需要十幾二十分鐘，然後我在多元文化中挑人出槌的機率也較高。可是，在我看了上千份 **match.com** 的自我介紹及面試近百個多元文化的男人之後，我在離開紐約前就發現，我挑了個極能勝任接我兒童局家暴中心工作位子的人，她是一位智慧相當高，而且工作態度非常認真的日本女生 Miho Yoshida。爾後，西班牙老闆 Ralph 至今仍讚不絕口這個接班人。

所以坦白說，match.com 上面的練習，才是真正幫助我往後有一分鐘挑好實習生或工作伙伴的快速技巧。

有學生問我，是否有親自接觸台灣目前本土的網路交友？很可惜，在我回來台灣後，還來不及碰網路上的機會，我就已經被我老公快速求婚給訂下了（我十二月份回台，一月份認識我老公，認識十天後我老公便求婚，二月份便提親……）就因為我沒有實際需求，所以我也沒什麼興趣上台灣的交友網站「研究」（出書時我都已經結婚五年，而且還快樂地養兩個孩子了）。

但聽不少個案的形容，倒常聽到他們抱怨本土有太多網路騙子，使網路看來不是交友結婚的好管道，倒像是一夜情的通路。或許他們會跟我說，就因經驗不愉快，若有愉快的哪還需要跟我說。或許，個案會以個案的角色來抱怨，多少也因交友戀愛上的知識技巧非常不足，不容易判斷和因應，才吃了不少悶虧。我會建議心理師所能做的，就是先增加自己戀愛上的知識及技巧才容易幫助個案，不管是網路上的交友還是透過其他管道，基本上，會因應的人在哪種管道下都會因應。我自己覺得，我雖然已經在網路交友上歇工五年了，但在紐約十年所累積下來的經驗卻可以輕鬆幫助諮商室中很苦惱的戀愛關係。

III 愛戀一點都不盲

第六章　潛抑中的愛戀自動導航天線

接下來的部分皆是以治療上的改編案例來陳述。在書中所呈現的實例皆已多重改編並匿名以保護個案隱私，沒有任何一真實生活中的實際個案，跟改編過的案例一模一樣。

當我做治療時，意象治療的概念或許是讓我處理得更深入透澈的祕密武器。真正啟發我的意象治療的大師有二：Dr.Harville Handrix 及 Dr. Rick Brown。在接下來的案例中，我會適時帶出意象治療為何好用的點。

IMAGO Therapy 的超級治療大師 Rick Brown。

沒人要的小孩

小莉二十歲，在澳洲念大學。因在當地吞藥自殺而被帶回台灣就醫。

父母兩人皆是事業有成而且有些地方聲望的人。爸爸在台北經營夜店、舞廳，跟黑白兩道交情甚好；母親是個直銷界的高階經理，平時生活也是非常活躍，極多的應酬交際，住高雄。最近為了女兒的事，父親兩、三天便南下，但大多住在朋友招待的飯店而不是回家住。

父母親用賓士車送女兒到診所門口後便離去，各自有事要忙。我第一次見到小莉時，她非常溫和有禮。但也才一、兩分鐘的時間，我便訝異一個才剛滿二十歲，仍有稚嫩臉龐的小女生，竟然有四、五十歲人的表面多禮。因為在諮商室裡，個案她反而反客為主，先顧及我有無茶喝？坐得舒不舒服？冷氣會不會太冷？等諸如此類是心理師才要問她的話。我那時就在納悶，或許父母雙方都擅長交際而讓她從小耳濡目染，但，在那表面多禮之下似乎藏著更多的意義在，而且似乎有很強的「壓抑」在裡面。我在猜想，是什麼原因使她成為一個「消失自己」的「照顧者」？為什麼在她狀況不佳時，體貼的仍是別人的心而不是自己的心？

小莉說她「不知道自己自殺的原因是什麼」，但她「猜」可能是感情因素，因為她常常「為情所困」。

小莉十二歲便出國去澳洲念書。打從十一歲初戀以來，至今連續兩、三個戀愛都是遠距離，男朋友人都在台灣，每一個雖然都可以維持好幾年，但也因物理距離太遠，相對地讓她飽嘗寂寞無助的感覺。常常想要一個人疼惜她的時候，身邊卻都沒人。

男友們的家境背景都很不錯，跟她們家的社經地位相當，他們也都是曾混過洋墨水的人。在年紀上，很有意思的是，每個男生都比她年紀大，而且都至少大六歲以上，連小莉十一歲時的初戀對象也是跟她差了六歲。雖然她的男友年紀都比她大，小莉卻說：「但都不是個性成熟的人，學業都只是混文憑而已，回台灣後這些男生都是在啃父母老骨頭。」當小莉說是為情所困時，我內心通常會反射性地去看個案在家庭中的成長背景。

意象治療裡，伴侶選擇以及伴侶關係其實會潛藏很多孩子跟父母「未竟的事」。而在此，小莉會選擇年紀成熟但個性「不成熟」的男友來跟年紀小但所謂個性「成熟」的她相搭，這相搭便隱藏很多未竟事務，我會想帶小莉去探討，在男友的「不成熟」跟她的「成熟」（其實我覺得她是「假性成熟」）所搭配的互動中，有哪些不平衡跟痛苦，而在當中，她想完成的事是什麼？需求是什麼？

小莉說，在她的記憶裡，父母一直都很忙，但都不是為了她忙。在此，我聽出小莉為什麼會找跟她很疏離的伴侶，談的都是遠距離的戀愛。因為疏遠的伴侶才會跟她父母散發出來的疏離味道相似。在這複製中有個同樣的主題：當她需要對方時，對方不一定在。為什麼會味道熟悉，就是因為同樣在倚附上產生一個很強的無力感及不安全感。

小莉說，在小學之前她都是由褓母帶，小學的時候則由住在家裡的家教老師帶，十二歲以後便去了澳洲的寄宿學校。

小莉跟自己的父母一直不親，但她的心不見得沒懸在父母身上。在國小作文「我的家」當中她如此寫著，她總是期待晚上媽媽回家的高跟鞋聲，她很怕媽媽「在外面死掉」；也總是期待爸爸「過幾天」便回高雄的家。

在她五、六歲的時候，父母便一北一南（我此時便猜想個案父母那時已分居，但小莉特別「強調」是因為工作的關係）。母親的工作據點在高雄，所以小莉跟母親住高雄，父親則一個人在台北經營夜店、舞廳，但是他外遇不斷，小莉也不時聽見母親在電話中跟父親吵架，接著便看見母親摔東西、喝醉酒。小莉雖然是獨生女，父親卻在外面另外「至少」有兩個小老婆，小莉苦笑說：「檯面上」她所知道的部分是另有三個異母弟妹，已見過幾次面。至於檯面下還有多少便不想去想了，多想多苦。

父親十幾年來過的都是夜生活，一、兩個月才會回高雄看他們幾天。但爸爸在電話中都跟小莉說「過幾天」就回來了，所以小莉的童年記憶是常常懸著脖子，期待父親「過幾天」回高雄來探望她。父親每次回來都會帶很多好吃、好玩的禮物給她，會單獨帶她去動物園、遊樂場、百貨公司、出國渡假，而且還會留下一筆相當可觀的零用錢給她。就因父親擅於將交際應酬那一套用在親子相處上，所以小莉印象中的父親總是個親切、慷慨、疼小孩的好爸爸。而且就因爸爸帶她出去時，媽媽大都沒得跟（夫妻倆在衝突吵架時不會想在同一空間），所以小莉更覺得自己在父親心中是「獨一無二」的。

小莉坦白說，她常常在晚上想爸爸時會偷偷哭。小莉的內心深處會納悶，會困惑，為何那麼疼她寵她、又極度甜言蜜語的爸爸，竟然不選擇跟她多花點時間相處？此點其實深深影響小莉，她會選擇多金、耍寶、有趣的男朋友，但不見得他們的內在跟外在是一致的。

媽媽常常罵小莉的爸爸，說他只是偶爾回來「作秀」，要小莉不要被她爸爸騙了。但媽媽愈是如此說，小莉愈覺得媽媽不愛她，媽媽是專門破壞他們父女感情的「壞人」。

而且媽媽愈是抱怨爸爸的不是，小莉愈覺得媽媽是在說她不好。（孩子通常不懂得分辨，會把抱怨聲中的指責轉化、翻譯成「是我的錯」，會將「罪疚」跟抱怨連在一起。）後來小莉察覺到，原來自己常常莫名其妙地覺得自己什麼都沒做，卻老有「做錯了」或「不夠好」的感覺就是從這來的。

媽媽在小莉的心中，主觀來說，是個「壞人」。小莉在小學時很討厭媽媽，甚至恨媽媽。小莉很認真地認為：「就是因為媽媽不好，所以爸爸才不回來。」小莉覺得自己是「壞」的，媽媽也是「壞」的。這種自我催眠的潛抑想法影響她的自我觀感及對外界的安全認知，當然，也影響小莉會去選擇有些「壞」的男人。

第二次晤談，我先跟媽媽單獨見面，之後再單獨跟小莉談。媽媽跟心理師說話時是從頭到尾充滿對家人的抱怨，沒聽多久，我也覺得「我是錯的」。事實上，媽媽的確是個常把夫妻關係的不滿宣洩在孩子身上的母親。媽媽長期缺乏老公的關愛跟支持，除了恨老公在親職上缺席，更恨老公不斷地外遇。媽媽沒有辦法當媽媽，是因為自己在感情上的傷痛太深，深到只能注意到自己的痛。

小莉一向以為媽媽討厭她，但小莉並不了解，媽媽在討厭底下是一堆處理不了的夫妻衝突。小莉也不了解，媽媽雖然在高雄跟小莉一起住卻不常在家的原因，其實是因為媽媽「害怕回家見到一個沒老公的家」。而就算媽媽在家，也總是專注在打電話談生意、跟朋友抱怨或是跟她爸爸吵架，仍是沒空理小莉。我那時在想，母親的疏離及負面情緒影響小莉非常多，小莉很容易因兒時有著不理她的母親，在後來的兩性關係中也傾向選擇那種「實質上」不理她的男友（表面上可能看來親近）。

後來我看到，小莉跟空間距離比較近的母親沒親密感，跟遠距離的父親卻有話聊。

父親雖跟母親不和，卻至少是個「不定時」的「好父親」。我想到，在行為制約上，偏偏不定時的制約效果又比定時的更令人期待。

父女倆可以在電話中聊得很開心，父親亦常在女兒要什麼物質享受時就儘量給，不時彌補自己在時空上不能給的部分。我此時也明白，為何小莉會傾向談遠距離的愛情。對小莉來說，遠距離的親密感是在兒時就定了型，因為像父親那樣遠距離的人反而是個親近感覺的來源。男友年紀都比她大至少六歲以上，多少投射出小莉需求一個「爸爸」角色的感覺。而男友家庭背景都是多金，多少亦會讓小莉有物質享受上相似的溫暖。

小莉說：她「可以跟父親和平相處，但媽媽卻不行。」這是一句母女較勁的話。在小莉的記憶中，父母幾乎一見面就吵架。也因此使母親妒忌女兒，更把氣出在女兒身上。難怪我在聽媽媽說小莉時，疏離的指責中帶有不少妒忌跟恨意。而小莉在說媽媽的不是時竟也有一些優越感，而且把自己拉高成父親的情緒配偶。

小莉常常夾在父母兩人的衝突中間，父親常說媽媽難相處，媽媽常哭訴父親的不是。他們常說：「都是為了孩子才不離婚。」小小孩的小莉夾在中間往往不知所措，只覺自己是個「罪人」，常常有「都是我的錯」的想法。在小莉內心很淺的地方就可看到她常覺得自己是個「罪人」。對一個孩子來說，父母的婚姻失和是個很沉重、很難消化的負擔。

當父母說：「你還是個孩子，你不懂大人的事」時，小莉內心想的是：「如果我是個大人，我就會懂了」、「我要趕快長大」來解救、改善父母的婚姻衝突。小莉的父母親不知道，自己的女兒為了大人們的婚姻默默犧牲掉自己的童年，她努力使自己「長大」、「懂事」。這也難怪小莉在二十歲的年紀早就表現得像個四、五十歲的人，她努力地模仿父母的社交技巧，她以為跟父母的行為很像，就可以跟父母的距離拉近一點。

後來，當我又跟母親單獨在另一個時段談話時，母親察覺我已經了解一些家庭內幕，母親一開口就是「此地無銀三百兩」地充滿推卸責任的語氣。母親責怪嬰幼兒時期的褓母沒顧好小莉，「害」小莉偶爾跟他們回家時一直哭，整夜哭鬧下，夫妻也跟著吵架，他們又半夜將女兒送回褓母那。母親說：「『都是』褓母『使』小莉『有』『分離焦慮』。」

「分離焦慮」這專有名詞出現了。

媽媽用了專有名詞，或許是要讓我覺得她有去研究小孩的心理，要導引我去探討為何女兒跟褓母間有著「沒安全感的分離焦慮狀況」；但，我在看親子關係時，對於「都是」、「使」、「有」……這幾個字所串連成的句子反而是更敏感的。因為這幾個字，通常會是說「我在推卸責任」，「我是在做外在歸因」。我反而會去看到媽媽急著推掉親子責任的動作。

母親在用「分離焦慮」這種心理學名詞時，顯然母親已「分類」、「標籤」一個案。

在工作上，人們通常有一個心態，當我們「分類」、「標籤」後，有個接下來的準備動作就是放到櫃子裡「安置」、「封檔」。我是那種很怕父母愛用專有名詞然後又將專有名詞貼在孩子身上的心理師，因為往往父母有個貼完標籤後便「放棄」的連續動作。而在此，我也一再看到母親在切斷自己跟孩子的親情，嘴巴談的雖然是孩子，心裡卻早已封檔。我暗中嘆了一口氣。

而且媽媽沒有說的是：「都是女兒讓我們吵架。」媽媽冷冷地推掉母女的親情當中，也怪罪到小孩壞了夫妻感情。

接著母親覺得我沒立即附和她的外在歸因及分類，她認為我「聽不懂」，所以媽媽一再強調且重複，小莉在褓母帶的時候便有「分離焦慮」這點。媽媽恨不得我趕快聰明地說出：「對，都是褓母的錯。」

我很委婉地跟媽媽反射一些狀況，我說，當小莉是嬰幼兒的時候，不能跟父母親近，父母將孩子送去褓母那，相對地，孩子會跟褓母親近；當孩子跟褓母親近時，當然會比較不容易跟父母親近；但就因小莉不容易跟父母親近，所以父母只好又將孩子丟到褓母那……我畫了一個惡性循環的圈圈，但我不確定媽媽能聽進去多少，接受多少。我沒有全然只講媽媽，我連爸爸的責任也一塊講，這是陳述一個父母責任的事實，也可避開媽媽自覺只針對她而產生的反彈。媽媽那時不知道，自己多花點有品質的時間跟孩子相處，跟孩子熟悉，才是跳脫惡性循環的解決之道。

後來，我想媽媽是不接受，因為母親立即拿出一些佐證堅持明示心理師說，女兒目前也因延續了嬰幼兒時期、童年時期的「分離焦慮」，「就因有這毛病」才會在澳洲出問題。母親搬出澳洲醫師猜測的診斷是「邊緣性人格」或「重度焦慮」。看來，媽媽有很強的需求要我趕緊認可女兒有病，有「分離焦慮」或有「邊緣性人格」，或是「重度憂慮症」。我望著這麼急著想把孩子貼病態標籤的母親，不難浮起一個將貨品貼「瑕疵品」丟在一邊的畫面，我也感受到母親將心理師當成當年褓母的角色，當孩子哭鬧時硬要把孩子塞給他人，自己卻不太想碰。我突然強烈感受到小莉內心的酸痛。竟然生自己的媽媽這麼不想要自己。難怪小莉常說，她是個「沒人要的孩子」。

我當下沒認可這一些標籤，但我看到，女兒的自殺是在反應母親的傷，畢竟孩子是母親的一面鏡子。

我試著多了解媽媽這一路走來的想法與決策。我聽到的是，當小莉長大一些時，母親內心的「預設障礙」使她覺得小莉不好帶，而且也沒心思帶，所以國小時便請了個住在家中的家教老師，當小莉國中時便送個案出國念寄宿學校。母親這麼做其實另外還有一些原因，有部分的原因是為了報復父親將錢分給別的女人及孩子花，所以母親乾脆把女兒送出國念國中、高中跟大學，這樣才可以花到先生的錢。小莉跟父母的關係疏遠，實在是父母婚姻下的犧牲。

母親接下來「警告」我說，小莉「會在不同人面前講不同的話」，意思就是小莉會在她面前說一套，在別人面前又說一套。我那時候心裡在想：「是因為媽媽跟女兒太疏遠，而且女兒要講時媽媽不給機會，或者根本不聽，以致女兒不能在她面前吐真言。」我那時其實也感受到我自己在這母親面前講話的壓力，她主題變換得太快，會自顧自地講，太專注在自己的需求上，話中不斷地帶有抱怨和指責，明顯地讓我感覺到只要她講，別人聽就好……我在想，母親太專注在自己而忽略孩子的需求還真嚴重。

母親繼續她的抱怨，她抱怨：「女兒在國小只想開心跟家教聊天，都沒認真念書。」我資料已收集得差不多了，我直接點出：「家教老師或許是在當替代父母。小莉要的是家庭的溫暖，而不是冷血的功課進步。」

我跟媽媽說：「若要孩子跟自己親近，或許也要自己多花時間與心血跟孩子相處。而不是孩子跟我們不熟悉時便用拋棄的方法。」我在第一、二次晤談時就先點到為止，因為這個堅定的媽媽不太可能一下子就改變她二十年來的疏離教養方式。

我靜觀其變時，母親的手機響起，母親便自顧自地接起，並打開小筆電傳電子郵件給廠商。我當下並沒做干預，因為我想了解母親是工作重要還是孩子重要。我等了媽媽四、五分鐘，她仍在工作，看來果然是工作重要。而且工作亦是讓她逃離親子責任的工具。我此時已很確定小莉是個被媽媽拋棄的孤單孩子。媽媽本來作勢要去外面繼續工作，可以請個案進來了，但我請媽媽留著不要「逃」，我有話要跟她說。我耐心地等她，十一分鐘之後，媽媽終於跟對方講「晚點再說」。我跟她說，很高興她會跟廠商說「晚點再說」，我希望這句話她不是跟小莉經常說的。（我其實話中有話，因為就在媽媽老跟小莉「晚點再說」之下，女兒已從五、六歲變成二十歲了。已夠晚了。）接著媽媽仍藉口因工作有要事處理而離開。

後來換小莉跟我談時，我摘要好幾個與母親談的內容（母親同意可以說），小莉剛開始很沒頭緒，但慢慢說了好幾個無奈的事，而這些事是她一直不知道要向誰說的內容。她說她在年幼時母親雖不理她，她卻會想辦法跟母親靠近。（小莉的表現是很多孩子都會自然地跟親生父母做的靠近。父母愈是要把孩子丟掉，孩子愈是會想盡辦法黏緊。）

小莉在成長過程中努力發展出一套黏緊的方法，那就是兩邊都討好、照顧以及安撫的技巧。

讓父母沒有她當中間人不行。而這中間人的重要角色則要求她，必須要比父母還更懂得如何處理問題。我此時看到她跟父母的角色顛倒，她反而是個「父母」，由她來照顧親生父母的情緒。小莉被強迫快速長大，她自己的情緒擱在旁沒人顧，卻還要反過來顧父母的情緒，難怪我一開始就覺得她太有「表面」的禮貌，也難怪我覺得她「消失了」。

小莉接著說出自己壓抑很久的害怕，她說在國小時她花了很多心思在照顧媽媽，媽媽那時為了報復父親的不忠，媽媽自己也搞了幾次外遇，當媽媽故意墮落時，小莉很怕聞到母親身上爛醉及嘔吐的味道，雖然小莉不曾被媽媽神智不清時打，但她老目睹家裡的東西被媽媽摔壞損毀時的慘象，這是很可怕的記憶。小莉說：「你能想像電視被椅子瘋狂砸碎嗎？」「你能想像她在地毯上燒我爸爸的衣服嗎?我那時好害怕整個房子會燒起來。」小莉暗地裡害怕並嫌惡母親。小莉對父親的外遇也嫌惡，但看不到的「罪惡」總是比看得到的「罪惡」輕。此時我想著，小莉遠距離的關係裡，也提供了這「假裝看不到罪惡」的安全感。

小莉此時苦笑說，媽媽身上令她嫌惡的酒臭使她「這輩子打死不沾一滴酒。」但我的反應也很快，我立即問小莉：「那你會不會被喝醉酒及會摔東西的男人給吸引?」小莉點頭。基本上，三個男友都是會喝酒喝到醉然後鬧事的人。這是小莉跟母親之間的未竟事務。

接著小莉說，母親外遇不在家的那些晚上，她都很怕母親在外面不小心死掉。小莉往往憋住呼吸只為了靜下來聽母親開門回家的聲音。母親沒回家，她就老是擔心地睡不著覺。小莉這下子終於明白，為何她目前常在感情不順時便覺得呼吸不過來的原因，是她「一直憋著呼吸在等對方改變」；她也明白自己為何有長期失眠的現象，不太能安心睡覺是因怕媽媽回不了家，或爛醉回家時沒人照顧媽媽。小莉這時候哭了，她心疼自己竟然在晚上都過得那麼辛苦。（我會很喜歡看到個案「心疼」自己，這會是跟自己「化敵為友」的時機。）我問小莉，是不是都在晚上特別想自殺？小莉說是。

小莉愣了一下，她說，晚上會讓她特別想要自殺或許還另有連結。有另一個令她害怕的事件也是發生在晚上。

她說母親曾在自家割腕自殺數次，第一次發生時最讓她印象深刻，因為她從來沒有經歷過這麼可怕的事。回述最可怕的經歷時，小莉說剛好那天家教老師回澎湖父母家，小學五年級的她晚上九點多（對一個五年級的孩子來說，九點多已經是相當晚的夜晚）從鋼琴老師那回來時，竟然一打開門便看到媽媽倒在浴室的血泊中，她整個人都呆住了，但她當下不能顧自己的恐慌，幾乎是「完全封住」自己的害怕，卻要趕緊打電話叫救護車送母親去醫院。我問小莉，為何當時知道要打電話叫救護車？小莉說：「因為爸爸常對媽媽說要死不要找他，打電話叫救護車比較快。」沒想到父親一句挖苦、離棄母親的話，竟然教小莉如何求救。

其實都已經二十幾歲的小莉，腦中仍常常浮現媽媽倒在血泊中那一幕鮮紅可怕的驚悚畫面，揮也揮不走。有時做夢仍會夢到母親又自殺快死掉或已死掉的場景，驚醒時，都感覺到心跳很快，亦摸到眼角的淚。

我邀請小莉跟著我嘗試用EMDR眼動減敏法讓小莉面對媽媽倒在血泊中的鮮血畫面（EMDR的詳細做法很複雜，在此只摘要部分）。只見小莉的眼球沒跟著我的手動幾下，她便潰堤飆淚，在第二回合時，小莉立即不能呼吸，這時我要處理的是她的不能呼吸，她已經抓著胸口往前傾倒蜷曲，頭埋在雙腳中不斷顫抖與哭泣。我只有一秒鐘可以愣住，之後我立即利用薩提爾式的肢體接觸直接安撫個案，不斷用手穩定有力地順她背，像在安撫一個小小孩一樣，而事實上，她也退化成當年那個受傷害怕的小孩子。

但也因小莉的退化才容易讓我們拋開她四、五十歲的表面，去切入進去安撫、照顧那個無力、無助的小小孩。我跟小莉說：「沒關係，儘管哭，哭了會舒服一些」、「哭是可以被接受的」、「不用怕，我會撐住你」、「我在旁邊陪著你，你不再是一個人」……這時候，穩定溫和的聲音在此時是很有用的工具，尤其是她把頭埋在雙腳之間的時候（個案看不到心理師，但可以聽到）。

我同時也重複告訴小莉：「放開它，沒事了！」我所謂的「放開它」其實是很開放式的說法，意義會因個案的不同而不同。運用在小莉身上時，我可以是簡單地直接就講「放開它」，或者「放開你所有的痛」、「放開你所有的悲傷」或是「放開你所有的害怕」……而在講這類話的時候，最好是伴隨著深呼吸中的「吐氣」，一次又一次的讓個案「用力吐」（最好治療師也跟著示範用力吐氣），便剛好可以讓個案把痛、悲傷、害怕、憤怒……從身體中把這些情緒毒素靠動作用力吐出。所以我也會鼓勵地講：「用力吐出來！」「丟掉它！」「讓它離開你的身體！」

小莉從好幾次的深呼吸中一次又一次釋放深層的悲傷、憤怒、害怕……這時小莉的情緒慢慢地在「退化」中安穩下來，也可以呼吸了。

她想把眼睛繼續閉上，亦不想再接受任何觸覺或聽覺型式的左右移動刺激（EMDR在此時已不再適用），我則轉而運用催眠治療法，用言語帶小莉將眼前（催眠是閉住了眼睛仍是會看見眼前想像中浮現的景象）的鮮紅色慢慢轉淡，轉成粉紅色，然後又慢慢地轉成白色，在白色中，小莉出現平靜、安全及保護；同時我也協助她可以呼吸、可以睡覺，可以去除嗅覺上對酒臭的嫌惡（其實是去除害怕媽媽死亡的恐懼），提醒她：「你再也不是那個小小孩，也不是四、五十歲，而是二十歲。」提醒她：「目前可以有著那個小小孩所沒有的力量，也可以有著四、五十歲人所沒有的年輕活潑。」

接下來的一次諮商，我請小莉自己前來，因EMDR及催眠後仍有一些要追蹤處理的後續。最大的差別是小莉覺得她好睡多了，也較容易呼吸。仍討厭酒味，但少了許多「夜晚」=「死亡」的連結。

小莉說，母親在她小學那段時間常喝得爛醉，婚姻讓母親不快樂，外遇也不讓母親快樂。感覺上，母親是從一個痛苦跳到另一個痛苦。看在小莉眼中，外遇對母親而言，只是對婚姻問題的暫時逃避，同時也是把婚姻問題拉升到更無奈的死胡同。家裡的男人不好，外面的男人也不好，母親老是哭鬧著要尋短。雖然在小莉上小學的時候還有家教住家裡，但小小年紀的小莉哪能承受母親天天這麼多的負面情緒。小莉覺得，自己是被迫讓母親將所有歇斯底里的情緒都發洩在她身上。

小莉的自殺，或許也是承受太多母親當年鬧自殺以及太多負面情緒蔓延的「延宕」反應。當小莉低落困惑時，容易想起當年母親躲避痛苦的混亂方式——自殺。

刻意模仿母親倒不然，畢竟小莉恨透母親用自殺這種方式逃離痛苦，也很恨母親用這種方式使小莉痛苦。在小的時候，她其實很恨母親的自私，她氣母親「有權力找出口」，但她沒有。

小莉沉默一陣子，後來她決定讓我看她的祕密，她緩緩拉高裙子，竟然在她兩隻瘦巴巴的大腿上有著十幾道又深又長的傷痕。她說：「我不想模仿媽媽割腕，所以我割大腿。」

我嘆了好大一口氣，心很酸。在此，我看到小莉「意識」上刻意想跟媽媽不同，但「潛意識」中，自殘裡卻又有不少在痛苦時「反射」性地做出她熟悉的自殘動作。每一條傷口，都代表了她的害怕、生氣、傷心、報復、無奈、逃避、找權力、找出口等的意義。

小莉解釋她所了解的媽媽，她說媽媽自殺是因為感情上心太痛，太傻，太執著在一個不能愛她的男人（爸爸）。母親的自殺是因為，硬要在沒有出口的路找一個出口。當小莉如此說的時候，她突然停頓，原來，這句話也是對自己講的，她明白自己也是跟母親一樣在感情上死心眼。她跟母親基本上有個共同模式是：都是傻傻地為了求得不適配伴侶的感情而自殺。她苦笑，原來對死心眼的人來說，要離開一個自己死命執著的人是那麼的難。但，坦白說，她的男友們跟媽媽的所有男人們都不怎麼樣，但就不知道為何，她們硬是要在要不到感情的男人身上死心眼。

我帶個案去探討這種執著的愛。我在紐約研究伴侶治療的時候，剛好特別對執著的愛有下功夫，英文叫作 obsessive love；相關的自助書書單有：

- Forward, S.（一九九一）*Obsessive Love: When It Hurts Too Much to Let Go.*
- Halpern, H. M.（一九九二）*How to Break Your Addiction to A Person?*

- Moore, J. D.（二〇〇二）*Confusing Love With Obsession: When You Can't Stop Controlling Your Partner and the Relationship.*
- Pieper, M. H. & Pieper, W. J.（二〇〇三）*Addicted to Unhappiness: Free Yourself from Moods and Behaviors that Undermine Relationships, Work, and the Life You Want.*
- Schaeffer, B.（一九八七）*Is It Love or Is It Addiction? The Essential Guide to Developing Healthy Love Relationships.*

後來小莉發現，她並不是像母親所標籤的「邊緣性人格」，她只是一個在感情上從小就受了重傷的傻孩子。她患的是診斷手冊上沒有的「Obsessive Love[1]」，而會有 Obsessive Love 的孩子，通常牽涉到很多成長過程中家庭背景的痛苦塑造。

在男友當中，促使小莉自殺的是一個控制慾很強的人。本來他一直會監控她在澳洲的一舉一動，極端不准小莉交其他男友。那種被「霸占」的感覺讓小莉有個強烈的歸屬感。但兩個月前發現男友在台灣及日本兩地都劈腿，使她完全認知失調，她不明白為何一個看來要她忠貞的人竟然是兩面人。這傷痛同時也碰觸到自己父母親對家庭「背叛」的心結。再一次，「不被

[1]：Obsessive Love 的特質的確會讓很多醫師或心理師用「邊緣性人格」來誤判，但事實上必須從 Obsessive Love 的方向來處置才會對位。

要」、「沒有歸屬」、「被拋棄」的感覺讓她極想要自我毀滅。

其實那男友沒什長處，最吸引小莉的真的是控管跟監督。

他老是把小莉管得緊張兮兮的，反而這點讓小莉很「舒服」。原因出在小莉在成長過程中，老覺得自己像個皮球被父母踢來踢去，而不是被搶來搶去。所以一旦有一個人把她緊緊掐在手中不放，很掌控她，搶了不放，小莉便像一個人的靈魂進到了天堂，終於有了永遠的家一樣。從小到大，小莉其實極度渴望有人在她身上「栓個項圈」，她極度希望「不要她」的爸爸、媽媽能「管」她，而當她的男友這麼會管她時，她便覺得「所有的願望都被滿足了」。那種「被在乎」、「被管束」、「被監督」的快樂感，使她在男友身上找到一個「失落中假想的家」。

然而，小莉愈是投射自己對父母親的需求到男友身上時，愈是容易迷惑自己到底愛的是「事實上的男友」還是「自己愛的幻影」。

我用意象治療的方式帶個案探討，或許有時並非是「愛」而使她跟男友在一起，有時還會是因為「討厭」。我並沒有直接點，我先讓小莉在紙上分別寫下父親、母親、男友們的「正」、「負」特質，之後再來比對相異處。

後來，小莉在歷程當中，發現她在男友身上的確可以看到很多父母正面的特質，但也看到更多負面的陰影。她終於知道自己是在原生家庭的成長過程中有太多的「不甘心」，所以才會挑了跟父母很相似的男人來完成她的未竟事務。原來，她每交一任男友，為的就是要一次次地扭轉不滿意的家庭歷史。

但也因為挑的人都太類似爸媽了，自己又老用同一模式在過活，所以有一樣的結果也不令人意外。此頓悟大大地幫助小莉跳脫，她大大地吐了一口氣，現在回顧起來，當她跟男友們在一塊時真的她都好累，必須要做好多事，壓抑好多自己的喜好、需求，「才能被喜歡」。這種感覺還真的像她跟父母在一起一樣。

我又跟她補充說：「若需要花太多力氣才能維持的關係，通常有太多自己不想要得到的部分。」

基本上，小莉覺得親密關係「應該是個負擔」。從小，她一直在照顧她的父母，最親的人反而是自己最沉重的負擔，而且是使自己受傷的人。所以，很令小莉也搞不清楚的上癮現象是：倘若她沒有背那種負擔，就無法覺察到自己的存在感。

這種心結一直沒有解開，所以長大以後，她蠻容易被那種需要被照顧的男人所吸引。我帶著她看到在兩性關係中她的確常扮演那個貼心、討好、照顧、順應對方的角色。小莉選的男友，其實有很多跟母親相似的地方，最明顯的是「很麻煩」、「很需要被照顧」。

小莉看到自己交往的男生雖然個個家裡有錢，也像她爸爸那樣慷慨，但在個性上卻都有個共同的特質是——扶不起的阿斗。基本上，「扶不起的阿斗」個性中就是有著「不一致」、「難負責」的部分，這點跟她爸媽都很像。

小莉頓悟到，她在大她六歲以上的男生身上尋找的是像「父親」一樣的角色，她要的是把父親帶回家；但同時，這些男人卻在「心智年齡」上很不成熟，也只有這樣的不成熟男人才可以讓她繼續「想辦法」使他們成熟，這說明了她想使父親對家負責、想使母親長大。小莉明白，她潛意識中一直想解開父母不成熟的結。

小莉看到，自己的爸爸沒有給她健康情緒的示範，因為他的情緒老用距離跟糖果的外衣包裝起來，總是讓她的心懸著在等待；媽媽也沒有給她健康情緒的示範，因為媽媽也老用距離跟歇斯底里的混亂讓小莉永遠有擔不完的心跟做不完的事。綜合父母兩人的特質，便造就小莉她老等著電話，老等著回台灣跟男友相見；不管見不見面都要擔心，然後一見面的時候又忙著面對扶不起阿斗的麻煩事……

小莉看到自己一直忘了自己也有情緒要顧，卻顧著太多父母的情緒，為了要扭轉父母的婚姻，她真的犧牲太多自我的成長。

我提醒小莉，不需要再執著在父母的婚姻裡面。技巧上來說，小莉或許可以從「不再談遠距離的感情」開始做起，「歷史可以不用再重演。」她聽到這個其實蠻擔心的，因為她在澳洲時，對於近距離的人「真的就是沒有感覺。」但，當她領悟到，需要從近距離重新建立自己跟自己的親密感時，她願意試著去跟身邊的男生培養感情。

小莉說，當自殺事件發生後，父母怕她情緒不穩而很頻繁地會為了照顧她而跟她聚在一塊，三人較常在同一空間相處，而且父母會為了她而表面上感情好一些。其實，當父母感情好一些的時候，小莉的狀況便好一些。對她最好的藥，其實是父母的愛及父母關係和諧。

小莉說，父母這幾天會花數十萬元帶她去整型，部位除了臉之外，重點更擺在大腿，因為父母很難面對她大腿上的傷疤，看到那個傷會讓他們覺得他們不是個好父母。小莉挖苦地說：「他們想用整型抹去就好了」，「看不到就不算是傷」。

其實，整型對父母來說也是在求「改運」。但是，他們跟整型醫師談話的時間卻多過跟小莉談的時間。小莉覺得父母很難去改變他們習慣的方式。就比如說，父母習慣在宗教儀式上做很多，但直接跟她的互動卻不多。小莉記得父親曾請電子花車跳舞給神明看，以求女兒平安，亦求不少廟宇的護身符給個案；母親則請道士在小莉的衣服上作法，請風水師指點並大大改造小莉在台灣的臥房。

最近他們亦曾代替小莉去見一個算命師，他說小莉絕對不能穿黑色的衣服，因為「黑色代表水，水代表感情」，小莉「感情已經太雜太亂，所以不能再多水，解決之道是穿紅的、粉的來招好桃花。」小莉則白了父母一個眼，她說黑色才是她的色，紅色使她看起來像小瓢蟲，粉紅色使她像花痴。這回她已讓自己的聲音出來，她要讓自己做自己。小莉其實很氣父母逃避地不想去面對女兒最需要的是他們雙方能和平共處，而不是改運、整型……小莉說，其實只要父母一吵架，便很容易地把她的心糾成一團，當下也讓她衝動地想自殺。她不要父母再把她當棋子一樣在他們的衝突中消費。

在短暫的幾次諮商中，小莉知道自己最深的痛不是男女之間的感情，而是父母的感情不和。她必須學著一步一步從當父母的夾心餅乾中跳出，也必須有意識地不再去選擇跟父母的負面特質很像的男生。

愛戀癌症病患的男人

有時候，愛看電影的個案會跟我述說他們最近看了什麼電影，以及他們由電影中看到什麼樣的人生。很多時候，我們可以在個案「愛看」的電影情節中看到個案投射出的困擾是什麼。曾經，有一位女個案跟我介紹一部日本電影〈生命最後一個月的花嫁〉。它是由真實故事改編，內容描述男主角愛上一個得乳癌末期的年輕女主角。這位女主角並不想在生命即將看到終點時誤了男主角，但男主角不放棄地一再堅持深入女主角的生活，不停地表現他的執著，製造驚喜，在女主角搞失蹤時像肚裡蛔蟲一樣知悉地找到女主角，努力替女主角完成「說不出」卻很想要達成的心願，甚至在短短一、兩週當中費心費力地設計讓女主角在死前穿上婚紗跟他結婚……整個故事就發生在女主角生命中的最後那一個月，所以叫作「生命最後一個月的花嫁」。

這部電影不管是在日本還是在台灣都賺進一堆人的熱淚，我的個案也是跟著邊看邊啜泣的人之一。個案問我，會不會因為有這樣的男人對我好而感動？以及這樣是不是就是「對方愛我愛得比較多」的幸福？

此時，因為我跟個案已經有好幾個月諮商互動的熟悉度，我的答案是：「不會，我會逃得遠遠的！」我不忌諱地說出我內心的想法。

個案當場愣住。她訝異我怎麼可能不會為這男主角的痴情及努力而感動？個案想知道，我為何會跟她及那些在電影院中感動哭泣的人不一樣？我立即的解釋是：「他愛的不是她，他愛的是他自己。」

這又讓個案再愣一次。個案說：「明明男人所作所為都是為了女主角，他應該愛比較多的是女主角，而不是自己！」個案不明白怎麼我看事情的角度這麼一百八十度地跟大家相反？

我說：「我不是每部片子看事情的角度都跟大家相反，只是剛好這一部會讓我哭不出來。」

當然，接下來我們進入較深入的解釋及探討。個案知道我不是個沒血沒肉的人，相對地，她知道我可以感觸、接納的是很深層的情感，而且她了解我是一個對婚姻家庭很重視的人才會從事婚姻家庭治療這樣的職業，所以她猜想，我會這麼說一定有我的邏輯。其實，就因我不只是從書中學，在現實生活中我自己也跌跌撞撞走過不少感情中模糊不清的地帶，在這些累積的經驗中，我已經學會嗅出「真誠長久的感情」跟「絢爛煙火的感情」的不同。我已經學會避開不能長期相處的人，謹慎「選擇」健康的伴侶關係。

我跟個案解釋，假如，伴侶關係已有很長一段時間的相處（我覺得至少要有一、兩年以上），意外發現對方有癌症，卻不棄不離一路走下去，那，這會是令我非常、非常、非常感動的情節。但，假如對方在跟我不熟之初，卻在得知我有癌症而不離不棄，完全沒經歷過柴米油鹽醬醋茶的現實生活歷程，我會極度擔心，懷疑他是為了什麼付出。

我不會覺得他是為了我，我會覺得他是為了他自己的「兒時未竟事務」而在求全他自己的句點。我會這麼直說，而且還蠻掃興地把這部催淚的電影弄得很不催淚，其實是因為我在美國時，剛好就針對這種愛戀癌症伴侶的感情有一些研究。

我之前有說過，我利用 match.com 認識很多不同領域的人，當中有兩位跟我關係很不錯的男性朋友剛好符合這樣的例子。他們皆因女方有癌症而跟女方交往。當時我就一直很納悶，為何得癌症的女生會比身體健康不錯的女生還要來得迷人？為何這兩個男人會飛蛾撲火般地投入註定的哀悼痛苦中？後來，愈了解這兩位男性友人，我愈明白他們的心態。

原來，一切也要從他們的原生家庭講起。在他們的原生家庭中皆有一堆「兒時未竟事務」，而使得這兩個男人有著強烈地「要當個拯救者或英雄」的心態，以及「男性承諾恐懼」（Commitment Phobia）的暗中作祟。

既然我都已經在一開頭就很不浪漫地掃了大家對〈生命最後一個月的花嫁〉的興，請容許我一針見血地說：有很多「無法承諾的男人」，很難在關係中達到真正深層的親密，但他們可以表現得非常能愛人，甚至他們會像是世界宇宙超級無敵的拯救者或英雄。

矛盾吧？當然。

我比較笨，花了近十年才搞懂這種心態。

先舉兩個我已經搞懂的朋友的實際例子來說：

● 友人一

四十出頭，愛爾蘭後裔，暫時我們叫他 Frank。我這位朋友當年是全美國運通公司的雜誌部副總裁。他曾經是百老匯的演員，離婚多年，前妻以前也是個演百老匯戲劇的美女。

為什麼會離婚？前妻說，因為她認為他雖然會供給物質上很優渥的環境，但長年以來這男人情緒上卻不在家，就算他的情緒在家，也像躁鬱症的病人難以相處。他常常抽大麻來帶自己至一個「別人都去不了的世界」躲起來。美麗的前妻被冷落十二年之後，便跟常常來家中清潔游泳池的俊俏工人搞起曖昧關係，Frank 在親眼見到他們熱吻後離婚。

前妻離婚後除了經濟上較不寬裕之外，並不後悔跟 Frank 分開。她說：「狗都比他有感情好幾萬倍。」「狗在你身邊，你會不用猜疑是否牠的情緒不在你身邊。」畢竟，跟一個情緒老是不在自己身邊的老公是很痛苦的事。（所以婚姻家庭研究大師 John Gottman 才會說冷漠、悲傷是扼殺婚姻的殺手。）

Frank 是三個兄弟中的老大，在雜誌界很有名氣並擁有高度影響力，但兩個弟弟皆長年沒工作，其中一個是輕度智能障礙。老大的他長年負起照顧兩個弟弟的工作，兄弟間住得不遠，在同一小鎮上。（在美國，兄弟間住得不遠是很不容易見到的，通常在成年後，手足會各自奔飛，分散在美國各州或世界各地。）這三個兄弟皆不時吸大麻、酗酒，從他們三兄弟的中廣身材可明顯看到狂吃食物的後果。

Frank 從小就跟他媽媽有很扭曲難解的心結。他母親在他八歲時就是寡母，在他爸爸未去逝前，父母倆一天到晚刀光劍影地在孩子面前打架、吵架，常常鬧到三個孩子在寒冷的半夜一塊拖著棉被去車庫睡覺。（在他那一年代，兒童局家暴中心尚未發達，而且在美國地廣人稀的鄉下地方較不被照顧到。）不管是爸爸死前還是之後，Frank 的媽媽在他記憶中一直嚴重酗酒，常常借酒裝瘋，而且媽媽幾乎沒有清醒的時候，她會亂摔東西、打小孩、自殘、自殺……母親言語極為嚴苛，脾氣亦極為暴躁。我朋友每天放學後都不想回家，在自家門口會不斷嘆氣。

然而當母親酗酒裝瘋時，Frank 除了無奈無助，只好常常在無計可施的當下選擇「放空」。

意思就是說，他的人就算在母親身邊，但心卻不知飛到哪邊。他說他必須要這麼做，否則他無法度過那日復一日、年復一年的的精神與言語折磨。他深深痛恨母親讓他那麼小的年紀就施予他不斷的苛責，不斷的壓迫，他痛恨——「女人可以像如此糜爛的無底洞要求我這麼多！」他從很年幼時就必須扛起父親的角色，照顧母親及兩個以無能、擺爛才能夠在母親身邊麻木求生存的弟弟。

他其實極度痛恨照顧人，他痛恨那種遙遙無期的家庭枷鎖一直圈著他。

他跟前妻會結婚，是因為前妻是他高中時的甜心（High School Sweet Heart），至大學二年級便結了婚。他會選擇前妻，當然是刻意地選個跟他母親相反的類型。前妻非常溫柔、體貼、善解人意、風趣，他當時是如沐春風地被她打動。在他當時的心中，她是個天使，一個老天爺派下來憐恤他的照顧者。跟她在一塊，他覺得他的整個靈魂都受到救贖。

他說年少時期的他，或許荷爾蒙太旺盛，一切會想得很美好，也會對「甜蜜的家」有所憧憬，不會想用一堆社會化的硬殼把自己封死，他仍對感情有浪漫跟甜蜜的幻想。他那時便有著「唐吉訶德」那種想征服一切，去克服一切不可能的雄心壯志（此時他便唱起百老匯中的一首歌，歌詞中是「To Dream the impossible dream, to reach the unreachable star」）。

然而，是什麼變了質？他說，在他的意識及潛意識中，有很強的自卑跟罪惡在婚後像惡魔一樣跑出來。她愈是對他好，他愈覺得自己「不值得」被如此疼惜。他覺得他「配不上」她，然而當她愈是想找出兩人距離拉遠的原因而努力跟他靠近，他愈是覺得無法喘氣地想逃。前妻本來就是個甜心，只是她不知道她愈口口聲聲說愛他，或用行動完美化一切，努力地證明她不要求他什麼，Frank的腦子卻愈先入為主地老認為她要的是他無法給的。

其實在意象治療中，很容易就可知道我朋友把他對母親的情感，尤其是痛恨母親的那一塊未竟情感投射到他前妻身上。Frank在兒時便有個刻板印象，老覺得親密關係中的女人是「極會要求的無底洞」，所以基本上，前妻什麼都不做，就已經會被他投射性地定下一堆的罪。更何況是前妻在解釋不了先生的怪異心態之際，還傻傻地努力修補，看在他眼裡，修補只像是前妻「在我身後不斷努力地追，努力地討愛。然而，她愈追，我愈怕、愈逃。」

Frank說他以前常常讓他前妻委曲罪疚地不知道該怎麼做才對，然後他又苛責自己是個破壞婚姻關係的大罪人，然後他又更因自己的罪疚太重而更想逃離，但是太太又更加討好……

在我年輕的時候，我實在聽不懂他那惡性循環的怪論，我很難去理解，怎麼會有人要故意破壞與甜心老婆的婚姻，不明白他為何要讓天使傷心。

之後，我看到，他還有另一層面的心態是：當他把本來沒什麼狀況的前妻弄得有問題時，他便可以「證明」他在感情上的無能，他便可以證實他「這輩子不會讓自己及任何人幸福。」或許這一切就像他媽媽當年念他的每一句話一樣，媽媽老讓他覺得又「糟」又「無能」。他在潛意識中，其實早印烙上母親在他身上烙的負面標籤，他極度卡在兒時「自己是悲慘的」信念中。可是，這悲慘的感覺反而讓他感覺到自己的「存在」，反而，「太幸福是不應該的」虛幻。

Frank 常抱怨說他「總是」在高興時，突然跌入極悲傷的深淵，然後他就要從帽子的隱藏拉鍊拿出大麻來抽。

他曾當美國運通公司總雜誌部的副總裁，當然能力、魅力有過人之處。尤其在言語上更是有過人之處，常常是舌粲蓮花，隨便一開口或做個動作便可讓全場的人開懷大笑。但我看到在他跟伴侶的感情上，他卻老是像短跑選手，而且是那種短跑快到終點奪冠時故意轉身逃掉的人。

我在旁觀察研究 Frank 時，我常常看到很多條件優秀得不得了的女生被他舌粲蓮花地輕易追上，卻在該「下承諾」時見他有一堆狗屁不通的理由逃掉。就如同他逃離他天使般的老婆一樣。

當我聽他述說一堆故事時，我覺得還好我只是他的朋友，因為當他的朋友我還會是幸福的，對他而言，「沒牽扯到感情就沒事」。他就會是個慷慨、樂觀、幽默、冒險的大好人。但當他女友或老婆卻會註定是悲慘的。

沒多久，他在網路上（match.com）認識一個直接講明「我是癌症末期」的女性。出乎所有人的意料，他竟然花盡所有的精力去跟她玩「真」的。前前後後見他消失在朋友的圈子中好幾個月，沒日沒夜地全心投入照顧她，甚至他胖嘟嘟的身材瘦了一大圈。在她死前幾個月，他叫我們去參加他的驚喜訂婚晚宴，他啜泣不已地遞上了一枚碩大的戒指在眾目睽睽下跟她求婚。

當然一堆人被他弄哭了。

後來，事情過了好一陣子，癌症末期的女生離世。又過了好一陣子，他重出江湖。他覺得自己是個「脫胎換骨的男人」（A very new born man）。

但我心裡在想，這脫胎換骨的迷幻藥不會維持多久。果然，再過一陣子之後，又看他不改本性地不斷亂追女生，然後又不斷地給狗屁不通的理由逃掉。而且他在跟其他女生交往時，他那一段跟癌症末期患者交往的故事便成了他欺騙涉世未深小女生的好伎倆。他多了一份爛招數，就是他濫用「好男人」、「聖人」、「懂愛的男人」的強力推薦函。

我看到，所有跟他交往的女生剛開始都很快樂地被「情聖」給捧在手上，每個都漫步在雲端，但後來都會被他的「快閃」給弄瘋。然後，不小心被他女友打聽到電話的我們這些朋友便也會跟著被吵瘋。後來我也學乖了，千萬不要跟任何他在交往中的女友見面。因為我們真的不知道如何去跟她們解釋，她們不知為何自己如此完美卻仍「達不到他的標準」。其實，問題不是她們不夠好，而是因為她們都「太好」了。

她們「好」到讓他一定要逃，要不然再交往下去就要給承諾了。

我也不知道如何跟這些女友們解釋，他常常會重複一種戲碼叫作「傷天使的心」。他會故意尋找天使，然後再來傷害天使。

其實他報復他媽媽的恨太強烈，強到他跟他媽媽一樣傷人。

那他後來有沒有定下來？一直都沒有。

後來，幾年後，我見到他又再度熱戀，他說他這回真的找到「真愛」。他跟一個有一餐沒一

餐的法籍女留學生密切交往並將她帶回家同居。她是戲劇表演系的，小他十八歲，當然，跟曾經是百老匯演員的他很合，兩個都很會演。但，這組合也極度戲劇化。

法國女留學生相當瘋狂，想法、穿著、打扮都極度脫離現實，而且是個情緒超兩極化的女人，可以突然出走好幾天，卻又可以很倚賴人、折磨人，而且有著賞人巴掌的壞習慣。我朋友說他是半夜在東村的酒吧遇到她的（東村，基本上有很多年輕的怪咖）。我問他在東村做什麼，他說他心情不好去買大麻，便跟剛好坐隔壁的她一塊抽了起來。她不忌諱地跟他述說她私生活的糜爛以及酗酒、抽大麻的種種瘋狂舉止，反而深深使我朋友對她的「活出自我」另眼相看。而且，Frank 激動地說，那是「命運的安排」才會使他跟她「在同一個時刻在同一個地方出現！」但我發現，就因為這女生跟他的媽媽個性、特質太像了，所以他才如此著迷不已。

我很訝異 Frank 在述說一些痛苦的故事時竟然有著相當高的「成就感」，比如說，他會像長腿叔叔一樣給她錢，給她車開，給她地方住，帶她去渡假，會用他的人脈幫她找實習單位及演出機會，會指導她演戲技巧，會在她爛醉時撿她回家，會一塊抽大麻，一塊突然痛哭，一塊從飛機上往下彈跳……在這關係中，他允許他的情緒被極端挑戰，並且努力發揮他照顧者的特質，就跟當時他照顧癌症末期的女友以及他的媽媽一樣。

他們沒多久便分手，可是沒幾天後又濃情蜜意地再在一起，之後又分手，分手後又再一起……他們「斷斷續續」地演了一場又一場分分合合的戲。每一場都充滿情緒張力。

我發現，他跟她在一起時有很多的「方便性」，因為他可以在受不了她的瘋狂跟倚賴時上演無數次「逃脫」，卻又可以無數次地回來「拯救」她。這關係能不迷人嗎？能讓他活出兒時未竟事務的女人絕對是迷人的。

另外，外國留學生簽證時間到了就必須走人……這跟癌症末期的女友一樣，都是有預知的「期限」。就像一齣戲一定會有個結束（ending）一樣。

看到後來，在 Frank 的故事中，我看到的是：跟他媽媽相反的他不敢去愛，他只會努力報復跟搞破壞，然後證明自己很壞；而跟他媽媽非常類似的，他會努力去愛，但一定要有個強而有力的條件當背景——就是「可預知的期限跟出口」，要不然他也不會要。其實牽扯來牽扯去，他就是害怕真正的親密關係，在單擺的兩個極端裡晃過來又晃過去，反而能讓他繼續享受「不能定下來」的悲傷。這種悲傷，反而是讓他又安全又舒服的。

可是，他散發出來的氣質是：「渴望愛」的男人。套句他所說的：「I need love, I want love, I am crazy for love!」而在他真誠的眼神中，他是極相信自己所說的話。但我看到的是：「I hate love, I enjoy suffering!」

● 友人二

我的第二位朋友在我「剛認識」他時，是華爾街一個極知名證券資訊分析部的副總裁，暫時我們就叫他 Jonathan。德國猶太後裔，有貴族血統，金髮藍眼帥哥。長春藤研究所畢業，兄弟會重要成員。Jonathan的父母在他們當地的高級社區極有聲望，從小他們就出入上流社會的俱樂部。父親是位名牙醫，母親是中學老師。從外人的眼光來看，這家庭包裝得極度高級完美，是會被人人稱羨的美國模範家庭。

母親很擅長教育及布置一個完美的家，據我朋友描述，她就像是「天使」一樣，溫柔、多才多藝、包容、體貼、犧牲、有智慧……基本上，集當代所有女性之美德於一身。父親呢？大部分的人都以為父親只是個工作上要求多、高權威、好完美、嗓門大一點的名醫而已；而事實上在家中，父親的脾氣暴躁到極點、極度霸道、常超理智地說教、會施暴於太太跟小孩，而且長年搞外遇。

我這位朋友的抱怨跟之前所講的第一位朋友一樣，他「總是」在高興時突然跌入極悲傷的深淵，而Jonathan的淚腺較發達，我便多次親眼目睹他在突然掉入悲傷時落淚。

Jonathan單身的時間很長，不像我先前描述的那位友人是個很戲劇化、女友換不停的人。我見到Jonathan的時間不多，因為他最喜歡的是一個人的孤獨感。上班的時間超長，很難想像有美國人工作得像不要命的日本人一樣。他不愛把自己放入太多的社交活動，而是選擇工作或單獨在家。我其實看著這個人時，不敢相信這麼帥的帥哥會這麼孤單。當時也不知道為何他要選擇這樣過日子。

他常閱讀，喜歡藝術、建築、高品質傢俱、生活精品、古典音樂及歌劇。若論生活品味，他絕對會是高標準的人。走進他的家就很像走入隨時可拍照的設計師樣品屋，鮮花的味道會一開門便撲鼻而來，但也讓人覺得，他很像活在真空不受污染的世界一樣。Jonathan 其實讓人「只想遠觀而不可褻玩焉」。他有高度潔癖，並且要求完美。他很有禮貌而且善良，但坦白說，去他家，我很享受那滿屋子花香的味道，但我都戰戰兢兢的，波斯地毯不敢踩，沙發不敢坐，水晶杯不敢用，洗手台怕留下水滴，就深怕弄髒或弄壞一丁點（幾乎每樣東西都是價值不菲，一般人是拿來收藏而不是使用的）。而且，他「展示」的成分勝於招待客人，因為他很少、很少、很少讓人進去他的豪宅，我也很少、很少、很少在他家會覺得輕鬆。

當時他很愛跟我提一個穿著咖啡色僧侶服的古人 Francis of Assisi，但我那時實在不知道這聖者是誰（我的歷史一向很菜）。後來，當我寫書的時候，我去查資料，原來，Francis of Assisi 就是「聖方濟教堂」的聖者，一一八一或一一八二年出生的義大利人，生長在富有家庭中，跟父親觀念不同，高度投入神職工作奉獻生命，喜歡花，善良，正直，後來當了隱士……原來，我朋友是含蓄地說他覺得他跟 Saint Francis 有很高的相似度。

Jonathan 是我在紐約超級信任的一個好人，他的個性非常正直誠實，說一就是一、說二就是二，在紐約能有這樣可放心談話的男生實在是找不到，而且他有他獨特的幽默，我會覺得很有趣。（但別人可能會覺得他很無聊，因為我們在吃飯時，吧台服務生常對他的幽默沒反應。）他會喜歡跟我相處是因為，他需要一個非伴侶關係但輕鬆並有共鳴的朋友，可以跟他一塊欣賞並採購一些跟藝術、建築、高品質傢俱、生活精品、古典音樂及歌劇等相關東西的人。坦白說，我還陪他買房子、找土地、室設。（因為他覺得我會幫他看一個房子的氣跟能量，他也要我幫他做一些和風水有關的調整。其實，不是我知道得很多，而是老外對這方面懂得太少。）

後來，忙完他房子的事之後，我也忙著我自己的事，跟他便少見面了。（我在忙 match.com

的研究。）

當我好不容易在一、兩年後再聽到他消息時，電話中他語帶哽咽地說他的第四任女友剛過逝。他想或許念心理治療的人會懂哀傷治療，並且他覺得，常在探討心靈及靈魂的我或許可以幫幫他。當時我也不知道我能否幫到他想要的程度，但至少在當時，我是他認為適合的人選。

我跟他深入「內心」的談話便從那時開始。

他的第四任女友是因為乳癌而去逝。他剛跟她認識時，他就知道她有癌症。（此部分我所要講的重點不是哀傷治療，而是愛上癌症末期病患的男人在感情上有些什麼現象，所以哀傷治療的部分略過。以後有機會再提一些案例解說。）

Jonathan已經陪了她快兩年了。他們是在上流多金的聚會中認識。女方家族背景很有來頭，她本身是個家族企業的負責人之一。我朋友住紐約上東城，但為了照顧住在紐澤西州的她，他辭掉在曼哈頓華爾街的高薪工作，搬去紐澤西跟她同住，然後隨便找了一個當地銀行的差事。跟華爾街相比之下，那真的是個極小的工作。他說他常常要陪她去做化療，而且還要參加一堆心靈開發、靈療的另類治療，半夜更常常要無預警地衝去急診。後來他乾脆不工作，全程陪伴她走完最後的一段路（反正兩人都有不少錢當後盾）。

我非常訝異他的生活竟然這麼瘋狂地大轉變。

我當時沒什伴侶選擇概念（當時還不懂意象治療），我那時總以為他會挑一個跟他媽一樣溫柔、包容、犧牲、集所有女性之美德於一身的女人。然而，會看一些面相的我，一看他女友的照片卻很不敢置信。她的鼻子很銳利，嘴巴很薄而且嘴角下垂，下巴很尖但很短，顴骨很高，眼神很冷……坦白說，是一臉尖酸刻薄狀。當時，我真的是倒捏一把冷汗。我不明白為何他會痴迷於如此酸冷的情人。

但我開始聯想，他最喜歡的女星是茱莉安摩爾，最愛的歌手是藍調靈魂爵士樂的傳奇女黑人Roberta Flack，這兩個人的共通點都是長的很「陰鬱嚴肅」。我記得我曾跟他去看茱莉安摩爾的一部電影〈時時刻刻〉（*The Hours*）時，我是鬱悶到發瘋，他卻感動到哭。黑人女歌手Roberta Flack的音樂是很好聽，嗓音很特殊，但很多歌曲都詮釋得很悲傷（她是〈Killing Me Softly With His Song〉的原唱）。我朋友會喜歡Roberta Flack是因為她也是他媽媽最愛的女歌手，從小他就不斷聽媽媽在家播放她的音樂。他尤其愛聽一首他媽媽最愛的歌〈The First Time Ever I Saw Your Face〉。這首歌我覺得真的是好有感情！很美，但聽愈久，愈多遍，會愈讓人想哭。

通常，我們喜歡的人事多少反映了我們本身的特質。剎那間，我腦子在看了他女朋友的照片後逐漸將很多他生活中的一切片段串連起來。原來，在Francis of Assisi後期的隱士生活中，他一直在隔絕壓抑情感。至少，在此，我頓悟到，原來在那隨時可拍照的精緻豪華樣品屋底下，一直要壓抑的是另一極端的陰鬱與悲傷。

這下子我才恍然大悟，原來在跟他認識多年卻未見他有伴侶的背後，他不是不想告訴我他是同性戀，他只是在感情上不允許自己真正快樂與親密（在高興時他會突然掉入悲傷）。

我一直都被他曾經說過的一小段戀愛史給誤導，內容是他在三十七歲之前只交過「三個」女友（這個數字在紐約真的是太不可思議的少了）。曾跟高中的甜心女友交往四年。但，一直維持處男之身。後來，女友在第四年，也就是進大一時，跟她那所大學的足球隊明星球員跑了……當時我覺得他是有難言之隱——應該是還沒出櫃，所以我也不會在他不想談時多談。然而，當我往「同性戀」這方向去想時，還真是誤導，我更不能將一切拼圖拼起來。

一切都在見到他女友的照片時，才讓我看到全貌。他會對這酸冷面容的癌症末期女生如此投入，改變工作，改變住所，改變生活方式……明顯地，這才是他兒時的未竟事務。

基本上，他的第四任女友跟他爸爸的個性是很像的。

我的朋友跟他的父親有很深的心結。從小，不管他做得有多好（而且真的是他已經非常優秀了），在他父親眼中仍是個笨蛋，永遠都有不夠優秀的時候。甚至連他在華爾街當副總裁，請他爸媽去紐約超昂貴的法式餐廳時（一個人要價四百美金），他爸都還當著服務生的面前大罵Jonathan：「Stupid!」，並猛敲Jonathan的頭，說他的腦子不在裡面。這真的是非常尷尬的場景。他爸後來在吃完飯後還說：「比狗屎還難吃」，「寧可去吃麥當勞」。

從小，父親非常吹毛求疵、老愛找毛病、非常嚴苛、無情、極度責難、不尊重身邊親近的人，在那種生活下，Jonathan便要求自己一定要「一板一眼的」、「不能犯錯」、「不能不守規矩」、「不能不完美」。另外，他會這麼苛求自己，有部分的原因也是「為了使母親的日子好過一些」，因為假如自己不順父親的心，不如父親的意，第二個遭殃的就是母親。Jonathan極害怕這種連鎖反應，因為他會是害媽媽的「罪人」。我朋友最難承受的是像天使一樣的母親要擔起他的「罪」。

雖然父親對小孩很不好，但母親，更是父親一直無所忌憚、砲火全開的人。父親會罵她「蠢」、「糟」、「笨」、「懶」、「什麼都不會」……要她「乾脆去麥當勞後場煎肉餅」（他爸爸很鄙視麥當勞，所以當他講麥當勞時，就是「比糟糕還要糟糕」）。

父親常會動手打人。他常透過門縫看著全身顫抖、抱著傷痛的身體卻不敢哭出聲的母親。但當母親從門走出來之後，又是完全沒有淚水，面帶微笑，一副沒事的樣子。我朋友他極同情母親的傳統悲情角色，但也極無奈小男孩救不了母親在婚姻中的苦。他只能跟她一塊分享Roberta Flack的音樂。其實，Roberta Flack的音樂對他們來說是「家暴」後讓悲傷能有出口的音樂，黑人的藍調靈魂爵士音樂剛好多少可以闡述一些奴隸被主人以不合理暴力對待的心聲。Jonathan非常厭惡父親在家一個樣，在上流社會的俱樂部裡又是一個樣。

長大後的Jonathan把自己的家弄得「極致完美正確」，就像他母親當年辛苦努力在雕塑的一樣，而且在雕塑的過程中他很怕出錯。多年以來，他不知道如何幫他的媽媽，但象徵性地，他可以透過不斷地布置一個美麗的家來幫他媽媽修護一個家，來修護媽媽的傷，也治療他自己的傷。而我的角色，其實，真的很特別，他會那麼欣賞我就是因為我的很多態度跟他那溫和、包容的媽媽一樣，他投射很多他媽媽的角色在我身上。然而，我也終於了解到，當我會說出「意見」的時候，就像幫他當年的母親說出不能說的意見一樣，他會覺得很安心且安慰；但，我也發現，當我猶豫、沒主意的時候，他會緊張、會慌、會生氣……

其實，我在想，從意象治療的角度來看，若依他的「伴侶模式」，我應該是他的第四任女友，而癌症女友是第五任才對。（當然，對我而言，那種互動模式不叫「伴侶」。）Jonathan會那麼努力工作，有這麼傑出的表現，其實是在跟他的爸爸證明他「不糟」。

當他遇到第四任女友的時候，她的癌症末期剛好同理到他生命中最深的病痛；她的氣勢、尖酸的言語、雖然笑臉卻冷默的眼神立刻勾起他對他父親的感覺，立刻使他像飛蛾撲火般地吸引過來。她的很多基本特質，是他父親的翻版。同樣地，從意象治療的角度來看，癌症女友讓他內心的深層需求獲得滿足。若沒有跟她在一起，他無法跟內心的父親去處理未竟事務，去做一個抗衡，他也無法去扭轉自年幼一直想扭轉的事實。他想在她身上做到改造，就很像要在父親身上做改造一樣；想從她身上得到不容易得到的獎章，得到個正向的認可，就也像要在父親身上要到一直要不到的獎章及正向認可……的確，她可以給他一般溫柔女生給不了的。而且，她可以「給」的真的非常、非常多。

他們也討論到結婚。只是女生的身體到後來太虛弱了，無法從醫院到教堂中完成正式婚禮（所以我就很納悶，〈生命最後一個月的花嫁〉片中的女主角竟然還有辦法氣色那麼好地拍婚紗，也有辦法站那麼久完成婚禮儀式？）但是我朋友他們在醫院中雖然沒登記結婚，兩人及重要親友皆盛裝進行了結婚儀式。我朋友的父親沒到場，因為他覺得：「那是個比麥當勞還爛的地方」，「娶個麥當勞的收銀員都比她強！」（其實讓他父親生氣，何嘗不是在報復與修護傷痛？）

當Jonathan在照顧她時，一堆親友皆給與Jonathan「聖人」的投射燈，尤其是對方的父母、手足，更是感激Jonathan感激到五體投地。（〈生命最後一個月的花嫁〉片中女主角的父親、阿姨、死黨們亦是對男主角萬分地「感謝」。）當然，這讓本來就想當聖者Francis of Assisi的他，更是在真實生活中完成了心願。另外，聖者Francis of Assisi的父親是反對他進入教堂的，Jonathan的父親也是，多相似的版本！

當癌症女友過逝時，所有的安慰都往Jonathan身上跑，感覺上，一波一波的安慰就讓他像被聖水洗滌過一樣，一次又一次。他說，他這輩子沒有如此的平靜與被救贖過。他後來覺得，她的死並沒有使他也跟著死掉，反而使他「新生」，或許是因為他的罪在一次又一次地洗滌下也被洗「輕」了。

在她死後五年多，當我寫完這本書之時，他仍維持單身。而且我感覺他以後可能也會再單身個幾年（或保持單身一輩子）。他搬到一個平凡單調且沒什麼人煙的州，像Francis of Assisi一樣隱世去了。別人或許以為Jonathan在用時間哀悼她，表示自己的忠誠，我卻不認為，因為他本來就都習慣一個人的孤獨。跟她在一起時，很多時候也仍然是活在自己的孤獨中。我在想，或許很難會有任何關係勝過這一段的孤獨，或者，比這一段關係更「安全」的。

看到後來，在Jonathan的故事中，我看到的也是跟Frank一樣，都是害怕真正的親密關係，會在單擺的兩端進行運作。但Jonathan不像Frank一樣會在兩極間戲劇性地晃過來又晃過去，Jonathan是會耗盡所有的力氣在單擺的兩個極端裡努力像苦行僧一樣懸著，然後靜止不動，反而能讓他繼續進入「與世隔離」的放空式遁逃。Jonathan 的一端是：找個像他媽媽一樣溫柔的人，但努力地不當伴侶；另一端是：找個像他爸爸一樣酸冷的人，但在有效期限到了之後，也不用當伴侶。這種悲傷，是讓他又安全又舒服的。

從某個角度來看，我的兩個朋友在單擺的另一端，皆設計了自己的第二次出生，但我不知道他們是否會賦予自己第二次的生命。畢竟，對有些人來說，有些「慣性」不改會比改來的舒服。我曾經在網路上看到一段不知誰寫的話：「忘記自己無法承載的東西，對自己就是一種最簡單的釋放；忘記一個錯誤的開始，就可能得到一個正確的結束；忘記曾經盲目的選擇，就可以爭取一個清醒的擁有。」

然而，對我的兩個朋友而言，我卻想改成：「承受自己無法承載的東西，對自己會是一種最簡單的釋放；選擇一個看來錯誤的開始，就可以得到一個正確的結束；記得曾經不盲目的選擇，就可以爭取一個不清醒的擁有。」

跟伴侶的感情，箇中滋味只有當事人最了解，也最承受得住。

其實我們想想看，「選擇」一個生命看得到終點的人當伴侶，表示的是：他選擇的伴侶關係是「有限的」。當一個關係有清楚標示「到期日」時，基本上，他不用恐慌擔心那種長長久久的承諾問題。他只要在「有效期限內」演出最美麗的戲碼就好。那種「愛你愛到海枯石爛」的戲碼便會是在他們關係中很容易就做到的情節。所以他可以在這關係中無後顧之憂地盡情展現他的體貼、關心、溫柔、熱情、包容、痴迷……演出一場又一場賺人熱淚的戲。旁人在看時，會覺得天底下再沒有男人可以比他們更懂得「愛」，因為他們愛得是如此深，如此熱烈。

但在旁邊看的人，可能不會知道表演者有表演的壓力。一個演員若不能一波一波地推出高潮，那是會被定義為失敗的。然而，愛戀癌症的男人，他們倒不用擔心如何超越自己表演上的瓶頸，因為往往在表演「最極致」時女主角就走了，觀眾也不會期待他除了傷心療傷之外，還要再演出任何的浪漫戲碼。

男人在整個過程中，投入跟退出都很容易。這對他來說是沒有壓力的。

而且，很容易地，他們身邊的人會幫男人打上「聖者」的聚光燈。沒有人會認為他會是「糟的」、「不好的」，或者會帶給女方痛苦，大家會覺得他是女方生命中遇到「最好」的人，大家都會感謝他，覺得他帶來的是刻骨銘心的「幸福」。女方會含笑走這最後一段路。身旁的一群人通常會投以男方欽佩、讚賞的眼光，崇拜他可以承受尋常人不可能承受之苦。認為他大可不用這樣付出，他大可以走開。但也因為他「留下」，所以他的「愛」一定超乎常人的極致真誠……所有的這些，都是男人童年時期想要卻要不到的，想處理卻處理不了的。

其實，在深層心理學上，假如我們抽絲剝繭地去看，了解這些男人在兒時所受的傷，我們便不難推出他為何如此「付出」的邏輯。

〈生命最後一個月的花嫁〉這部片描述的是前前後後「一個月」，完全沒講男人成長過程中的故事情節，所以當我們看到戲劇最高潮的那一幕，像煙火一樣燦爛的那一個月當然會很美。

但，這就像我們看煙火的心態一樣，幾分鐘或十幾分鐘，看完就離開，覺得意猶未盡。

但我不知道能否有人天天看煙火，看一輩子，而仍然有最初的感動？

以我個人的經驗來說，我覺得很不容易。我住家附近常常有大型煙火的施放，當我們剛搬家時，一有煙火我們一家人都會興奮地衝去窗戶看，看的時候還會感動地全身顫抖；但一年以後，連新年時最大型的煙火秀我們也有點懶得看了，更不用說往後會是怎樣的狀況。這倒不是身在福中不知福，而是頻率太高、太頻繁的「過度刺激」使觀眾神經麻木。

選擇天天放煙火過日子的人是有表演壓力，會擔心觀眾看厭。但對愛戀癌症末期病患的男人來說，放煙火是「限時放送」，所以反而對他或對觀眾在短期內都有很好的刺激效果。

再者，〈生命最後一個月的花嫁〉這部片裡的男女主角都是二十出頭的年輕人，浪漫的愛太強，現實生活上實際的愛太弱。

坦白說，我們在年輕的時候的確較難看到什麼是實際。我的朋友三、四十歲，事業極度有成，但是他們的感情並不實際，更何況是「電影」中二十出頭，沒經歷過很多社會、戀愛、家庭經驗的孩子。

其實只要舉個現實中常發生的狀況，就蠻容易使我們了解，比如說，〈生命最後一個月的花嫁〉這部片中假如有一、兩個嬰幼兒一直在兩個年輕人中間，這部片子便可能會大大改變色彩。倘若說，它的電影場景及台詞不斷地重複要換尿布、餵奶、沒時間睡覺……換尿布、餵奶、沒時間睡覺……這片子就會提醒我們，有太多父母要負起的瑣碎責任；跟親情及責任反而有關，跟愛情關係較少，基本上就也不太會讓期待浪漫愛的觀眾猛掉淚。

既然講電影，就舉另一個電影的例子來說。我記得美國資深女星梅莉史翠普曾演過一個從極度浪漫掉入極度現實生活的女人。片名叫〈女人心海底針〉（*She-Devil*，一九八九年）：

在片中，她演一個當紅暢銷羅曼史小說之單身作家。她輕輕鬆鬆地過著虛榮多金、極度不切實際的浪漫單身生活，一切都是粉紅色的。書中羅曼史的生活根本就是她平常生活的寫照。她有錢、有名、有美貌、有才能、有姣好身材、住在大豪宅裡、有游泳池、有好幾個傭人服侍她、有數不清的出眾追求仰慕者……基本上，她天天漫步在雲端，生活看起來就像是時時綻放的曇花，樣樣令人羨慕忌妒。

然而，時時刻刻開放著曇花就像天天放煙火一樣，久了會令人厭倦。在片中，梅莉史翠普便飾演一個無聊到要壞人婚姻的女人，她勾引並搶了別人帥氣的老公，因為偷不如搶的刺激可為「平淡」的生活增添一些樂趣。（寫實生活中有不少多金的名人是如此，例如希爾頓集團的女兒芭莉絲・希爾頓就常無聊到不時要辦連紐約人都覺得「很怪異」的派對、陷害捉弄別人、嗑藥、偷竊、上警局、跑法院，把私生活鬧得滿城風雲。）

剛開始，梅莉史翠普跟帥氣的男主角兩人過著神仙一般的「優美浪漫」生活，一切就像她的羅曼史小說一樣浪漫。但當元配反擊時，使出最狠的一招：把兩個青少年的孩子丟給男人。

當我第一次看這部片子時才二十多歲，我看到把孩子丟給男人的那段，我覺得「沒問題，沒什麼大不了」，還很納悶為什麼劇中的男女主角竟然會這麼沒智慧地解決。可是，當我結婚後又再看一次這片子，我才真的知道元配這招「超級狠！」

因為當孩子跟他們住時，日常生活的現實問題便接踵而來。梅莉史翠普開始要接手一個當「媽媽」角色所賦予的責任，而不是以前那單一的「完美情人」浪漫角色就可以應付的。本來他們有傭人的時候，一切還算簡單；但就因孩子故意搗蛋鬧翻天，而使傭人自己請辭（當然電影演得比較誇張），然後洗衣服、煮三餐、整理家裡、接送小孩等的任務便降臨。孩子有他們的需要、問題，自然而然會在兩人的世界中擠出容納孩子的空間。生活便無法再是夜夜笙歌或你儂我儂，父母便無法再是輕鬆地睡到自然醒。所以便漸漸看到她跟帥哥老公為了一堆小孩的問題煩惱、關係緊張、起衝突……這都是浪漫的書中不曾出現的情節，也是她以前從未接觸過的層面，因應能力及技巧當然相對性地很笨拙而無效。

後來隨著電影的情節走，只見兩人的甜言蜜語變少，耳鬢廝磨的浪漫變少，很快地，梅莉史翠普的書少了一大堆粉紅色的色彩，少了優雅浪漫，少了神祕，少了精心布置的驚喜，少了虛榮高傲的生活調調……

她漸漸地出現焦躁的情緒，憔悴的倦容，外表、衣著愈來愈不再光鮮，無法平靜有閒地寫書，若硬擠內容，書中更殘忍地出現洗衣服、煮三餐、整理家裡、接送小孩、跟老公起衝突、煩惱一堆小孩的問題……

沒出版商要出她那種洗衣、煮飯、帶孩子的家庭主婦故事，因為沒有讀者會愛看跟自己生活一樣枯燥的內容。當然不久之後，梅莉史翠普羅曼史的小說事業也毀了。

大老婆用孩子這招超級辛辣地反擊成功，清清楚楚提醒老公及第三者「生活的現實面」。

所以，說穿了，還沒有機會「從戀情轉化成親情」時便消逝的感情，是最讓人執迷不悔的。

〈生命最後一個月的花嫁〉、〈女人心海底針〉、愛戀癌症末期患者的人……皆有如此迷戀浪漫愛的不實際面。

承諾恐懼症

回到台灣後，我愈來愈發現台灣也染上了紐約的承諾恐懼症（Commitment Phobia）。我本以為只是紐約才會有這些大都會的壞毛病，但沒想到，在台灣愈是跟個案談，愈是發現承諾恐懼症已在台灣蔓延。

在台灣，我愈來愈常接到個案搞不清楚為何戀情會在最燦爛時消逝。他們不明白，為何在覺得可以跟對方進展下去時，另一方便遁逃。不管在國內或國外，在教科書中沒教的正是這種「承諾恐懼症」。基本上，這是一種偏向男性專屬的承諾恐懼症，受害者通常以女性居多。

上一節「愛戀癌症病患的男人」故事中所提的兩位男性友人的實例，皆是承諾恐懼症「加害者」的描述。這一節則是針對「受害者」所做的描述。

一旦遇上承諾恐懼症男人的女人，她很容易會被他弄得「認知失調」，在戀情突然消失時，我們很容易見到這女人因認知失調而崩潰。我常在諮商室中與個案第一次見面時會聽到的抱怨是，她痛苦到有自殺或自殘的意念或行動，而且很容易在大哭大鬧時被誤診為「邊緣性人格」（邊緣性人格的診斷很容易在難解的感情習題中被濫用）。

就因為承諾恐懼症的戀情大多在最燦爛時或終於熬到可以開花結果時「頓時消逝」，這往往叫人很難用一般的邏輯來解釋，也就因為有很多時候，男人的言行無法用一般的邏輯交代或解釋，我常看到女性個案撕心痛苦地一直問：「為什麼？」「為什麼？」「為什麼？」通常，女性個案在諮商室中痛苦地想找出合理的解釋。而她們會這麼地想找出「合理」的解釋，其實也因承諾恐懼症的男人無法好好跟對方交代（若可以交代就不叫「承諾恐懼症」了）。

在主觀的報告上，承諾恐懼症會比那些不斷有波折的戀愛來得痛苦，因為一般的戀愛是從平地上跌倒，承諾恐懼症的受害者卻是從高處墜落。很多女孩子常常報告說，不知道為何沒任何警訊地就從那麼高的點摔下來，而且摔得又是粉身碎骨。在跟「承諾恐懼症」男人交往的過程中，女生常會被弄得暈頭轉向，認為自己是沉溺在最幸福的戀情中，沒經驗的人，真的很難去察覺到對方從一開始就打算開溜。常常男方給的理由都是很唐突的，更多的人甚至一點理由都不給就消失了。

有人好奇為什麼我會懂，因為，在紐約的大都會中，有相當高比例的男人是如此。在紐約，〈欲望城市〉影集所探討的兩性關係中，我們會一直看到四個女生在換伴侶，並不是紐約的女生願意，而是事實上，紐約是個讓人在感情上很困惑的城市。而不管你懂不懂得承諾恐懼症，都可以清楚看到好幾個男生在感情中遁逃。

最盛行的戀愛交友網站上，至少十個單身的男性裡面就占了七、八個（保守估計），可以說該網站上承諾恐懼症的男人隨手一抓就是。

坊間在介紹承諾恐懼症這一類的書不多，但有一本書《不能愛的男人》（*Men Who Can't Love*）可是經典中的經典。它特別描述這些承諾恐懼症的男人。而我怎麼知道這本的？其實是因為看了一大堆治療分手、情傷、外遇、劈腿、離婚、愛情上癮症等之類的書後，才誤打誤撞看到這一本。一看才知原來這種症狀太常被忽略，但又不時在我們身邊發生。

診斷手冊及教科書上實在應該列入，因為這是相當難處理的一項心理治療。倘若我們知道承諾恐懼症加害者的模式，就可以幫助個案在初期便視破這些無法在愛情關係中留下的人，然後進而避開很嚴重的心痛。承諾恐懼症痛起來會要人命，認知失調的程度會很高，恢復的時間又特別長。能避開承諾恐懼症的加害者就要避開。

直接用受害者的案例來講解：

> 個案名叫小凡，三十二歲，女生。由好友強拉去身心科就醫，因為她已好幾個禮拜不吃、不喝、不睡，三個多禮拜暴瘦十公斤，一百六十五公分的身高卻只剩四十四公斤，看起來皮包骨，健康亮起紅燈。嚴重黑眼圈，雙眼布滿血絲並腫脹，有強烈的自殺意念。連服用醫師開的安眠藥都還常常睡不著。
>
> 她的好友陪伴她來諮商時，好友給我看個案情傷之前的幾張照片，真的讓我嚇一大跳，個案之前身材勻稱，表情豐富又快樂，跟男友的合照更是笑得像在天堂中一樣甜蜜。
>
> 小凡一開口談就完全潰堤，聲淚俱下、全身抽搐，一直喊說她想死。原來，交往近兩年的男友剛跟她分手，完全避不見面，手機、電子信箱完全聯絡不到他，連他什麼時候搬家都不知道。他是小凡用心經營並期待婚嫁的對象。然而就這麼平白無故地「人間蒸發」！
>
> 我陪著小凡，讓她盡情地哭了好一陣子，她開始狂喊「為什麼」，她無法置信這事實，然後又哭了好一陣子……小凡這時候要的不是跟一個陌生人談話，她要的是有人接得住她的悲傷。

她難以接受男友突然不見了，她一聲一句都是哭喊著要他回來。我感受到的是小凡她自己也不見了一大半（或者更多）。

當小凡可以說話時，小凡傾向於專注「一開始」的那段美好時光。此時，我便覺不妙，她可能遇上承諾恐懼男了。因為通常，這樣的受害者在承諾恐懼男的洗腦下，是無法理解美好時光會變質的。

回溯戀情「最早期」，小凡跟他因工作的關係而認識，一開始時，小凡「對他沒什麼感覺」。但，「莫名其妙」地他就是被小凡「煞」到了。才見幾次面，他便開始用極癡情的眼神熾熱地看著小凡，還四處跟人家廣播說他戀愛了。小凡是個很內斂聰明的女孩，她當時真的「不知道他喜歡她哪一點，只知道他喜歡她每一點」，小凡不明白，為何在很短的時間內，他可以這麼瘋狂無懼地愛她。他熱烈地追求小凡，但小凡一開始對他不是那麼有興趣。

小凡說她可以用五個字來強而有力地形容當時的情景：「無懼的追求」。

有眼睛、有耳朵的人都會很明顯地知道他被小凡迷住了，他會四處昭告天下說他要追小凡，並警告其他男性不准碰小凡。這麼霸道又勇敢地示愛，內斂謹慎的小凡嘴角開始因他的大膽追求而勾起笑容，她開始會在他出現的時候臉紅心跳；而當小凡臉紅心跳時，他更是因為得到鼓勵而更霸道又勇敢地示愛……能夠有這樣大膽舉動的男生實在不多，大家都愛看這八點檔連續劇的上演。小凡在好友及同事眼中，是個很有頭腦、理智、EQ又好的女生，她不容易心動，大家都很羨慕小凡有個又痴迷又會獻殷勤的男人在努力追求。

他似乎把她列為生活中的第一優先。在很短暫的時間內就表示，小凡對他是「特別的」

（unique），而對小凡的追求毫不保留。他竭盡所能地吸引她，要她注意他。他會常常打電話給她，並說：「只是想聽聽你的聲音」，或「只是想跟你打聲招呼」，或遞張卡片來說：「只是想看你好不好」。他會提醒小凡他的存在。

他會表現得像他正在尋找一段「有意義」、「一對一」的情緣。他會深情款款地對小凡說，他希望小凡是那個「特別」的人，可以讓他在滄桑的戀史中永久歇息。他「不准」小凡只是把他當成個「驛站」而已，他「不准」這只是曇花一現的插曲。光是他在追求上散發出來的「霸氣」及「自信」便很容易讓女生著迷，而且他又特別講求專情的重要性跟意義。

他常常跟小凡用「我們」這字眼。一開始便會跟小凡說：「我們去哪玩……我們去哪吃飯……我們一塊去哪渡假……我們要買什麼車子……我們要住什麼房子……我們兩個生的孩子會有多可愛……」一堆的句子都用「我們」開場，他一開始就要小凡也跟著認定，這會是長長遠遠的共同規畫。愈聽「我們」的句子，小凡愈是暈。他對於未來極度熱忱地討論，而且還比小凡熱衷地擬想共同生活的美夢。小凡覺得他比她都還會做夢，但當時不疑有他，畢竟「人生有夢的男人才最可愛」。本來小凡的腳是踏在實地上的，卻漸漸地被他的熱忱話語拉離實地。男友有一些錢，他便慷慨揮灑在小凡身上，吃喝玩樂儘量都充滿變化性的安排，講求驚喜，並且常常會買一些貼心的禮物送小凡。

他工作很忙，但都很願意犧牲他自己來和小凡在一起，他也會取消其他的計畫來跟小凡多花點時間相處。小凡說，他曾請假去參加小凡公司舉辦的海外員工旅行。他對小凡說：「我願意為你做一切的事。」「沒有什麼事會比你重要。」光是聽這些話就讓小凡暈眩。

他會抽空在工作之中出來見小凡，會刻意繞道經過小凡的公司，然後驚喜地買一杯小凡最愛的咖啡上來，把他自己當成外送員，那五分鐘的極度熱情表現，使公司所有的人都羨煞小凡，同事們都會鬧小凡說：「可以嫁了！」他跟小凡的家一個在東一個在西，也不容易停車，但他願意天天跋涉來回並接受停車的麻煩。

他有一些特殊的才能，他儘量地顯現出來，目的就是讓小凡給他加分。他毫無保留地加以展現他情感上的深度及敏感性，他會在電影院中允許自己眼角有淚。

小凡真的不敢相信有男人比自己的姊妹淘還懂得傾聽及了解她。他竭盡所能地要小凡相信他，要小凡把心交給他。小凡也漸漸覺得，或許這個人就是她未來的另一半了。

然而，最難察覺的轉折點就也開始，當小凡覺得自己可以愛上這個男人，可以放心地把心交給他時，竟然便是他啟動「逃走」的按鈕時。我這麼一點，小凡又突然潰堤地哭，因為事實上似乎真的就是有這些微妙但驟然的轉變。

承諾恐懼症的男人有多快抹油要逃，其實就看他要花多少時間使女生愛上他。女生愈晚愛上他，他奮戰得更久、更起勁。然而當她終於想好好地愛上他時，便也是他覺得自己「已踏上不該踏的不歸路」的開始，他便會一百八十度往另一個方向轉了。

有意思的是，通常承諾恐懼症的男人追求的都是能力強，夠獨立，情緒管理能力高的現代女性。太容易上勾、太倚賴、太容易愛上他的女性，不會是他覺得感興趣的對象。因為真正使承諾恐懼症男人可以「暫時不走」的原因就是——一個女生的獨立自主。然而當女生願意全然地讓他進入她的世界，願意配合他要的伴侶關係時，他恐慌的警鈴便會大響。

我在紐約有一個承諾恐懼症的男性個案說過，只要他看到女性的 Puppy Eyes 出現時，便是他準備離開的時候。

所謂的 Puppy Eyes 就是像小狗一樣充滿愛慕、期待被愛、討愛的眼神（動漫〈史瑞克〉裡那隻貓的眼神就是最好的代表）。對他來說，太快出現 Puppy Eyes 的女生沒什麼好挑戰的，反而會使他脖子緊縮，覺得快被勒死了。愈容易愛上他的女人，他愈會覺得窒息。簡單來說，有人愛上他反而不是他要的。但，他卻會表現得像「情聖」一樣，看起來十足是個「渴望愛」、「能夠愛」的男人。

小凡的故事中，到了中期，當她出現 Puppy Eyes，便有了「主客易位」的現象。

以前他一直在營造一個讓小凡喜歡他、愛上他的浪漫氣氛，然而現在小凡真的喜歡上他了，他反而不覺得快樂，反而開始覺得「壓力大」，而產生「不能進也不能退」的矛盾心態。這種感覺讓他恐慌。卡在進退兩難時，他開始覺得難呼吸。而一切的改變，就是因為小凡喜歡他。

而且小凡那時也開始自然地期待，這麼瘋狂痴迷她的男人會有進一步的承諾表現，小凡便邀請他跟她回去見父母，也期待他驚喜地遞出一顆鑽石戒指來跟她定下來……

然而，他最敏感的就是感覺到，小凡在期望他做出某些有意義的「承諾」，這也是他在他們的關係中「初次」需要面對自己的承諾恐懼症。他把小凡的邀請當成「要求」。討厭她這麼給他「壓力」、討厭她這麼「倚賴」他。他怪她讓他覺得一切不能像以前一樣自然。當然這也是使小凡進入認知失調的攀高期。

他會覺得那些期待是種壓力。他開始讓小凡覺得自己是個不容易滿足的女人，索求太多。更讓人猜不到的是，小凡愈是當一個善解人意的好女生，他愈覺得她是在設陷阱請君入甕，他怪小凡在用無形的網束縛他、限制他、管他。任憑小凡怎麼安撫都不對。其實，這些被限制、被束縛的恐懼，都是他讓他自己想的。

小凡說他後來便常抱怨：「我們現在的生活不是很讓人羨慕嗎？」「我們維持這樣不是很好嗎？」他的「維持那樣」的確是不錯，但對任何一個女生來說，那種戀愛初期高度浪漫的刺激久了，卻是一種懸在空中的不穩定，愈久會愈讓人不安。而一般人在不安時，通常會更需要有穩定的承諾。然而當女人愈想有一些承諾時，承諾恐懼症男人的焦慮會愈來愈攀升。

本來他讓小凡覺得他是她生命中最棒的男人，現在他卻有一堆莫名其妙的理由想要說服小凡說他「不夠好」，他想要表明的是他無法達到她要的「高水準」，他也明示暗示建議小凡：「別的男人比較好。」但小凡聽成他要更多她的認可及信心打氣，所以反而更貼心地跟他說：「你才是我生命中最重要的男人，別的人我都不要。」小凡以為他只是沒信心與她匹配，所以如此強力認可兩人之間的連結並替他加油打氣後，應該會大增他的男性雄風。但他聽了之後其實怕都怕死了，想說再不趕快逃就逃不掉了。

小凡不知道這男人為了讓自己不被綁住，減少那種不舒服的焦慮，他反而開始在行為、心態上默默地做一些反常的行為，但一切又以很「合理化」的方式表現。

剛開始，他是一個什麼都會為了小凡的完美情人，但現在，他開始會有一堆非常「合理」的理由讓她被迫進入一個一定要替他想的情境，至於他會用的理由多得不得了，例如：「最近工作較忙」，「公司出了點狀況，一定要我出差去解決」，「人事上有一些變動，我要花些時間去拜碼頭」，「財務上有些意外的開銷，我必須要更努力工作」，「商場上出現強力的競爭者，不增加應酬的次數不行」，「父母最近身體不好」，「我不小心掉了你家鑰匙」，「車子需要進場保養」，「表哥從國外回來」，「我感冒怕傳染給你」……看起來都像是合理的理由，但其實都是「合理化」的陷阱，讓小凡在這些情境中往往不得說「不」。當然，他會很感激地加強他的陷阱，他說：「謝謝你的諒解。我最愛的就是你的諒解。」「有道理」的理由一堆。小凡若不體諒，便會直接掉進「不體貼」的標籤中。

小凡漸漸在諮商中了解，男友嘴巴上講著「我愛你」，「我現在在為我們的將來打拼」，事實上，他的言行是常常自相矛盾的，因為他要小凡「犧牲一點，包容一點」，都是在請小凡讓他離她遠一點，都是在說「我要走了」。他對小凡的需求愈來愈不在乎，也較沒耐心聽她說話，有時還故意使小凡生氣，然後再讓小凡罪疚自己是個「愛生氣的女人」，「不容易滿足的女人」，再不改進會使他討厭並逼走他……他會讓小凡覺得是她的不體貼、不夠好，才使這美好的關係走不下去。他要小凡當終結者，當結束戀情的罪人。

在追求之初很多不會是問題的，漸漸地都會是問題。

比如說天天東西跋涉、麻煩地找停車位，以前不會是問題，後來漸漸地他抱怨起來。本來他會想盡辦法賴在小凡家，後來卻說在她家會過敏性鼻塞。小凡想出解決辦法說那去他家住，他便說廁所馬桶塞住需要請人來修，但馬桶好了又換地板壞，地板好了又換水管生鏽……後來他乾脆不再給藉口，臨時想起工作上有個重要電話要回，電話一打人就跑了。

本來他就知道小凡是來自單親家庭，後來卻說他父母不能接受。當然，他常常打電話關心的次數跟窩心的程度也驟然下降。再也沒有刻意經過小凡公司然後驚喜地帶個咖啡上來的熱絡，他很早已經不再參加任何小凡公司的聚會，因為他開始不想再讓小凡的同事認為他們還是一對戀人。他有意無意地開始撤退，開始把小凡從生活中的主要優先擺成次要優先（或是根本不占優先順序的空間）。

小凡其實很早就有著女生的警覺直覺，覺得一切怪怪的，但又被他合理化的理由弄得覺得「愛他」的話、「想要有未來」的話，就不能懷疑、不應該覺得怪怪的。

假如小凡不認同，真的忍不住多問幾句，他會直接針對女性的弱點，說小凡不懂得體諒，不懂得互相，是在吹毛求疵，沒事找事……他讓小凡直覺上的不安、生氣反而變成破壞關係的主因。小凡的認知失調在此愈來愈嚴重。小凡愈覺不安，他愈是要小凡「不要搞破壞」。「作賊喊抓賊」的現象愈來愈強烈。至於他作賊卻喊抓賊會不會讓人認知失調？當然會！

有一大部分小凡的自我解釋是：「大概熱戀期過了，這就是現實面的生活。可是我應該要相信他還是愛我的。」「畢竟當初他是那樣熱烈地追求我，一切應該是真的。」「只要他把那些煩心的公事（家事）處理後，他就會恢復。」「人家說戀愛都要經歷這一段磨合期，大概過了就好了。」小凡會幫他找一些更合理的理由來安撫自己，說服自己不要疑神疑鬼。但也因此認知失調更嚴重。

行為治療上，我們常會看「一個刺激，一個反應」，然而，在承諾恐懼症的關係裡，行為治療的這套解釋是不管用的。不見得女人有給他很多刺激或任何刺激，男人便會有一堆莫名其妙的反應。所以，女人若硬要去看自己到底哪裡做錯了，到底是哪裡刺激錯了，基本上，找錯方向！很可能找到老死，都還找不到跟自己的刺激相關的答案。

就像紐約男人分手時常說的：「跟你沒關係，一切都是我的問題。」這句話說得很老實。很多的刺激及反應其實都同時處在同一個人，也就是都在承諾恐懼症的男人身上。他自己在腦中做了很多恐懼的循環。

像小凡的男友對承諾的恐懼，其實老早在認識她之前就開始了，可以說跟小凡沒什麼關係。講更坦白點，承諾恐懼症的男人一開始也不是瘋狂愛上小凡，他愛的只是他想像中的幻影。也難怪小凡會不太知道，為何他可以這麼快地瘋狂愛上她。

承諾恐懼症的男人讓女人真的會有很嚴重的認知失調，因為在開始時他是這麼的完美，怎麼會是他的問題？所以假如關係有了狀況，邏輯上要能解釋的話，那一定是女孩子的問題。所以這也難怪，受害者每個都覺得「自己糟糕得不得了」，「我很差勁」，「我很不好」，「我一定是做了什麼不好的事」，「我一定是不夠貼心」，「我一定是哪裡做錯了」……極殘酷地責怪自己的不好。坦白說，這也是我在諮商治療中最難將個案帶出來的部分，女生們一個個極度地「相信」是自己不好。就像小凡常常含淚說的：「假如他跟我一切都很美好，幹麼要分手呢？所以那一定都是我不好！」

當我在判斷女性個案是否為承諾恐懼症受害者時，我常看的是：個案有多麼強調一開始關係很「完美」，然後，有多「自責」自己。

事實上，「誰好？」「誰不好？」的部分很難有個絕對。但，假如真的要看「誰好？」「誰不好？」的話，很可能剛好跟個案的認知相反。像在小凡的例子中，正是因為小凡太好了，所以他才會想要去追，他才會有機會在很好的關係中覺得難脫身，他才會想要去搞破壞，才需要去找一堆合理化的藉口來脫逃，以及做一堆令人認知失調的陷阱。小凡就是具備他完美情人的條件，所以才會吸引他。

幾個月的諮商後，雖然小凡已逐漸從震驚跟錯愕中脫離，她仍然不時會有因「頓悟」而產生的震驚跟錯愕。比如說，她曾經傻傻地還在回想昨晚跟他的浪漫晚餐，但在諮商中才驚覺，他可能早就把它當成最後的告別儀式。另一個例子是，在早期時，小凡本來還在欣喜他逛街時買下她喜歡的項鍊，卻不知道店員的一句話「祝你們白頭偕老」、「他會是個老公的對象」，而使他腦中有著當場想從她身邊消失的念頭。「難怪那天晚上他便人在、心不在，我還一直以為他因工作而突然煩心……」

小凡在靜靜地回顧時，她亦看到，他其實不時都有意無意地洩露出他跟其他女人曖昧的蛛絲馬跡，做得很微妙，會讓她不舒服，但小凡後來都懂了，其實他只是用其他女人來當逃走的障眼法。因為小凡愈是在乎，愈是給了他逃走的好管道。

在中期的時候，小凡看到，他並不願意讓這段感情繼續發展下去，但他仍然說不出口。到了晚期，小凡熱戀時的那個體貼情人已經變成一個狡猾的逃避著。他知道自己陷得太深了，最大的衝動便是逃之夭夭。男友的恐懼強烈到使這個時期變得非常短暫，一下子就走到了盡頭。兩人的關係也因此而結束了。對小凡而言，就像「搭著雲霄飛車突然被甩出車廂外」的可怕感覺，那是一種很難理解的震驚，被摔得也很傷，而不是那種因為知道要進入終點站時所能做的告別降階。

小凡說，其實，在後期時，他對她的態度幾乎完全改變，只是她不願去承認跟面對差異這麼大的戀人。他明示、暗示他需要自己的時間跟空間。當小凡愈是不知所措時，他愈是取消約會或改變預定的計畫。有朋友建議小凡，乾脆就給他空間跟時間來試試看能不能挽回，但基本上，他已愈來愈少理睬小凡，而且不解釋為什麼。就算解釋，也仍讓小凡極度不安。

其實，他的「突然」消失，並不突然。他早就一步一步離開了。當小凡回顧去看線索時，到處都有痕跡……

雖然小凡的腦中偶爾仍停留在最初那個浪漫的完美情人，但小凡會告訴自己，在很早期的時候，他早已經不知道逃到哪裡去了。她愛的，其實也一直是個「幻影」。

小凡後來發現，聰明的話是趕緊把這段「太美好」的戀情用自己的方式畫下句點，承諾恐懼症的男人是追不回的。因為一切都是他精心策畫的幻影，然後自己也活在幻影中。他愛的是他想像中的她，而不是實際的她。她愛的也是想像中的他，而不是實際的他。小凡明白，她也無法控制一個承諾恐懼症的人什麼時候要做什麼夢。最能使自己好起來的方式絕對不是回頭找他，而是自己轉頭向後跑。跑得愈遠愈好。

我常會給個案的建議是：完全不要再跟對方有任何聯絡或接觸，因為會得不到你想要的。（若他能給的話，他不會逃。）承諾恐懼症的男人所帶來的戀情是「泡泡戀情」——七彩炫麗但不持久。我們無法讓泡泡停住不破，我們也無法靠泡泡生活。

就像一句英文說的：「當他看起來太美好以致於不可能是真的時候，真的，那可能就不會是真的。」（When it's too good to be true, It Is just too good to be true.）

IV 愛子文化迷思

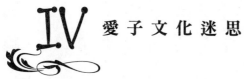

第七章　多重三角習題

剛回台灣時，我曾經對一種現象很陌生，那就是：母親跟成年兒子的關係過度緊連。朋友間、親戚間、個案間……似乎我走到哪都還蠻容易見到一個又一個「母子難分」的現象，這不免讓我很納悶，為什麼我以前在紐約竟然沒注意到這現象？

我本來會把這種不熟悉歸因成「我在紐約沒有家人」，可能就因為我太常過著一個人的生活，所以我才會變得不了解家庭中母親跟兒子的緊連。但，認真努力回想，真的不對，這樣的歸因不合邏輯，縱使我在紐約沒有家人，我在兒童局家暴中心的六年以及其他地方所接觸的可都是一個又一個的家庭，當中，從祖父母到小嬰兒我都有接觸到，而且我也接觸過一大堆 match.com 認識的男生，怎麼可能我在紐約的實務中會不敏感母親過度跟成年兒子緊連的現象？

後來我想，原來我在紐約對這現象不熟悉、不敏感，可能是因為它「不普遍」。

舉一個最生活化的實例來說明：我在紐約做 match.com 研究的時候，從沒見過任何我的約會對象是跟父母或手足一塊住的，全都是自己有自己的住處。所以這也難怪我在紐約時，並不覺得成年男子跟家人是緊連的。

而且大部分的成年人，不管男生女生，婚前還是婚後，跟家人平時幾乎不聯絡，頂多過節時大家聚在一塊而已。而跟朋友聚會時，言談中也不太以父母、手足為話題內容……或許，這跟單身當道的紐約文化有些關係。

在美國，普遍來說，在孩子年幼時就已強調獨立自主了，甚至連出生嬰兒都常常被鼓勵自己一個房，不跟父母一塊睡。在成長過程中，家庭、同儕、學校、文化也不斷鼓勵孩子要有自己的想法跟感受，強調孩子有自我照顧及問題處理的能力。而孩子到了青少年時期便不再怎麼跟父母親近是很正常的發展，父母也會鼓勵孩子，在上大學後就完全離家。基本上，非常少數的成年人是跟父母或手足同住在一個屋簷下。更何況是婚後。而紐約是跟一些美國的都會城市一樣偏向極端，更強調成年人的獨立自主。

而或許，在美國文化之下，我真的更不容易在單身當道的紐約裡，看到成年人跟父母有緊連的現象，當然，也不熟悉男子有著跟母親緊連的現象。

然而回到台灣後，真的深感不同。光是一個我在旅行時看到的「三合院」景象，便頓時讓我覺得所有緊密的家庭關係都凝結在這個畫面上。從上、上一輩的三合院老建築就可知道，我們「傳統」上強調的是「大家住在一塊」、「大家不要分開」。而且愈是鄉鎮，這種凝聚的現象愈明顯。就算在城市中不能有三合院，長輩也要蓋一棟房子大家住一塊，才能天天在家吃飯。倘若不是同一棟，也要住附近，好讓大家過幾天或每個週末都見一次面。若不是住附近，也要同一個縣市，才能在視線下常常看得到彼此……這樣緊密的文化傳統，就算幾代傳承下來，鼓勵「孩子不要離開父母」、「父母不要放開孩子」的色彩仍是濃厚。而且不管是兒子還是女兒，太多的父母皆鼓勵孩子不要離開他們。

坦白說我剛回台灣時，大大看不懂「孩子不要離開父母」、「父母不要放開孩子」的現象。就因很不熟悉，我也在不懂如何處理之下產生不適應的焦慮。我的父母是很民主而且疼小孩的，但在我剛回台灣直接住回家裡時，真的很不知所措這種台灣的特殊「親子」、「愛子」文化，父母太把關愛的眼光放在我身上，太常在乎我好不好。幾天還好，但超過一個禮拜時我開始渾身不對勁，覺得太甜太膩。畢竟，一些些的關愛跟在乎是讓我舒服的，但，若已變成淹沒的程度時，我就會慌……光是吃飯、洗衣都有父母幫我打點好，就讓我覺得很不習慣，我覺得好像自己的手腳少了一大截一樣。漸漸地，回到家中跟父母同住的壓力，勝過於與他們團聚的喜悅。

我發現，要一個十年都住紐約已經獨立自由慣的人，去適應身邊有一堆人，真的是要跟自己的隱私權與自主權大大地打商量的。所以回台灣沒一個月，我自己便在這緊連關係中適應不良。剛好又在忙婚事，更是擴大所有兩代之間會發生的意見不同，而且還加上未來夫家陌生的意見，我常常覺得快要被一些太想替孩子思考及作主的雙方長輩們給弄窒息，甚至，我覺得那是我自青少年之後另一次的尋找自我，外來的聲音相當干擾我原先認識的「自我」。那時，我努力地在這新環境中衡量我自己，可以不讓別人作主的空間有多少？（看起來好微小。）然後，我可以捍衛維護自己的獨立自主有多少？（後來發現不變大不行。）

我後來真的體認到，紐約跟台灣實在有好大的文化差異，好大的不熟悉。所以回台的前一、兩年，我適應得很辛苦。

我感覺到，紐約常模下的「極端」，反而是台灣那百分之六十八的「常模」；而紐約的「常模」反而是台灣那百分之三十二的「極端」。

這幾年來，我便努力在家庭中爭取及保護我的獨立自主，希望在「極端」跟「常模」下得到一個協調。坦白說，我花了近四年的時間，才在雙方的家庭中得到一個大家都可接受的平衡。

就因我在紐約實在非常不熟悉這種父母放不開孩子的緊密。所以，那一段時間裡，我腦中常出現的聲音是：「慘了！在美國沒有學到這一種類型的處理方式。」

美國的心理治療教科書、坊間的心理自助書，幾乎都不太花什麼篇幅在講解父母不放開成年孩子、小孩成年後不離家、或者是婆媳之類的問題。但也不能說在美國完全沒有這類的資訊，只能說非常、非常、非常零星，我覺得要特別用放大鏡來看才有。而且我發現，零星的幾篇中，大多是亞裔治療師所寫……在美國，放不開成年孩子的文化不是主流，非常不被矚目，所以若有，也變成是「特例」。

就像我們在美國電影中所看到的，在幼稚園、小學，欺負人的會特別欺負那些太倚賴父母的孩子，會叫這些倚賴父母的孩子為「Mama Baby」。這就因為「Mama Baby」不是主流的發展現象，所以連幼稚園、小學生都把它當「特例」，也就因為是「特例」，所以電影才要拍它。

而通常在小學中、高年級時，大部分的孩子們都已經從自己父母身邊獨立出來，所以若還有人還不獨立出來時，便有一堆同儕會故意整這些少數的「Mama Baby」。「Mama Baby」在美國是很不被社會接受的特質，他們很容易會被同儕或社會恥笑、鄙視其「幼稚」，甚至會被排擠或整得很慘。

「Mama Baby」在美國是很侮辱人的字眼。但在台灣，我卻看到有治療師太友善地翻譯成「媽寶」。其實在美國，是要翻譯成「娘胚」。

「娘胚」其實還更特別指稱那些「兒子離不開母親」、「母親不放開兒子」的男生。（在美國，小女生黏媽媽還算可以接受，但若到了青少年還這樣，也是會被同儕叫「Mama Baby」。）

整體來說，在美國會想把自己變成社會化不贊同的娘胚不多，若有也常要被拿來拍電影，而且電影中還硬要把這樣「陰柔」的男生跟男同志連在一起。這也往往害一些男同志要喊冤，因為娘胚跟男同志真的是有差異極大的心理機制。有太多的男同志是相當獨立有想法的，很多也是早早就從父母身邊離開獨立，從他們不顧家人的反對也要自豪地當同性戀就看得出來。我有一位「零號」的男同性戀朋友便舉著他的蓮花指跟我說：「很娘娘腔不代表娘胚。叫他們不要搞錯！」（而事實上，美國研究男同志的教科書、期刊、自助書還有不少，男同志是比娘胚還被社會接納與認同的。）

基本上，我在寫書時，回頭去看那些特別零星提出「娘胚」的美國期刊文章，其實大多出現在「次文化」（sub-cultural）下，大多是由亞洲人、猶太人或義大利人的治療師所寫，或許就是因為他們的次文化下較容易有著過度緊密的家庭關係，才特別能夠看到「娘胚」現象。而在這「娘胚」現象下，也是特別指稱那些「兒子離不開母親」、「母親不放開兒子」的男生。然而，這些文章很冷門。

另外，有意思的是，在這些冷門的美國娘胚文章下，它不再多述娘胚延伸的「三角習題」，就是成年男子結婚後仍把媽媽放在伴侶關係中的現象。或許，就因冷門下不能再更冷門，所以再寫的話就沒人看了；實在也是常模中的美國人是不跟父母同住的。

然而，當我回台後，面對「三合院」下的緊連文化，卻赫然發現一個又一個無法漠視的「娘胚」，而且坦白說，在台灣還真的是要翻譯成「媽寶」，台灣的文化下，大多數的人會鄭重地說，這樣緊連母親的男孩子是「孝順」的。

當然，有了文化的加持，「媽寶」就更離不開媽媽，媽媽就更不想放開兒子了。可是，在「不放開兒子」的台灣文化中，延伸出的問題真的不少，再也不是「孝順」兩個字所能夠解開的。最常看到的是：㈠未成年兒子不上學／成年兒子沒工作在家賴著，㈡婆媳問題。

溫吞兒子

先舉幾個例子來講解。我不一針見血地點出到底是：㈠未成年兒子不上學／成年兒子沒工作在家賴著，還是㈡婆媳問題，因為這樣的家庭總讓我覺得「暗藏玄機」。

案子剛來時，主述是母親抱怨念國一的兒子「太溫吞」，在校很懦弱，常被欺負，怕面對衝突而請假在家躲著。第一次見面時母子皆來，一開始便是媽媽霹里啪啦地敘述問題狀況。然而這個溫吞孩子的母親一點都不溫吞，暫時我們叫這母親春枝好了，四十一歲的春枝說話速度又快又急，而且主題會每三秒鐘換一次。春枝的表情亦是緊張焦慮，眼睛旁的肌肉會抽搐，眼珠因迫切地想要解決問題而快要爆出來。開場沒十分鐘，我已經連續好幾次都還在思考春枝的上一句話，她便跳到另一個方向。

春枝說她做事很有效率，而且是「千手觀音」，很多事情在短期內便可一下子都完成。我真的很難追上她的飛速，我也不知道春枝講話的時候有無記得呼吸？至少她的速度之快，讓我差點沒空檔呼吸。後來，我常常要示意春枝等一下我，要不然我就缺氧了；再不能讓媽媽停一下時，我的手就必須伸過去拍她幾下，並且很努力地請她不要亂跳主題。

沒一下子，我明白為何孩子溫吞了。因為當春枝說話快的時候，連我都會要她慢一些我才聽得懂，更何況是跟她生活十多年的兒子呢？很有可能兒子就是想藉著他的「慢」來使母親慢下來。這是一種很奇妙的平衡法。

我問兒子，當他追不上媽媽的時候，他有什麼感覺？他說：「覺得自己好糟，有罪惡感。」我這心理師也有一樣的同感，追不上媽媽會讓我覺得自己耳朵不夠好，腦子不夠靈光。我將這感覺坦白跟母親說。春枝聽了有些靦腆，她清楚她並不想讓別人覺得糟，她想要的是把問題解決，所以她想想之後，她願在諮商中刻意放慢下來使彼此了解。

春枝很在乎她這唯一的兒子。當她知道兒子在國中常被同學欺負且又逃避面對時，她便不時跑到學校去，跟學生、老師及學生家長直接商討如何解決問題。然而，春枝愈是出面，兒子愈是被同學「暗算」。春枝覺得「學校沒用」，所以她想只能用轉學的方式來解決問題。然而，兒子並不覺得一定要用轉學才能解決問題，他覺得這些「暗算」並不是不能承受，「撐一撐就過一天了。」春枝一聽到兒子這句「溫吞」話，急得直跳腳！春枝細數兒子被整的事件，她氣炸兒子水瓶被丟進廁所馬桶、書包被畫烏龜、桌子被翻、考卷被改答案、睡覺時頭髮被灑衛生紙屑……氣到顫抖的她指著兒子的頭說，她怕兒子「有一天怎麼被害死的都不知道！」兒子的頭無力地低下了。

我看到的是，「在諮商室中」兒子怕的是媽媽生氣。我也立即點了這狀況讓她知道。

媽媽卻立即對兒子說：「你怕我生氣做什麼？怎麼這麼沒用！我又不會把你吃了！」春枝很著急，很擔心兒子，但她表現出來的卻是一句句地嫌兒子「沒用」。

我看到的是，當她愈著急、愈凶，孩子的頭就愈低，愈不知該怎樣才能有用。其實，這幅畫面給我的感覺是，兒子對學校並沒有很大的無力感，而是面對母親時他不知如何是好。

春枝開始自怨自艾，她不明白為何像她那樣獨立自主又社交活躍的人，會養出一個如此溫吞的兒子。春枝自豪地說她從小就吃了很多苦頭，父母一直忙著工作，長女的她一手要幫忙帶大其他五個弟妹，她說這就是她如何能發展出千手觀音的功力把事「全做好」的緣由。她急躁地感嘆，她不了解為何有能力帶大五個弟妹的她，會無法帶好自己的獨子？感嘆中或許春枝有自豪自己能力的部分，但一方面她指責了她自己也指責了兒子。然而指責對於引導一個孩子並沒有問題解決的功用，唯一有的是內疚。兒子的頭垂更低了。他覺得他很難像媽媽一樣強。

平常遇到這樣強弱差距太大的母子，我會先將媽媽暫時請出去。如此我才可以知道，兒子在沒有母親壓著的時候能跳多高。

單獨跟兒子談時，他在輕鬆緩和的氣氛下，其實很能表達自己的意見及想法。他說他在學校會被欺負，是因為他「太白目」，一開學時太愛跟老師檢舉、告密同學的不是。（他老跟老師說某某人抽菸、翹課、上課使用手機……）後來他發現，國中生跟小學生太不同了，小學生會怕老師，會想守規矩，但國中生不見得每個都像他一樣仍乖乖地努力守規矩。他發現，媽媽每天在家要他做的規矩事，只有在家中適用，在學校他最好就是「封口封眼」，管好自己就好，可是媽媽以為他在逃避面對衝突。而且他也真的看到，在他「收斂」一些之後，整他的同學不見得不想放過他。

後來，兒子之所以不來學校，其實主要是不想讓媽媽再去學校。但誰知，他算錯這步棋了，媽媽反而因他不去而更常去學校。兒子暗嘆了一口氣，他想他還是去學校好了。

媽媽太心急，天天聽兒子說學校生活時已急的不得了，看學校又不把兒子被欺負的事「認真」處理，媽媽「受不了學校的忽視跟龜速」，媽媽覺得「事情不能那麼簡單就算了」、「一定要討回公道」，所以反而當事情快緩和時，媽媽憤慨、積極找學校要把事情「喬好」，使得狀態只能一直持續白熱化，溫度不旦降不下來反而升得更高。兒子其實有些覺得是媽媽「害了」他……

爾後，當孩子愈想降溫，母親愈急，看在母親眼中，兒子的做法叫作「沒用」。但是，當母親愈急，孩子愈想息事寧人。

媽媽似乎看不到兒子可以息事寧人、自己解決問題的能力，我轉而詢問母親：「倘若先不聚焦在兒子的目前狀況，此情境讓你聯想到生活中曾經發生的什麼？」

春枝認真地回想，她說：「讓我想到我無能的老公。」兒子則主動插話說：「讓我想到媽媽老是訴苦無門。」難怪兒子「白目」地在學校猛告狀，其實是在幫媽媽做家中未竟事務。媽媽看兒子跟她這麼「母子連心」地想幫她，眼眶紅了，哽咽起來。忍不住潰堤地哭。

兒子說：「我知道媽媽在哭什麼。十幾年來奶奶對媽媽百般虐待。爸爸又不幫忙擋。我一個孩子又使不上力……」他這麼一說，春枝更是哭得厲害，竟然兒子將一切看得那麼清楚。在此春枝不需要再硬撐了。

我們都看到，春枝急的並不是兒子的學校狀況，這只是個幌子，她了解兒子其實有能力自己照自己的方式及速度去處理，不需要她插手，她真的想處理的是——十幾年來難消解的婚姻及婆媳衝突。

春枝答應兒子「暫時不介入」學校的狀況，也同意不緊張地天天追問「後續」，意思就是她不再用她的速度在兒子前面拉著他跑，或者用她的方式去框架兒子要有「她要」的成效了。她允許自己在兒子學校這區塊「放下」，讓兒子用他自己的方式去試著改善與班上同學的關係。

後來的一、兩次諮商，我建議春枝單獨來談就好了，要談的是她的婚姻及婆媳問題。孩子不再是諮商主角，春枝才是。我若要做的是母親對兒子的放手以及信任，則要從根部處理春枝跟老公、婆婆之間的關係，大人之間十多年的衝突糾結，才是目前孩子狀況的源頭。

春枝說她的婆婆是一個極嚴苛、霸道、不放兒子的人。然而，當春枝這麼說的時候，她再次靦腆地笑，她發現她跟兒子的關係再不修改，也快「十分」像了。

春枝的老公是長子，當然她就是長媳。她嫁進的是一個極傳統的家庭，十多年來跟公婆同住在一個屋簷下。而在傳統家庭下，有著最傳統的長子、長媳重擔。然而，再多聽春枝說，她所謂「傳統家庭」的意思還真像日本「阿信」一樣地忍受折磨，承受不公。春枝述說了好多「磨難」，她的重擔就是天天承受一大堆夫家的無理要求及斥責，別的姑嫂叔伯不用做的，他們家都「被強迫做」，不需要忍受的也要「被迫忍受」。

同住一個屋簷下，婆婆對春枝沒道理地比對其他媳婦嚴苛。婆婆有兩個女兒住附近，天天都會一家大小帶回家吃飯，婆婆指令個案要一肩扛起餵飽十幾張嘴的責任。責任之重，讓個案整天都在廚房忙完一餐之後又要忙下一餐，煮的東西又被婆婆嚴格要求「必須媲美五星級大飯店」……春枝整天幾乎都在廚房像小蜜蜂一樣地忙進忙出，要「完美」地餵飽十幾個人，難怪春枝發展出千手觀音的功力，動作要極快、腦子要極快，絕對不能單一運轉而必須要多重任務地運轉，而且動作快之下當然講話也跟著快才有效率。春枝說，現在只要一想到「煮飯」就「嚇都嚇死了」。然而，婆婆對自己的女兒則一點都不苛責，她們回來是「客人」，什麼家事都不用做，還可以帶便當回家，有著雙重標準的不平等待遇，當然，這更加重個案的不平衡。

而菜錢、生活費及一些公婆的生活開銷皆由春枝他們扛起。春枝說到此處極度委曲到落淚，她說他們一家三人過的是勒緊腰帶的生活，以供其他十幾人的快樂。很累，真的很累。

然而，老公在婆婆面前一點勸擋的聲音都沒有，也不會安撫春枝，春枝很多次都痛苦、憤怒地在煮飯時很想拿把刀往自己的心捅下去。「跟伴侶的親密感沒有就算了，還要在他們家像當下女一樣被使喚……」這是「雙重剝奪」。春枝極度無力、無助、孤單、憤怒、悲傷……她雖然能力強，卻也不能天天這樣被過度使喚，身心不被照顧。一大堆的「忍、忍、忍」，承受過多的不公平又沒宣洩管道，要使人不生病也難。

春枝在原生家庭中有著傳統吞忍的美德，但「吞忍是有限度的」，過久、過高，使她不只是有長期的憂鬱症，更有身心症。春枝有很嚴重的身體疼痛，尤其是肩、頸、膝蓋，通常這幾個部位的疼痛都代表承擔得過多。她每次來時，身上都是重得不得了的中藥藥膏味，要不就是拔罐留下的一處處瘀紅。而五年前發現的乳癌也在治療中……（通常我很在乎個案的身體狀況，因為很多都是心理引起或加重的不適與疾病。我看到很多女性在情緒極惡劣又無得宣洩時，極容易在乳房及子宮這兩個「婦女」才有的器官有癌症。）

終於，她在兒子十一歲那年，再也受不了，有一天在廚房煮飯時崩潰大哭，她憤怒地用力將菜刀插在木頭餐桌上，圍裙一脫，火爆地衝進客廳跟婆婆鬧搬家。她當天跟兒子直接搬出去，借住好友家（春枝想搬走已想好久了，她早跟朋友計畫好如何退出）。老公見春枝心意堅決，再也不可能回頭，終於，在一年前好不容易說服自己也說服自己的媽，一家三口搬出。但是，十幾年累積在春枝內心的陰霾卻不是那麼快就可以消散掉的，更何況她身邊那個搬出來的老公，還是一下班便回媽媽家幫忙處理媽媽的大大小小事……

春枝痛苦地抱怨說：「他永遠都膩在他媽媽的胳肢窩底下」、「他媽媽一叫他，他跑得跟風一樣快；但我依樣畫葫蘆叫我老公，卻比拉死馬還難，我還會裡外不是人」、「我老公他愚孝」、「他媽媽老在跟我搶老公」、「我老公跟他媽媽的臍帶未斷」、「他老把我跟他媽媽做比較，我永遠都是那個比輸的」、「他跟他媽媽講話的時間永遠比我多」……

伴侶的兩人世界多了一個人，當然明顯是太多了。尤其當這個第三者是自己婆婆的時候，還有著傳統倫理道德的加持，多了一層傳統「孝順」的價值觀來枷鎖住老婆的不愉悅，反而「傳統倫理道德」是剪不斷、理還亂的元凶。

老公一直扮演著親友及鄰居眼中「孝子」的角色，貼心地在他媽媽前後繞，但是他跟媽媽距離太近，跟老婆卻距離太遠。春枝自己分析夫家的家庭關係，她說她的婆婆跟公公關係一向疏遠，婚前婆婆便習慣一直霸占著長子，有什麼心事便都跟長子說。婆婆太理所當然地「以傳統之名」抓緊她的大兒子，婚前就明說了長子「一定」要住在一塊。當時，春枝誤認那個狀況叫「得寵」，所以她傻呼呼地以為，她嫁過去以後便也會是婆婆的心腹，可以稱職地延續她體恤長輩、擅理家、擅交際的長才。春枝在原生家庭本來就是極有責任的長女，結婚之前她竟也莫名其妙地被這傳統家庭的「責任」及「使命」給吸引。誰知，婆婆把春枝視為「搶我兒子的人」，一踏進夫家，婆婆便敵對地把春枝當眼中釘。

而且所謂「一山不容二虎」。婆婆不像春枝父母一樣總是沒空在家，一切都可由春枝決定並一手打理就好；婆婆不只是一天到晚都在家，而且大大小小的事都要春枝依婆婆的方式走。春枝在原生家庭中本來做什麼都對的，嫁過去之後卻做什麼都不對。春枝在婆家超級適應不良，而且大大認知失調。春枝苦苦地說，打從嫁過來之後，她天天都挨罵，婆婆天天在替她做「人格整型手術」。

春枝正式面對她的老公是一個臍帶未斷的男人，這三角關係讓她不舒服十多年了。自然而然，無奈地，十幾年來跟老公疏遠，春枝便只好跟自己唯一的兒子距離近，變成她也只好什麼心事都跟兒子說，把兒子當成情緒配偶。她看到，當她愈不能改變自己跟婆婆及老公之間的三角關係，她愈是轉移焦點至孩子身上，自己也在複製婆婆跟老公之間的三角模式。春枝嘆了好大一口氣。

春枝知道方向不對，她要的是伴侶之間的親密關係，而不是親子之間的過度黏密。

兒子一向很乖、很守規矩、很聽春枝的話，兒子除了怕自己一閃失便會害媽媽被奶奶罵（奶奶常不只是吹毛求疵，還可以完全不講理地拿亂罵春枝當作「每日運動」），兒子更想彌補父親在母親那的缺席。

春枝看到，孩子並不是解決春枝問題的關鍵人物，孩子倒是大人一堆問題之下的無辜受害者。她也看到，兒子可能就是因為長期在家庭中壓著不敢出聲卻又想幫媽媽忙，所以才會在學校「白目」地一抓到機會就跟老師等象徵「公正」的人物告狀，想幫媽媽「出一口氣」。但兒子也很像長久在夫家壓抑的春枝，當事情已燒到自己身上時（有人整他）便採行忍耐再忍耐的方法。兒子也看到，當春枝火山大爆炸時走的太極端，他認同不來，也模仿不了；而兒子最擔心的是春枝在爆炸時沒人照顧她，所以他貼心地用「溫吞」來努力降火。春枝此時落淚，她很不忍心兒子的傻，她知道，自己要先化解自己跟先生、婆婆的三角關係，降低自己的情緒困擾，她才能幫兒子不再擔心她。

搬出婆家才一年多，面對面的衝突少了很多。光是不用天天不斷地煮飯便大大降低春枝的焦慮。縱使老公目前仍每天一下班便往媽媽那邊跑，至少春枝在不想回去時就不用強迫自己一塊回去。春枝半帶幽默地說：「我本來是全職女傭，現在至少轉為兼職，而且是想去才去。」春枝的自主權、人我界線大大增加。看來搬家後，春枝有個自己的家，不只是象徵性地有個大門擋住婆婆跨過界線，更重要的是，能夠「作主」更是幫助她重新接觸她的靈魂核心。

在看來像是冤家的關係中，或許有太多我們這輩子需要去面對的自我缺陷，而這些改變的力量偏偏有時候，在太平靜的家庭中學不到。就比如春枝的例子，一個容易被傳統包袱捆得死死的媳婦，可能就因從小她活在有傳統包袱的原生家庭中，容易把「吃苦當吃補」。她可能一直不太懂得要合理的發出自己的聲音，以及適當的表現自我保護的力量。像春枝便是在成長過程中不斷累積抗壓的能力，但後來卻變得抗壓性太高而將一切扛得太理所當然，反而在面對危險訊號時，不懂閃躲或甚至看不見。

然而，若繼續用傳統小媳婦忍氣吞聲、凡事逆來順受的方式，只會助長春枝她個性中悲情的部分，於事無補；而且還會更助長婆婆的氣勢及盲點。一切只會加強惡性循環。

這傳統媳婦可能要擁有的是跳脫惡性循環的智慧，以及放手一搏的力量。在傳統包袱下，要看到「出走」真的不容易，但是，個案要學習的是讓老公面對自己的媽媽，而不是由媳婦去面對婆婆；若老公仍不能學習面對自己的母親，或許媳婦選擇出走也不見得不是一條路。

從這個角度來看，老天爺會把我們放在一些不安逸的情境便是在協助我們深刻學習。或許只有在很多改變傳統包袱的處理之下，反而個案才可以跟一個不講理的婆婆跟老公做有力的溝通（與抗爭），並在衝突後得到真正的平衡，而不是忍氣吞聲下的假性平衡。（然而，在我督導學生的經驗中，我發現，一個也是被傳統包袱捆住的輔諮所學生，這學生也是較難找到跳脫傳統上惡性循環的方式及力量。督導所能做的便是協助學生跳脫。一旦跳脫，這跳脫能力就變成是學生自己的能力了。）

春枝後來還發現，她並不見得需要跟老公修護關係到什麼程度，「沒修護也沒關係」。畢竟她結婚前是個極活躍有熱情的人，她很容易交有品質的朋友，亦很懂得如何充實生活。重點其實是她的自主權不被剝奪，便可讓她快樂。

春枝的故事讓我感觸到，很多青少年的問題其實是在敘說父母的問題。

在諮商中，我看到有一些二、三十歲，甚至四、五、六十歲的男人，縱使結了婚卻仍然跟自己母親沒有剪斷臍帶。外表看起來好像男人跟母親有著很濃厚的親子關係，事實上卻老是把母親放在夫妻的親密關係中。

有些時候，家庭、夫妻關係不好，是男人的媽媽夾在中間在搞破壞，也有數不清的時候是男人自己在搞破壞。就像春枝的家，假如她的男人能夠有力地在婆婆跟妻子之間做好的緩衝與協調，其實狀況不會太糟。

但不管是母親還是男人在搞破壞，他們都不覺得是自己在搞破壞，大多數的時候，還會覺得是那個「外人」的媳婦在搞破壞。而往往第一個接觸諮商的人也會是媳婦。然後第一句重話常是：「我受夠了！」

曾經跟不少台灣媳婦談過，總覺得這種跟母親臍帶未斷的男人使太太不憂鬱也難。

在台灣，我常常看到一堆婆媳的問題，而且超紅的八點檔連續劇也常常是演跟婆媳有關的哭鬧戲。有好幾個婆婆媽媽的個案跟我說，要趕八點之前回家，因為她們就是要趕著看這樣家庭糾葛的電視劇。為什麼觀眾愛看？是因為在台灣家庭中，真實上演婆媳問題的普遍性太高了，她們看了這些戲劇覺得太能感同身受。我們也不得不訝異一齣連續劇可以演好幾百集，幾年了都還在演（比如說，民視的〈娘家〉）。

倘若男人的母親跟他們住在一塊，這種狀況通常會比那些母親沒有跟他們住在一塊、或者母親早已過世的還要來得剪不斷，愈理還愈亂。但不管是怎樣的時間空間所造成的距離，常常都擋不了這樣臍帶未斷的男人跟他母親之間的關係。因為我也曾遇過那種母親過世好幾年，男人卻還常常判斷事情時要搬出母親的角度來衡量，言語上有的還會出現：「我媽曾經這麼說」、「我媽會這麼想」。想想看，一張床上老塞了個婆婆在中間睡，夫妻感情能好到哪裡？

在諮商中，我常聽到一些再生活化不過的小事，但放在夫妻中，往往會釀造成大事。比如說，太太可能只是說：「下雨天衣服不容易乾，明天再洗」、「小狗該去大修美容了」、「有個燈泡壞掉」……其實這些事是平常很容易就發生的，而且跟老公的「品德」不怎麼相關。然而，微妙的夫妻關係來了，男人在長久「幫母親完成太多期待」下，很容易就發展出一套「自我殘害的自動翻譯系統」。

延續剛剛所說的例子：「下雨天衣服不容易乾」，男人容易在腦中自動翻譯成「衣服沒乾是他的錯」；而「小狗該去大修美容了」，男人容易翻譯成「小狗醜是他的錯」；「有個燈泡壞掉了」，男人容易翻譯成「燈泡壞掉是他的錯」……女人很難去了解，為什麼男人都翻譯成是自己「品德」上的錯？

其實，跟男人兒時接收太多母親過度沒界線的期待，聽太多母親的苦水，以及他被太多苦水淹沒有關。男人的腦中可能會想：「母親會有一個期待又再一個期待，一定就是我能力不夠好。」「母親這麼苦，苦了那麼久卻都沒有改善，一定是我不夠好，是我的錯。」

所以難怪在他身邊的女人往往不知道自己到底說錯什麼？做錯什麼？因為自己的態度其實也不算在抱怨，只覺眼前的男人莫名其妙又被惹惱，不知哪一根筋有問題？老婆真的很難明白，一句再平常不過的話，竟然可以引起男人對自己老婆的超級不滿。

其實很有可能，男人的那些不滿是來自歷史上「老是忙著完成母親的期待」有關。日子久了，那些期待都叫作「沉重的要求」。

通常再往下探索男人跟他母親未解的心結時，有意思的來了，我們會發現男人在婚姻中，往往會將自己跟母親的議題強烈地投射到跟自己妻子的關係上。愈是跟這樣的男人談，愈是發現男人其實往往是卡在跟自己母親累積好幾十年的心結，卻莫名其妙地老往不相關的太太身上出氣、找答案。

所以在伴侶關係中，聽到這些雞毛蒜皮的生活小事抱怨，聰明的心理師可能不只是從中處理伴侶兩人的衝突，還要再往回頭挖男人跟他母親之間未解的心結，請男人不要亂出氣在不對的對象上。

很多時候，男人以前不知如何跟母親溝通互動，現在也仍在苦惱怎麼跟母親溝通互動，但是他卻常常轉移這種僵化、溝通不了的挫折至老婆身上。但男人不會覺得自己是在苦惱、不知如何跟母親解決那心結，反而他會帶有一些鴕鳥的心態，或者是一些莫名其妙的怒氣，老「外在歸因」地覺得「是太太有問題」。

當然太太被「誣賴」會是很不舒服的事。

倘若母親常跟兒子吐苦水，男人很容易在已承受不了自己母親時，也承受不了太太有任何一丁點的負面情緒或用字，很容易投射性地覺得太太情緒化、囉唆嘮叨。若男人老不甘願地被自己媽媽拉去當購物時的司機及挑夫，男人很容易會在太太需要去採購時嚴重抗議並想要罷工。跟臍帶未斷的男人在一塊真的很辛苦，也很痛苦。女人難過這樣的婚姻常常不像婚姻，男人可能像是在跟母親長年外遇，門關起來認真去深談時，往往是波滔洶湧的不滿。臍帶未斷的男人在工作上可能是個可圈可點的人，但一進入家庭，領域不同、性質不同，思考有時便變得不成熟，有時在家講話、做事還會幼稚到一個極度傷人的點。而偏偏在幼稚時，便會把伴侶關係給搞砸。說幼稚是因為，他們很容易在伴侶跟他的生活習性有差異、意見不同時亂發脾氣，他以為在他母親前胡鬧的戲碼，仍可以搬到跟太太之間演出。

其實說穿了，母親過度緊密的特質會雕塑兒子的過度敏感天線及矛盾特質。夫妻關係有問題，真的是男人跟母親的臍帶未斷、心結未解。

逃婚

在婚姻治療中，我亦常發現，男人在潛意識中常常在找伴侶的時候，找了一個跟他母親很像的女人，或在婚姻中，一步一步將他老婆變成跟他媽媽一樣的女人。

若母親很強勢，他很有可能找了個很有活力、有能力的女人，然後再控訴女人控制慾太強。

若母親很傳統，他很可能找了個聽話、意見不多的女人，然後再抱怨女人太懦弱、沒眼界。

若母親神經質、善變，他很容易看其他女人都是歇斯底里、不一致的。

若母親很疏離，卻常常搞破壞，當女人太靠近或太過於遠時，便都會使他不舒服。

若母親很倚賴，他很容易討厭那些太過倚賴的人，但也不愛太獨立的女人，因為太獨立的女人會讓他沒使命感。不管母親是太疏離或太倚賴，男人很容易徬徨在獨立自主及凡事無能的兩種女人當中，也很容易有親密關係的承諾恐懼症（乾脆都不做選擇，無法在關係中停留太久），有些男人在自我無法整合下，便從外遇、劈腿不同的女人中找到一個假的整合……

似乎在選擇伴侶時，在潛意識中就是有著一個導航系統，引導著男人去找一個跟他母親特質很像的女人。為什麼會有如此現象呢？因為似乎唯有如此，才容易尋求修復、校正或彌補兒時跟母親解不開的心結，而偏偏那個最方便解開心結的地方就是在伴侶、婚姻關係中。

在一個人未好好地做自我整合前，往往我們在婚姻中看到的是「歷史重演」，男人跟母親上演的戲碼很容易又「換湯不換藥」地重演在跟自己老婆身上，而男人又會因為跟老婆關係不好，老婆便轉身跟兒女變得過度親近，兒女跟老婆關係過於緊密，進而產生離不開家的孩子。這就是Bowen在家庭治療中所說：逐代下降的自我分化程度。也難怪男人還會罵自己的兒子：「為什麼我以前都可以凡事自己來，你卻不可以？」其實男人要看的是——自己為何跟自己的母親離不開，卻跟自己的老婆離這麼開。

接著再用一個真實案例講解。第一個案件剛來時，表面也是因為孩子的問題。國二，男生，已經休學，留在家中已有一、兩週。

通常在我的想法中，會長期留在家中的孩子比較慘，因為除了孩子本身的先天個性特質之外，孩子吸收到大人的負面衝突似乎會更多。

暫時叫這母親為亞慧，兒子為仔仔。當亞慧帶著仔仔出現時，我看到這個國二的兒子雖然身高近一百七十公分，卻駝背、低頭、無精打采、雙眼無神、全身瘦弱得像個骨頭散掉的一百五十幾公分臥床老人。亞慧則一臉愁苦、煩惱、擔心、悲傷。

不等我暖場或架構，亞慧劈頭便抱怨孩子的休學是因為國一的同學排斥、欺負他，國一的老師太霸道、太粗魯、講話都「大小聲亂叫」、不公道；她兒子被同學惡作劇關在廁所，「學校卻只是記那些人大過一支，他們應該要被轉學」；孩子在班上沒有朋友，都必須到其他班去找小學時的同學，媽媽還要常常拜託那些小學同學到他們家玩……當我聽到這裡時，我大概猜想這是個離不開孩子的媽媽。因為母親太主導、控制談話，她太想矯正孩子的不適，話中的外在歸因多於內省及內在力量，而且，媽媽一直強調「外面不安全，家裡才安全」的訊息。

仔仔傾向跟國小同學玩，而且已經休學留在安全的家裡，孩子明顯適應不良，無法從前一個成長階段適應到下一個階段，並且他僵化、卡在前一個階段。基本上，我覺得一個孩子沒那個動力離開僵化的階段，多少是家長拉住孩子所致。一個孩子通常不會自己拉自己。

亞慧接著說，他們兩邊的家人在仔仔未出生前，便都非常寶貝這個用試管才做出來的唯一孩子，她想要表達的是：「仔仔是個極珍貴的寶。」（亞慧自己很快地將整個家庭系統給勾繪出來，原來雙邊家族都拉著仔仔留在家裡。）當然，這麼難得生出的一個孩子，家人便從出生前就戰戰兢兢、小心翼翼地呵護，更不用說出生後，能防的就防、能擋的就擋，感覺就像在保護放於保險櫃裡的陶瓷娃娃。

亞慧說了一個很嚇心理師的事，她說仔仔一直到國一下，還跟她「在同一張床上一起睡」、「趕也趕不走」。我當時立刻想到的是，很可能是亞慧不能放孩子走，而且亞慧可能是從雙方家庭那得到「要好好保護仔仔」的訊息，責任一加，若放孩子走，可能還會是「失職」。那老公睡哪？她說：「因為老公要很早起床，怕吵到他們，所以他七、八年來都睡另一個房間。」我在此不覺得早起會是主因，而夫妻關係有裂痕倒比較有可能。

仔仔是在國二開學沒多久便休學，而亞慧開始鼓勵他睡回自己的房間是在國一上……仔仔休學留在家，似乎已很明顯地在抗議離媽媽太遠，他似乎是在拉近跟媽媽的距離。

我立即問亞慧有關仔仔不適應的時間流程，原來，仔仔在國一上，開學沒多久時，就已經在學校有適應不良的狀況，國一下時，仔仔在學校的狀況愈來愈多……亞慧為了要仔仔「獨立」

些而請他睡回自己房間，他爸爸也要求仔仔開始自己騎腳踏車上下學。不過，這兩樣「獨立」的「大」動作，似乎將仔仔嚇到了。

我很好奇亞慧平常都怎麼照顧兒子？亞慧說，直到現在，她「每天」都要幫兒子準備濕的毛巾讓他洗臉，牙膏要擠好，洗澡時準備好他的換洗衣物、濕浴巾也都要幫仔仔從地上撿起來。亞慧每天早上都要當人工鬧鐘叫他起床，並接送上下學及補習……基本上，亞慧平時並不鼓勵仔仔發展一般同齡孩子該發展的「自我照顧肌群」。這些肌肉倘若平時被忽略或被壓抑、完全不運動的話，很容易會萎縮、退化，超過太長一段時間靜置它，還很可能會造成難逆轉的殘障遺憾。

不知為什麼，我的腦中突然出現清朝女人裹小腳的影像，當時的風氣是以為一丁點的腳才是好看，所以從出生就刻意地去包裹它、縮小它，不讓它發展長大。我在紐約時曾看過裹腳的特展，有很多照片超級嚇人，有一些讓人看了還想吐。（我在看展覽時，除了聽到我自己不舒服的聲音，還一直聽到老外們此起彼落的驚訝、害怕、噁心聲音。）藏在裹腳布裡面的，有很多是十隻姆指往腳底強壓擠，往腳底重疊黏住的變形照片，整隻腳真的小得不得了，但是以當時的眼光絕對是符合超級美女的標準。

可是我認真地往腳底的照片一看，十隻姆指是歪七扭八地黏在腳底板；側面圖則顯示整個腳踝的肉也是歪七扭八地擠壓。基本上，這些腳姆指因平時被緊緊地裹在布裡完全不見光，沒運動過，是完全失去功能的。而且就那麼一丁點大的腳根本很難走，很難撐住整個身體的重量，很容易因重心不穩而跌倒。所以有很多有錢人家的女孩，父母為了不讓女兒們跌倒，就由傭人攙扶，或者乾脆縮小活動範圍，有的還乾脆在床上過日子，因為她們根本走不了！而當時代改變，裹腳布拆卸後，腳再也不能回復原來的功能及大小，超過正常發展時期，變形就是變形了，殘障到不能走就是不能走了。

當我想到這裡時，我自己全身顫抖。我害怕。我內心深層有個很想衝出來的聲音想跟亞慧他們說：「我可能幫不了忙。」因為要一個還沒上幼稚園的小朋友去跟一些國二的孩子們做一樣的事，實在是很困難。

當時我仍試探性地請亞慧暫時出去，留仔仔一個人在裡面談，兒子立刻很緊張，顯得手足無措，一副不准覆蓋在頭上的母老鷹翅膀離去的樣子。但，當母親不在孩子身邊時，我最大的發現是，兒子並不像跟母親在一塊時那麼退化。駝背、低頭雖沒變，但他說話的聲音卻可以漸漸比蚊子的聲音大一些，偶爾眼角也會稍微瞄我一下。

從他極微弱的聲音中，我很吃力地聽到仔仔說他不想上學的原因是：「家裡比較舒服」，事實上也的確如此。他很委曲父母親在把他弄得習慣留在家裡後，現在卻又推他去上學。家裡一直擺明了就是有父母親在伺候他，尤其是母親對他根本「寵上了天」，他很不想改變這現狀。他也不想父母為了他而吵架不斷，不過，事實上，父母從他小時候便一直爭執不停。最後這一句話我聽得很清楚。

之後，我一樣不太需要跟兒子談如何回學校，需要談的是父母親如何懂得跟對方在同一個屋簷下和平相處，如何允許孩子長大，以及如何合作將孩子推出家門。父母親才是使兒子留在家裡的主因，表面看起來雖然是母親跟兒子的臍帶黏得太緊密了，卻很可能先是因為父親跟母親的關係離太遙遠。

一開始亞慧會一直繞著兒子的話題在轉，不斷地外在歸因是學校不好、同學不好、教育體制不好……但這些話聽一下下就可以了，我話鋒一轉到她跟先生及婆婆的關係時，真相大白。先生就是一個上一代就臍帶未斷的男人。

先生是長男，亞慧是么女。他們家一樣是長男要擔起尊養父母之責任，亞慧也必須要跟公婆住在一塊。而婆媳住一起六年多，卻極度不愉快，不只是婆媳之間吵鬧不斷，更是夫妻之間吵鬧不斷，亞慧說：她「恨死婆婆，幾乎快把婆婆給殺了！」

我會在一個人沒殺對方時，眼睛反射性地去看看她有沒有傷自己，我瞄到亞慧手臂上有一些在當年自己用指甲自刮的舊傷，（這麼多年來若還能看到舊傷痕，表示她當年刮得很用力、很深。能如此讓皮肉疼痛地深刮，想必內心痛極了。）我摸了摸亞慧的舊傷，同理她的心痛。亞慧眼睛閉上不讓眼淚流出，深深吸了一口氣，搖頭、再搖頭。她好累，過得好辛苦。

突然，我腦中也立即捻指一算，婆媳住在一塊六年多，先生又跟她分房七、八年，仔仔是快十四歲的國中生……這便表示他們搬出來後仍沒解決夫妻問題，難怪仔仔說，父母從他小時候便一直爭執不停，然後仔仔這獨子多少把他們的夫妻衝突都吸收了。

亞慧最不滿的是先生在她這邊不支持、不體諒。他常抱怨亞慧「不像」他們家是一路辛苦過來的。（老公的爸爸在他十歲時出車禍死亡，這個若要去「像」也不太好吧！但有很多「苦過來」而且「離不開苦」的人傾向如此抱怨。）他嫌亞慧是出生在平順家庭的么女，「太不懂事」。亞慧心酸、生氣地說，「他們母子」一路互相提拔扶持，「有著極深厚的革命情感，旁人根本融不進他們的世界。」先生曾跟亞慧說：「我十歲那年便發誓不讓媽媽被任何人欺負。」在亞慧婚前，她聽了覺得很感人，她覺得他真的是一個會保護女人的愛家好男人，對於么女的她，極欣賞這種被保護的感覺。可是，怎知，先生真的只是要保護媽媽而已，對他而言，老婆竟然叫作「其他女人」，完全不在先生的視線範圍內。所以，出乎亞慧意料，先生在婚後是一面倒地幫自己媽媽教訓媳婦。

先生一面倒地幫自己媽媽教訓媳婦，這絕對是所有女性在婚姻中的夢魘，這麼做，不只會使婆婆有更多理由討厭媳婦，更會使媳婦完全當個婚姻中的寡婦。一老一少的女人會有可怕的戰爭，是因為夾在中間的男人「不會做人」，沒做好協調。而在此，男人還多了一項亂攻擊老婆。

我不自主地問了亞慧一句：「先生的爸爸有沒有外遇？」亞慧說：「有，而且他恨死那女人讓他媽媽夜夜哭泣。」我沒想到還真的有關，而且亞慧繼續說：「先生在他八歲時曾好幾個夜晚陪著媽媽去抓姦，眼睜睜地看他媽媽在那哭喊扭打。就算爸爸死後二、三十年，母子倆仍不斷咬牙切齒地提及外遇女。」

兩人團結起來對付外敵，的確占了他們革命情感的一大半，在此更是讓我看到亞慧的處境困難。或許，先生的亂攻擊是他把亞慧投射成爸爸外遇的女人。很可能，當他看見媽媽不安、難過的時候，舊腦中所記憶的自動保護機制使他將很多錯綜複雜的未解情感混在一塊，因而將亞慧當成攻擊對象。要不然，我們真的找不到有什麼深仇大恨會讓一個男人在婚後沒多久，便莫名其妙地去攻擊一個他當初熱情追求來的女人？

亞慧這下子頓悟，很多莫名其妙的狀況的確是在婚後跟他母親同住一個屋簷下時大大變化。先生婚前本來很敢示愛的，會對她又親又抱，講甜言蜜語，她就像小鳥依人一樣地覺得安全又幸福。可是婚後，他卻一步步地在他媽面前收斂再收斂，深怕他媽吃醋。亞慧想起來，在婚後不久，有一次他們小倆口臨時起意去看場浪漫的電影午夜場，但是一回家時便見婆婆鐵著臉坐在客廳等，婆婆當下冷冷地丟下一句話：「有了老婆就忘了媽了嗎？」婆婆說完這句話便立刻轉身進房，還故意假裝因獨守空等而受寒，用力咳了好幾聲。就這麼一句話及幾聲咳，老公趕緊進媽媽房間安慰她。婆婆用了苦肉計及悲情牌。當晚，亞慧便第一次嘗到身邊好幾個小時沒老公的夜晚。

亞慧說這樣搶男人的戲碼不知上演了千萬遍。她只知道，她跟婆婆利益衝突時，假如先生說是他的主意，婆婆便會跟他沒完沒了。但是，假如他跟婆婆說是亞慧做的決定，婆婆便似乎覺得是「亞慧害的」，婆婆會較安心自己的兒子沒背叛。在婆婆腦中有很奇異的運作模式。可是也是這樣的模式一再加深母子倆的革命情感，一再地將亞慧設定成他倆共同的假想敵。我在想，先生的確不能跟亞慧睡同一張床上，因為那會叫作「與敵人共枕」。

亞慧在精神科看重度憂鬱症已十幾年。她被先生長期拒絕在千里之外，冷冷地被掛在「怨婦」的黑名單。

結婚前她還有工作，但婚後一年多，她變得極無心力工作、狀況連連，老闆辭了她。在苦撐的十幾年，身邊的朋友一個個走掉，他們怕聽她重複抱怨、哀聲嘆氣、掉眼淚、吐苦水……很多勸她的人最後都建議她離婚，因為朋友看到婆婆不可能放人，先生也不可能離開媽媽。

亞慧在極度無力之下，將所有感情上的需要都移往兒子身上。很快地，她的憂鬱症傳染到唯一的孩子身上。亞慧已太習慣把生活重心全擺在照顧服侍仔仔，而且特別喜愛在睡前跟兒子在床上談心事。她不出門，連帶地，意識跟潛意識中，也不反對兒子因被同學排擠、心情不好而逐漸留在家中。兒子的被排擠跟她的被排擠是一樣的，她不知道怎麼讓自己跳脫，連帶地也不知道如何讓兒子跳脫。她常常覺得兒子跟她是連體嬰，是生命共同體。

先生出乎我意外地願意受邀來談，但他主要是為了兒子而來。他跟太太十幾年來懂得吵架，但真要面對面坐下來無防衛地溝通還真的是挑戰。明明兩人都是講中文卻聽不懂對方在說什麼，他們倆常常是雞同鴨講，而且彼此抗拒、攻擊對方的力量好激烈。

先生說他是因為工作太忙，所以才沒空帶兒子長大，但後來我看到他不努力去跟孩子接觸，是因為孩子讓他看見了自己的縮影。然而，他愈離開，亞慧跟小孩就只能更像連體嬰。

這對夫妻稍談不攏就將話題扯回到兒子身上，我察覺到，當他們覺得不安全時，便立刻用兒子當彼此的擋箭牌。我在最初的一、兩次伴侶諮商中往往要費很多力氣，才能將他們拉回面對夫妻之間的問題。我很費力地點出，光從他們話中那麼容易將兒子捲進來，便可知道兒子有多難離開家回學校去。坦白說，是他們不讓兒子離家的。然而，這對夫婦很難去相信，兒子的不上學跟他們關係不好有絕大關係，他們寧可堅決地相信，兒子是在小學畢業旅行時在森林區被鬼煞到才會變成這樣。

他們在仔仔國一上已不斷有狀況出現時，便陸陸續續帶他去寺廟和道壇收驚、作法。可是，夫妻倆在來回的車程中沒一次不大吵，仔仔耳朵都要掩起來才行。而夫妻倆仍在仔仔都做出掩耳朵的動作時繼續地吵。（難怪兒子在校很怕老師大小聲，他會想起父母的吵架。）亞慧曾想把自己改名叫「冠慧」。因為「亞」總是輸給「冠」。

當我在做家族治療時，心裡通常有個底：孩子的問題往往是個障眼法，伴侶的感情不和可能才是重點。一大堆被鬼煞到的解釋幾乎都是用「心鬼」來矇騙自己的說法。很多的家庭是先從「孩子問題」來諮商，但，最無辜的往往也是孩子。

當主述是以「孩子問題」來時，不能只是看孩子，也不能只是看夫妻兩人，而必須要將夫妻兩人跟雙方家長的關係一塊帶進來討論。基本上，大多會談到三代或以上。

這對夫妻後來在諮商中不願再去拉近彼此，只希望我有支魔術棒，一點就可以讓他們兒子奇蹟式地明天回學校上課，但是我真的沒能力如此做。每次諮商，他們都要求我給仙丹，這是不可能的任務。再經過幾次諮商，他們覺得可以為了兒子而彼此配合，有父母的角色就好，不用有夫妻的角色。這是我們最大的進展，也是在此情境下算合理的做法。先生在諮商中頗坦白，他執著地覺得必須要跟母親在一塊才叫孝順，他仍放棄老婆，這點他心意堅決。老婆則看見她「不是只有今天沒有老公而已」，她是已經哀悼丈夫的「逝去」十多年了，她覺得或許可以停止哀悼了。

而當亞慧在後來的個人諮商中，決定停止哀悼先生的時候，她的心頭便開了。她可以不用再當寡婦，也不用緊抓著仔仔才覺得安全。亞慧覺得在諮商中，對她最衝擊可是也最有助益的感想是：「我討厭我婆婆這樣，所以我千萬不能跟她一樣。」

亞慧希望，當她笑時，仔仔也會漸漸地跟著輕鬆起來。她不再催仔仔長大，她催自己從長期指望先生提供幸福的扭曲婚姻中長大，她相信當自己ok時，仔仔看得到，仔仔也會跟著ok。

再舉另一個個案，這是一個內在、外在皆現代感很重的二十八歲女生：

于珊，手機銷售達人，剛因流產而取消兩個月後的婚事。未婚夫是個三十六歲、沒交過其他女友的「宅男」，電機博士。他因為買手機而認識于珊，交往十個多月，同居在于珊的租屋處九個月。

于珊流產掉四個多月的身孕，本來只是要臨時延期婚禮的舉行，但，未來婆婆太愛在親友前有「面子」，硬要于珊不能養身休息而要如期舉行婚禮，就因婆婆態度太過霸道、不體貼，結果使得委曲不被同理的于珊在流產、籌備婚禮雙重大壓力下也變得反彈式地強硬，目前很認真考慮連延期都不延期，直接不結婚了。于珊說，她真的需要時間去處理失去孩子的痛，畢竟都已懷了四個多月的身孕，早有心理準備要當媽媽，這下子轉折太大了，讓她太難承受。所以愈沒休養到，心情愈是亂，愈是不可能在這節骨眼下結婚。看來，她抗議的不是婚禮，而是婆婆不體諒她需要休養的心。

于珊愈講自己跟未來婆婆的互動，愈是憤慨激動。于珊發現，其實也不是只在流產這事件上才發現婆婆的不體諒，早在籌畫婚禮時便發現婆婆愈來愈干涉，愈來愈指揮兩個準新人要做什麼事。從喜餅、婚紗照、喜帖、場地、聘金、嫁妝……每一件婆婆都要指揮到，婆婆最常說：「傳統禮俗不能亂更改，不然人會見笑。」

剛開始于珊覺得婆婆可能是「經驗夠、懂禮數」，婆婆是在「關心」他們小倆口，所以她還蠻願意去虛心接納婆婆的建議。而且她告訴自己：「上一輩的傳統跟新一輩的現代有衝突是多少都會有的，能夠尊重長輩就尊重吧！」于珊在同一輩中是屬於那種很知書達禮、通人情的聰明可愛女生。縱使她的雙眼已經哭腫得像熊貓，她仍散發出討人喜歡的態度及氣質。

但，後來于珊在跟婆婆密切互動時卻漸漸覺得不對勁，她發現：「似乎只有婆婆的意見算意見，我的意見不叫意見？」她開始納悶自己怎麼老是被婆婆反駁？甚至是用罵她的語氣。後來她漸漸明白，那個「傳統」、「禮數」背後所代表的就是「婆婆想的」、「婆婆感覺的」、「婆婆認為的」，一切似乎都是「婆婆要的」、「婆婆允許的」……于珊察覺到每當她被反駁一次，每不被採納一次，她便多少累積一些「沒出來的憤怒」。而且，于珊愈來愈強烈地懷疑：「這個婚到底是我在結？還是婆婆在結？」「到底是我要嫁給他？還是婆婆要嫁給他？」于珊不知道自己的定位到底在哪裡。我聽到這，我想她是遇上放不開兒子的媽媽了。（因為聽到這，我尚未聽到她的未婚夫做了什麼解決方法，只聽到一大一小兩個女人的衝突。）

有一個嚴重的狀況是：婆婆深怕她這個大兒子娶了媳婦忘了母親，所以也不問他們小倆口希望以後怎麼住，她便迅雷不及掩耳地趕緊打掉一間房間裝潢成新房，還到處跟親友、鄰居講她多替孩子設想，為孩子的婚事花了多少錢，做了多少事，連老房子都拆了……這叫小倆口真的是騎虎難下，不去住似乎也說不過去，「親戚及街坊鄰居可是很會嚼舌根的。」看來婆婆的勢力，可是有一票嚼舌根的親戚及街坊鄰居在撐腰。于珊本來很不想去住，但後來想想，「算了，新婚夫妻省點錢，勉強住一陣子之後，再因有了孩子會太擠而搬出來也行。」于珊其實還蠻會想的。

但是，當她看到新房及傢俱時，于珊兩眼翻白，那地方真的完全沒有自己現代感的味道，不像自己跟男友同居時「愛的小窩」那麼溫馨。當然，新房是婆婆規畫的，傢俱也是婆婆挑的，整個房間都是婆婆的味道……于珊頓時深深覺得自己都還沒嫁進門，便有一雙魔掌不斷籠罩、侵襲著她，這房間似乎就是個象徵性地的「牢獄」。于珊直覺告訴自己會在那動彈不得，她感覺脖子及手腳像是被婆婆給完全掐住一樣。她愈來愈擔心跟婆婆愈接近，她整個人的風格、自我皆會消失殆盡。

于珊跟我討論另一個可能的事實：「我的未婚夫是長子，生了孩子很可能會更難搬出來。」于珊的擔心不是沒有可能。的確有很多上一輩的人特別會把長孫當金孫，或者以「幫忙帶孩子」之由而更把小夫妻給綁住。

于珊愈回想，愈覺得自己的流產並不是純粹因為在忙婚事的準備，她是因情緒太低落、太悲傷、太憤怒所影響，或許肚裡的孩子最知道她在抗議跟拒絕什麼，畢竟在懷孕的過程中（也就是婆婆開始插手婚事時），她便常常因心情不好而吃不下、睡不著，不時還會過度換氣。（過度換氣的意義通常是：難接受外在的事實，吸不進去，外面的東西讓自己不舒服、對自己有害、是自己討厭的；內在，則可能是累積太多難排出的負面情緒。）

于珊覺得在時間緊迫下，一切太糾結在一塊，壓力太高，不光只是流產所造成的失落而已，而是有未曾面對過的操弄性親密家人角色（相較之下，于珊的原生家庭較有界線與人我尊重）。也難怪于珊自己說，自己的胎兒不想在這不好的氣氛中存活，很有可能孩子的離開是為了協助她自己能夠「在可以輕易離開那婚姻時離開」。于珊的家人本來是較疏遠的，卻也在此非常狀況下異常團結，異口同聲地支持于珊說：「有這款婆婆，絕不能嫁過去！」他們不敢讓于珊去受苦。他們想：「婆婆婚前就如此了，婚後還得了！」所以包括于珊在內，他們想：「乾脆也不用延期，直接取消婚禮算了。」于珊的直覺及理性也告訴她：「踏入這婚姻有危險。」

我進一步問于珊的是：「你未婚夫在兩個女人當中做了什麼協調？」

這一問可糟了，把于珊所有的怒火都激了出來，似乎是只要敲打球面最脆弱的地方，整個球的裂縫全變得明顯而且快被敲碎一樣。于珊氣到一把鼻涕一把眼淚，久久不能停，她難過最深的部分正是因為她愛的男人「沒有聲音」，讓她大大質疑這婚姻的可靠性，所以才把她弄到不想要結婚。未婚夫在媽媽面前不敢出聲，不敢跟自己媽媽談未婚妻的需求，他也不敢跟未婚妻談自己母親的需求。他不會從中拉攏、做協調。這才是刺傷于珊最大的主因。他太站在旁邊，放著于珊跟未來婆婆衝突地槓上。婆婆則強勢地認為兒子任由她作主，于珊在這樣的立場是又孤單又害怕，也大大地讓于珊有「危險」的警覺性。

一個男人沒有用，會讓一個現代感重的女人因傷心過度而跑掉。

于珊說自己的未來老公在跟她同居時很聽話，她萬萬沒想到「原來他更聽他媽媽的話」。他聽話的優點頓時成了最糟的缺點。他適應于珊只有短短十幾個月，但他聽從他媽媽卻已有三十六年多。慣性上，他跟媽媽的關係才是最能代表他心態的模式，而跟于珊的關係只是個暫時性的「借住」。于珊覺得無力透了！她最後決定不跟他結婚。

表面看來，于珊是跟婆婆槓了起來，是因為這個婆婆太霸道才讓個案不能進入婚姻。但，通常我在看「太過霸道的婆婆」時，不由自主地我會自動翻譯成「沒聲音的男人」，而于珊剛好就遇到這樣的狀況，她正有一個沒什麼聲音的未婚夫。

雖然有不少已論及婚嫁的伴侶是因男方母親介入太多而婚事夭折的，但最重要的也不見得是媽媽太強，而是男生太弱，是男生在伴侶關係中沒聲音、沒出力。若男生在伴侶關係中有聲音、出了力，挺著自己挑的愛人，那這段感情是會過關的。

目前有不少「宅男」就像這個例子一樣，是那麼地「愛」家，他們有不少就是離不開媽媽的兒子，就是臍帶未斷的男人。

或許有很多人覺得，三十多歲甚至四十多歲的男生沒什麼戀愛經驗是很「純情」的人，但看在我的眼裡卻常常覺得是「很可怕」的人。不符合正常發展，反而是個危險信號。

而且很多時候，一旦褪了熱戀時的火花，原本自己喜歡的特質都可能是自己所厭惡的。

就像于珊，她原先喜歡的是他的聽話，但在熱戀退去，有現實的狀況介入之後，她埋怨的就是他聽話底下的沒主見、沒自我以及倚賴心重。最迷人的特質反而成了最不迷人的特質。

以另一個跟于珊背景很相似的女性個案來說，這個案的個性一直很獨立自主，有主見，長女。從小父母離異，由外公外婆帶大，很早就自食其力，也很早就離開家了。而這個案的獨立自主剛好也是吸引宅男男方的最大優點，她有很多相似宅男媽媽獨立、精明、自控、控人的特質。同樣地，在熱戀退了，有現實的狀況介入之後，未婚夫埋怨的也是她獨立、精明、自控、控人的特質。

我曾經自己做了個很容易懂的圖表。或許可以舉幾個特質以供參考（詳見左頁）。在上方是我們「戀愛之初」看到對方的特質，下方則是「熱戀褪了之後」看到對方的特質。而那熱戀褪了之後看到對方的特質，往往就是「自己最受不了自己父母的特質。」

戀愛之初看到對方的特質	熱戀褪了之後看到對方的特質（自己最受不了自己父母的特質）
心思細膩	龜毛、吹毛求疵
有正義感	得理不饒人、愛出風頭
有赤子之心	幼稚不成熟
活潑	不負責任、過動
做人有原則	僵化、固執
愛冒險	喜歡打野食、不能過安逸生活
獨特、與眾不同	言行怪異
感性、有藝術細胞	歇斯底里、難以溝通
說話風趣	風流當有趣
節儉、擅理財	小氣
懂得照顧自己	自我中心
天生樂觀	太天真
敏感	鑽牛角尖
擅交際	不愛回家的人

聽話	沒主見、沒自我、倚賴心重
傳統	千篇一律、無聊
獨立有主見	霸道
會替別人想	干涉隱私
負責	控制慾強

註：基本上，這表格內容可以用在大多的伴侶關係中，並不只有用在跟臍帶未斷男人的關係上。

乍看之下，戀愛的確使人盲目。好像很容易是「當初買蘋果，打開一看卻變橘子」。但坦白說，這盲目之下有我們潛意識在導航的系統。就像很多盲人眼睛看不到，卻知道自己在做什麼一樣。戀愛其實一點都不盲。因為我們都在潛意識中，很容易愛上可以讓我們處理成長過程裡和父母未解心結的伴侶。

我發現，會喜歡上臍帶未斷男人的女人，在她小的時候，最在乎的重要他人往往不在身邊。（這些重要他人可能是因工作、離異、死亡等而人不在場，或者人在場卻情緒不在。）所以往往在意識上，她很容易會被不離家太遠的男人給吸引，她會想要彌補那種小時候重要他人不在身邊的「空」。

但是，熱戀期過了之後，或者現實狀況介入了，她會漸漸地看到不離家太遠的男人不是離「她的家」近，而是離「他媽媽的家」近。當他愈離他媽媽的家近的時候，她就愈覺得他離她的家遠。再一次，她落入了成長過程中最在意的「空」，她的男人不在她身邊。潛意識中，說得更深入些，她是被「不在自己身邊的男人」給吸引，而臍帶未斷的男人仍留在自己母親身邊，所以女人腦中潛意識裡會將她導航至那。不在自己身邊的男人有個功用，就是讓她去處理成長過程中「討不到的照顧」。

在我接到的個案中，似乎最頻繁出現的配對是：出生序為長子的最容易是臍帶未斷的男人，而長女亦較容易嫁給這種男人。而後，似乎第二高機率的是：兩邊都是么兒的配對。（婆婆最寵么子，然後么女誤會他是離她家近。）

長子配長女是因長子通常被母親期待最高，有傳統持家的枷鎖，而長女通常最獨立、最會照顧他人而有媽媽的味道。么子被母親留在身邊的機率也很高，因為最像孩子的孩子，最能讓母親發揮母親的功用。而么女則往往呈現么子希望有的真自由及無負擔。

我常常看到現代感重的女生「一開始」會被宅男吸引（但後來倒胃口），假如深入兩人的愛情原型，其實這對男女「一開始」皆是致命的吸引力。舉個明顯易懂的例子，有個個案是空姐，她愛上宅男。通常我們會覺得這兩個人一個是風、一個是土，一個行動超自由、一個卻超固守原地。為什麼會在一塊？本來我們以為他們不太搭得上邊的，但，現實生活中，其實還有不少這樣搭的伴侶。

就用這個空姐跟宅男來比喻（但絕對不是針對所有的空姐在做文章）。很多時候，她的排班行程不定，但是她極喜歡在地球的某一個角落皆有個深層穩定的核心。她說：「不管我在哪裡，我都可以清楚知道我的愛人在哪裡。」（基本上，男友在家裡。）她需要落地時總是能穩穩地輕易找到她的愛人。像「混凝土」一樣穩定的男人，對變動難料的空姐反而會是一個心靈安全的寄託；而宅男則可以透過空姐的多彩故事豐富自己足不出戶的生活，空姐的動會讓他內射地覺得是自己在動，有了間接的滿足感，而且讓他更有了自己不用動的理由；空姐則因為完整一個男人的靈魂而得到很大的滿足。

假如一輩子就這樣走下去當然很好，但是，日子久了之後，空姐嫌宅男沒視野、沒膽魄，他的穩定反而成了固執、抗拒、幼稚跟落後。她傷心他不能跟她出門；宅男則嫌空姐要求過高，做人不踏實、高傲、刺激質太多而搗亂了他的平淡安逸……一動一靜真的很難喬好，彼此覺得難達到對方的需求跟期待。只好分了。

在此適時地將我常用的一個心理投射測驗跟大家分享，這是豪福斯特婚研所系主任 Dr. Atwood 教我們的（我不清楚她是從哪學的還是自創的，但這測驗用在關係治療中是超合宜好用），我已經用了十多年，我發現或許在台灣的治療界，我是第一個用這測驗的人，通常我會用在我「關係治療」的工作坊中或戀愛講座裡，帶學員快速且深入了解自己潛意識中的伴侶、家庭及人際議題，而且我會多少用一些催眠式的言語加深學員進入潛意識自我探索的效果。

這測驗很好玩，問句極簡易，通常一開始，個案會不知道治療師在測什麼，所以才會叫「投射」測驗。在此測驗中，完全沒有所謂的「正確答案」，每個人的內容幾乎都不一樣，個案怎麼說怎麼對，只是在反應個案潛意識的狀態。這測驗不管是在治療師了解個案之前或之後都可以做，完全不影響準確度。**但，治療師本身的解析能力會大大影響準確度。通常精神分析、直覺能力愈強的治療師能解析得愈好，而且愈懂得接著將此用為外化的比喻，然後用敘事的方式去改編**

人生故事。總共有四個步驟：

步驟㈠「假如你可以是世界上任何的生物或非生物，你會是什麼？大小、顏色、形狀、特質會是什麼？」

步驟㈡「假如這個生物或非生物有個伴，他會是什麼？（他也可以是世界上任何的生物或非生物，可以跟你一樣，也可以不一樣。）大小、顏色、形狀、特質是什麼？」

步驟㈢「假如有一天，這兩個生物或非生物發生了衝突，那會是怎麼樣的衝突呢？」

步驟㈣「這衝突可以解決嗎？假如可以的話，是怎麼樣？假如不可以，又是怎麼樣？」

就用剛剛那空姐的例子，她的簡易版本是：她看到她自己是一隻鳥，伴侶是顆石頭。本來石頭很喜歡鳥來到它身上述說大地故事或唱歌給它聽，鳥也喜歡石頭永遠在地上等牠；但後來的衝突是鳥想要帶石頭走，石頭不肯。鳥只能很傷心地飛走。這不是很符合她跟伴侶的狀況嗎？後來，我接著問她：「那這隻鳥飛走後做了什麼？」空姐說：「鳥發現跟另一隻鳥才可以一塊飛。」

聽起來像是找到了解決辦法，至少另一隻鳥會比較符合她同一層面的互動。但我通常還會帶個案繼續往下看。空姐接著看到：「另一隻鳥老是離巢，我只能在巢中無奈地等牠。」在此立即浮出空姐兒時的未竟事務，她的父母常不在她身邊，她在「等習慣之下等怕了」，這也解釋，為何她長大後寧可自己是那個決定何時離巢返巢的人。宅男是她的兒時翻版，她是她父母的翻版。

接著我們腦力激盪，空姐想出解決空等待的辦法：「我留個字條在巢中就好了。」當她釋放兒時被禁錮住的她，她自由了。

治療到後來，她看到她跟她的伴都變了，兩個都是「雲、舒舒服服的白雲」。不用擔心對方在哪，因為都在廣闊的天空中。

就因為這投射測驗可以很精準地快速測出一個人潛抑的議題，我發現，只要跟我接觸過的學生或聽過演講的人都很愛回家後現學現賣。

再說回先前案例裡二十八歲的于珊，假如一輩子，兩人都窩在自己愛的小窩中，可能事情不會很大，女主角只要仍是窩中「最大的女王」便不太會有事。但，在自然的情況下，日子久了，那些初識時的火花通常都會自然褪去，戀愛之初看到對方的特質，跟熱戀退了之後看到對方的特質也通常會有些變質。可是，至少，不會像有霸道婆婆介入時那麼劇烈褪色。小倆口的世界裡若只有小倆口，連臍帶未乾的男人都會較有自身力量來合作解決困難。

有不少現代的女性不想在發現自己伴侶跟婆婆臍帶未斷後仍停留在虛設的「太太」位子，她們會做一個停止損失點讓痛苦減少、減短。這些女性能夠斷掉不營養伴侶關係的能力，遠遠比上一輩的女性強。這些女性會選擇「我愛你，但我愛我自己多一些」而退出。因為她們知道，無法去跟一個還留在母親子宮裡的男人去要到真正的伴侶親密。

就因為在伴侶的床上不時有著男人的媽媽夾在中間，所以就算不怎麼大的床，也讓夫妻距離很遙遠。為了有「真正」的婚姻，會做停止損失點的女性反而會讓男人跟他媽媽繼續連在一塊，而自己去尋找一個臍帶真的乾了、斷了的男人。

離開臍帶未乾的男人，也等於離開一個三角關係。

愈來愈多現代的女性她們無法容忍自己的男人不像個男人，而像個婆婆身邊永遠長不大的幼稚孩子，思慮不成熟、固守陳規、不懂得負責任、愛亂發脾氣……男人可能對兒女還不錯，他甚至會很自豪地覺得自己是個好爸爸，但我們也常見幼稚園裡的「孩子」跟孩子很容易玩得起來，但這會跟孩子玩的「孩子」卻無法應付大人的婚姻世界。很多時候，男人若常常自豪自己「仍像個孩子」，這很可能是個警訊，他是在表示他還無法承擔起婚姻中成熟的責任。

有很多媳婦會為了兒女及經濟而選擇勉強留在婚姻中，但跟老公實在沒什感情可言的日子真的難過。而那些有工作能力、ＥＱ好的女人便會選擇離開婚姻，也會爭取孩子的監護權。像二十八歲現代感很重的于珊，她嗅到狀況不對便抗議地轉身而逃，而且在諮商中也看見「下次」要避開的男性特質，以及婆婆的特質。

臍帶未斷的男人容易讓女人不留戀，因為女人要的不是另一個孩子，她要的是一個老公。

第八章　強迫症——沒有選擇的出路

有一段時間，在很多症狀的個案中，我覺得強迫症的個案很有意思、很可愛。通常我一接到這種個案，我都會期待下一次的諮商治療。在我的經驗裡，我學到很珍貴的一點是：短期內，他們的症狀看來不斷重複，但長期來看，卻不見得會一直持續。我的經驗是：症狀大部分會一直轉換，而治療的重點除了協助宣洩、轉移注意力之外，若症狀不能解除，那就得學習共存。共存的重點是接納自己，而接納自己其實正是治療的關鍵。

瘋狂洗澡

正憲，二十三歲，獨子，食品營養研究所一年級，因為很想休學而尋求心理諮商，他深深覺得食品營養不是他最愛的科系，但父母經營水產冷凍加工，日後要他接班。他最想念室設，去國外留學，但父母強力阻止，他們覺得室設是：「傻瓜念的科系，做夢太多卻填不飽肚子。」

正憲雖然主要的抱怨是說所念科系非自願，卻也明顯述說他的原生家庭給他很大的壓力跟限制。我看到：一個被父母的框框架住的孩子。

另一個主要的抱怨是，正憲他一天至少要洗三次澡，早、中、晚各一次，每次洗澡都要花他三、四十分鐘以上。夏天更是一流汗就往浴室衝，次數多到數不清。當然夏天耗在浴室那麼久，他就幾乎不用上課、念書了。所以他想出開冷氣狂吹的方法，才不會那麼一流汗就狂洗。

我老是會聯想一些東西，不知冷氣，水，跟冷凍加工有無關係？

正憲他自己其實都受不了強迫意念下的洗刷行為。因為洗刷的過程是充滿焦慮的，他老是覺得自己不夠乾淨，只有在最後那幾分鐘「確定」洗好了的時候才是極致的宣洩點。我見到正憲時是十月初，在台灣的天氣下，他雖然已經被這症狀折磨一年多了，但過去的炎熱半年是他最累、痛苦的日子——天天都在忙著刷洗。

在做食品研究時，正憲往往要將自己的手刷得很乾淨。別人若洗兩次就已經夠乾淨了，他會一再重複至少十幾遍。他說為了不讓同組的人等他，他都是提早半個小時去刷手。我忍不住開他玩笑說假如照這樣下去，他們工廠的衛生品管在他接手時一定超級棒。正憲苦笑。（我此時發現，正憲苦笑中所代表的並非百分之百的不願意接受父母的產業。有可能產業他要，但父母的框框他不想完全接受。）

我突然想起一個相關的故事，有一個強迫症的護士也是如此超級愛刷手、愛乾淨，器具都「百分之好幾千」地確定有消毒好。當然，她的病人從來不曾因她而感染過，這是一個超級昇華強迫症的事。（我會用「刷手」來形容正憲跟這護士，是因為他們不只是把手上肥皂互搓而已，還會用輔助工具來「刷」手。）其實，有這些強迫症的人來做這些嚴格管控衛生的事，會讓我們非常放心。但，對他們本身或自家人相對地是長期的困擾，因為已經嚴重干擾到日常生活。就像那護士，她也是常常要提早去刷手及清潔器具，也要特別晚下班。因為花在刷手、清潔器具的時間過多，必須從其他地方補過來。至於其他該完成的工作，尤其是病歷，仍要在同一天完成才能交班。所以相對地，她工作要比別人的一天平白多出三、四個小時，當然休息的時間也就比別人少許多，累都累壞了。

至於正憲，很多時候，我都在想他會不會在家裡洗澡洗到諮商時間到了還不來？可是，竟然一次都沒有。

正憲都很準時的出現，甚至早到。他說讓別人等是不好的壞習慣，而且他也不會取消約定的時段。每次見到正憲時，他當然都是充滿香香的肥皂味出現。

要來做心理諮商是正憲自己的決定。從他的準時可以看得出抗拒不大，至少他對「自己選擇」的心理諮商是不用抗拒的。看來，正憲假若能夠做「自己要的事」，他便會沒事。因為表面上看來不斷強迫的洗澡，其實都還能在「不相關」的人面前控制住。

似乎，對於不用抗拒的人跟事，強迫重複的行為便沒什麼意義。然而，他「能控制洗澡」的這一點我暫時不能跟正憲點出，因為在「看來不能控制」的洗澡下，正憲似乎有著症狀所給的心理安全防護。症狀看來雖然是「不能控制」，卻或許是可以幫正憲擋掉一些不安跟責任的，而這些不安跟責任則很可能是正憲已累積有段時日，卻不知如何面對的東西。我在想像，假如我突然將一隻寄居蟹的殼拿掉，「牠」不慌嗎？所以此點必須在適當的情境下再慢慢點開，才能讓正憲在一開始的諮商中不感受到太大的威脅。

當然，我也想著，寄居蟹是有能力「自己」換殼的。而且，假如牠身邊有一堆合適的殼，牠自己就會找一個最中意的住進去。在諮商中我所能做的，也就是協助他看到一堆的選擇。我不用把牠的身體從殼中硬挑出來，然後再硬塞進一個我覺得ok的。最順的動作是由牠自己選一個最愛的殼，然後自己進出新舊殼。可是，假如連殼都沒有，牠就可能淪落到像墾丁海邊的寄居蟹一樣，因為墾丁海邊的殼嚴重匱乏，殼都被遊客或商人撿走了，寄居蟹悲慘地只能在找不到新殼之下，連保特瓶蓋或可樂鋁罐都勉強充當殼了。

強迫性地洗澡是個症狀，也是正憲的殼。其實，我在想，正憲的殼還真像在外殼匱乏之下勉強背上的保特瓶蓋。保特瓶蓋看來很瞎扯，可是我們真正要看的是，為何他的環境這麼匱乏地讓他只能勉強地拿個荒謬的蓋子棲身？然後環境還在笑牠不懂保護自己？其實，寄居蟹知道牠長大了，可是牠的環境並不允許牠長大。

一直強迫性地猛洗澡，暗中可能同時藏著「建設」跟「破壞」的目的。「建設」的目的可能是在希望擋掉一些不安全，也可能在尋求一些安慰，但到底是什麼內容，或還有其他什麼需求，則要更深入地去探問。至於「破壞」的目的則可能是藉由洗澡洗到難念書、難上課，似乎就可以搞砸現在不喜歡念的科系，連休學這張王牌都拿了出來，進一步來看是在針對父母所設定的路而做最大聲的抗議。一隻隻背著怪殼的寄居蟹在恆春海邊亂晃，這抗議還不夠大聲嗎？「破壞」之下，其實也是在做「建設」。

通常，我對於「洗澡」洗很多的強迫症個案我也會有個精神分析式的聯想，我猜測他們似乎是在表達：希望被接受最赤裸的「我」。

我是這樣想這表徵的，洗澡的時候通常我們是光溜溜，不穿任何衣服，而「衣服」代表的是「別人的期許」、「成長過程中社會化的期待」、「家庭的枷鎖」、「個案戴上的面具」、「被要求的角色」……而脫了衣服，不就自然而然地把這些東西都卸下了嗎？脫了衣服，個案也就脫下這些期許、期待、枷鎖、面具、角色……只剩下最原始的「我」。

我接著想，正憲說他自己想出一些問題解決的辦法——用「吹冷氣」的方式將自己身體吹得涼快、沒汗，便不用那麼常洗澡。外表看來好像是很自然的邏輯，也是個解決辦法。可是正憲的潛意識裡或許透露出一些不同的訊息。就因他父母的事業是水產冷凍加工，所以我聯想到，冷氣跟父母冷凍室裡放出的冷氣似乎都是一樣的？難不成解決的辦法就是屈服父母的需求？所以假如我只是請正憲多躲在冷氣房裡，那絕對只是個暫時「壓過去」的方法，治標不治本，焦慮還是在，強迫洗澡的行為也還會是在。所以我多少要看的是往正憲跟父母的關係深入。

基本上在看強迫症時，我不會太過於在乎表面的徵狀。因為若能用一些精神分析的方式以及去看原始家庭生態的環境來帶出表徵底下的深層意義，才可能治本。

我們接下來看他的家庭生態陳述。

正憲是個很講求禮貌的孩子。坐姿相當端正，兩眼都會認真地直視心理師。通常我看到愈是乖的孩子，我愈是心疼孩子在表面下的壓抑。我總覺得台灣的「乖乖牌」文化，很容易訓練出「有苦難言」的孩子。正憲自己說他真的很靦腆，兩眼直視別人是強迫自己訓練出來的結果，坐姿端正之下其實很緊張，連手都會流汗。我瞄了他的手，果然汗流一堆。

正憲開門見山地說，他從小到大就都很容易緊張。在人面前就是使他不自在，他覺得別人的眼睛都會盯著他看，這種莫名的內在想法使他更緊張。正憲很在意他人的想法。覺得別人對他的想法很重要，尤其是父母的：希望別人覺得他是重視別人、有禮貌的好孩子。我此時在想，難怪正憲在抗拒父母的框框之下仍去念不想念的食品營養系，父母的想法對他太重要了，成長過程中的教養訓練教他屈服於父母，使他極度約束自己要重視他人以及要有禮貌。但是，自己會很扭曲地在框框中想鑽縫成長。

正憲開始說他的家庭。父母白手起家，經營水產冷凍加工事業。他們的家就直接蓋在加工工廠的隔壁，當時是隨便用鐵皮搭建，二十多年來，父母不曾想改建老房子，因為這房子隨時提醒他們：「錢不好賺」、「人要謙卑，不可以一有錢就丟掉過去」的精神象徵。父母在年輕的時候苦怕了，有一大段時間是有一餐沒一餐，還曾經幾度被惡意欠債，弄得他們差點走向絕路。所以他們不希望對苦沒什麼記憶的正憲亂揮霍。當然，家裡也有一堆老舊的東西捨不得丟，也不准正憲偷偷丟掉。正憲雖然知道父母的用心，他卻老覺得家中又舊又髒，在諮商中，他發現連住在裡面的人都跟著「髒」起來，這多少解釋了為何他會想用洗澡的方式象徵性地「洗乾淨」。

正憲家雖然有十億以上的家產，他卻覺得自己家好窮。他說：「因為我們家的錢是不能花的。」從小到大，父母最常跟他講的就是：「不能亂花錢！」事實上，父母很辛苦地把錢都存起來而不花。結果，父母提醒正憲愈多，講愈多，正憲反而跟這句話偷偷槓上了。他在念研究所的租屋處洗很多次的澡，很浪費水費；狂吹冷氣，很花電費……正憲發現他是在偷偷花用這些「邊緣錢」的方式在「對不起父母」，但他很不敢對不起父母，所以在花這些錢、「對不起父母」的同時又使自己好罪疚。罪疚使他很焦慮，焦慮使他想洗澡，洗澡使他焦慮，焦慮又使他洗澡……惡性循環。

跳脫惡性循環的方式並不是簡單地請正憲不洗澡就沒事了，這是一元思考（first-order cybernetic view），也就是太過簡單的因果線性思考。洗澡畢竟只是個表徵，而且洗澡已跟焦慮深深連結。我們要先改變表徵底下的焦慮意義，才有辦法讓洗澡的頻率改變——這是二元思考（second-order cybernetic view）。

我們再更往原生家庭的方向去深挖正憲的內心焦慮衝突。他說：父母「兩個都是EQ很低的人」，很愛計較，很容易為了一點小事就煩惱生氣，基本上，他們的脾氣、心情大多處在不好的狀況。

正憲挖苦地說：「倘若父母心情好，他們還會擔心接下來『一定會物極必反』、『一定會樂極生悲』，所以父母他們便趕緊用擔心來代替開心。」

父母親都長期服用抗焦慮藥物（正憲的焦慮跟長期吸收父母的焦慮是有關的），他們經常性地失眠，兩人都很神經質、不愛出門。父母也常講：「外面的社會很黑暗」，而且，「出去就要花錢」，當然這強烈的觀念使父母親也不愛兒子出門，「花錢又危險！」他們不允許獨子出任何意外。所以縱使兒子都已經二十三歲，在研究所念書了，父母都還「天天」電話追蹤兒子有無下課後就直接返回租屋處。兒子吸收到的是：「外面的環境不安全」，只能被關在家中，這不讓正憲覺得焦慮才怪。所以或許當正憲被關在租屋處時，選擇在家中一直洗澡，還是個自由。而且的確是比在外面晃安全。

父母不太跟親友往來，也沒什麼朋友。（因為以前常欠債、躲債，父母親為了錢而低聲下氣，為了錢而恨死沒面子的過去。）父母大多在工作時才與人互動，工作上的互動也是為了賺錢。私底下他們會批評每一個接觸過的人，其中也包括另一半。正憲的耳朵從未聾過，他都聽到了。正憲很不認同父母那「好像是只要把他人貶低了，他們的自我價值就會抬高」的方式，所以更刻意地使自己謙卑，正直，不要像父母這樣地沒有禮貌、不一致。可是，當他愈在乎自己有沒有做好，他愈會緊張焦慮。

從小正憲就被員工「小少爺」、「總經理」地叫。小時候正憲不懂工作、不懂意義、不懂金錢時，覺得很好玩；長大後，到了國小中年級，愈聽到那個「小少爺」、「總經理」的叫聲，他卻愈覺得：「自己家明明這麼窮，怎麼還會有人眼睛瞎了這樣叫我？」其實大概是因為，父母在金錢上捨不得，正憲要什麼物質都要的很辛苦，並且還要不斷重複聽父母述說一遍又一遍「當年」空手打拼的心酸歷史……正憲覺得父母不捨得對他好，不能對他好，父母不是這麼愛他。正憲內心的「窮」，來自父母不斷灌輸「不給你」的拒絕聲音。而那個窮聽多了，感覺就像是自己「很不好」一樣，他還覺得，自己是一個「不夠好到能令人疼」的孩子。當然這也影響到他的感情觀，至今他雖然有心怡過一些女生，可是都僅止於內心喜歡而不敢採取任何動作，因為，他深覺自己不夠好到令人喜愛。

從正憲小的時候，因為他是獨子，所以父母不斷提醒他要繼承家業。在國中時，他就知道自己必須要在高中選組時依父母的期待選自然組，然後大學、研究所時也只能去念哪幾所學校的哪幾個科系，才能對研發新的水產冷凍加工有幫助……正憲嘆了口氣，他說他從小的時候就好喜歡畫畫，尤其是畫有關房子的內部設計。他多次跟父母提出不同的生涯規畫，但他爸媽老叫他現實點，「不要因為沒吃過苦而亂想，你不接誰接？」正憲覺得自己內心很窮之外，更覺自己的手腳、未來都被綁在這個家中。家，愈來愈像是框框跟負擔。他對自己的生涯有著無可奈何的感覺。

正憲覺得他的「角色」從小就被父母給定了，編導戲劇的走向似乎從來沒他參與的份。青少年時期是發展自我的時候，他的路卻老早就被安排好了。他很想往外去探索，卻不斷被父母拉回來，他說他的路：「就是這麼直直一條，完全不能拐彎。」我突然想到另一個強迫症個案所說的話：「我的父母老是念我『生活沒藍圖』，其實我有，只是他們老是在我的藍圖上面亂畫！」「甚至有時連圖畫紙都不給！」

當一個孩子想要另有出路卻沒有的時候，很容易會在自己身上做文章、自殘。

前陣子，正憲都把自己關在租屋處狂灌烈酒（他說他只差一點要吸毒），他希望醉夢中是生在另一個人家中。但是，他又覺得罪疚、不能這樣想，他沒有權力抱怨，因為有多少人希望生來無憂金錢及工作前途，而且多少人努力奮鬥一輩子卻仍沒有他的幸運。能花錢喝酒也使他蠻罪疚的。他跟同學抱怨，他們笑他「生在福中不知福」。可是這種身不由己的滋味只有他懂。

正憲的「自我」在家中沒有被好好地「回音」過。他焦慮的是自己的聲音出來沒有用，雖然有很強的力量猛竄出來，但不被父母認同，自我老被否定地丟一邊，替代地強塞另一個不合身卻被高度讚許的家庭框框跟責任。他吶喊！出來的聲音在家中卻變成一次次的罪疚。

我突然聯想到幾百年前，一群原始土著的故事。這群不穿衣、不穿鞋的土著被所謂的文明人「救」到「文化」中。文明人覺得文化對土人是好的，所以一開始便要他們穿衣服、穿鞋子。可是這種穿衣蔽體卻反而使土人們動彈不得，他們不能當自己。文明人不知道土人在不合作什麼，只有土人才知道被迫穿衣、被迫穿鞋的痛苦。

> 正憲說，他真的就像那土人，而且是「永久被綁架的土人」。
>
> 正憲內心真正想過的生活在他們家中時常是「不可能的」。一個球打過去，一個網子便把球打落地上，連接都不接。正憲內心的挫折跟壓抑是很大的。

我請父母皆前來諮商。當正憲大膽地表達他內心的「窮」時，父母說兒子「頭殼壞掉」。

他們雞同鴨講地說：「等到我們兩個都走掉時，所有的錢不都歸兒子？」

可是下一句父母便接對了，「只是現在我們都還沒死，他仍要聽我們的。」正是這框框使正憲想藉洗澡來洗去難以承受的父母期待及其底下的壓力及焦慮。就像很多愛洗澡的個案一樣，他們通常象徵性地把水當成一種「洗掉家庭糾紛」、「洗掉內心衝突」、「洗滌罪疚」、「洗掉沉重負擔」……的方式。

父母後來看到兒子不是他們想像中的「過度潔癖」。他們不再歸因成「家裡的水產冷凍加工多少會有魚腥味，會想用洗澡來去除魚腥味是正常的。」因為我挑戰地點出：「有很多在漁村長大的孩子根本不在乎這魚腥味，也不在乎自己多黏多濕。而且正憲狂洗澡是連在離家很遠的其他縣市租屋處都還這麼做。」

在家族治療下，後來正憲自己提出一個解決辦法——他要打造一棟「自己設計的房子」。

父母剛開始只看到「要花錢」這關鍵，所以立刻反射性地說「不」。後來父母慢慢想到，過幾年後，兒子會結婚成家，給他一個新家當祝福也是自己的能力可供給的。

慢慢地，父母聽到另一些在他們關係中透過「錢」在說的聲音：「對錢的緊張，使一家的關係都跟著緊張」、「當錢是死的時候，自己的心也是死的，孩子跟著也會是死的」、「當自己愈是把自己綁在以前沒錢的苦難歷史中，愈是使現在的自己過得跟以前一樣苦。」他們很訝異他們從來沒有「活在當下」過。更後來，他們感受到：「要讓孩子覺得被愛，就多少要花錢在孩子想要的東西上，而不是把錢死命地存起來，把孩子綁在身邊。」他們終於明白：「有些時候把錢『活用』了，孩子也會活過來。」正憲的緊張，多少也是因為感染到父母對錢、對人生態度的緊張。

有意思的是，當父母對錢沒那麼緊張時，他們的神經質、失眠都好轉許多。看別人看得比較順眼，看自己的另一伴也覺得較討喜。

父母看到兒子的休學企圖不只是要告訴他們，正憲被家庭的僵化關係繃到一個臨界點，更是使父母被威脅到需要改變三人彼此之間的互動。

他們逐漸聽進去正憲的內在聲音，也開始支持、允許正憲一些不同於他們的想法。雖然父母總覺得兒子仍不成氣候，但父母同意給兒子一個新家。最偉大的是，父母也答應在設計、建造過程中不干涉。

從那一刻開始，正憲覺得自己可以呼吸了，也頓時覺得自己可以從委曲的小男孩長大成大男人了。

在少了壓抑、少了焦慮時，他不用再狂洗澡。當他焦慮時，他把重心轉移至設計新房子的想法上，從外觀至內部，完完全全設計成他要的樣子。原來，正憲並不需要去設計其他人的房子才能讓他快樂，他發現，只要設計自己的那一棟就好。當房子的草圖出來三分之一時，正憲發現自己已有多次為了設計房子還忘了去洗澡。

在新房裡，正憲除了放小孩房，也放了「孝親房」歡迎父母有空來作客。

三件內衣

嘉瑢，十七歲，大學一年級。在國小時是資優的跳級生，拿了五年模範生，在國中時總是考前三名，高中念的是第一志願。父親是牧師，母親是明星國中的明星老師。嘉瑢是老大，底下有三個妹妹。

可是，目前嘉瑢休學中，崩潰、焦慮、憂鬱極高。她跟父母哭訴說受不了大學生活，她受不了跟一堆人住在同一間寢室及上一樣的課，一切令她神經兮兮，她覺得自己已經發瘋了，感覺好像每個人都用放大鏡在看她。

父母領著嘉瑢進入諮商室。父母的穿著非常中規中矩，坐姿端正中帶有幾許嚴肅。在旁的嘉瑢雖然也是中規中矩坐著，卻一副累壞的樣子，我感覺她的脊椎在硬撐。

父母請嘉瑢自己講狀況，嘉瑢便講。她形容自己從小就很容易緊張焦慮。老覺自己跟別人不一樣。常常有罪疚感，總覺得自己「不夠好、不夠理想」。平時為了升學本來就沒得玩，所以她也不知道有什麼樣的方式可讓自己輕鬆點跟他人相處。嘉瑢的聲音有些卡住，壓得很低，我直覺狀況似乎並不只這樣。

父母雖心疼，卻也很生氣地立即插話說：「這就是抗壓性太低，太閉塞，不會吃苦。」父母劈頭便罵人。我很訝異他們竟感覺不到女兒的脊椎是硬撐的，我很擔心他們若再隨便罵下去，會使這脊椎撐不住。接著他們說：「從小沒讓她做過任何念書之外的事，竟然連做學生的基本本分也做不來！」嘉瑢在大學的輔導室裡哭訴自己「適應不良」。父母不了解也不允許女兒這種適應不良的說詞，他們說：「念書就念書，還有什麼不適應的？」

女兒在學校嚴重豎起白旗是兩個星期前的事，其實她不只是拒絕去上課而已，還歇斯底里地排斥同寢室的同學，天天拿美工刀割腕、哭鬧著要自殺，學校怕真的鬧出人命而將她緊急送醫，並請父母帶她回家。嘉瑢那時跟父母喊著說：「讓我回學校，我就死給你們看！」醫生評估短期內嘉瑢不適合回校，父母也勉強幫她辦理休學。原來狀況並不像開場白一樣簡單。

其實，在大一上學期，學校輔導室便跟父母聯絡說嘉瑢有些情緒調適上的困擾，父母當時很不以為意。到了大一下學期，開學沒多久，當學校認真地請父母帶嘉瑢就醫及建議休學時，父母依舊懷疑有其必要性。他們不相信這麼一路優秀的女兒會念到休學。直到幾週後，嘉瑢被學校緊急送去就醫時，父母才驚覺事情「真的」不小，趕緊請假開幾小時的車前往醫院。他們看到女兒頭髮凌亂地臥在病床上，雙手因怕她再割腕或自殺而被綁，雙眼無神、不斷流淚……父母這下子心才一震，瓦解了頑固，同意讓女兒休學。

可是，明明兩週前父母還心急地趕著前去拯救女兒，這回在諮商室中卻是一開場便罵女兒。看起來，罵女兒比較像平常的戲碼。

父母非常急著要嘉瑢儘速回校念書，當下他們很希望我能變魔法立刻把問題解決掉。嘉瑢的父母頗會給人壓力的。我同理他們的急，也引導他們儘量要治標治本，他們同意試試，只是再次叮嚀我要「快一點！」我想，我這下子遇到「很有主見」的父母了——意思就是主控性很強。我需要他們合作，請他們也把自己當成家庭治療師，而不是放我一個人在外面敲著這進不去的玻璃球。

我跟父母稍解釋，假若我從割腕、自殺意圖、拒學、人際退縮等行為去看的話，嘉瑢的這些行為會比較像是個「果」。從行為上去做處理或矯正，通常只是個治標不治本的方向。我會想看行為下更深層的意義，我必須探討嘉瑢的想法以及她的原生家庭。父母聽我這麼說，只好暫時忍住要把女兒趕緊丟回學校的動作，忍耐地來幾次諮商再說。當下，我有很奇怪的感覺，我感覺父母已經開始在當諮商的審核委員，我所做的一切似乎都會被打分數。這感覺很怪。但我想，嘉瑢可能也是承受了這種感覺，而且可能承受很久了。

其實嘉瑢有一些讓自己很困擾的舉動及思考早在三、四年前就開始，也就是在她十二、三歲時，只是她一直不讓父母、老師知道，也不讓輔導室知道。被緊急就醫時，她哭著跟醫生說了。醫生也協助她讓她父母知道，女兒除了憂鬱到有自殘動作及自殺想法，還有強迫症。嘉瑢的強迫症是她會瘋狂地反覆擔憂考試成績會考砸，而且在行為上不斷地檢查自己的內衣（胸罩跟內褲）。嘉瑢說，自己覺得不對勁是在國二左右（十二歲，她有跳級念書）。可是國二的她當時解釋一切都是升學壓力，而且自己還不適應胸部變明顯，所以並不覺得自己心理生病了。只是沒想到幾年下來，狀況卻愈來愈糟，愈來愈讓自己無法承受這困擾。

嘉瑢穿衣服極保守，比同年齡的女生都要保守許多，沒有一般十七歲小女生的花俏與活潑，身上完全沒有裝飾品。天氣不怎麼冷，嘉瑢卻穿著厚重、暗色的長袖長褲，並且領子拉到脖子，她說她大部分的衣服都長那樣。嘉瑢蓄著長髮，刻意將長髮往前撥，遮住胸部的發育。三、四年來嘉瑢一直不讓父母知道她有這些狀況，其實她還蠻會忍的。要不，就是親子之間難溝通。

雖然嘉瑢說是從國二察覺到不對勁，我卻在想，可能要比國二還要更早幾年狀況就一直有。畢竟人通常都有個「忍」的功夫，要能夠察覺到自己在忍，通常是已經忍了一段時間；而到了「忍不下去」或者「再忍也不是辦法」的時候，其實狀況都不會好到哪。

正當我在想嘉瑢是如何忍受時，有個人忍不住了，突然，她母親忍不住大聲斥責女兒說：「抗壓性實在有夠低。只要一考試毛病就一堆！」母親搶著衝出口來，除了霹里啪啦亂訓女兒一堆之外，更把嘉瑢小時候的糗事抓出來講。母親說嘉瑢從小學開始，就常常考試時猛拉肚子。光是不時要帶她回家換內褲，就令上班的母親氣到不行。氣不住時又會打女兒幾下屁股，要嘉瑢不要再拉肚子。母親嘴巴還罵：「你那是什麼爛屁股！」當母親在講這段話時，女兒正在旁邊。嘉瑢的頭低了下來。

我發現媽媽在孩子拉肚子時是用生氣、打罵的方式而不是關心照顧，基本上，孩子的拉肚子焦慮大多會因父母生氣責打而不降反升。事實也如此，嘉瑢從小學拉肚子至今沒停。這是個惡性循環。

另外，我看到嘉瑢爸媽是那種不顧孩子顏面的家長，他們會罵孩子給別人看。而且在孩子痛苦時他們還是照樣罵。我明白他們的互動模式之後，趕緊制止母親繼續斥責下去。只見母親嘴巴雖然停止不講，怒氣卻可以無聲地掃射整個諮商室，造成很緊張凝重的氣氛。而爸爸不講話，可是他也沒在諮商室中阻止媽媽。

嘉瑢小學時候的「考試」、「內褲」、「拉肚子」……這些都跟焦慮有關。而十七歲的嘉瑢，在強迫症狀上會瘋狂地擔憂考試成績會考砸，並不斷地檢查內衣……看來嘉瑢早在小學就已經開始高焦慮的狀況了。而且還有可能更早，因為她的「主要照顧者」沒變。而我也突然聯想到，拉肚子常常是代表「內心的哭泣」，我忍不住猜想，父母可能常常讓嘉瑢哭，這一切看來都跟父母有多少的關係。

在繼續探討下去時，母親又搶著講話。看來，母親在家中是掌權的主導者。

母親不講話時眉頭就是皺的，嘴角下沉。她一開口，眉頭更是隨著抱怨皺得厲害。（我突然想到，在面相學中，通常習慣皺眉講話的人比較嚴苛、主觀。）當母親不斷皺眉主導問題陳述的方向及解釋時，牧師父親在旁「溫文儒雅」地傾聽。每當我轉頭問父親是怎麼想的時候，母親說她所說的「是先生也想說的」。先生在旁微笑點頭。

我頗納悶，明明一開始父親也會陳述孩子的狀況，為何現在他沉默，換老婆說？在此可見牧師父親在關係中扮的是「假白臉」，不講話不代表他沒說話，他透過老婆說話也是在說話。夫妻兩人都是黑臉，一個鼻孔出氣，默契十足。

嘉瑢則在旁不敢呼吸地默默讓母親陳述狀況及讓父親盯著她看。我問嘉瑢，她內心同意父母的說法嗎？她一切說：「是。」但我則一直直覺：「不見得。」我不知道嘉瑢是以前就如此不跟父母的想法、情緒分開——彼此之間很緊連（enmeshed），還是因為最近累到極點才任由父母擺布？

我已經觀察完家庭的原始互動模式，熟悉了他們的語言，我想再看看下一步怎麼走。我猜想，嘉瑢的強迫症狀、緊張、焦慮跟父母脫離不了關係，便想試試看父母不在場時，嘉瑢會是怎樣的表現。

我便請父母在外面等。畫個界線在這個家庭中會是相當需要的舉動，就像我先前制止母親繼續罵女兒一樣。

我心裡有個底，以後可能會有更多次分開談的時候。至少先用物理距離做個界線來試試讓嘉瑢的自我分化程度高一些。（我常將米紐慶的「結構」、「界線」跟 Bowen 的「自我分化」混在一塊用）。

當父母不在旁邊時，嘉瑢吸了一大口氣，的確容易說話了些。我看到我們倆都稍稍鬆了脊椎、駝了背，我們早就想偷偷休息一下了。

嘉瑢說她察覺到自己已經過度擔心考試成績，而且在行為上太過於不斷檢查自己的內衣（胸罩跟內褲）是在國三左右。她那時在想：「高中聯考後應該就會消失掉。」可是萬萬沒想到，這狀況在上了明星高中後仍一直持續下去，至今則是最嚴重的狀況。之前，國二的她當時解釋：「一切都是升學壓力」、而「自己還不適應胸部變明顯」。到了國三，有了另一番解釋；到了高中，她又想：「上了大學就會好」……似乎每個時期，嘉瑢都有個自我解釋與安慰的理由。我看到，嘉瑢在沒有人能安慰她之下，她只能自己安慰自己。嘉瑢看到，自己隨著身材的發育、年紀愈來愈長大，強迫性思考及行為卻愈來愈嚴重，並沒有像她自我安慰的「以後就好了」。

那心理年齡呢？同時長大了嗎？可以長嗎？我在想，通常身材發育跟「接受個人成長」的程度有關。可是嘉瑢的步調很亂，發育對她來說是個令人擔心的事，似乎成長也讓她擔心。

在面對強迫症時，我常常會混合策略性治療上的矛盾技巧然後混合敘事治療的外化。我會讓個案邀請他的症狀出來，詳細地講述細節，「允許」症狀仍存在，有個部分是在「接納症狀」、「化敵為友」，然後同時也在藉著講症狀的時候去「外化」它，一旦外化，要消滅或拿除症狀便容易多了。之後，我會在幾次的諮商後，適時再用催眠式心理治療法讓「症狀」同情、憐惜個案的辛苦，「借力使力」地反而讓症狀幫助個案。而在這一些的技巧之下，我會運用精神分析的方式去找僵化固著的點是卡在哪裡，而一些表徵下的意義又是什麼。

比如說，嘉瑢會不斷檢查內衣，我可能會想成是個人的成長被壓抑住……

當我在請嘉瑢詳細地描述自己檢查內衣的內容時，她說她會不斷地將內衣內外翻來翻去，穿了又脫、脫了又穿，檢查看看自己有無穿好，檢查隱私處有無外露、透不透光，身體形狀明不明顯……她腦中常想的是：「穿了仍覺得別人會認為她沒穿。」所以她不時會覺得「穿一件不夠安全」，穿兩、三件疊在一起才覺得好一些。有幾次她就是將三件穿上身才能出門。

我立刻問她，穿三件當時是不是比穿一件時煩心？嘉瑢回想一下，她發現真的如此。嘉瑢也發現當她穿愈多的時候，往往都跟知道段考成績考得不理想，被父母罵到臭頭的時候。母親罵人的功力我已清楚領教，爸爸呢？嘉瑢補充說：「爸爸會『講道』講很久。」牧師爸爸常常會臨睡前跟女兒說道，要女兒努力洗刷一些「罪」及做一些什麼來贖「罪」。消極的罵也是罵。

接著嘉瑢又說，她一天可以來來回回做好幾百遍這樣自我檢視的動作，這兩個禮拜，她一關起門來檢查就是一兩個小時。看起來嘉瑢是想將父母都關在門外。

然而父母非常擔心嘉瑢把自己關在房裡會出事，因為嘉瑢會哭嚷著想死。嘉瑢沒食慾，睡不好，精神無法集中，父母擔心恍神的她會真的尋短，所以三不五時突襲嘉瑢房間，就怕嘉瑢採取任何自殺的危險舉動。不過嘉瑢說，她父母「真正」更怕的是她「不聽話」地仍瘋狂檢查自己內衣。他們在家不斷地阻止她如此做。但是他們愈阻止，她愈是焦慮地猛做。

我請父母進來，嘉瑢出去。父母再一次強調希望讓女兒快點好起來，希望我要用「絕招」，然後他們「一定會完全配合」。見父母如此信誓旦旦，我建議父母既然要快，就用矛盾法，可是他們一定要好好配合，「在家製造一個治療性的最佳環境」。所謂的矛盾法是：讓嘉瑢盡情地去檢查自己的內衣有無穿好，而且讓她在房間裡依她的方式休息。父母聽到這矛盾法是「縱容嘉瑢的強迫症」時，眼睛翻白，急著要反駁。我解釋，假如嘉瑢真的滿足了，她自然會停止檢查。就比如像電池充飽了就不需要再充電一樣。我的含意是希望父母「讓孩子做自己想做的事」，而此時透過讓女兒恣意地檢查內衣，反而是個修護的機會，他們需要讓女兒去做她需要做的事。父母都是聰明人，他們說好。

可是，沒過幾天，他們三人緊急回來諮商。父母皆說他們「做不到」。母親說他們一開始有收斂，不干擾嘉瑢，可是回家幾小時之後，父親會派她從門縫偷看嘉瑢在做什麼。母親也因

「都是女的」、「沒有性別顧忌」，所以合理地覺得可以偷看。可是這一偷看幾回，每每都見嘉瑢在檢查內衣有無穿好，她覺得嘉瑢「不能這樣瘋了!」（嘉瑢的行為太違反媽媽的「正常」標準），突然內心冒起一把火，母親撞開門，她「希望」能制止嘉瑢「發瘋」……可是一開門，脾氣大的她仍免不了又是霹里啪啦大罵，不管嘉瑢當時身上的內衣是否只穿一半，是否極羞愧尷尬……

我覺得一切不只是歸零，還成負的。因為當嘉瑢覺得可以放心地檢查內衣時，她的自我防衛降低，她是把傷口上的紗布拆開在舔傷口，可是傷口愈外放，被罵時當然會更傷。結果嘉瑢在被母親大罵後反而檢查得更凶，更想把自己安全地包起來，這回她來諮商時，她就是穿了三件內衣……矛盾法失敗，因為配合的治療情境製造不出來。我誤判父母他們的聰明是會合作，原來他們的聰明是更堅持舊有的模式，硬要在不通之中鑽出通。

我再次請父母出去等。嘉瑢說，她現在更緊張和焦慮，因為嘉瑢知道父母的四隻眼睛緊緊盯著她看，反而在家，嘉瑢更難完成她的隱密檢查。當然，被干擾檢查後，她反而需要花更多時間去完成未完成的儀式。

我問嘉瑢，是只有現在父母才四隻眼睛盯著她看?還是更早之前也有?嘉瑢說：「更早，其實打從我有記憶以來就是如此。」她被父母盯著看的狀況還真嚴重。

當嘉瑢講到媽媽時，她是害怕的。從小母親就管嘉瑢管得很嚴、很凶，要求一堆，標準又高，並且打得很厲害，一直到高一才不打。嘉瑢說縱使媽媽本身是老師，知道不能體罰，卻把自己孩子管得比學生還嚴。

每次只要嘉瑢考試考得不好，媽媽便歇斯底里地打罵嘉瑢到「幾乎臭頭」或「體無完膚」的程度。尤其嘉瑢在國中時念媽媽任職的學校，媽媽總是從同事或親戚（有人也是當老師）口中比嘉瑢更早知道考試成績，這真的是使嘉瑢在心理上很難有所準備，往往在沒有防備時便被拖來打罵。媽媽會批評嘉瑢「能力差、懶惰、心不在焉、自私、沒志氣、膽小、丟家人的臉……」而以上的所有描述嘉瑢全都信以為真。難怪嘉瑢在怕媽媽之下，會連帶地怕老師、怕學校、怕同學，而且更會反覆不斷地擔憂考試成績。拉肚子哪能停得了？後來也難怪嘉瑢從「一考試便是危險時刻」而演變成：「學校不是好地方，老師會害她，同學會害她……」

嘉瑢說，打從她有記憶以來，父母親就一直希望嘉瑢比親友的孩子優秀，比同事、親友、鄰居的孩子特殊。爸爸媽媽會對孩子說：「愛之深，責之切。」聽起來真的是好沉重霸道的合理化理由。

嘉瑢描述了他們家跟親戚的關係，那過度的緊密令我也幾乎不能呼吸。嘉瑢說她父母雙邊的親戚不只是住在同一個社區，還是「前後左右鄰居」。爺爺奶奶、外公外婆皆不准任何一個孩子搬遠。連嫁出去的女兒也仍然要住在家的附近，當然在挑女婿時就先說明清楚這條件。

爺爺曾是外交官，奶奶念到大學，在他們那年代是極盡風光的事。爺爺奶奶共生了七個孩子，輪流住在七個鄰近孩子的家中。七個孩子裡有四個是公務員，一個牧師，另兩個則是老師。各自嫁娶的也多是老師。

外公外婆都是老師，非常自豪自己的職業，生了五個孩子，也將一家孩子教成老師的料，在那年代也極盡風光。他們十幾年前就退休（剛好是嘉瑢剛念小學時），所以在不用教一群學生的時候便把過多的心力留來教子孫群。

爺爺奶奶、外公外婆皆自豪自己「重視教育」，而且對於每個孩子、孫子的學業、職業表現瞭若指掌。（我聽到這個有些害怕，因為從爺爺、奶奶、外公、外婆那一代就已強調長輩的掌控及滲透，界線不清不楚，更不用談獨立思想跟情緒的注重了。）

所以這不只是嘉瑢跟她父母三人的緊張關係而已，還包括了爺爺、奶奶、外公、外婆、手足、一大堆雙邊的親戚、一大堆父親的教友、母親的老師朋友、街坊鄰居……因為他們的文化是「重視教育」，彼此間都超級愛比較孩子的成績、才能。好像哪一個小孩表現好，哪一家就拿冠軍。這使得嘉瑢每次考試就更緊張，哪一科考多少似乎都會「公告」在親友家中。而這公告很可怕地把嘉瑢的一舉一動都暴露在大家眼前。嘉瑢的親戚很多都是老師，分布在各級，所以基本上不是只有在國中時媽媽能夠事先知道嘉瑢的成績，早在小學就如此了。難怪嘉瑢這麼害怕別人的眼光，原來生長環境中有超級多雙的眼睛不斷在盯著她。此時我覺得，嘉瑢穿五件內衣來防擋真的不為過，是有道理的。

嘉瑢繼續訴苦，她說，因為大家都住太近了，家裡常常三不五時就有親友晃到家中來。父親是牧師，更是有一群陌生的人會突然在家中出沒。基本上，家中對嘉瑢來講不是個可以安心休息的地方，難怪嘉瑢的神經常常緊繃。人與人之間並不強調隱私跟界線，隨時都像被赤裸裸地看光一樣沒安全感。難怪嘉瑢只能從衣服上包得緊緊地做文章。父母親特別強調她要有禮貌，也就是特別地強調綁手綁腳的訊息。反向作用下，嘉瑢不斷地檢查內衣時，竟然就是在盡情滿足「手腳自由」的感覺。

她會不斷警覺地檢視內衣，似乎也是在確定「自己還在」。內衣底下包覆的是發育的象徵，每一次的檢查可能都是在看看自己還好嗎？還在嗎？有機會長大嗎？

我逗她說，她在強迫症上倒是非常「放縱」自己，一天之中有好幾個小時不斷做重複的事。嘉瑢苦笑。可是她也頓了一下，原來只有在這種事情上她才能「放縱」自己。我點出，在家裡嘉瑢的焦慮反而比在學校多……嘉瑢深深同意。

嘉瑢訴說另一個可怕的記憶，這也是她「發誓從此不能抗拒父母」的開始。她從四歲起就學速讀跟心算。剛開始還不算太糟，她覺得動腦筋的挑戰很好玩。然而，在小一那年的聖誕節餐會中，父母突然不經她同意而宣布說：嘉瑢要當著好幾百人的面前表演速讀跟心算。當場嘉瑢愣住了，天旋地轉之下她只想逃。於是她趁父母跟別人講話時迅速躲到櫃子裡去。嘉瑢永遠記得，父母的臉如何在發現她不見時當眾鐵青，皮笑肉不笑的表情可怕地印烙在嘉瑢印象中。當晚，父母當著她的面甩開她，拉著其他三個妹妹開車離去。嘉瑢邊哭邊追，追了好久，跌倒破皮，爬起來繼續追，追了又跌倒破皮……父母最後停車，一上車，母親賞了她好幾個巴掌，好幾天不跟她說話，好幾週不正眼看她。父親跟她講話雖緩和，緩和中卻有嚴厲的失望跟拒絕。嘉瑢那時被迫「發誓從此不能抗拒父母」，她聲稱自己：「小時候真的很壞、很不乖、很惹人厭。」她長大後仍擺脫不了嚴厲的自我批評。

從小嘉瑢就活在「大家都知道」、「什麼事都公開」、「很怕被看到」的故事情節中。她無法自在，無法讓其他人不在她心中。她深深自覺「牧師的女兒」、「明星老師的女兒」、「外交官的孫女」、「某某老師的親戚小孩」、「某學生的鄰居」……一堆附屬於他人之下的期待角色太複雜難當了。太多規範、太多準則、太多超高的標準、太多評審的眼睛在盯著她看。

家族治療中，我不斷直接、間接地請父母往後退一步，務必要給嘉瑢時間、空間休息。強烈請他們不要再突襲房中的嘉瑢，因為嘉瑢她都只剩一個房間可躲而已。此時的嘉瑢是退化的，有可能只有國中，更可能是卡在小學或是幼稚園……到底是幾歲我們不知道，但嘉瑢知道。不管停在幾歲，都有嘉瑢的意義及需要在。等她休息夠了、安全了，她自然會長大。她生命中最怕的就是揠苗助長的沉重壓力。我請父母目前急不得，干預不得。父母在諮商室中都說「好」。但父母也一次又一次地讓我相信「不好」。

要父母一下子收手實在不容易。嘉瑢才回家休息沒兩週，他們就要她把教科書拿出來念，不能落後，規定嘉瑢一天要念幾頁，不時還要抽問，問不到正確的答案便免不了又多念幾句，父母老是在耳邊不斷重複叮嚀嘉瑢：「千萬不要浪費時間。」

媽媽更是那個忍不住便會歇斯底里罵女兒幾次的人，她甚至多次衝進房抓住女兒雙手不讓她檢查內衣，強拉下女兒衣服要她認真看內衣底下的她是「正常」的。然後媽媽再來抱怨諮商治療沒辦法讓嘉瑢「快點」好。媽媽不知道她現在一罵、一干預，就像在開放式的傷口上灑鹽巴一樣。

我在面對父母時老覺得很無力，諮商時進一步，回家卻退五步……脆弱的女兒變得更脆弱。我在面對老師媽媽時更累，因為她只想教人，不想被教。面對牧師爸爸時也累，人都還搞不定，背後還有一個神。父親雖然看來溫文儒雅，其實他是透過妻子來表現另一個他。有時，微笑的人比狂怒的人難處理。

父母跟祖父母、鄰居、教友、親戚總忍不住要討論嘉瑢的狀況，總覺「團結力量大」，祖父母、鄰居、教友、親戚堅持覺得「大家一定都要幫忙」、「用神的力量來對抗惡魔」，所以大家過度熱心地輪番上陣往嘉瑢房間敲門，提醒嘉瑢「不要傷父母的心」、「要多替父母想」、「你不能這樣」、「不要當罪人」、「要多開放自己」……

我不是那個可以到他們家中保護嘉瑢的人，但父母可以。可是父母卻一直只看到「自己」比較想要得到的需求，而看不到自己可以有保護女兒的功能。反而老是讓孩子暴露傷口以及惡化傷口的人是父母。我不得不問父母：「這麼急地在前面拉孩子就會動嗎？」「以前若已經試了千萬次無效的方式，為何還要繼續試？」

女兒要的不是身邊一堆人，而是自己一個人。

我此時有些心酸地想起一個精神分裂症個案曾認真說的話：「真正所謂的神經病，就是那些不斷做同樣的事，卻期待有不同結果的人。」

父母當時要求一個禮拜見兩次。然而，見面才兩週，父母便覺諮商治療無效，立即去其他地方換了其他醫師跟心理師。我想，父母是嫌我不能跟他們「團結一致」地共同滲透。他們特別強調的結果是：嘉瑢「快點」回學校念書。這個我在短時間內的確無能為力。

就跟其他孩子一樣，嘉瑢被父母批評責罵時通常不會覺得是父母的問題，而會認為是自己的錯。對父母加諸的批評過於信以為真，當然會影響自尊、自我概念、自我價值。當焦慮被框在框框中沒得宣洩，便只好藉著強迫症的扭曲縫隙來宣洩。往往，強迫症是我所謂的「乖孩子的生病法」。

嘉瑢的父母將嘉瑢的人生地圖都已經先畫好了，一點岔路也不給。孩子找不到自己，到某一個臨界程度便停擺癱瘓。

V 藍色變奏曲

第九章　憂鬱症及自殺、自殘

為別人而活

蕙蓮，三十五歲，身材偏瘦，擅打扮，濃妝，身上的行頭皆名牌。看來歷經太多風霜，長得像四十四歲。

在第一次的諮商，蕙蓮一來就泣不成聲，久久不能停止。我在旁陪著她，我跟她說：「沒關係，想哭多久就哭多久，我會在這裡陪你。」「哭出來會好一些。」畢竟，讓一個人「安全」地哭，跟「無助」地哭是有很大的不同。

蕙蓮在一個小時的諮商裡幾乎都在啜泣之下說話。我看到左手腕上有一些新舊不一的刀痕，額頭也有些因撞牆造成的瘀青。我直接點出我看到什麼，並摸了她左手腕的傷，她哭得更大聲，好像幾百年都沒人疼過她一樣。她泣不成聲主述說：「我想死！」

她來諮商主要是「想搞懂自己為何活著沒意義，然後就可以安心死去。」我請她：「想說什麼就說什麼，我會陪你一塊搞懂，等搞懂之後要死也來得及。」說了這些話，我們的對話時間便空出來了。

蕙蓮說在她二十八歲之前，她是在酒店上班。那時天天喝酒，喝到胃潰瘍。二十八歲那年，她被某知名建商老闆包養，要她幫忙照料他的舞廳生意，至今已有七年。剛開始時，工作、經濟、感情「一切都得意」。但，最近這兩年，她曾住進身心病房四次，每次皆因服用過量安眠藥。上次自殺是一個半月前，目前嚴重失眠。

蕙蓮其實明白為何自己情緒愈來愈往下掉。她說：「自己內心不曾真正的快樂過。」以前年輕時，沒有腦袋，不懂得要去找人生的意義；現在「老了」，便慌了，不知道自己除了歡場外還有什麼更好的出路時，對生活的害怕便一波又一波滾過來。她對自己的人生極度失望也極度絕望。

雖然蕙蓮只有三十五歲，但是在歡場中，三十歲以後就已經算「老」、「沒有用、不吃香」了。定義大大不一樣。

她年輕時曾叱吒風雲，但隨著日子一天一天過，眼見著一個比一個年輕貌美的辣妹天天進出舞廳大門，便不斷提醒著她「一天比一天衰老，也一天比一天沒用」。就算自己有極佳的交際手腕，年輕辣妹在那種文化下還是比她吃香，更有自然賦予的偉大權力，而且更好賺大把大把的鈔票。

三十五歲的蕙蓮話中充滿「老了、沒用」的想法。再多了解，原來她的「包養」已走到末期，建商老闆老早對她少了癡迷恩寵的興趣。目前雖仍然有固定費用可拿，伴侶關係卻少了幾年前那種癡迷親密之下的穩定及安全性。她極度害怕最近會「突然有一天醒來，工作、經濟、感情全都沒了。」「房貸、車貸沒人幫我付怎麼辦？」她無法讓年輕重來，也無法讓年老的她還做年輕時的輕鬆交易。蕙蓮把所有雞蛋都放在同一個籃子中，的確，籃子假如翻了，雞蛋可能全軍覆沒。她害怕，她哭，她發瘋，覺得自己掉進爬不出來的深淵，萬念俱灰。

我請蕙蓮倒述更年輕時的往事。我不知道她的心理不適，是否是在人生早期便埋下的伏筆。

她說她在國中時就是大姊大，不愛念書、遲到、翹課、早退，但她不會不來學校，因為她常常要替人家喬事情，她會吆喝打架，頂撞師長，老在頭髮、衣服上面做文章（那時尚未解除髮禁，對服裝亦有嚴格規定）……那時所有師長都覺得她品行惡劣，「以後沒出路活該」。

蕙蓮國中未畢業就去卡拉OK當小妹，高中便當KTV公主，十八歲不到便進入酒店。一路這樣走來，數不清的異樣眼光不說，鄙視的態度更是不斷。蕙蓮說她表面不怕別人的想法，但私底下卻很在乎。

蕙蓮骨子裡個性很剛硬，所以遇到「不懂」的外人便隨他們去閒言閒語，愛鄙視就去鄙視，她說：「總不能見一個解釋一次，會累死人。把那個解釋的時間拿來賺錢比較重要。至少錢不會批評我。」蕙蓮很多不舒服的感覺是用壓抑、轉移到工作上拚命賺錢來處理的。然而，同樣為錢工作，原因有很多種。蕙蓮的故事剛好是那種「不說，別人會覺得傲慢；說了，別人會覺得騙人」的版本，她的職業角色很容易讓人用先入為主的想法來揣測。然而，蕙蓮的故事，是很苦的。

她在家中排行老大，另有兩個妹妹、一個弟弟，弟弟年紀最小。父親愛賭、酗酒，在港口當搬運工，常以家暴媽媽及四個孩子為「樂」。蕙蓮常在父親喝醉打人時當那個出氣筒，更常常是出來擋拳的拯救者，所以自己便常常被打得整身是傷。蕙蓮苦笑說：「我那麼會打架都是跟我爸練來的。」我帶著蕙蓮明白為何她在學校時那麼執著在喬事情，而且，在歡場中也有一堆要她喬的事情……她是不斷在「能力許可」的相似情境下，努力在矯正原生家庭的衝突。她記得有次爸爸要用炒菜中的熱油往媽媽身上倒，那年她才六歲，她衝出來擋，結果弄得自己腰上、小腿上受了一些燙傷。她秀給我看她所有的刺青，都在腰和小腿上，這解釋了她為什麼在那幾個部位有刺青。她並不愛刺青，只是她當年想用刺青去蓋住記憶中的傷，可是也同時提醒她「對父親的恨」。

這是痛苦矛盾的刺青，想蓋住傷卻又不時提醒她有傷。

當別人用異樣眼光看她的刺青時，她腦中憤恨地想：「你們懂個屁！」「我所經歷的你們永遠不會懂！」在此我了解，她對情緒混亂、有暴力言行的男人（跟父親相似的人）會有個未解的心結。

蕙蓮憤慨說，當年在家中帶傷去學校時，老師還老以為她是在校外跟人家喬事情而打架。老師若不理她還好，最苦悶的是，她到學校後還要挨老師毒罵及被訓大道理，有次還被罰在大操場上站一節課，老師的目的是要她「下次不敢了」。

我問蕙蓮，為何不曾跟老師解釋？蕙蓮說，因為老師的態度不友善，早先入為主地認為她是「壞孩子」。而且在她的腦中她總覺得：「沒有人」可以幫得了她。因為爸爸老在外面欠賭債，她家中常常無預警地就會有人上門暴力討債、丟雞蛋、潑油漆、半夜按門鈴撞門、丟恐嚇信件、電話騷擾恐嚇……所有的親戚老早不跟他們往來，一個個躲得遠遠的。倘若連自己的親戚都不願幫他們，蕙蓮更不覺得老罵她的老師能幫什麼。而那種「沒有人可以幫我」的想法至今仍深深存在。

當年大家對家暴的警覺性不高，所以對於硬撐著不講的孩子反而不知道要介入，誤會之餘還讓他們有著嚴重的心理傷害。而被傷害、拒絕過久的孩子，自然會用傷害、拒絕來關起自己。可是，愈是用傷害、拒絕來關起自己的孩子，愈會讓他人傷害、拒絕他……惡性循環。

蕙蓮說，媽媽的個性很懦弱，除了在工作上沒人會用她之外，在親職上也一向是失能的。媽媽在家中只是會任由老公打罵，然後整日對著孩子哭泣和抱怨而已。在一個彌補父、母親皆無能的心境下，蕙蓮不得不在家中擔起「堅強」的角色，而且是「媽媽兼爸爸」的角色。煮飯、洗衣、打掃等，都是蕙蓮帶著弟妹在做。有著大姊大的態度基本上除了不讓外人再敢欺負她，也是要讓弟妹在家安心些。家中沒收入，又欠一堆債，沒辦法之下，蕙蓮只好國中未畢業就去卡拉OK當小妹遞水果、遞毛巾賺小費，而當時遲到、翹課、早退多少跟沒時間、體力去上課有關。蕙蓮當時所賺的不多，但至少可以勉強付弟妹學費。這個小大人真的很辛苦；而弟妹後來也在家中拉著媽媽做些手工藝，稍貼補家用。

蕙蓮早早就當起家中父母的角色，也早早對錢養成痛苦、害怕甚至仇恨的記憶。

爸爸並沒有因為蕙蓮的犧牲而停止賭博。相反的是，爸爸見女兒在卡拉OK還頗有賺錢潛力的，便乾脆讓女兒去能賺更多錢的地方來還他的賭債。所以蕙蓮從高中開始，為了要停止家中父親不斷揮拳的家暴及債主的騷擾，不得不穿得清涼些去當KTV公主。但是幫了一次又一次之後，再怎麼賺都還是在還父親那無止盡的債。蕙蓮高中肄業，因為高中才念一年多一點便進入大規模的酒店。蕙蓮說她那時其實只有十六歲半，而特種行業為了要賺錢，自然有辦法讓未成年少女工作。

蕙蓮骨子裡是很剛硬的人，可以撐那麼久，是因為覺得整個家都靠她在撐，她「若不撐就沒有人可以撐」。她老告訴自己：「千萬不能倒下來！」當然，這句話壓抑她二十多年來所有的悲傷。

她的社會韌性很強，其實不是因為在酒店被磨練出來的，而是她的父親。她說，外面的男人跟家裡的爸爸「最多一樣壞」，「可是，在酒店被打反而還有錢可以拿。」

蕙蓮在酒店中很快就學習到，內在個性可以很硬，但外在態度及姿態要夠溫柔體貼才能把錢吸引過來。蕙蓮學到「內心的想法要藏在笑臉的面具下」。所以她一改在國中喬事情時的凶樣子。她在酒店中一有機會就往上鑽，有錢就努力賺，酒店裡大家都知道蕙蓮能力很強，又年輕敢秀，所以很快地，蕙蓮在那個圈子裡就竄紅。為了賺更多的金錢還債，蕙蓮自願出場從事性交易。曾跟幾個黑道大哥交往，有一些感情投入。當中當然也被大哥打，她知道她跟暴力沒脫離，只是從一個坑跳到另一個坑。但黑道大哥們最偉大的貢獻是——他們擺平了父親的債，也「以暴制暴」地遏止父親的濫賭。那年蕙蓮二十五歲，終於她可以不用再背債了。

但是要離開酒店並不是想走就走，一些人情債是外人不懂的。有一些長期照顧她的人不讓她走。而且她那時年輕，習慣一種高消費的生活以後，覺得由奢入儉太辛苦。此外一家人也都

「習慣張著嘴」靠她養。蕙蓮想說既然自己在酒國這麼吃得開，乾脆憑著年輕貌美、手腕高明，再多賺幾年有了老本之後再說，她便在二十五歲之後繼續待下去了。

蕙蓮知道，跟大哥們在一塊可以吃香喝辣，但三不五時仍會遇到逞凶鬥狠、砍人尋仇、毒品槍枝販賣等黑道事件，危險程度還是較高。而且往往這些凶悍的手段勾起她成長過程中最忌諱的暴力、討債、勒索記憶。所以後來在二十八歲時，有個四十出頭、已婚的建商老闆對蕙蓮很癡迷，要包養她，蕙蓮便乘這一股風，趕緊在年過三十之前有跑道可以轉換便趕緊換了。

建商在政治上有一些地位，大老婆娘家又是幫他經濟豐厚的主要來源，所以不管怎樣，蕙蓮當「地下情人」的角色從一開始就已經在「試用期」時講清楚、說明白了。剛開始幾年感情濃烈時，建商對她疼愛有加。因蕙蓮黑白兩道的交際能力非常強，所以建商談生意時，極需要她上場扮演公關喬事的角色，建商也極滿意蕙蓮幫他在照料舞廳生意時所賺的錢。這種強烈「被需要」的感覺，正是蕙蓮最拒絕不了的致命吸引力——在家中及學校都被需要。

但是三、四年之後，剛好碰上房地產嚴重衰退，以利益為基礎的感情也隨著建商煩惱經濟困境而被放入了考驗。建商在失志不得意時，逐漸露出亂發脾氣的本性，雖然蕙蓮在歡場上的那一套可以數次化險為夷，但是打從有一次他亂將蕙蓮當出氣筒（對她動了拳腳）之後，逐漸愈演愈烈，建商也一次次勾起蕙蓮原生家庭中父親失志、粗暴的樣子。

蕙蓮不敢看這樣潦倒失志的男人，㈠她不想在男友身上看到父親的影子，㈡自己可能是在罪疚或心疼男友苦惱沒金錢周轉，或者㈢想解決自己最厭惡的金錢困難。衝動地她便一下子把自己多年來所賺的老本全給了建商，讓他去闖另一個爬起來的機會。

身邊一堆姊妹淘都說她傻，但她衝動地覺得她恨透「必須為錢做奴隸的負擔」。她不能再過跟以前小時候一樣的日子。她跟姊妹淘說得很爽快：「錢可以解決的問題就用錢去解決！」蕙蓮在姊妹淘中是「成功上岸」的傳奇故事之一。可是蕙蓮的內心並沒有像表面說的一樣安心，她當時便補充性地用浪漫的說法來壓姊妹淘，她說：「為了把『原來』的那個男友找回來，為了用錢消除『本來沒有的暴力』。」可是，愈是浪漫地去做解釋，她愈是不安。男友猙獰打她的殘酷不是沒印在她最反彈的心裡。她不是不怕，相對地，她很怕男友會再動手，她怕他打碎她的夢，她怕他帶她回到小時候的夢魘。

回顧當時，建商在解決金錢危急之下對她「萬分感激」，建商也履行承諾地給了她一個「股東」的角色當成「最交心、最義氣的交易」。在當下，當然這對蕙蓮有很大的震撼，蕙蓮覺得這是代表她在他心裡占有一份「重要而且被感謝」的地位，感覺上，這是她「這輩子最想要」的心理彌補，這跟家人一向視她的付出為「理所當然」是天壤之別，建商的感謝對她來說，是個強大的心理治療。對蕙蓮而言，這交易像是在弄個「終極歸屬」。而這是她一直「強烈渴望但未曾被滿足的部分」。

在諮商中，我們深入探討到，原來，說穿了，這又是另一個強烈的拯救者需求在作祟，她的「需要被需要」在誘使她做出一個拯救親人的大動作，她對「拯救」是最沒抵擋能力的。蕙蓮她那個照顧者及拯救者的心態很強，她很想因為自己所做的拯救而使這個人變好。當建商有「好」一些，這對蕙蓮而言，是有心理矯正效果的（是有療效的）。

可是，接著我點出蕙蓮是跟她爸爸一樣在賭博，她在賭一個自己已經懷疑的男人。因為建商這男人為了錢可以當她是出氣筒，卻也可以為了錢討好她。蕙蓮很震撼，但這真的是事實，自己竟然真的在賭博。歷史上，她最討厭父親賭博，可是自己竟然也跟父親在做一樣的事。蕙蓮知道自己其實不能把握下一把的手氣是如何，坦白說，在這伴侶關係中，她會慌，而且，不是只有現在才慌而已。

蕙蓮接著說她不安的原因，其實是因為歡場中的文化很怕老。隨著照鏡子看見自己愈來愈衰老，三十幾歲的她突然害怕再繼續被包養的日子不多，日漸加深恐懼。她擔心建商隨時會拋棄她，畢竟她見過太多姊妹的下場就是在「老了」之後被棄養。她不是沒聽說過建商在她背後偷吃，但面質會使建商離她更遠，「不動聲色」反而還有機會在假象中繼續。有個部分，她知道自己像個商品，是被物化的。可是也因是個物品，才能輕易操控男人。但是沒有美色、沒有年輕的肉體，在她們這環境裡就等於沒有一切。蕙蓮她漸漸地壓抑不了自己的不安，不再那麼「凡事無所謂」，大姊大的態度慢慢消失，偏執、愛計較的心隨著恐懼而愈來愈多。

其實，蕙蓮會將錢全部交給建商，部分也是因為這個不安的因素在背後作怪。她那不安全的感覺是來自於在關係中消失自我。她發現自己幾年來，不時在壓抑偏執及愛計較的恐懼，外表則愈來愈刻意扮演討好配合建商的角色，可是，自己卻也在這討好配合中一點一滴地不被建商討好跟配合。她愈來愈看不到自己的重要性，卻也無法控制自己愈來愈找方法去討好配合建商。這是惡性循環。這竟然也跟她小時候的情景很像，她一向是個小大人在配合父母演出。領會這點讓她再次震驚。原來，她在親近的關係中常扮演討好配合的角色，假若這也是在拯救，或許，她拯救的不是別人，而是自己。

所以當建商在說她計較時，她便卯起一股衝動將所有錢都掏出來，「證明」說「我不愛計較」。想將感情的裂縫用這掏錢的情義來彌補。她假想，用錢可以操控回自我的重要性。可是，錢一旦離開身邊時，那種「身邊沒有錢」的可怕會撕開蕙蓮成長過程中最不想要有的傷口。看不到、摸不到金錢使她極度害怕，她不安，不安使她難入睡。她發現她在金錢離身後，幾乎每晚都要靠安眠藥才能睡覺。

當身邊沒錢的時候，便少了很多自己可以發揮權力及照顧自己的籌碼，這點很容易勾起蕙蓮很深的擔心害怕。

其實認真去看，蕙蓮會擔心自己跟建商間的伴侶關係不穩是在熱戀退去之後便浮出的，並不是錢給了建商之後才有。只是，錢給了之後會更放大這不穩的關係。建商一開始就擺明跟她不會有婚姻結果，這是七年前就已訂的遊戲規則。然而每逢過年過節，蕙蓮特別自憐身邊無親密愛人的日子。她感傷落寞，不知這樣的生活有何意義。其實在熱戀期退了之後，蕙蓮便看懂建商他本來也不是個在感情上會照顧蕙蓮的人，他每每「愛來的時候來，愛走的時候走」。蕙蓮變成一見到他便要隨時準備說再見。這讓她對生活少了很多相聚的喜悅，反而多了很多分離的感傷。

她又繼續說，她的生活七年來幾乎完全只繞著建商的作息在轉。不管蕙蓮是不是在睡覺，建商電話一來她便需要起身打扮，在最短的時間內衝去應酬、陪笑臉。就因為常常這樣，所以連帶地弄得她神經兮兮，她往往不知道今天可不可以安心睡一覺。這也造成她長久以來不容易安心入睡的主要原因之一。後來不睡不行，因為脾氣變得暴躁，她便開始倚賴安眠藥，只是吃了藥還猛提醒自己：「不要完全沉睡，待會兒可能有任務」……這不安使她愈吃愈重。

蕙蓮抱怨，當建商想有性愛關係時，她便需要隨時配合，沒有前戲也沒有後戲，只有建商所謂的自我滿足。這樣的機動回應使蕙蓮愈來愈覺得自己在包養中只是在賣肉，當自己沒有權力拒絕時，也愈覺得自己的消失。她說當妓女還不會這麼苦，最苦的是自己變得愈來愈執著要從建商那得到感情、可是卻又得不到感情的時候。這種得不到回報的感情，跟她一直在家中扮演「供給者」的角色是一樣的。

每每在蕙蓮難過時，他不是那個會想留下來安慰的人。然而，他愈不安慰，蕙蓮愈是害怕慌亂。她想從建商那彌補原生家庭中父母造成的缺，但建商真的不是那種對象。長久累積下來，這緊張的關係愈來愈陷入一個惡性循環，蕙蓮愈是釋放出那種需要他的訊息，建商逃得更遠，建商逃得更遠，蕙蓮更是想把他抓住。建商說她偏執、愛計較，蕙蓮便愈來愈覺自己在抗議這標籤時愈往自己身上黏緊……惡性循環愈演愈烈。緊張程度太高了就是會爆，跟建商愈來愈常吵架，不時鬧分手。蕙蓮拿錢出來拯救建商時，兩人的關係在表面上有好一點點，但沒多久又恢復吵架，因為他們埋地雷的地方還是不變。蕙蓮後來還在激烈吵架、鬧分手之下服用過多安眠藥。

第一次自殺，建商關機，但還會去醫院看她。第二次自殺，建商換電話號碼，蕙蓮的歡場姊妹們哀求建商一定要去。第三次，建商冷冷地理都不理。第四次，他叫蕙蓮去死算了（一個半月前）。

蕙蓮突然覺醒，從小她都為了別人而活，為了要得到愛而不斷在努力。她跟建商的關係其實只是在重演小時候沒解決的情結。真正的苦老早就卡在原生家庭中的家人身上。

其實，建商跟蕙蓮的父母很像。爸爸肢體暴力，建商「雖不常打」（蕙蓮說的），但精神暴力、不在場的冷落卻不見得比肢暴影響小。建商跟父親一樣讓蕙蓮覺得是個「不回家的男人」，一樣讓蕙蓮覺得男人他們的作為難以讓她抵擋跟控制。而媽媽這邊是什麼事都不管，要蕙蓮壓抑、犧牲自己的需求，這跟建商「放牛吃草」沒兩樣，一樣讓蕙蓮覺得無助、不被照顧。媽媽寡言，不會跟蕙蓮講親密安慰的話，建商也一樣。她痛哭說建商跟家人一模一樣，一直把她「物化」。她厭惡自己只是建商眼中的搖錢樹及附屬品。在我們的共同探討下，蕙蓮體會到，就因為建商跟父母的綜合體很像，她才能有個機會在伴侶關係中矯正原生家庭的心結。但有些結或許是已結得太死、太久，反而在知道死結在哪，也看清死結的面貌後，我們卻反射性地產生「算了」的無力感。

但無力，並不代表沒有希望。

蕙蓮想要有個家，她想要有個真正的家人。然而，蕙蓮想要有的家及親密家人，建商他是不能給的——一開始的選擇便出錯了。

我說了一句：「我不知道如何在醬油裡喝出白豆漿。你知道怎麼去做嗎？」

蕙蓮明白了，她的確是勉強要將黑醬油變成白豆漿，這是不可能的事。但這句「真的不可能」反而是讓她整個心放下，也才會是療癒的答案。蕙蓮深深了解，若要「對的關係」一開始便要選「對的人」，必須要在一開始便篩掉那些不對的條件。

她也明白，她會哭得死去活來、自殺、自殘，是因自己愈矯正男友跟家人，愈讓她覺得她筋疲力盡，愈看不到自己的價值。而愈看不到他們對她好，愈覺得自己不好。黑醬油還是黑醬油，而且還是臭掉的黑醬油。長久喝到身體裡，整個人都壞掉了。她後來笑說，在諮商治療中，她都在「洗腎」。

她說，在她住院時，家人雖是家人，卻落井下石地要蕙蓮「不要斷了自己的銀根」，要她凡事要忍耐建商，他們說：「沒有什麼事不能配合的。」家人要蕙蓮繼續做他們想要她做的事，卻沒想過蕙蓮有她自己想要過的生活。家人這麼說的時候，感覺好像都是蕙蓮的不對。家人表面說「明白」她的犧牲跟委曲，心裡卻也把她當成賺錢養家的奴隸。蕙蓮不明白，假若真正的家人怎麼會讓她一直在火坑裡打轉，要她不斷地犧牲身體及心靈來撐住一家老小的家計？蕙蓮討厭家人也把她物化、當成賺錢的工具。是該停止的時候了。

長久以來因為一切都有蕙蓮這個會賺錢的姊姊在扛，弟妹拿蕙蓮的錢逐漸變得理所當然，倚賴慣了就也不想用自己的骨頭站起來。弟妹愈來愈不知世事，一個有卡債，兩個賴在家不想工作，不管是二十多歲、三十多歲，全都老大不小了卻沒穩定的工作，而且其中一個妹妹還玩起賭博性電玩。媽媽依然是無能懦弱地愁眉不展。家人平時不會對她噓寒問暖，只有在沒錢的時候才會打電話給她。

她不知道她做人為什麼要這麼辛苦？活著為了什麼？她覺得活著很沒價值，「養出一堆不知感謝的廢物」令她負擔好沉重。這其實是她想死的主因。她想，死了就可以甩掉這一切。其實，真正讓蕙蓮痛心的是家人。

她想要知道下一步還能往哪走。

她之前多次去求神問卜，幾乎每張籤詩的大意都是叫她「凡事勿強求」，都說她的命生來就是一個「苦」字。算命師也叫她不要太計較，要不說她只有當人家小老婆的命，要不就分析她的名字說：有「蕙」字的人，通常心思就像雜草一樣耗弱，命就像草一樣是讓人踩過去的，生平多操煩勞累卻都只幫別人做福分，自己的福分留不住；又說有「蓮」字的人，往往就像浮萍一樣沒有根，戀愛婚姻上容易漂過來漂過去，沒歸屬；「蓮」也等於「憐」……蕙蓮說她真的是愈算命愈覺得自己可憐。

有一個會看前世今生的仙姑說她以前好幾次都是揮霍家產的敗家子，無情無義，弄得家破人亡，所以現在她欠她家人，其實是在還好幾個輩子的債。現在的家人沒有用，就是要她嚐嚐別人當敗家子的感受，仙姑要她不能再無情無義，一定要扛起以前沒用時闖下的禍；而現在的男友則是她以前的主要債主之一，還清了自然就會除罪障了。蕙蓮聽了這些太過宿命的說法，也不知要斷了這錢債還是要結情債，只覺進退不得，當然更覺得自己可憐。

蕙蓮也花了不少錢讓算命師給她改名字、在家中放一堆作過法的水晶、整屋子的轉運符、到處參加法會、去放生、念經、捐款、喝符水……反正只要可以試的她都會試試看。但是，都沒有用，愈試愈累，愈覺這些神棍詐欺，愈覺人性可憎。

因緣際會下，在第四次住院時，在病房，她聽到一些病友對心理治療的見證，蕙蓮開始覺得心理治療不是一些讓她聽不懂的奇怪言語，而是可能讓她在「自己身上」看到跳脫宿命的方法。她在循線找到個人心理治療的地方後，便連忙出院做密集式的個諮。本來她只是想把生活重心擺在一連串的個人諮商治療時段，卻在我介紹她同時參加團體治療後，她自己去聽演講、參加工作坊、看書、做志工……將時間排滿了便不覺得空虛。而且一旦訓練自己用另一種方式去思考後，在幾次頓悟之下，竟超快速地融會貫通，畢竟她本來就是個很有腦子的人。而在團體治療中有很大的功效是，她的聰穎、才能、毅力、熱心，大家都看得到。她也跟著看到自己的價值不再是因「能賺多少錢」而被定義。她的路線改變了。

在心理治療的中期，我曾問蕙蓮，最感動她的一句話是什麼？她說：「在醬油裡喝不出白豆漿。」這句話讓她「放下」。在她的梳妝台前、冰箱上、浴室鏡、門上，她到處照我教她的小方法，貼小紙條寫上這句話來提醒自己。當她覺得自己又想回到原來的惡性循環時，她會跟自己說：「雖然不習慣喝白豆漿，但白豆漿才會使她幸福。」她覺得不放下跟建商的關係，她會得不到她要的「家」，不放下跟家人之間的糾葛，她也無法得到她要的幸福。

我讓她具體畫出三十五歲、四十五歲、五十五歲的藍圖，蕙蓮發現，她可以畫出三十五歲的混亂，但四十五歲及五十五歲則一片空白或者一片黑暗。

蕙蓮的「一片空白」或「一片黑暗」對不久之前還在自殘、自殺的人是很正常的。我便來了個自我揭露的故事，我跟她說我如何轉換十年在紐約的跑道至台灣，我如何積極地在三十五歲才認識老公，然後在三十六、三十七歲各生一個孩子……她明白，原來！比我年紀還小的她「還來得及」！更何況她經歷過的大風大浪比我還多，要積極的話，她可以比我更積極。就跟她卯起來猛做心理治療比誰都還積極是一樣的。

有時，心理師的自我揭露是很有力量的點。

我也加入空椅、心理劇、家庭雕塑、故事改編等的技巧，讓她深刻地跟自己及「主觀」中的家人互動，並找出跳脫的方式，蕙蓮逐漸看到，要家人動太難，自己動、自己改變是最快、最容易的。

蕙蓮想做前世回溯，她想看她自己以前是不是像仙姑說的那樣是個大壞人。我順著她的需求及好奇而用深度催眠的方式帶著她去看。有意思的是，在好幾世中，她未曾有一世看見仙姑所說的敗家子特質。相反地，她在很多輩子裡都跟她的現況很像，做了兩世的特種行業、一世是小老婆。每一輩子都很孤單，在小老婆的那輩子就已是跟建商在一起，她看到自己在漂亮的深院中雖然被養著，卻孤單哀怨至老死。而在特種行業時，她也看到家人雖然角色不同可是態度差不多，仍然跟她拿錢而不在乎，其中有一個皮條客還是她爸爸。蕙蓮對此大大震驚，她不想在這輩子繼續做前幾輩子的傻事。她很想跟這些人都做切割。

蕙蓮從催眠中醒來時，第一句話是說：「難怪我這麼會應付男人，我有好幾輩子的功力。」接著她說：「只是，有些人遇過就算了。不需要繼續就不要繼續。夠了就是夠了。」她指的是建商，同時也意指家人。順勢地，我協助她讓她跟自己的內在力量相遇及結合，蕙蓮開始有了一些「要好好設計自己的第二次出生」的心，她逐漸相信，自己是有能力賦予自己的第二次生命的。

我混合地加入 Parts Therapy 的「部分」概念。允許「部分」的她會摸不著方向，「部分」的她會怕，但也允許「部分」的她會放膽去做個夢，「部分」的她也會果斷決定往後日子怎麼好好過……當這些部分的她都被自己接受時，整合會比較容易發生。沒有否認原來的恐懼及害怕，反而是借恐懼及害怕的力來使力。

另外，我又外加一個催眠的方式讓恐懼及害怕面對她，跟她化敵為友，大家一快努力往目標前進，而不是互相拉扯。

蕙蓮終於在努力跳脫惡性循環幾次之後，允許自己可以在不同的人生階段中「做不同的自己」。以前的人都不認識她沒關係，她要求重生，她寧可交新朋友，她要求不同的生活目標……她知道，倘若她仍跟建商在一起，痛苦是可預測的，路是固定的。倘若她仍任由家人予取予求，路也是固定的，她仍是個奴隸。但倘若她選擇做些不同的選擇，四十五歲、五十五歲的藍圖反而可以因為「自己是創作者而有所改變，反而有希望畫出任何自己想要的圖」（在此我用了敘事治療）。

不管怎樣，她提醒自己：「三十五歲重新開始，總比四十五歲重新開始的好。」

蕙蓮說：「既然以前我可以在酒店、舞廳、學校裡都可以混得那麼開，那我到哪兒都可以辦得到。我是有能力的。」本來她想往「公關」的角色去轉換跑道，因為這絕對不會是難倒她的差事，但她想先試試「拆掉面具」的日子。她想從「平凡一些」的日子中找簡單的幸福。既然習慣夜生活，那就先跟姊妹淘合夥開了一家晚上七點才上班的豆漿店至天亮，這樣也不會改變作息太多。當我聽到她開豆漿店的時候，我笑了，她倒很實際地做了一個「我要喝白豆漿」的動作。

她跟交往七年的建商男友在諮商的過程中不斷地做切割，她已經懂得什麼時候要放開「食之無味，棄之可惜」的關係。並且跟建商在講交情、義氣之下還是要談好現實的問題，把錢一步步拿回來。有一個象徵性的部分也是在把錢拿回來的時候，「將部分的自己找回」。當然在改變當中，父母、弟妹干擾障礙的聲音很多，可是在每次的諮商中，蕙蓮早已逐漸強化自我分化的程度，她強調自己要有獨立的思想跟情緒，她決定要為自己而活，並且，儘量不插手家裡的事，離家裡遠一點。結果一年半以後，反而弟妹因沒有姊姊幫而嘗試站起來。蕙蓮說她在一年半以前，完全不相信自己不插手會對弟妹有好處。

蕙蓮在一開始是跟我一個禮拜見兩次，一個月左右之後便一個禮拜一次，兩、三個月後已經是兩、三個禮拜一次，而且開始參加團體治療、工作坊、聽演講、念自助書，在四、五個月左右，我們已經是一個月一次；七、八個月之後便都是蕙蓮想約再約。當然中間有一、兩次，蕙蓮因適應不良而恢復一個禮拜一次，但她掉下爬起來的能力變強許多，所以連續見一、兩次之後，又是好幾個月之後才再見到她。她說，只要知道掉下來時有地方可以去，她便可「安心地掉」，在諮商中，她有個安全網。我看到她接受她的恐懼及害怕了。

兩年後，蕙蓮交了一個新男友，是到豆漿店裡消費的計程車司機。從某個角度來看，有些換湯不換藥，比如，蕙蓮是「等待」、「不動」的那一個，對方則是「變動來去」的那一個。而他有好幾百萬的房貸仍在繳。然而，有很多進步的部分是，對方溫柔，會傾聽，光是這點就療癒了蕙蓮以前說話、建商男友不懂的寂寞，她也嘗試到不肢體暴力的男人是怎樣的；現在這個男友離婚、單身、沒小孩，所以從某個層次他是「屬於」她的；他跟蕙蓮的工作時間也相似，跟蕙蓮有很多的時間相處；他要繳房貸，但他都有按時繳……有很多危險的特質，蕙蓮在這個男友身上都避開了。

我問蕙蓮會喜歡身邊常常有人嗎？蕙蓮反而有些苦笑說：「長久以來的習慣真的不好改。」習慣身邊沒人慣了，身邊有人時反而不習慣。她有時覺得他太黏，雖然在太黏之下，有以前沒有的安全感，卻也有些壓迫感，而且有時想逃。可是她會跟自己催眠地講：「要喝豆漿、要喝豆漿、要喝豆漿、要喝豆漿……」

習慣的確不好改。可是至少她在選擇伴侶上進步非常多。

她跟我皆看到，「演化」會愈來愈好，石頭會愈撿愈大顆（挑男人會愈挑愈好）。

蕙蓮讓我看到，很多時候，憂鬱症會憂鬱，是因為看不到另一個選擇。心理治療便是協助個案找到自己的力量及可能的方向。

有好幾個跟蕙蓮很類似的個案。往往我可以明顯感受到那些不出席卻不斷伸出魔掌的家人或伴侶的手。這時，心理師最好要有高度的自我分化，才能協助個案擺脫操縱她的線。為什麼我這麼說？因為假如心理師自己沒高度自我分化的話——自己都不知如何跟自己的家人畫界線，就更不用談在協助個案時會朝切掉操縱的線去走。

比如說，我曾見過一個心理師朋友，他接了一個重鬱案例，這是母親嚴重操控孩子的狀況，但是他不會切操縱的線，因為他本身也常被他媽媽操縱。結果當他遇到母親操縱孩子的個案時，他便卡住了。

先說個案狀況，她是五十九歲的女性個案，獨生女，也曾經在歡場工作過一段日子。當年推她下火坑去酒店上班的正是她母親。她至今仍逃不了母親的魔掌。雖然已二十五年沒跟母親住在同一個縣市，母親卻仍電話遙控向個案要錢去打賭博麻將。

個案多次服藥、割腕及燒炭。（很多有重度憂鬱症的人，常會用自殺、自殘的方式來做一個內心的出口。）

個案說在兒時就常目睹父母互毆，她也常順便被當成出氣包出氣。父母離婚後，媽媽的同居人趁個案母親跟他吵架離家出走時，強暴了十三歲的個案。母親雖覺難過愧疚，卻為了討好伴侶而選擇犧牲自己的小孩。母親覺得自己女兒既然都給人家睡了，那就貼上「不乾淨、不值錢」的標籤。母親曾跟她說：「一次也是睡，多次也是睡。哪有差？」所以個案一直就被母親的同居人性侵，直到十七歲時由個案男友帶個案離家出走才終止。母親的同居人在沒有個案的「平衡」下，在個案離開兩個月後便也離開了。在她那個年代，尤其是在社經低落的區域，性侵是被埋沒在家門內的，未曾通報。

個案後來在十九歲時又回到自己家中。太多家族裡的長輩都苦勸她說：「不管怎樣，她還是你媽媽。」個案花了一年的時間思索，本來仍不願回家，但有長輩用悲情牌騙她說她媽媽中風，她才回去。可是這一回去卻又要幫她媽媽還賭博麻將欠的債，而被媽媽推下海去陪酒。那一年代的孩子不容易跟自己的母親說不，尤其是身邊的一堆大人都不明事理的時候，孩子更難有說不的權力。「母債子還」在她們的家族文化中變得太「天經地義」地毒害人。

世界上最殘忍的事莫過於自己的母親放棄、陷害自己的孩子。

我那心理師朋友本身不會設母子之間的界線，沒什麼處理性侵的經驗，也沒有防範自殺的經驗，他全是被機構趕鴨子上架，個案來兩次之後便消失了。個案是有選擇誰當她心理師的權力。（不過，這心理師有在持續進步中。現在的狀況跟幾年前是有大不同的。）

槁木死灰下的非洲肺魚隱喻

我發現有愈來愈多國、高中生覺得自己不想活。有可能是他們愈來愈敢講自己不想活，也有可能是這一代的孩子跟父母之間的關係愈來愈膠著，造就了很多不想活下去的孩子。很多的孩子過著無聊、寂寞、槁木死灰的日子，小小年紀看不到生命的光明面及價值，不知道如何走下去。這些孩子在不想活的蘊釀過程中，常常會有自殘的動作出現。他們不容易拿到安眠藥，所以較不像大人們最常用服藥過度的方式。但因偶像劇老是在演割腕、撞牆、扯髮、捏自己、刺青（大多是為了宣洩、報復而刺，這跟趕流行、炫耀、紀念某重要他人或為了逞凶鬥狠而刺是不一樣的）、撞車、瘋狂運動（我有一個瘋狂練網球的國中男生個案讓我印象最深，他可以從早上一直練到晚上）等之類的自殘行為，這些自殘都是可以示範如何「在自己身上做文章」的方式，很多孩子他們便有模有樣地效仿跟著做。而當有自殘行為出現時，大人真的要特別小心這些孩子會做更傻的事，意思就是嘗試自殺。

在冬天的時候，我們醫護人員、心理師會比較擔心，因為很多傷口都被包在厚重的衣服下而不容易被發現。

這些孩子都不太容易說出自己的感覺，要是能夠說，就也不會那麼難過。他們很多負面的情緒是掩藏在很多假象下。我覺得在輔導青少年憂鬱中，在悲傷、抗拒、叛逆、憤怒的外表下，孩子釋放出來的是一種「來找黑暗中的我」、「來救我」的訊息。心理師要懂得如何去玩這「捉迷藏」。

有很多國中生是因正值「人生第二個成長期」，特別容易在找尋「自我」及「平衡家庭關係」時卡住。而有很多的高中生在努力找尋自我及重要的人際關係之餘，又是正逢憂鬱的十七、十八歲（美國稱之為 Blue 17, Blue18），不來點憂鬱還真不叫青少年時期。

舉我自己本身的例子，我在國中時跟小學差很多，變得內向、害羞、怕事，非常不愛講話（我可以持續好幾天不說一句話，以現在的診斷來看可以說是「選擇性緘默症」）。我非常不愛跟他人互動，會怕人，只是硬撐，變得更關心家裡父母的問題……高中時也是有憂鬱的十七、十八歲，常常有那種「覺得自己走不過去了」的感覺，自尊低落，自我概念薄弱，陷入父母的婚姻衝突太多，在高二時從高雄女中當掉，想從這世界上消失……可是，一進入道明中學，我第一次段考竟考全班第一名；後來這都造就我大學去念心理系，想一探自己內心世界以及家庭究竟如何的鋪路。就因為自己也曾經走過，所以我知道，孩子自己知道大概哪幾條筋出了問題，只是不知如何去解。

我總覺得，國、高中生假若能早點在心理上接受輔導與指引，恢復的效果絕對會比二、三十歲以上的人好。若能從國小便輔導，效果又會比國、高中的好。以此再往更年幼時推，或者是孩子還沒出生時父母就已有良好狀況，當然更好。絕對會少了「加深」問題嚴重性的效果。我很喜歡重複講一個美國年輕牧師 Joel Osteen 說過的比喻，他說這就像水流，剛開始流過一片平地時，還會四處亂流，但一旦流久了，必然會往比較凹陷的地方多流一點，一旦水開始往那兒流，再久一點，水自然會有它的強度再加深它走過的痕跡；然後，當我們再次注意時，它便可能成了一條溝渠。

很多我們的個案都是帶著溝渠來找我們的。而這溝渠的造成不會是只有一天而已。這也是為什麼我們不只看目前的狀況，也要回溯造成溝渠的源頭，去看看如何才能讓它往別的地方流。基本上，過去、現在、未來都要去看。

我在回台後，剛好有機會在幾個國中長期當兼任的駐校心理師，也在診所常接到一些國、高中的學生個案。我發現，跟美國一樣，較憂鬱的青少年不太需要用「憂鬱症」（Depressive Disorder）來做診斷標籤。對於我曾經接觸過的國、高中生，通常我大多會覺得他們是「Blue」、「有憂鬱心情的」、「比較傷感的」、「比較鑽牛角尖的」、「比較敏感的」、「社交技巧很不好、退縮、尷尬的」，但不太會是所謂的「憂鬱症」。

通常還能上學，還能去診所，是情況相對之下較好的孩子。因為我也常在醫院做督導（自殺防治中心設在醫院裡），所以我同意在醫院裡住院的是「憂鬱症」，因為醫生不會隨便讓一個孩子離開學校、離開家裡，除非他們的憂鬱已嚴重影響到照顧自己的能力而需要住院監管、密集治療，畢竟很多住院的孩子都有嚴重程度的自殺或自殘。而家人，通常也是讓他們會自殘、自殺的原因。當然，也有不少孩子雖然在家、在學校，卻因旁邊的人沒有足夠的警覺概念去發現他們狀況不對而送他就醫治療。

曾經我遇過一個很可愛的國中小女生，十四歲，國二，暫且我們叫她倩倩，她來社區診所做心理治療。這不是個程度很嚴重的個案，但，普遍性卻很高。倩倩長得很可愛，眼睛很大，但話少得可以，跟父母及同學皆不愛講話，在家中尤其沉默。當然，當我看到她時，我看到我自己過去不愛講話的影子。當我聽到她在家中更是沉默時，我心裡猜測大概跟父母的關係有直接影響。倩倩她從小就一直被當成「乖」、「文靜」來看待，功課還可以，沒有任何老師對她有不好的評語。一直到國二，父母親有天發現女兒左手腕上有用美工刀割的新舊痕跡時，才驚慌地趕緊帶到診所就診。

倩倩割腕不只一次，因為有新舊傷痕交錯。她至少已經割腕半年。

倩倩的話真的很少，音量又低。第一次見面時，母親帶倩倩來，父親是職業軍人，人常在金門工作，一去又常一、兩個月。倩倩話少到母親平時都要跟她用猜謎的方式。

我知道心理師若要求一個不愛說話的孩子去說話，擺明了會失敗。我一開始便緩緩柔柔地跟她說：「你不愛說話，那就不用說。我不會強迫你。」這一句話往往會以退為進，有一點欲擒故縱的意味。我知道她不會回應我，我也不怕時間流動有多快，一切不用過度，更不用討好。只是柔柔地等她。

停了很久之後，從她的身體語言，我看到她有一些想開口，但她仍選擇不發聲，這對我來說是個「綠燈」，可以前進了。我只淡淡慢慢地說：「當你想說的時候，你自然會說的，不是嗎？」又停了一陣子。

接著我用了些催眠心理治療的技巧：「或許你可以允許我看著你的眼睛，有很多想法可以從眼神中透露。你一樣可以不說話……可是你的頭不能太低，要不然我看不到你美美的眼睛。或許你可以對我點頭或搖頭，但你一樣可以不要說話；或許你也可以舉起你的食指，右手（手指）可以代表『是』，左手（手指）可以代表『不是』，你也可以決定哪一邊是『是』，哪一邊是『不是』，但你一樣可以不要說話……溝通的方式有好幾千萬種，不是只有用語言而已。」（以上這幾段話皆有應用到催眠式心理治療的技巧，在在都在擴展溝通的可能性。只是我有把過程簡化許多來描述。）

當我一再強調她可以不用說話時，其實我是在做矛盾法，愈請她不要講，她反而會想講。

（就跟我們叫一個孩子不要玩插頭，孩子卻愈會想玩插頭一樣。）倩倩在我緩緩地講了這幾段話之後，本來不笑的表情有點肌肉抽搐地有了很淺的小笑容，眼神雖靦腆飄開，可是卻少了很多防衛。

我會要倩倩讓我看眼睛，其實真的是經驗談。很多孩子不愛講話，外表很矜持，可是內心卻很希望有人從眼中看到他們藏住的靈魂以及他們的想法（只要大人懂得如何用玩的方式去找他們）。有很多孩子已經有很長一段時日沒被正眼看過，就像倩倩的父母，若有正眼看她，不會在她已割腕半年多了才發現。所以當有人認真看她時，她會覺得自己被照顧到了，也會比較願意將自己的嘴巴鬆一些。

第一次諮商時，我在學習她的眼神。此時，有個好玩的心理動力會出來。要說話，很難。被看眼睛，很不習慣。相比之下，被看著眼睛會比說話更不習慣。所以倩倩便選擇在第一次諮商治療快結束時，用很簡短的話回應我，免得我一直看她眼睛，她會害羞。

倩倩她允許我問問題，並且願意讓我出選擇題讓她選答案。前幾次我比較正經，提供的答案選擇也比較一板一眼；後來，這問答方式上了軌道，我便開始丟變化球，有時我便幽默地亂講選擇題的答案內容，有些內容還傻傻的，讓她有些招架不住，反而使她必須直接開口陳述自己想講的。很多時候，當我變笨的時候，倩倩就會變聰明了。當我的態度是輕鬆的時候，倩倩自然會跟著輕鬆。輕鬆的孩子比較不會想自殘、自殺。這點就打破她以為心理師會像其他大人一樣無聊的想法。其實，她也投射太多「父母讓她無聊、寂寞」的想法到其他大人身上。倩倩說她從國小就很不快樂。父親是職業軍人，不常在家，加上他本身個性嚴謹寡言，所以就算他在家也不懂得跟孩子玩；母親為了幫助家計，經營麵包店生意，母親在創業的時候剛好是倩倩上幼稚園、小學的時候，有七、八年的時間常常忙得不可開交。媽媽其實也直到最近這一、兩年，才比較不忙。在倩倩的記憶中，父親不在身邊是正常的，而母親人雖在身邊、心卻不在倩倩身上。

有一個部分我看到，倩倩或許也是很會察言觀色地選媽媽已經比較不忙、比較有空理會她的時候，才讓內心的混亂狀況讓媽媽知道。感覺上，就像跳水也要選水夠滿、水夠深的時候才跳。

再多回溯一些，倩倩出生後一開始也不是跟父母同住在一起。在四歲之前，倩倩一直被放在褓母家，一個褓母要照顧四個孩子，倩倩當然能分到的關心不多。據媽媽透露，當時為何要給褓母帶是因那時先生外遇，而她情緒極度不穩，不適合照顧孩子才如此做。可是，倩倩覺得這可能也是自己老感覺被拋棄、不被愛的開始。

四歲以後，從褓母家回來，跟父母還不熟悉，卻熟悉他們的吵架聲。不到半年，家中多了一個大她一歲多一點的姊姊，是爸爸在外面生的孩子。媽媽一向心情不好，那時也開始做麵包店生意，倩倩又被送去上整天的幼稚園。父母想說有個大班的姊姊帶小班的妹妹應該沒問題，可是父母沒想到，兩姊妹跟一般陌生同學是差不多的。姊姊不太會來找她，她也不太愛找姊姊。

倩倩對家庭、幼稚園皆適應不良。可是就算倩倩天天流淚不要去，也會被送去幼稚園。她在幼稚園的時候都是想著要回家，沒心跟其他孩子互動。她常把自己放在角落默默站著流淚。幼稚園那麼多小孩子，像她那樣「安靜地哭泣」、「不講話」的往往被擺在大哭大鬧孩子後面來處理，通常也沒被處理到。在此，除了被再次忽視之外，倩倩又再次感受到被拋棄，自己不能被愛的感覺，她也開始歸因自己「一定是不夠好，才沒有人愛」。

回家一定比較好嗎？不一定。

當倩倩回到麵包店的家中時，媽媽又老是叫她：「不要講話，不要吵。」媽媽在忙著做生意。姊姊則有一段時間會被她的親生媽媽從幼稚園接走，直到睡前才送回。倩倩那時對唯一可以倚靠的媽媽討厭透了，覺得：「都是媽媽害我在家中發呆又發呆，無聊又無聊。」「都是媽媽害我要這麼長的時間待在討厭的幼稚園。」看來，當媽媽拒絕她太多次的時候，後來就換她拒絕媽媽了。

媽媽覺得很無奈，反而常不在孩子身邊的父親不被倩倩嫌。

人的確很好玩，會對我們較容易要到關係的人會較有情緒，較不容易要到關係的人，反而會因我們早已放棄了他而少掉很多情緒。

對幼稚園的小朋友而言，字彙有限，但哭絕對是一種溝通的語言，就看大人聽不聽得懂。剛開始倩倩會哭，是因為情緒需要受到照顧。可是她哭沒人懂、沒人理，所以後來乾脆她不哭、不溝通了。之後她也在可以講話時選擇不講話了。倩倩終於明白自己為何不講話，也明白為何自己討厭學校、討厭同學，因為這跟自己被迫上幼稚園，以及在需要被了解時不被了解有關係。難怪，現在的她，老覺得別人不會懂她，老覺得世上只剩下自己一個人。

倩倩的不說話，跟父母疏離之下所造成的不親密感及不安全感有絕大的關係。當倩倩念國中了，父母沒想到等倩倩想跟他們講話時，說的卻是：「我要從這世上消失。」

我跟倩倩深入討論她想從世界上消失的想法：自殺。我直接問她自殺意圖的頻率有多少？用什麼工具？什麼時候想做？倩倩蠻訝異有人會這麼直接地問她意圖，但這的確是可以攤在桌面上好好探討的議題，而且這也是深入了解她的管道。（我的經驗是，超過百分之九十以上的孩子願意談，而且渴望談，只要心理師的技巧做得對的話。）

倩倩說她腦中常常在想著要自殺，各種畫面都有。跳樓她會想，但她不要選，因為粉身碎骨太可怕，而且搞不好自己沒事還壓傷路過的人；跳海她也會想，可是她也不要，會被魚吃爛臉，很難看；安眠藥？要吞好多顆，對不愛吃藥的她也太困難；燒炭？不知道怎麼燒；割腕不錯，可是又怕割太深的時候看到太多血，也怕到時太痛，自己不想承受那麼痛……（基本上，倩倩的割腕傷痕都是算淺的，她真的怕痛。）其實倩倩想死的心並不強，她是「雷聲大而雨點小」的那種，她想要關心跟愛的成分比較多，尋求心理慰藉的程度算中上的，而真正採取自殺行動的程度算低的。

我直接再問她可不可以談割腕的事，她說可以。倩倩就跟其他自殘的孩子一樣，她想談這塊已經想好久了，只是學校不能講、家裡不能說，就怕受到大家斥責、阻擋之下反而使她更寂寞或自責，也怕大家大驚小怪亂了她的平靜。我對倩倩的態度是輕鬆自在的，她知道對我講出來沒負擔。

我也點出，或許她想在一灘平靜中用自殘掀起一些漣漪，只是那些漣漪要在她「可以控制的範圍下」。倩倩眼睛瞪大，被說中了。

我其實看過不少割腕的個案，在大醫院裡的急診或住院個案會比社區診所的嚴重許多，我曾看過兩手、兩腳、前胸腹等都用刀痕遍布得滿滿的人。面對新的個案，有個技巧是，我一定會演出「你割得太嚴重了」的劇——一定要做出憐惜的表情，不管有多少條刀痕，我一定會說：「太嚴重了！」

這是一個運用到心理動力的技巧，當個案被定義自己「已經太嚴重」的時候，他比較不需要再超越原來的條數。

就像倩倩，當她知道有人「安全」地憐惜、在乎她的時候，她可以因為得到心理上需要安慰的滿足，而不需要在短期內用自殘來引起注意及安慰。就像當一個人吃飽的時候，短期內，就不需要再吃了。而在這短期內，我們心理師就可以做很多有力的介入，也漸漸地引導個案不再用自殘的方式。

但為了避免倩倩接下來會「為了得到憐惜」而故意割，我的態度會是有力量、有界線地關心，而不會是過度濫情地討好操縱。這邊我會做得較像薩提爾模式的肢體接觸，我請她允許我用手去摸，加強憐惜，我會呼呼惜惜（台語）她的傷痕，有時故意輕打傷口一下，同時我說：「下次要割之前要跟我說，好嗎？」然後我再說：「你本來就割得很有意義，但下次你割的時候，我也想加入了解你割的意義。」我講的這一、兩句話及肢體觸摸，讓我陪伴了她，也把我自己加入她的意義裡。

倩倩想要的是有人認可她主觀上的愁苦，以及消滅她主觀上的寂寞，她要被同理；也有可能在她往後覺得「世上只剩我一個人」的時候，突然會想到曾有人深度在乎她的傷，有人會陪她，把心理師當成「一定要聯絡的人」，而這「世上我並不是只有一個人」的感覺便可暫緩割腕的動作，在一個人絕望厭世時，便是很強的挽留。

而有意思的是，假如平常我們跟個案的界線就做的不錯，個案不會在我們不上班的時間或半夜找我們。有很多個案都會暫緩自殘或自殺行動，週末的話會等到星期一，半夜的話會等到隔天心理師上班時再打電話過來「討論一下」，因為個案曾經同意心理師說過的：「等我們討論完再自殘（或死）也來得及。」通常個案假如可以暫緩計畫時，自殘、自殺的衝動便降了一些，而在跟心理師討論完之後，個案通常又降更多衝動。

「割那沒意義」的話不要說，因為每一道傷都有個案主觀上的意義。至於「不要割」、「不准割」這樣類似的話可以講，可是也要看情境及個案的特質去講。怎麼說？倘若家人很愛管的，這些話則不能說。若家人跟他很疏遠的，這些話則可以說。

以家人很愛管的而言，我們若講「不要割」、「不准割」、「割那沒意義」之類的，個案很容易會自動翻譯成被拒絕、被否認、被淡化、被貶低……個案反而可能會為了證明「意義」而割得更凶。通常個案會割，是因在家中長久的互動下被拒絕、被否認、被淡化，所以「不要」、「不准」、「沒意義」這些拒絕的話，反而會讓他更做出對家人抗議的自殘動作。

若家人跟他很疏遠的，我們講「不要割」、「不准割」之類的，個案反而會覺得在一片空曠中有了擋住他繼續去流浪的樹林。我本身就常見這樣的個案因聽到這些話而露出微笑。像倩倩就是這樣的家庭狀況。

我在講完「不要割」、「不准割」之後，我問倩倩說：「被在乎的感覺很好，對不對？」倩倩點頭說是。

接著，我自我揭露，我說我在幼稚園時也是天天哭，然後也因為我相對其他小朋友來說「是乖的」，所以也是沒人理的那種。然後到了國中時我特別不愛說話（就跟倩倩一樣，國小還不算完全沉默，但到了國中卻嘴巴愈封愈緊），導師覺得我像個啞巴，而且是悶悶不樂的啞巴。但也因為我不吵不鬧，功課乖乖做，所以老師也不會對我有太多苛求。倩倩頓時眼睛瞪得更大。原來心理師也曾經走過這樣的路。這下子，不愛講話的啞巴對不愛講話的啞巴會有很深的融入感。

倩倩說她是魔羯座，而她覺得所有魔羯座的人都是「死腦筋、呆子、木頭人、無聊……」我跟她說我也是魔羯座的，倩倩當場「喔」一聲。她糗到自己跟心理師了。不過我們之間的關係早在這些自我揭露中變得更輕鬆。她想，既然心理師可以活得不錯，她想她「可能也不會永遠如此悶」。「希望」在此就出來了。

倩倩說：她「一輩子都過的好辛苦。」從幼稚園至今，這對只有十四歲的孩子來說，真的是很漫長的時間，幾乎是「一輩子」了。我跟倩倩說：「辛苦了，我知道你累了。」這又讓她更因被同理而軟化。這是一句很照顧個案的話。

其實倩倩本來可以早點快樂，但是就因為她在家中及在學校裡看來不吵也不鬧，所以她的乖，很容易讓別人延遲了對她的注意，也延遲了讓自己快樂的時間。她的狀況也因長久以來家裡、學校沒眼睛在她身上，所以她很難感覺到自己的存在。

我問她，下次當她覺得太過困難，以為撐不過時會怎麼想？她說「時間」會幫她。畢竟過去幾年的「事實」證明她真的會撐過，她並沒有使自己在有強烈自殺、自殘念頭時死去。

我突然想到我在動物星球頻道看到的非洲肺魚，立刻拿出來跟她分享。（我非常建議心理師們用動物星球頻道裡的一些動物實例來作比喻，因為有太多、太多動物的行為可以拿來類比的運用。）

非洲肺魚的狀況是這樣的：任何要靠水才能游動生存的動物，在沒有雨、湖泊完全乾涸的旱季真的是很難生存，更何況是魚。然而有一種魚——肺魚，為了要因應非洲沒有雨、湖泊完全乾涸的旱季，發展出一種很特別的生存之道。非洲肺魚這有意思的「魚」，在水少的可憐，只剩下一點點爛泥、快要不行時，便把自己鑽入較深的泥土中，愈鑽愈困住自己。別人會覺得牠像自殺一樣把自己給埋了起來，因為牠真的把自己裹成一團，弄得一動也不動。土愈乾，當然牠也愈難動，牠也選擇不動了。後來牠長期靜止，就像死了一樣。

然而，肺魚牠就是有本事跟外界完全隔離，不吃不喝地好幾個月都蜷藏在土裡深處。牠不知道什麼時候旱季才會結束，尤其是出生才幾個月的非洲肺魚。牠可能第一次蜷在土裡時便覺得自己就會這樣死去了。

但是，一旦雨水一滴下，就算第一次面對旱季的肺魚，卻看牠頓時甦醒，隨著頭頂、身邊的泥土逐漸軟化，自己身體便奮力往上用力鑽，一下子就生龍活虎地重返雨水積成的湖泊，又是活生生一條水裡竄游的大魚。

這非洲肺魚長相怪異，魚身還有兩隻「手」，是好幾萬年前就有的生物。牠可以存活這麼久，無非是符合達爾文進化論所說的「適者生存」。

> 我用的這個比喻悄悄進入倩倩的內心深處。因為倩倩老覺得自己跟別人不一樣，跟外界格格不入。（肺魚跟別的魚長得很不一樣，也用土把自己跟外界隔離開。）覺得自己常發呆，像死了一樣，沒食慾，對吃東西不感興趣。（肺魚在乾旱時一動也不動，不吃也不喝。）自己也像出生沒幾個月便第一次蜷入土裡的肺魚，的確，她常不確定自己是否還會活著，但是自己竟然

還是撐過了。而，那種渴望再有雨水的心是一樣的。

非洲肺魚在困難時，看起來雖然無所為，卻反而有所為了。在此，倩倩她就像愛因斯坦曾說過的話：「靜止的物體有它儲存的能量。」有時候，消沉和自我毀滅，在主觀的意識下，已不再是一種懦弱，而是一種力量。自殘之下，她的確有著想生存的心。只要旁人（或許這就是雨水）能夠幫助她把那一絲想生存的心帶出來，她自然會自己擴大。

我常想，有多少個案在心理不適之下，雖然看來做了一堆自我摧殘的怪動作，可是他們在尋求的也就是簡單的「生存」。為了生存，縱使做了很多旁人覺得怪異、不可思議、不合常理的事情，亦仍然是為了生存。

倩倩跟我後來又討論到，對於曾經度過一次旱季的非洲肺魚，牠在下次旱季來時便知道「擔心沒有用」，蜷在土裡就是了。所以倩倩在下次心情不好時，「適應」便變得比較簡單了。

在生存的念頭出來之後，便是我開始帶倩倩去看「有什麼其他選擇」的時候。通常個案會說「沒有其他選擇」，這時心理師不用訝異，因為有的話，他們也不會想自殺。此時，心理師也不用叫他多想一下。可以故意畫一張「井底之蛙」之圖（不是在罵人，而是另一種比喻）。因為這就像青蛙沒有出過井，無法告訴你井外有什麼。心理師可以不用猛問那些本來就不知的答案，不需陷入「空談」。心理師可以做的是直接地推動個案去嘗試其他選擇，可以直接地做示範、建議、在認知上挑戰、做策略治療中的指派回家作業、或用心理劇演給他看等。

在槁木死灰型的個案，很容易在食衣住行中表現固著的現象。心理師其實只要從他話裡順勢挑一樣「先」開始改變就行。畢竟每一個小改變，都是累積成大改變的契機。我此時特別愛運用策略心理治療法，指派任務給個案，請他做一個回家作業，運用高權威的方式推動個案做改變。（若用低權威，太 **Carl Rogers** 的溫暖接納、太同理、太無條件正向尊重，則可能使個案更完美他的問題及症狀。）

因為每個人每一天都要吃東西，再生活化不過了。然後偏偏槁木死灰型的個案還蠻容易對食物固著，所以我也還蠻愛用個案愛吃的東西來做文章。

像倩倩很喜歡吃菠蘿麵包，我便用催眠式的用語來問倩倩說：「倘若有一個人也跟你一樣（不要在言語上用她本人，因會有較多心理抗拒）很愛吃菠蘿麵包，假如天天都叫他吃菠蘿麵包，甚至三餐都是菠蘿麵包，吃一個月、兩個月、三個月、四個月、五個月、六個月、七個月、八個月、九個月、十個月，十一個月……甚至一年、兩年、三年、四年、五年、六年、七年、八年……這個人會怎樣？」（在此心理師一定要一個月、一個月、一年、一年慢慢說出，而且還要將聲音弄得愈來愈難聽，來加強「長」時間下的痛苦情境效果。）倩倩家裡剛好開麵包店，她要天天吃菠蘿麵包是絕對沒問題的，可是她從來不會這樣只挑一樣吃。所以這比喻又更真實。倩倩說：「當然會膩，會噁心。」

接著倩倩她說：「有這麼多種麵包可以吃，幹麼不吃別的？」剛說完這句話，她也頓悟了。

而且看著我故意畫的「井底之蛙」之圖……的確，為何不做一些別的嘗試？跳出井來，她才會知道井外有什麼世界，河流、湖泊、大海等長什麼樣子。而不是老對著井興嘆，悶到想用頭去撞井牆。倩倩在當天便手指著「井底之蛙」之圖說：「我可以站在井的邊緣先看看。」

在策略及催眠心理治療上，當心理師把狀況描繪得很「極端」、「不正常」的時候，反而個案會較不極端。通常再怎麼嚴重的個案，都還會有一些理智往另一個「正常」的方向跑，跟你說以前的生活讓他：「會膩。」是可以跳出井的時候了。

讓個案容許自己一半踩著井，一半眺望觀看是必要的漸進生態改變法。

而後來我問倩倩：「今天是你嶄新的一天，你會怎麼用？」（當她心情好的時候問）或者是：「今天是你生命中的最後一天，你會怎麼用？」（當她心情不好的時候問）不管她心情好不好，我都有得問。殊途同歸，都是要讓她在開放式問句中，嘗試新選擇。

第十章　戲劇性人格下的憂鬱

憂鬱拜金女

台灣人比較保守，紐約人比較瘋狂。我在紐約見到戲劇性人格的人相對比較多，而且若以台灣的風俗民情來當標準，隨便在紐約抓一個人，他便是戲劇性人格。

有一些學生跟我相處久了之後，他們發現我可以去演戲，或許也是因為我在紐約待太久的原因。坦白說，我在紐約時，身邊就有一堆在診斷上是戲劇性人格的朋友，是相當極端瘋狂有趣的人。他們不是躁鬱症，但高亢的時候很高亢，低潮的時候很低潮，倘若借酒裝瘋之下更是不得了，幾乎毫無禁忌。而偏偏我這些朋友大多在華爾街工作。

華爾街的人很愛玩打賭，工作的性質本來就在打賭，可是下班後，因為本身的個性特質也愛打賭，所以還是在打賭，若牽連到跟工作相關的娛樂性打賭更是讓你覺得這群人一定是瘋了。至少我覺得個性跟職業都會讓這些華爾街的人做出極端瘋狂的事。我總覺得，一般的打賭對他們不稀奇，他們要玩就喜歡玩大的。

比如說，有一個證交所的高階男主管在看棒球的 VIP 包廂中，跟人打賭輸了，便二話不說，全身立即脫光從 VIP 席的包廂跳進棒球場中央狂跑。棒球場的廣播人員、警衛其實不是第一次遇到這種狀況，只見廣播人員幽默地請電視鏡頭聚焦在狂跑的證交所主管，警衛則在旁狂笑等著看，今天這一個人打賭輸了需要跑多久，全場笑成一團。之後，那主管還很大方地跟大家揮手下台。他紅了嗎？當然！從此他在棒球場裸奔的故事成了傳奇故事。別人相信他超敢在華爾街放手一搏的膽子，也知道他絕對說到做到。

當然，他不怕因為妨礙風化而被抓，因為除了他後台很硬之外，也因紐約有太多見怪不怪的幽默。

若以不穿衣服而言，光是紐約的大遊行就有一堆人露到不能再露。比如說，夏天的同性戀大遊行、美人魚大遊行、波多黎各人（西班牙裔）大遊行等，便有一大堆人超級解放地裸露自己，露胸部、露肚臍、露屁股、特別強調裸露男性生殖器官……也有幾個天體營專門供不愛衣物的人去解放。紐約外百老匯及外外百老匯的秀也三不五時便來個全裸，像比較有名的外百老匯秀「Naked Boys Singing」便在開場五分鐘後脫了，我只記得有一大堆大小不一的男性性器官在接下來的一個多小時裡在我們眼前一直晃個不停，或許，他們就是要晃到你認同他們的人體是藝術為止。

只是，一堆人的時候叫「常態」，一個人的時候叫「特例」。有戲劇性人格的人，就是喜歡當那一千零一個人的特例。

比如說，在高級餐廳裡大家通常是西裝筆挺，所以若有一個人脫下褲子吃飯就比較誇張。我有一個朋友，男的，在華爾街當某證券行副總裁，他便是我所說的實例，也是跟人打賭，他在日本高級餐廳裡穿著昂貴的 Boss 西裝，卻在桌下亮出生殖器一晚上，大家只要彎到桌下便可看見他光溜溜的樣子。然而，這並不是二十幾歲人在玩的遊戲，而是一群近四十歲高社經的人。

就像我們在電影中見到有不少人為了要抗議主管，而在辦公室裡故意脫下褲子露屁股罵人一樣。這在現實生活中的紐約是真的有在上演的。

我只能說，大都會裡的人們特別愛用自己的身體做文章，愈是有正式的衣服包著，愈是想做不被衣服包著的不正經事。從某個角度來看，這都是在跟框框做挑戰。紐約的人本來就很不喜歡框框，一逮到機會就喜歡當舞台的聚光燈主角。

紐約的酒吧是大家下班後會去聚一聚、喝一杯的地方（這跟在台灣我們會叫一杯泡沫紅茶喝是一樣的）。紐約上班族本來就很活潑，當然有一大堆瘋狂又好玩的事會在酒吧發生。比如說，有一些人為了專心聊天，會把公事包寄放在吧台後。我有一個男的朋友，為了跟女調酒師拿回公事包，便只好依女調酒師的指揮，半鬧半相送地大方爬上吧台熱舞一段，當然這又是一個華爾街西裝筆挺的朋友所做出來的事；然後這一跳，其他愛鬧的人也跟著衝上吧台跳，酒吧並不禁止，相反地，他們也喜歡這些會炒氣氛的人；我的另一個女的朋友，曾是電視台主播，也不知她打了什麼賭，只見她躺在吧台上讓三個人從她乳溝中取酒杯喝酒；然後，我另一個異性戀的女生，也因打賭輸了，要跟另一個女生舌吻……一切，都是使自己立即被注目的一種戲劇性表現方式。

我有一個華爾街朋友的朋友一直讓我久仰大名。未曾見過面時，她的故事就已經沸沸揚揚地在朋友圈中口耳相傳，她的近況絕對是大家吃飯時會拿出來嚼舌根的故事。

這個「名人」叫寶拉。當年她三十八歲，是個高階的資深證券經紀人。寶拉的故事一直在朋友圈中很勁爆，百分之百的戲劇性人格。紐約的上班族女生本來就很會穿衣服，當然寶拉也不例外，而且全身上下絕對是名牌中的名牌。她月入至少五十萬當然不難供得起她的治裝開銷，然而她有個公開的祕密是——她有「很多」更多金的男友，其中的一個人會開私人飛機載她到處玩，另一個有遊艇，另一個供她的第五大道上東城公寓（紐約最貴、最高級的地產地段），出差的時候又有一堆「外務」型的露水姻緣……然而，已婚、未婚、雙性、異性，都不是她選擇的必要條件，寶拉要的是要有「高度投資報酬率」的多金男人。

我初見寶拉時是在餐廳中，當時她正從廁所跟某一位男友嘿咻出來。寶拉並不是絕頂漂亮，但她卻絕頂大膽，絕頂賣弄風騷。跟男友講話時一定拖尾音，跟女人講話時就不拖尾音。當這個男友有事離開後，只見她立刻拿起手機，打電話給別的男人，雖然不小心叫錯男方名字，但又很厲害圓場，並要他開加長禮車來接她……他也果真來了。

寶拉是大公司的高階資深證券經紀人，處理的是公司裡超級大咖的客戶，所以她才能認識這麼多超多金的人。她跟這些大咖的人都各取所需。寶拉愛錢，也愛被男人用錢砸；多金的人也知道把寶拉餵養得好好的話，自己的錢會被照顧得更好。這是一個利益輸送的關係。寶拉的工作性質很彈性，「客源」穩定的她在上班時間倒蠻輕鬆的，但下班後，她反而忙著應酬。她的生活型態不能用一般標準來定奪。

本來我以為寶拉會是個很快樂的人。至少在吃飯的時候，最受注目焦點的就是她。可是，當下的聚會是朋友別有用心的安排，他們拉我跟寶拉認識，就是想要我跟她談談。朋友們受不了她在上班時，會常常自己拉張椅子坐在朋友的辦公室裡狂哭訴（她上班時是比較閒的）。有時別人沒空理她，她也可以坐在別人辦公室裡一上午或一下午，看著窗外的帝國大廈、克萊斯勒大樓，像電影女主角一樣邊流淚邊嘆氣。

寶拉的情緒表現是很極端的，她可以在高的時候很高、低的時候很低。

沒多久，我跟寶拉在電話中講了話，是在我下班回家後應人情之託陪她聊聊的。但，一講就兩個小時多還不太能夠掛她電話（我那時對於「自我照顧」及「拒絕」仍是菜鳥），寶拉的情緒真的太多、太多了，像洪水一樣沖過來的壓力讓我當晚累透了，隔天我上班亦超級沒精神。我從跟她聊過一次之後，我便發誓，我不再用電話應任何人情壓力來「聊天」，也絕對要在面對戲劇性人格時戴上心理師的保護膜，否則自己會累壞。

我的朋友隔天立刻問我結果。我跟我的朋友們說：「我可不可以只跟她講一次電話就好，因為她也沒有想要好。她似乎只是愛講。」我有很深的感觸是，寶拉只是喜歡觀眾。她喜歡當眾人注目的焦點及被羨慕的對象。至於改變呢？動機很小。

其實寶拉跟我的談話內容很精采，只是，千萬不要集中在兩、三個小時去了解全部。（倘若分段吸收的話，每段都很有意思，每段都可上美國脫口秀。）

寶拉「透露」她從小生長在美國某一窮鄉僻壤的鄉下。在嬉皮年代，她的父母聽迷幻搖滾、抽大麻、不切實際地講求「世界和平」，幾百年來都不在乎努力賺錢養家，一貧如洗，窮到讓他們只能在荒地裡住破爛拖車，家裡一家五口靠政府的些許補助金硬撐過活。

這種窮困潦倒的生活讓她在國小、國中、高中飽受欺負，她從不敢帶任何朋友回家，她儘量掩飾自己的地址，但仍然有人會故意以她住在拖車裡取笑捉弄她。有些同學會笑她身上有拖車的臭味，會在她的置物櫃上亂畫拖車，或亂塞發臭的衛生紙在她包包，在她的運動服淋臭酸的牛奶，或者莫名其妙走在路上會被小石頭砸……寶拉那時就不斷地發誓，她不會一輩子都抬不起頭來，她會用她自己的力量，「不管是用什麼手段，都要讓自己吃喝玩樂是最頂級、最讓人羨慕的！」（原來此時就已奠定她一定要「做給別人看」的決心，難怪她需要觀眾跟聽眾當見證人。）

她打從十八歲大學離家後，已經好幾百年不跟自己父母及兄弟姊妹聯絡，因為她「不想再跟過去有任何的聯繫」，她也不想讓任何人知道自己有這段窮苦住拖車的過去。（可是任何一段話，她好像都到處跟別人說。後來有一堆朋友跟我說：他們「早聽過了。」一切不是祕密，而是公開的戲劇表演。）

她很愛錢，但不愛花自己的錢，她愛花的是別人的錢；若要她花錢，一定要讓她看到她「投資回收」的價值遠超過成本。她說一切因為她以前窮過頭了。她也不想花錢去看心理師或精神科醫師，錢不能這樣花了就不見了，必須要有個「物質」在錢之下生產出來。

她超級愛物質，在物質上有著很高的享受，很會跟多金的男友們主動積極地要東西，可是寶拉覺得「永遠都不夠多」。她知道她對物質的需求就像是個「無底洞」一樣。可是，她不在乎別人怎麼看她，有很多人當她是個高級妓女（whore）、應召女（call girl）、婊子（bitch）或伴遊女郎（escort）。她覺得隨別人去想，她的世界本來就跟別人的世界不一樣（這倒跟她從小的感覺是一樣的）。

寶拉有她獨特的生存哲學。她反而嘲笑那些不懂得運用女人本錢來撈錢的女生。寶拉也嗆我說：「我穿的內衣是一套兩百五十美金的巴黎名牌，你呢？」

寶拉給我的感覺很像那有名的倫敦高級應召女 Belle，這是一個真實人物。Belle 她的日記後來被集結成書，書名叫作《兩百五十天倫敦應召日記》（*Belle de Jour: The Intimate Adventure of ALondon Call Girl*）。後來也有電視台將它拍成影集，片名叫〈應召女郎的祕密日記〉。Belle 的內衣的確也很講究，因為在工作上需要治裝。

只是在很多交集重疊的生活模式下，Belle 跟寶拉都是自願在女性的本錢上做金錢交易，但 Belle 是個很快樂的人，常常跟家人聊天；寶拉則很憂鬱，跟家人斷了線。Belle 允許自己的生活中：一個是應召女的複雜 Belle，另一個是私人生活的單純 Hannah，兩個井水不犯河水；但寶拉則是兩個角色混在一起，一個生活中的不滿意，很容易因為沒畫界線而擴散、類化到其他的部分。

所以當別人覺得她的事情是「沒什麼大不了」時，寶拉則因沒界線地過度類化而覺得災難式地稱它為「大代誌」（台語）。

寶拉很會喝酒，也常借酒裝瘋。很多朋友只要曾送她回家過一次，下次便會在寶拉快喝到不行之前趕緊溜走。

寶拉說她爸爸是個胡言亂語的酒鬼，她自己也差不多。一天喝一、兩瓶的酒並不難。媽媽則是個憂鬱到快不行的胖白痴，自己為了不像媽媽一樣憂鬱以及身材令人不想看，寶拉便「變相地像瘋子一樣狂歡」——會去廁所嘿咻，也會狂吃狂喝之下再到廁所狂吐。其實每到夜深人靜時，寶拉自己覺得自己像白痴一樣，不太懂安靜的意義。寶拉說她爸媽是嬉皮年代下的垃圾產物，兩人皆吸毒吸到頭腦壞掉。寶拉也常在吸大麻。吸大麻使她寧靜的夜晚變得熱鬧。

我發現寶拉偏向交往年紀大她很多的男人。三十八歲的寶拉蠻喜歡找五、六十歲的男友（在美國不流行伴侶之間年紀差異大，傾向只差幾歲而已）。寶拉很有心機，在強烈渴望有「從口袋溢出來的金錢」及高級物質享受之下，她覺得老男人比較「容易」跟年輕低頭，她似乎也在尋找當年重要照顧者沒盡到的照顧。當寶拉在拖尾音要求的時候，老一點的男人通常會比較回應她。

接下來，寶拉說了個「祕密」。寶拉說她最近有個交往多月的「祕密」男友（寶拉特別愛用「祕密」這兩個字，可是都不是祕密，我都不知她跟多少人說過了）。這個人是紐約大學某系的教授，她覺得他是她的「真愛」。不久前，她跟他在飯店的高級酒吧認識，那天剛好「某男友」臨時有事沒來赴約，寶拉便一個人留在吧台喝酒，也隨意跟身旁的人聊起天。教授會在那出現，是因剛好那天紐約大學在飯店辦活動。寶拉會跟教育界的人交往？這真的很特別。通常她都是跟人家的金庫先交往的。

但寶拉說「早知道就不要認識」，因為真愛「太窮了」。大學教授的日系車子跟飛機、遊艇比起來實在差太多。她煩惱透了。

她去教授的家時，心裡猛嫌寒酸，受不了教授沒住在有錢的上東城，還要她跟他去地下室搬鄰居丟出來的舊沙發，撿回家放時，她極怕跳蚤會跑出來咬她；她受不了她要用她名牌的鞋子踩上他老舊、非波斯的地毯，受不了他冰箱裡沒有歐洲的高山礦泉水，受不了他家沒有隨她喝到飽的精品酒櫃，受不了他沒有六百針的高級歐洲進口床單……

在她家時，她常想給他小費，因為他身上的窮酸讓她誤以為是外送小弟；她受不了他用他普通的衣服，坐在她白色真皮的沙發上……出去時，她受不了他不願付一小時四、五十美金在時代廣場的停車費；她受不了下雨天竟然沒禮車也沒退而求其次的計程車，竟然還要搭地鐵；她受不了教授光有名卻月收入「低」到不行（跟金融界相比之下當然低），她嫌他最有名的衣服竟然是Old Navy（在美國極平價）……寶拉嫌教授嫌得不得了。奇怪，我怎麼聽就不覺得她像是「找到真愛」的感覺，反而像是一堆抱怨。

這就是寶拉需要跟別人討論的原因，她覺得自己好困惑。她不知道為什麼自己好不容易從原生家庭的貧困逃出來，卻又陷進另一個貧困……她就是不知道她為何被這種「貧窮」的感覺給吸引。她害怕自己在陷阱中跳不出來。

後來，寫書的時候，我終於聽懂了（當年不懂），寶拉是真的愛她的真愛，他在幫她完成好多兒時的未竟事務。在「正常」情境下，寶拉不會挑他，因為她不想面對她的過去，但這並不代表過去沒在隱隱召喚她。他的窮酸將寶拉帶回她最不想碰觸的兒時記憶，教授演了她當年的角色，她演了那些嫌棄她的同學。當角色互換時，一切更平衡了。這是個心理治療。而且，似乎當她在嫌棄教授男友時，便幫助寶拉提升、認同自己現在的成就。教授是個「背景」，立即突顯了寶拉這主角的光芒。這也像翹翹板，將一端壓下，便特別突顯另一端的高。寶拉將教授貶低下去，自己便立即往上端彈起，這傲立在上層的感覺，是跟其他大咖的男友在一起時所沒有的。跟大咖男友在一起時，那叫「沾光」、叫「附屬」，但，跟教授男友時，叫「無與倫比的極致優越」。

難怪，她只愛說、愛嫌，真正見過教授本人的朋友卻沒幾個。大家說她不認同教授所以才不帶他給大家看。這倒是真的。她要的是別人聽她嫌「她眼中的他」，而不是要別人認識真正的他。（我想，教授本人可能並不糟，紐約大學的教授通常都有個基本水準在。）

難怪我那時是兩個多小時都不知她在跟我繞些什麼，她表面看來是在嫌一堆事、抱怨一堆事，她「渴望」我能幫她解答內心的困惑，要跳脫「從貧窮陷入貧窮」的狀況；但，她根本就是愛上「製造困惑」，擅長用困惑迷惑人，她超愛將困惑當煙霧彈。

寶拉就是喜歡那種混亂的感覺，把人弄得團團轉會使她快樂。

寶拉真的憂鬱嗎？不知道。感覺像是「為了憂鬱而憂鬱」。

跟戲劇性人格的人相處，好累。但，隔岸觀火的話，好玩。就會像看八點檔連續劇一樣高潮迭起。

而，戲劇性人格的人對於「需要觀眾」有著上癮現象，不容易戒，因為在上癮中有太多好處自己不想放。

我那愛戀癌症的美國運通公司朋友（前百老匯演員）也是戲劇性人格，他常憂鬱地哭泣、抽大麻，時時掛在網上跟朋友講自己的故事，辦派對就為了當「最會辦派對的男主人」，瘋狂的時候超級瘋狂，但派對之後又極端落寞地覺得「沒有人看他」、「沒有人欣賞他」的低谷，還會像過氣的男主持人掉下幾滴感傷的眼淚。本來我們都落入他的陷阱，我們曾經會刻意地安慰他，會再「多次」強調他的派對有多棒，稱讚他有多稱職、多慷慨，他做的東西有多特別……但後來我發現，他跟寶拉一樣，都是「用貶低一端的方式來爭取另一個高」，「用悲情來賺取高亢」。後來超級愛講、愛演的他，便寫書說自己的人生故事，邊寫邊笑邊流淚，洋洋灑灑，嘔心瀝血……但出版商不想出，覺得太煽情、同一個東西一直繞一直繞，便給了他一句「沒出版價值」來回絕他。這邊沒出路後，他便來個更勁爆的，愛上癌症末期的女友……

戲劇性人格的人，總是知道如何吸引住我們的目光，將自己變成一個話題人物。

狂賞自己巴掌的長髮家暴爸爸

我以為民風保守的台灣不太會有戲劇性人格，但後來回到台灣時，我第一個帶的成長團體便有了個戲劇性人格的人。那是在醫院的精神科，團體由門診病人組成，其中有個成員是穿得比十八歲還火辣的五十九歲奶奶，常常強調緊身及裸露式的性感，有一次故意在黑色薄紗下不穿內衣……她一定濃妝，總是有一堆鮮豔的飾品戴在脖子上、手、耳朵、腳踝上，每次遠遠地就會聽到她說：「我來了！」的聲音（進場要宣布到來）。她超級愛發表意見，自願當班長，也強烈請大家投票給她，當然大家也樂意讓熱心的她當班長。她會負責炒熱氣氛，喜歡被聚焦，但也會過度競爭地跟別人比「誰自殺比較高招？」

之後我在診所也陸陸續續見了好幾個戲劇性人格的人。有次我做個人諮商時，見了個二十多歲的俊俏「同人」愛好者，第一眼我以為她是男生，但她是貨真價實的女生，每次她都騎著黑色復古的重型機車馳騁來去，像一陣風一樣，她的出現總是讓候診室引起騷動，因為每次她都是以酷斃了的漫畫男主角造型冷峻出現。（她的故事也是說不完的曲折離奇，在人際關係中充滿衝突、高潮迭起。）

之後還有一個有陰陽眼的二十多歲仙姑，聽得到、看得到另一世界，總是有說不完的神鬼「實例」，懲凶除害，唱作俱佳，豐富流暢，從小到大的人生際遇中充滿了離奇難解的特殊現象；之後還有一對在醫院演出全武行的跳海自殺母女（媽媽五十多歲，女兒二十多歲），在走廊上互打嘴巴，打完又互擁憐惜，是仇人也是最親的連體嬰；再來又有一個四十多歲演歌仔戲的女雙性戀者，將自己的人生弄得像歌仔戲一樣，在諮商中也不斷地用演戲的神情動作表達自己；之後又有一個狂賞自己巴掌的長髮家暴爸爸……

基本上，在我的經驗裡，小於十八歲的青少年不易見到戲劇性人格，可能是因為人格變化跳脫的空間仍相當大。若有類似狀況，大多可以用情緒不穩來處理。當然，如果處理得好，便少了往後漸行加深的症狀。但，二十多歲以後人格、情緒定型較重、較深，戲劇性人格若已出來似乎就也定了，要處理便比較是用「戒癮」的方向，或者，當個好聽眾或好觀眾。

來說說狂賞自己巴掌的長髮家暴爸爸。

案子來的時候，是由學校轉介的。家暴案件。十六歲的高中女生，打電話通報家暴中心說爸爸打她。家暴中心處理不深，只跟這家庭談了一、兩次便在一個月內迅速結案，因為他們覺得碩士學位的爸爸「改過向善的態度太誠懇」，在家暴人員面前猛喊自己錯了，猛下跪，猛打自己巴掌自懲，狂發誓自己再也不再犯。而且「因為沒打得很嚴重」，「只有幾個巴掌」……家暴中心便決定給他一次自新機會。（台灣的家暴中心仍在發展階段，所以有些做法太仁慈；若在紐約，這爸爸可能就要去上至少八週的親子教育課程，拿到證書，每個月都要跟女兒見社工至少兩次，要被家訪，還要由接案的家暴機構觀察評估一段時日後才能銷案，前前後後最快也要半年。）

這學生的爸爸自己主動要求學校幫他找心理師，一把眼淚一把鼻涕地猛懺悔。在老師面前大喊自己錯了的時候，還出奇不意地用力賞了自己幾個巴掌，老師們趕緊拉住他的手，連帶地也被這爸爸的真誠改過給感動。老師們轉介時很同情他，希望心理師要多多「安慰爸爸」。

老師跟孩子談的時候，女兒仍在氣頭上。不願跟父親共處一室談。

我對家暴處理的經驗是當有一方在氣頭上時，最好先各自帶開，先個別宣洩到一個相對較穩定的程度，讓個人自我分化的程度（Bowen的概念）較提升之後，才容易讓兩個人不是為了攻擊或防衛而談，是為了修補關係而談。

我由這家庭自己決定，誰先單獨來。

後來，第一次見面時，爸爸出現。爸爸說他為了孩子的事憂鬱到不行。但，沒談幾分鐘，我便知道來了個戲劇性人格的人。我們就繼寶拉之後，叫這爸爸寶哥好了。因為戲劇性的人真的是很寶。

寶哥，五十八歲，歷經三次婚姻，共有四個孩子。雖然到了近六十的年紀，挺著一個啤酒肚子，卻穿得比三十出頭的年輕人花俏、緊身，筆挺的襯衫上還有精緻的袖釦，手上的珠寶大到怕人家看不到，留長髮、扎馬尾，身上有古龍水味，相當有型。開兩人座的紅色跑車。笑容恭謙，他形容自己原本的個性「很隨和」，但「最近」為了女兒的事很憂鬱。

寶哥十幾年來一直是個期貨達人。他自誇自己很敢衝、很敢冒險。常常賺錢如喝水，但賠的時候也會在一夕之間虧損幾百萬或千萬。從他金錢上的大起大落，其實當下就有點讓我猜想，他的人格可能就像單擺一樣，會從最右端晃到最左端。心臟若不強，若不愛大起大落的人，是無法做期貨這行業太久的。畢竟，個性跟職業是有很大的關連。（比如說，舞者不容易像會計一樣日日坐著對帳目，計程車司機比較愛自己當老闆，愛當公務員的比較怕按件計酬的不穩定性……）我那時便想，若寶哥的個性真的是像我想的大起大落，那這家暴案件中的玄機可能暗藏不少。

寶哥一開口，便講了很多八點檔連續劇才有的台詞跟劇情。他「坦誠」地說：「我知道自己錯了。千錯萬錯就是不該失手打自己的女兒。我是個罪孽深重的不赦之人，我怎麼能期待社會大眾來諒解我？」

他說他從來沒有打過自己的女兒，此回是「生命中的第一次」。他用他所有的力量在強調說，他是個「可以忘掉自己的生命，也要疼孩子的人」、「我的命不重要，孩子的命才重要」、「我可以犧牲掉自己的生命，也要讓自己的孩子在最優渥的環境裡長大。」很多東西在他描述之下變得很像八點檔連續劇，他用了很多強調「生命」的台詞。

他說他從孩子們都小的時候，便讓孩子的物質生活過得比任何人好。比如說，十六歲的高中生女兒（跟第二任老婆生的）愛玩同人，他便給了她二十五萬元在她戶頭裡讓她去治裝做造型；二十一歲的兒子（跟第一任太太生的）愛耍龐克，他便給兒子買了台一百多萬元、超級拉風的黑色限量重型機車去騎；二十六歲的大兒子（跟第一任太太生的）是個大眾傳播系碩士班研究生，去年暑假才送他去歐洲各國遊學兩個月，名牌精品隨他買；四歲的小兒子（跟第三任老婆生的）則給他買最昂貴的玩具跟名牌童裝……

雖然寶哥舉了好多個昂貴的例子在證明他對孩子有多用心，但對家暴聽多的我則忍不住覺得怪，他太強調「他」在物質上做了什麼，卻不是親子關係中的親近互動。很不解風情的我，暗自猜想他「欲蓋彌彰」。經驗告訴我，那種老是繞著「他」給孩子多少多少物質享受，愈是想要證明自己有多「盡父責地施與孩子金錢恩惠」的父親，若跳脫物質便可能沒什麼料了。

到底有沒有料，便留著之後深入跟女兒談時再去了解。畢竟在家庭諮商中，每個人講得都不一樣是常見的。但至少寶哥目前留給我的印象是：「我是個很會給孩子物質享受的好爸爸。」

至目前為止，寶哥的主訴雖然一開始是想改善自己跟女兒的關係，講著講著，卻大多繞著寶哥「自己」對孩子的「貢獻」在轉。第一次諮商就在他的「豐功偉業」以及重複發誓千萬次「我愛我女兒」的語助詞下結束。

第二次諮商是跟女兒桐桐單獨談。十六歲的女兒是他在第二次婚姻時生的。目前桐桐跟他、第三任老婆及他們四歲的兒子一塊住。第二任老婆已改嫁。桐桐監護權在父親那，跟父親住已有一年的時間，但桐桐打死不肯叫第三任老婆一聲「媽媽」。桐桐很不滿意阿姨裝模作樣的態度，更討厭她把家裡繼續當酒店一樣跟父親互動，同住屋簷下的一開始就關係緊張。

為什麼桐桐打電話通報家暴中心，就因某天他們夫妻回家時，桐桐照舊冷眼不肯對阿姨問好，寶哥便突然爆炸性地在阿姨面前瘋狂打了桐桐幾個巴掌，硬要桐桐聽話，硬要桐桐喊阿姨「媽」。感覺上，寶哥是在打罵桐桐給阿姨看，他是在跟阿姨做「交代」，說他「有在管女兒」。然而狂賞巴掌後，頓時，寶哥「醒了」，他不敢面對桐桐倒在地上極度怨恨他的表情，看著女兒腫脹的雙頰，他又突然瘋狂不斷地當著女兒的面打自己巴掌、聲聲巨響，跪地痛哭，發誓不再犯，要女兒原諒他，要不他就從十五層樓高的大樓住家陽台往跳下……

女兒通報，其實是因她跟阿姨都拉不住要從十五樓作勢往下跳的爸爸。

寶哥打女兒的原因，說穿了，是為了證明自己對女兒控制的權力。當他在主動攻擊下要不到權力時，卻反向用自殘的方式來做被動攻擊，他要的也仍然是權力。

在跟桐桐單獨談時，她一臉無奈地說，爸爸這樣的行為以前就常看他跟媽媽上演。寶哥老是傷了別人在先，卻又當可憐人要別人原諒。媽媽就是受不了爸爸老是把正常生活當八點檔連續劇在演而離開。而且離婚後，能不見面就不見面，能不聯絡就不聯絡。媽媽那麼快就改嫁、移民，其實也是要盡快斷了跟爸爸之間的關係。

桐桐從媽媽那轉述得知，媽媽很後悔當時不顧家人的反對，就是要嫁給爸爸這「極度懂愛的男人」。當時，爸爸宣稱「若娶不到真愛就要跳樓」。（原來早在十七年前，寶哥就愛用跳樓這一招。）

媽媽那時二十幾歲，不太懂人情世故，但懂不少瓊瑤小說式的浪漫，媽媽便感動地說：「竟然有人可以愛她愛得那麼重，那就非他不嫁了。」但嫁了之後才知，她每天都要跟寶哥乘坐驚險的情緒雲霄飛車好幾趟。媽媽曾經為了躲爸爸而躲進精神科住院幾次，醫生從旁診斷爸爸為躁鬱症，但他從不親自就醫，他沒有任何的病識感。

寶哥更上次的婚姻失敗也不是因為對方不懂他的心，而是寶哥的行為舉止常常是落在常模之外。爸爸的第一任老婆也是離婚之後能不見面就不見面，能不聯絡就不聯絡。媽媽那時還傻傻地高興，第一任老婆完全不會吃回頭草，也不會干擾他們的婚姻生活。聽媽媽說，第一任老婆看到寶哥「就像看到鬼一樣」，閃人的速度超快。媽媽後來勸戒女兒說，若有離婚多次的男人卻不見前妻願意聯絡，或恨透這男人了，絕對不是個好現象。很有可能是他對她們並非像他嘴巴講的那麼好或者那麼浪漫，很有可能是他「真的」糟透了，很有可能是他把她們弄瘋了，而離開他反而女人的生活會正常些。

桐桐透露說，媽媽跟爸爸離開前，發生一件在兩邊家族中都覺得很「變態」的事。媽媽因受不了爸爸常超出常模的演出，所以會轉向跟身邊的友人訴苦。剛好有位生意上常常往來的叔叔很了解他們家的狀況，聽媽媽訴苦久了之後發現兩人很談得來，媽媽跟叔叔便漸漸地愈走愈超過朋友的界線。爸爸發現時，極度動怒而毆打媽媽及叔叔。但愈毆打，愈是把媽媽往叔叔懷裡送。桐桐本來就認識這個生意上有往來的叔叔，她反而覺得叔叔的「心智」還比較正常些。桐桐不反對換個爸爸。

後來爸爸請徵信社抓到媽媽跟叔叔在汽車旅館偷情性交的影片，爸爸卻在某一次家庭聚會中，當大家都到齊時，處心積慮地將這性交的影片故意放給在場的所有親戚看，當中也包括桐桐以及幾個未成年的小孩……不只是對桐桐的傷害很大，媽媽當下更是被爸爸羞辱到無地自容。媽媽當晚對爸爸再也沒有眼淚可流，離家之後頭也不回。

十六歲的桐桐愛玩同人。她說，那也是因為家中本來就很多讓她受不了的戲碼在上演，若能在扮演角色中暫時逃離自己本來的女兒角色，反而可以告訴自己沒那麼痛苦不安，反而是一種「假性安全」的方式。她覺得在同人世界裡，她的日子好過很多。（可是我很擔心她會跟父親一樣愈來愈往虛擬的世界跑。）

她說，爸爸會在她帳戶裡放二十五萬元，是因他打她，是個爸爸補償孩子的「心理價碼」；但寶哥不會跟別人說是因為家暴的緣故。寶哥會讓外人覺得他看來是個超慷慨的父親，是個會讓孩子超級享受的慈父。（在此，我猜想，會不會其他孩子的補償價碼愈高，就因相對性地被傷害得愈深？）

桐桐跟爸爸其實平時沒什麼話講，能不見面就不見面，她經常在爸爸在家時把自己關在房間裡，她非常害怕爸爸擾亂她內心已經亂的世界。

對於爸爸的第三任妻子，她完全沒有好感。桐桐覺得，阿姨是爸爸「走火入魔」的魔鬼伴侶。桐桐這輩子頂多叫她「阿姨」而已，她說阿姨是為了錢才跟爸爸在一塊的。阿姨有兩副面孔，對自己的孩子很好，在爸爸面前也對個案很好，但私底下卻又是另一個樣，對個案又冷又苛。例如：在爸爸面前，阿姨會故意送桐桐衣服，大大表現她的大方，可是卻又在跟朋友講電話時猛嫌桐桐浪費她的錢，嫌桐桐礙眼、當他們的電燈泡，桐桐聽到後拒穿，阿姨又跟爸爸吐苦水說桐桐讓阿姨總是「熱臉貼冷屁股」……桐桐極厭惡阿姨這前後不一致的虛偽及陷害，也厭惡爸爸不曾直接用心了解孩子，任由阿姨擺布。

後來的諮商中，桐桐堅持要將家庭故事講完。她說：「只要任何一個人聽完我的故事，絕對不會要我跟爸爸和好。」我說：「和不和好不會是我的決定，絕對會是你的選擇。我現在看到的是，你氣你爸爸很久了，我們先把氣宣洩多一點再說吧！」

要做任何較根基的解決，總是要在被了解之後。

當我在做青少年個案時，一對一中，我會用的技巧掌握住四大原則：㈠先不管青少年對或錯，㈡先站在他這一邊，㈢深度同理，讓個案覺得徹底被了解，才容易有談話空間，也比較容易讓他有自省的空間，㈣再來談問題解決。

桐桐後來說，她跟爸爸第一任太太生的兩個哥哥偶爾因吃飯時會碰面，他們還蠻容易相處的，大家也都有辛酸的共通點，所以多少會聊一點祕辛。她說，二十六歲的大哥，大眾傳播碩士班研究生，長髮及腰，不時客串模特兒走秀（大哥跟爸爸一樣蓄長髮，但又比爸爸還要長二、三十公分）。哥哥早在十九歲那年就出櫃了，只是爸爸仍不斷嘗試要他回歸主流，爸爸要他做回異性戀的重點是：「好能傳宗接代。」大哥二十四歲時會去歐洲遊學一個半月，其實就是跟爸爸起了大爭執。他真的在歐洲刷了不少卡費洩憤。

至於大哥跟爸爸吵什麼？桐桐說：「不只吵，還互打。」因為哥哥向爸爸再度表明自己是同性戀，要爸爸不要再干涉、施壓力，不用繼續在飯局中介紹女生給他認識。可是，爸爸就在下次吃飯時還故意帶一個年輕女生要介紹給哥哥，哥哥看到時，立刻轉身走人，爸爸便衝上去往哥哥臉上揮了一拳，說哥哥：「不知好歹。」二十四歲的哥哥「那次」沒選擇繼續挨爸爸打，還卯起來跟爸爸互打，兩人都在身上掛彩。之後，兩人不講話至今，已兩年多了。

我在想，不知道大哥同性戀，是否跟他從小不認同父親所影響的男性角色有關。

桐桐說，大哥是所有孩子裡承受「最淒慘遭遇」的人。曾經有個可怕的歷史，父親曾用鐵椅狂打夜不歸營的大哥，那年大哥十四歲。當晚哥哥皮綻肉開，瘀青一堆。爸爸至今仍不知大哥在青少年時期不想回家，是不想看他跟媽媽天天上演的瘋狂悲劇。

我問桐桐為何爸爸沒被警察抓去關，她說因為大媽跟著爸爸跪求兒子不要報警，爸爸那時從極度盛怒轉成極度哀慟，拿椅子砸不了自己，便拿鐵棍打自己。大媽在勸擋時也挨了好幾棍。大家一團瘀青。後來哥哥心軟，只跟旁人推說是從樓梯摔下來跌傷的。那次大哥從父親那領了巨額的補償金，可是也從此緊緊關上一個孩子對父親的心。

反正多年來，爸爸總是在孩子的戶頭中放進每次爭執後的補償金，真的是吵愈凶、給愈多。哥哥說：「既然爸爸愛用錢彌補，那就讓他彌補個夠。」桐桐說：「基本上，每個孩子都有這樣的心態。」桐桐也是一生爸爸的氣，就傾向跑去亂刷卡。

二十一歲的二哥愛耍龐克，他身上有著一堆黑色漆皮、刺青及穿洞，頭髮弄得像刺蝟一樣尖……其實他跟桐桐愛好同人差不多。只是聽桐桐說，二哥刺青及穿洞是為了使自己感受到那些痛。「痛」等於是「使心理舒服」，這倒是有些SM的狀況。

二哥不愛念書。但他知道老爸擅長用錢收買人心，所以他便跟爸爸交換條件，只要他念爸爸要他念的大學，他便有台拉風的重型機車來騎，偶爾還可借爸爸的紅色跑車。二哥的腦子在所有孩子裡最靈光、最會轉彎、最會做表面，是個十足的「痞子」。爸爸以為二哥跟他最「麻吉」，可是二哥只是像「在跟銀行打交道一樣」，二哥定期打好表面關係來確保自己口袋飽飽，但爸爸永遠都不會知道。

二哥有一堆的女友，換女友的速度跟他換鞋子一樣快，而且還不時兩、三個同時交往。桐桐說二哥「總有一天劈腿劈得會有報應」。看來，二哥不太敢在感情中停留下來做承諾，不知是否跟灰心父母婚姻的衝突有關係。

至目前為止，三個孩子都跟寶哥有相似的戲劇性生活方式。

桐桐說她跟爸爸之間的關係「快結束了」。她本來要再過一年多、高中畢業後去美國念書，但這一被打，爸爸便答應讓她念完這學期就去。到時不想回來也不用回來，「反正爸爸的功用就只是給錢而已。」桐桐目前選擇放棄跟父親再溝通，因為她覺得：「跟外星人溝通都比跟他溝通還有效。」她現在住外婆家，在那她是安全的。她堅定地要心理師及其他人不要做任何勸和的嘗試，我尊重她。桐桐拒絕跟父親再靠近的決定不是只有今天而已，而是十多年來累積下的結果。

學校老師要桐桐「多替父親想想」、「既然父親有心，就要給他一次機會」，我協助桐桐讓老師們明白，在此真的不能在桐桐的心仍受傷時，還要她照顧需要被照顧的爸爸。至少在結構學派裡不能這樣倒了父女的角色。桐桐想要有一段自我療傷的時間，就請老師們再給桐桐一段療傷的時間。隔離是有必要的。

雖然此時我仍然可以單獨跟寶哥談，嘗試提高他的自我分化程度，或許以後他會較容易當個爸爸（而不是像一個離經荒唐的青少年）。可是，寶哥就跟寶拉一樣，這兩個戲劇性人物皆偏向跟心理師之類的人「談一次就好了」。約第二次見面時，寶哥跟學校幫忙聯絡的老師爽快答應，但當天沒出現。之後也有一堆理由不克前來。或許是因為再談下去會有需要改變的壓力，而改變並不是他們想要做的……但他們可以跟朋友談千萬遍也不嫌累。

很確定寶哥不是前兩任妻子眼中的好伴侶，但我其實不確定寶哥是否可以學著融入別人的現實，當個跟孩子可以不在極端中溝通互動的平淡爸爸。戲劇性人格的人活在自己的高度刺激世界比較多，編導都是他們自己。但，就像桐桐一樣，她可以選擇不站在舞台上當爸爸操縱的演員。

談完了桐桐，我察覺，目前愈來愈多青少年喜歡玩同人，喜歡刺青，喜歡黑暗的哥德風打扮，喜歡龐克，喜歡嘗試菸、酒、毒品，喜歡來段同性戀……我覺得，心理師在平時最好一有機會就多深入了解青少年的文化及嗜好。比如說，當我在紐約時，因為是在兒童局家暴中心工作，跟青少年接觸的機會很多，我便常跟他們探問出沒地點、行情、組織階層、遊戲規則、通關密語……我大概知道刺青要多少錢，要去哪裡刺；我也大概知道在紐約東村、格林威治村裡的哪間店有什麼龐克、哥德的聚會；我也知道同性戀的人在想什麼，大概有什麼樣的家庭背景；大麻在哪可買到五塊美金的貨……我那時便體會到，只要我愈深入去了解青少年的生活及想法，我愈能明白他們的內心沒表面上看來的「威脅」及「叛逆」，我反而會更知道，為何他們會將同人、刺青、龐克、菸酒毒品等當做宣洩家庭中困擾情感的管道。

我會建議心理師在跟類似這樣的孩子接觸時，千萬不要一開始就一板一眼，會不容易進入個案的世界。

比如說，在台灣，我曾經有一個猛將心理師退貨的自費小個案，十七歲。未見過他之前，我就已無意中耳聞他的「惡名昭彰」，他的有名來自於，他常在第一次晤談中便強烈堅決地炒心理師魷魚。

當他一出現時，我懂為什麼了。他一身龐克打扮，頭髮梳得尖銳油亮，全身漆皮黑衣、銅釘鐵釦，右手臂有一個很大的日本鬼怪刺青，兩耳各七個洞、九個洞，有舌環，白臉黑唇，戴橘色的隱形眼鏡……當我跟他第一次見面時，我的確有些訝異，台灣也有這麼穿著龐克的人。但，也還好我在紐約東村常見龐克聚會開派對，所以我的訝異來一秒鐘就過了，而訝異後還有好幾分鐘的「興奮」，我在高興，終於有個較紐約味的人來刺激我的神經了。

我被他「留」了下來，因為他說他看得出我的「眼睛有發光」，他喜歡有人「懂得欣賞」。他對保守嚴肅的心理師很敏感而且排斥，但他的敏感天線可以立即知道我既不嚴肅又不保守，而且我還很懂龐克打扮要怎麼弄才更「炫」。（我在他這年紀可是瘋狂地玩重金屬樂團的人，我很懂黑漆皮及環環釦釦該怎麼弄，臉上的妝要如何嚇人……）

他說他會炒心理師魷魚的關鍵句子是：「你穿這樣父母會怎麼想？」他很深層地說：「不是因為我父母怎麼想，而是心理師不接受我。」他過去曾因心理師對他言行「哼」了一句而轉身走人。

我後來帶他看到，因為他排斥父母的古板僵化，所以把這排斥投射到有相似味道的心理師身上。後來，他開始陳述他同性戀的性向及跟伴侶在鬧分手的困擾……這是他在信任環境下才能脫口說出的議題。在諮商中，他體驗到紐約人對同性戀的高度接納及輕鬆態度，他也從中發現，他最大的議題其實來自不被原生家庭接納。在諮商中，他一次又一次地矯正這不被接納的議題，不用請父母前來，因為他腦中有成熟自主的一面。

現在，他是個快樂的同性戀龐克了。

生命潛能出版圖書目錄

兩性互動系列		作者	譯者	定價
ST0208	你這話是什麼意思？——終結伴侶間的言語傷害	派翠西亞・依凡絲	穆怡梅	220
ST0216	女性智慧宣言	露易絲・賀	蕭順涵	200
ST0217	情投意合溝通法	強納生・羅賓森	游琬娟	240
ST0218	靈慾情色愛	許宜銘		200
ST0220	彩翼單飛	雪倫・魏士德・克魯斯	周晴燕	250
ST0226	婚姻診療室——以現實療法破解婚姻難題	蓋瑞・查普曼	陳逸群	250
ST0227	愛的溝通不打烊——讓你的婚姻成為幸福的代名詞	瓊恩・卡森＆唐恩・狄克梅爾	周晴燕	280
ST0229	Office男女大不同：火星男人與金星女人職場輕鬆溝通	約翰・葛瑞博士	邱溫＆許桂綿	320
ST0230	男女大不同(新版)——火星男人與金星女人的戀愛講義	約翰・葛瑞博士	蘇晴	320

光之冥想系列		作者	譯者	定價
ST13001	創傷療癒——十二階段解除創傷制約（書＋十二段身體創傷工作引導式練習雙CD）	彼得・列汶	黃翎展	480
ST13002	淨化脈輪引導式冥想——晨昏兩段脈輪冥想，全面提升你的靈性力量（書＋引導式冥想雙CD）	朵琳・芙秋博士	陶世惠	480

生命學堂系列		作者	譯者	定價
ST14001	胖女孩的食戰童年：一個非關減重的真實故事	茱蒂絲・摩爾	林冠儀	250
ST14002	死亡晚餐派對：15樁真實醫學探案	強納森・艾德羅醫師	江孟蓉	280
ST14003	遇見紐約色彩的心理治療督導	陳瀅妃		450

奧修靈性成長系列		作者	譯者	定價
ST6001	成熟——重新看見自己的純真與完整	奧修	黃瓊瑩	280
ST6002	勇氣——在生活中冒險是一種喜悅	奧修	黃瓊瑩	300
ST6003	創造力——釋放內在的力量	奧修	李舒潔	280
ST6004	覺察——品嘗自在合一的佛性滋味	奧修	黃瓊瑩	300
ST6005	直覺——超越邏輯的全新領悟	奧修	沈文玉	280

ST6006	親密——學習信任自己與他人	奧修	陳明堯	250
ST6008	叛逆的靈魂——奧修自傳	奧修（精裝本定價500元）	黃瓊瑩	399
ST6009	存在之詩——藏密教義的終極體驗	奧修	陳明堯	320
ST6011	瑜伽——提升靈魂的科學	奧修	林妙香	280
ST6012	蘇菲靈性之舞——讓自我死去的藝術	奧修	沈文玉	320
ST6013	道——順隨生命的核心	奧修	沙微塔	300
ST6014	身心平衡——與你的身體和心理對話	奧修（附放鬆靜心CD）	陳明堯	300
ST6015	喜悅——從內在深處湧現的快樂	奧修	陳明堯	280
ST6016	歡慶生死	奧修	黃瓊瑩	300
ST6017	與先哲奇人相遇	奧修	陳明堯	300
ST6018	情緒——釋放你的憤怒、恐懼與嫉妒	奧修（附靜心音樂CD）	沈文玉	250
ST6019	脈輪能量書I——回歸存在的意識地圖	奧修	沙微塔	250
ST6020	脈輪能量書II——靈妙體的探索旅程	奧修	沙微塔	250
ST6021	聰明才智——以創意回應當下	奧修	黃瓊瑩	300
ST6022	自由——成為自己的勇氣	奧修	林妙香	280
ST6023	奧修談禪師馬祖道一——空無之鏡	奧修	陳明堯	280
ST6024	奧修談禪師南泉普願——靈性的轉折	奧修	陳明堯	280
ST6025	靈魂之藥——讓身心放鬆的靜心與覺察練習	奧修	陳明堯	250
ST6026	女性意識——女性特質的慶祝與提醒	奧修	沈文玉	220
ST6027	印度，我的愛——靈性之旅	奧修（附「寧靜乍現」VCD）	陳明堯	320
ST6028	奧修談禪師趙州從諗——以獅吼喚醒你的自性	奧修	陳明堯	250
ST6029	奧修談禪師臨濟義玄——超脫理性的師父	奧修	陳明堯	250
ST6030	熱情——真理、神性、美的探尋	奧修	陳明堯	280
ST6031	慈悲——愛的極致綻放	奧修	沈文玉	270
ST6032	靜心春與夏——奧修與你同在	奧修	陳明堯	220
ST6033	靜心秋與冬——奧修與你同在	奧修	陳明堯	220
ST6034	蓮花中的鑽石——寂靜之聲與覺醒之鑰	奧修	陳明堯	320
ST6035	男人，真實解放自己	奧修	陳明堯	300
ST6036	女人，自在平衡自己	奧修	陳明堯	300
ST6037	孩童，作自己的自由	奧修	林群華	320
ST6038	愛、自由與單獨	奧修（附演講 DVD）	黃瓊瑩	350
ST6039	奧修談禪	奧修（附演講 DVD）	陳明堯	280

生命學堂系列 003

遇見紐約色彩的心理治療督導

作　　者／陳瀅妃
執行編輯／黃品瑗
資深主編／郎秀慧
經　　理／陳伯文
發 行 人／許宜銘
出版發行／生命潛能文化事業有限公司
聯絡地址／台北市信義區(110)和平東路3段509巷7弄3號B1
聯絡電話／(02)2378-3399
傳　　真／(02)2378-0011
郵政畫撥／17073315（戶名：生命潛能文化事業有限公司）
E-mail／tgblife@ms27.hinet.net
網　　址／http://www.tgblife.com.tw
郵購單本九折，五本以上八五折，未滿1000郵資60元，購書滿1000以上免郵資

總 經 銷／吳氏圖書有限公司・電話／(02)3234-0036
內文編排／菩薩蠻電腦科技有限公司・電話／(02)2917-0054
印　　刷／承峰美術印刷・電話／(02)2225-7055

2011 年 7 月初版
定價：450 元

ISBN：978-986-6323-29-4

國家圖書館出版品預行編目（CIP）資料

遇見紐約色彩的心理治療督導／陳瀅妃. -- 初版. -- 臺北市：生命潛能文化, 2011. 07
面；　公分. --（生命學堂系列；3）
ISBN 978-986-6323-29-4（平裝）

1. 心理治療　2. 心理治療師　3. 通俗作品

178.8　　100009991

讓生命潛能 帶你探索心靈世界的真、善、美
Life Potential Publishing Co., Ltd